가족미술치료

그림 안에 가정이 보인다

| DORIS BANOWSKY ARRINGTON, Ed.D., ATR-BC 저 |
| 전순영 · 신지현 · 박수정 · 팽은경 옮김 |

圖書出版 하나醫學社

HOME IS WHERE THE ART IS

by Doris Banowsky Arrington

저자 소개

교육학박사이자 미국 공인미술치료사인 Doris Banowsky Arrington은 면허증을 소지한 임상심리학자이고, 캘리포니아 노트르담 드 나무르 대학(the Norte Dame de Namur University of California)의 미술치료심리학과의 교수이자 학과장이다. 이 학과는 미술치료와 부부 및 가족미술치료 석사학위를 동시에 수여한다. Arrington박사는 35개의 미술치료 연구 과제를 기획하여 연구비를 받았으며, 지휘 감독했다. 그녀는 미국 미술치료학회(AATA)를 위해 공헌한 미술치료의 선구자들과 회장들의 역대기에 대한 비디오 25개를 편집하고 제작하였으며, 부가적으로 가족치료에 미술치료접근법을 도입한 6개의 안내책자와 많은 논문과 전문서적의 여러 장들(chapters)을 저술하기도 하였다. Arrington 박사는 '심리학에 있어서 미술(The Arts in Psychology)'의 편집국 위원이며, 북부 캘리포니아 미술치료협회로부터 우수 평생 회원상을 받았으며, 미국미술치료학회(AATA)로부터 공훈상을 받았고, 샌프란시스코 대학으로부터 우수 교육자상도 받았다. 최근에 그녀는 우크라이나 키에브(Kiev, Ukraine)에서 의료팀의 한 구성원으로서 일했는데, 거기서 아동들을 돌보고 정부와 개인 보호소와 고아원을 지도해오고 있다. 그녀가 관심을 가지는 임상 및 연구 분야는 동서양 문화권의 기본적인 시각적 구조와 상징체계에 대한 가족의 영향에 관한 것이다. Arrington박사는 결혼해서 3명의 자녀를 두었고, 7명의 손자들이 있다.

가족미술치료

그림 안에 가정이 보인다

DORIS BANOWSKY ARRINGTON, Ed.D., ATR-BC

Art Therapy Psychology Department

Norte Dame University of California

Belmont, California

전순영 · 신지현 · 박수정 · 팽은경 옮김

이 책은 창조성과 용기를 키워준 나의 원 가족에게 바친다; 나의 핵가족은 사랑과 지지의 환경을 만들어 주었다; 그리고 나의 대가족들은 계속해서 나의 최대한의 관심사를 공유해 주었다.

Amanda, Chris, Connor, Courtney, Rett, Rayn과 Wesely에게 특별히 감사를 드린다.

역 자 서 문

교육학박사이자 미국 공인미술치료사인 Doris Banowsky Arrington교수의 가족미술치료는 원래의 책 제목이 '그림 안에 가정이 보인다' 이며, 부제가 '가족치료에 대한 미술치료적 접근' 이다. 본 저서는 Arrington교수의 30년간의 가족미술치료에 대한 임상경험을 기록한 책이다. 책의 원제목에서 보듯이 '그림 안에 가정이 보인다' 라는 이 제목에 가정에 대한 너무 많은 이야기가 함축되어 있다. 각 장 마다 다양하게 제시한 가족미술치료사례들에 있어서 가족 구성원들이 그린 그림 안에는 그 가정의 문제뿐만 아니라 가정문제의 근원 및 내담자들의 심리상태와 욕구를 반영하고 있다. 특히 언어적 표현이 자유롭지 못한 아동들의 가족화나 이와 관련된 그림들은 우리에게 그 가정의 문제점과 부모들의 양육태도와 이혼 및 별거와 재혼에 따른 부정적 영향들을 보여줌으로써 치료적으로 많은 것들을 시사한다.

특히 Arrington교수는 가족미술치료의 여러 치료적 절차와 방법을 통해 현재 가정의 문제는 가족 세대 간에 전수된 문제가 거의 대부분이라는 사실을 강조하고 있다. 아버지와 어머니의 그림을 통해서 부모의 원가정의 문제와 어떻게 그들 부모들이 양육되어졌고 원가정에서 어떻게 상처를 받아 현재 자신의 가정에서 어떻게 자녀양육에 문제를 일으키는지를 사례와 그림을 통해서 우리에게 알기 쉽게 전달해주고 있다.

본 저서는 가족치료이론뿐만 아니라 그 이론에 해당되는 다양한 사례들과 가족미술 치료절차를 제시함으로써 가족미술치료에 대해 통합적으로 광범위하게 학습할 기회를 독자들에게 줄 것이다. Arrington교수의 가족 미술치료사례들은 책 전반에 걸쳐서 단계적으로 나오기 때문에 이 사례들에게 우리는 친밀감과 궁금증을 느끼지 않을 수가 없다. 벌써 그들의 히스토리에 감정이입이 되어 그것들이 마치 우리의 사례가 된 것처럼 그 이야기에 감동적으로 빠져버린다. 가족문제는 가족 개개인 누구의 잘못이라고 할 수도 없고 그들 모두는 병리적이고 역기능적인 가정의 희생자들이며, 그것은 바로 우리 가정의 문제가 될 수도 있다.

Arrington교수는 이 책을 저술하는 동안, 동료이자 친구인 Dr. Judy Rubin이 그녀에게 이 책을 통해서 자신이 무엇을 가장 쓰고 싶어 하는지를 물어 보았다. 그때 Arrington교수의 답변은 "나는 지금 이 책을 끝냈을 때, 내가 가장 쓰고자 했던 것은 가족과 가족 중 한 사람 한 사람들이 만들어 낸 미술이 그들을 치유하는 데 어떤 방법으로 영향을 주는 지 바로 그런 이야기를 쓰고 싶었다" 라고 하였다. 그만큼 그녀는 자신이 가족미술치료를 통해 치료한 사례들에게 치료자로서 진정한 애정과 인간적인 보살핌이 있었으며, 여기에 영적인 돌봄까지 생각하였다. 바로 그 가족들의 이야기가 이 책안에 문화와 민족을 초월한 여러 가지 상징들을 통해서 펼쳐져 있다.

가족미술치료는 가족치료와 미술치료의 통합이다. 각 장에서 어떠한 내용이 기술되었는지는 본문 안에 서문 및 목차를 통해서 확인할 수가 있다. 본 저서는 2년 전에 하나의 학사 오무근 사장님께서 가족치료에 대한 아주 훌륭한 책이 있으니 번역하면 어떻겠느냐고 제의를 하셨다. '그림 안에 가정이 보인다' 라는 제목이 예사롭지가 않으며, 참으로 많은 의미가 있는 좋은 제목을 가진 책이라고 추천하셨다. 번역에 착수하였지만 분량이 너무 많아 진도가 나가지를 않아서, 한 때는 제자들이었지만 이제는 후배와 동료가 되어버린 그리고 지금 건국대학교 디자인대학원 미술치료 전공에 겸임교수로 재직하고 있는 박수정, 신지현, 팽은경 교수님들과 함께 분담하여 번역을 하게 된 것이 무엇보다도 더욱 뜻 깊고 값진 시간들이었다. 모두들 대학원에서 가족미술치료를 강의 할 뿐만 아니라 각자의 연구소에서 가족치료 임상을 실제로 하고 있어서, 이 책이 역자들에게도 도움이 될 뿐만 아니라 미술치료 특히 가족미술치료를 공부하고 싶은 후학들에게도 좋은 필독서가 될 것이다.

서론부분과 1장, 가족미술치료 2장, 인간 구조로서 가족과 3장 사랑의 주기는 전순영이 번역하였으며, 4장 폭력의 주기와 5장 순환은 계속 된다는 신지현이, 6장 치료의 주기는 박수정이, 부록A 가족미술기초평가, 부록B 가족미술치료에서 사용되는 인생주기표와 부록C 주요 가정, 개념 및 가족체계이론의 용어는 미술치료와 임상심리학을 전공한 팽은경 교수가 번역을 하였다. 가족미술치료에 대한 개괄적인 이론과 서론부분을 보려면 1, 2, 3장을 참고할 것이며, 가정폭력과 아동학대에 대한 가족미술치료사례를 보려면 4장과 5장을, 가족치료의 회복력과 치유에 대한 잠재 가능성을 보려면 6장을 참조하면 될 것이다. 특히 부록에서는 가족치료의 선구자라고 할 수 있는 Kwiatowski의 가족미술평가(FAE)에서부터 다양한 가족미술치료 이론가들의 다양한 전문적인 가족미술평가절차가 제시되었으며, 가족치료의 주요 중재 기법과 이외에도 Satir, Bowen, Minuchin, Haely와 Gottman으로 대표되는 가족치료이론가들의 주요 전문용어와 개념을 포함하고 있어서 독자들에게 많은 도움이 되리라 생각한다. 책의 제목을 원제목 그대로 '그림 안에 가정이 보인다' 라고 하고 싶었으나 역자들과 함께 의논한 결과 대학원의 가족미술치료 전문교재로 활용되기를 기대하는 마음에서 '가족미술치료' 로 출간하게 되었으며 원제는 부제로 하기로 하였다.

이 책이 나오기까지 강의, 임상과 가정생활로 너무나도 바쁨에도 불구하고 공동번역을 함께 해주신 박수정, 신지현, 팽은경 교수님에게 깊은 감사의 마음을 전하며, 이 책의 번역을 추천해주시고 번역되기까지 많은 시간을 기다려주신 하나의학사 오무근 사장님과 책을 잘 만들어 주신 편집국 직원분들에게도 진심으로 감사의 마음을 전한다. 앞으로 Arrington교수의 가족미술치료가 가족치료에 관심 있는 모든 분들에게 도움이 되기를 바라며, 좋은 책을 집필해주신 Arrington교수에게도 감사인사를 드린다.

2013년 7월

역자 대표 전 순영

서 문

가족은 결코 치료로부터 멀리 동떨어져 있지 않다. 여러분은 아동과 작업하게 되면, 가족문제를 다루게 되며, 성인과 작업할 때도 역시 가족관계 문제를 다루게 된다. 그런 이미지는 아동이나 성인으로부터 결코 멀리 동떨어져 있지 않다. 학교 심리학자이자 미술치료사인 나의 아들 크리스(Chris)는 나에게 자주 "엄마는 미술을 사용하지 않고서는 아동들과 작업할 수 없으며, 대부분의 상처받은 성인들은 어딘가에 작은 내면의 아이를 갖고 있다"고 상기시켜주었다.

나는 원래 아티스트이자 미술교육가로서 기본적인 트레이닝을 받았으며, 후에 미술치료사로서 훈련을 받았다. 그러고 나서 나의 교육은 심리학자로서 한층 더 Jung의 심층심리학과 가족치료를 학습하게 되었다. ***그림 안에 가정이 보인다—가족치료에 대한 미술치료적 접근***이라는 제목이 붙은 이 책은 아동과 성인 및 그들의 가족들에 대한 나의 30년간의 임상경험을 기록한 것이다. 나는 지난 20년 동안 가족미술치료를 가르쳐왔고, 미술치료와 부부 및 가족미술치료의 석사학위를 주는 미술치료심리학 프로그램을 지도감독해왔다. 최근 50개주에서 면허증을 받은 가족치료사들을 통해서 더욱 더 많은 가족구성원들이 가족체계접근법으로 치료를 받고 있다. 분명하게 말하건대 반드시 언어만이 아닌 비언어적 의사소통은 핵가족뿐만 아니라 여러 세대에 걸쳐 가족관계의 성공이나 실패에 주요한 치유요인이 되고 있다. 치료자들은 가족구성원들이 서로 대화하고 치유하도록 도와줄 수 있는 필요한 어떤 도구라도 사용해야하는데 그것이 바로 미술이라고 본다. 본 저서에서는 학생들과 전문가들을 위해 두 가지 접근 방법, 즉 미술치료와 가족체계를 통합하여 기술하였다.

- 미술은 어떤 연령층이나 어떤 나라에서나 경험을 공유하고 의미를 전달할 수 있는 인간의 첫번째 모델이다.
- 미술치료는 내담자가 이미지를 창조하거나 선택하고 미술에 반영하는 그리고 훈련된 전문가와 함께 평가하고, 의사소통을 하며, 스트레스를 감소하고, 중재를 하는 등

이러한 상호작용 과정을 통합한 치료 방법이다. 미술작업과정과 미술작품 이 두 가지의 반영은 우리의 내적, 외적 태도, 행동, 꿈, 경험, 감정과 사고를 확인하기위해 사용되어진다. 미술은 흔히 내적인 감정을 말로 표현할 수 없는 청소년, 노인, 모든 연령층 사람들을 위해 선택되어 질 수 있는 치료방법이다.

- 민족과 문화와 상관없이 가족치료는 체계적인 관계모델이다. 가족체계를 잘 살펴보면서 체계 안에 있는 가족구성원들 사이에 또는 한명의 가족과 그 가족 시스템 안에서 효과적으로 기능을 하지 못하는 부분들은 치유해주고, 건강하게 기능하는 부분들은 강화해주면서, 스트레스를 감소시키는 것이 가족치료의 목적이다.
- 가족미술치료는 가족치료와 미술치료의 두 개념인 "사고시스템(thinking systems)"과 "시각시스템(seeing systems)"을 통합한다.

미술치료와 가족치료에 관하여 많은 문헌들이 정말 존재하지만, 두 가지 이론 접근 방법을 통합한 것은 거의 없다(Arrington, 1991; Kwiatkowska, 1975, 1978; Landgarten, 1981, 1987; Riley & Malchiodi, 1994). 아마도 이것은 치료기관이 인간관계의 문제를 해결하는 한 방법으로서 양식과 규칙을 갖고 제작하는 미술을 도입하기 때문에 그 자체가 인지적, 행동적, 직관적으로 조화롭게 보이지 않기 때문이다. 만약에 이런 경우라면, 정신건강전문가들은 자신들의 이론적인 오리엔테이션과는 상관없이 "현실구축 및 유지와 변화"에 대한 치료과정에서 인지적, 행동적, 역설적 전략들을 잘 적용할 수 있는 부가적인 방법을 찾기 위해 좀 더 관심을 가져야 할 것이다(Sluzki, 1998 p. 417). 미술을 도입하고 이미지를 만들어 의사소통과 정서이완을 위해서는 간단하고 자발적이며 심지어 재미있는 장난이나 놀이와 같은 전략들일지라도 가족치료를 풍부하게 할 수 있다. 이와 같은 것들은 다른 사람들과 관계하고 의사소통하는데 방해되지 않는 소박한 방법들을 갖고 표현하게 해준다(Grunter, 2000).

이 책의 내용은 미술에 대한 나의 개인적인 접근방법으로 구성되어 있다. 나의 미술매체는 페인팅이며 오브제들을 조합한 것이다. 이 책에 나온 작품들은 역시 회화적이며 오브제들을 조합한 것이다. 가족이란 전체 주제를 작품 안에서 신속하게 볼 수도 있지만, 이러한 주제는 미술, 원형적인 양식과 의미, 그리고 상징적인 것들로 채워져 있다. 역시 가족이란 전체 주제는 성격발달과 연결되어있으며, 신경생물학적 연구와 함께 "뇌의 기원(era of the brain)"과도 관계를 이룬다.

서론에는 랜디(Randy)와 그의 아버지와 새어머니의 간단한 이야기로 시작할 것이다. 이 이야기는 미술과 미술치료는 무엇인지에 대한 의문점들을 이야기함으로써 계속 이어진다. 1장 "가족미술치료(Family Art Therapy)"에서는 미술과 가족치료, 내담자, 치료 목표, 그리고 가족미술치료 안에서 미술과 연계하여 살펴볼 것이다. 감정을 이완하고 소통하는 것이 어떻게 창조적 과정의 본질적인 부분이 되는지 그 중요성에 대해 조망해볼 것이다. 가족미술치료의 세 가지 주요 관점을 이론적으로 통합하는 접근방법, 즉 역사적, 상호작용적, 실존주의적 관점을 탐구해볼 것이다. 이 세 가지 이론적 관점은 샌디(Sandy S.)와 그녀의 가족들에게 실시한 가족미술에 기초한 평가를 좀 더 확장해서 살펴볼 것이다.

2장에서는 가족은 무엇인가? 라는 질문으로 시작된다. 그것은 가족의 기본적인 기능과 가족문제의 치유적 작업에 대한 논의로 이어질 것이며, 결혼생활의 실패에 대한 이유에 대해서도 살펴볼 것이다. 랜디의 가정에 대한 상징적인 조사를 하면서 여러 번의 이혼과 재혼을 마주친 독자는 다시 한 번 랜디와 만날 것이다. 본장에서는 간단하게 가족치료와 가족미술치료의 초기발달과정을 이야기할 것이다. 미술과 가족치료를 왜 통합해야하는지에 관한 또 하나의 질문에 대해 게리(Gary)와 그의 가족들에 대한 가족미술에 기초한 평가 절차를 그 실례로서 대답할 것이다. 본 장에서는 역시 하나의 가족구성원인 앤(Anne)에 관한 정보를 탐색함으로써 결론을 찾고자 할 것이다.

3장에서는 독자에게 "사랑의 주기(Cycle of Love)"와 성격발달에 미치는 가족의 영향에 대해 소개할 것이며, 성격이론가들과 그들의 이론을 살펴볼 것이다(예를 들어, Freud, Jung, 애착과 대상관계, Erikson과 Piaget). 미셸(Michelle), 엘리자베스(Elizabeth), 터커(Tucker)와 칼(Carl)의 이론적 사례들을 제공할 것이다.

가족치료임상은 더욱더 인간의 채워지지 않은 기본적인 양육욕구와 관련된 가정폭력을 포함하고 있기 때문에, 4장 "폭력의 주기(The Cycle of Violence)"는 폭력과 폭력에 대한 초기 아동기 환경의 영향에 대해 논의하면서 시작할 것이다. 본 장에서는 기본적으로 양육이 결핍된 가정에서는 기본적 신뢰가 깨진다는 것을 살펴 볼 것이다. 노숙자 차드(Chad)와 베서느(Bethanne)에 관한 이야기가 포함될 것이며, 다시 가정환경이 바뀌고, 다시 또 바뀐 랜디 이야기와 낸시(Nancy)의 무서운 가족 경험을 제시할 것이다.

5장도 계속해서 가정 내 폭력의 주제에 관한 것이다. 캐씨(Cathy)와 샘(Sam)은 부모로서 고통스러운 실패를 경험하였고, 자녀인 안드레(Andre)와 베리(Barry)와 클레이

(Clay)는 가정폭력을 목격하였다. 본 장은 앤(Anne)이 그녀의 인생에서 경험한 심리적 폭력을 드러냄으로써 결론을 맺을 것이다.

6장 "치유의 주기(The Cycle of Healing)"는 가족과 미술치료를 통합함으로써 시작하는 다양한 이야기가 예시되고, 그들의 치료의 회복력에 대해서도 논의할 것이다. 셰리(Sharri), 메리(Mary), 움베르토(Humberto), 제니(Jenny), 샐리(Sallie), 론(Ron)과 닐(Neal)과 미셀, 낸시, 앤과 랜디에 대한 얘기에서 치유의 주기를 완성할 것이다.

부록 A는 실제적으로 가족미술치료를 어떻게 할 것인가로 구성되어있다. 자료들을 모으고 기본적인 준비에 관한 일반적인 지시사항으로부터 전문적 윤리에 관한 정보를 어디에서 찾아야 할지에 관해서 제시하고 있다.

부록 B는 어떻게 중재할 지를 포함하고 있다. 그건 "인생 주기표(Life Cycle Log)"로 시작되며, 가족안의 개인, 가족 그리고 가족 하위체계를 사용하는 여러 기법과 중재를 포함한다. "나의 생애"는 미술치료사 Jayne Rhyne(게슈탈트 미술치료, 1973)에 의해 시작되었다. "가치 정원(The Value Garden)"은 내가 교사로서 학습한 가치 명료화 기법의 연장이다(Simon, Howe & Kirschenbaum, 1972). "가계도(Genogram)"에서는 Bowen이 창시한 가족치료기법을 좀 더 광범위하게 적용하였다. 나머지 기법들은 내담자, 친구, 동료와 학생들로부터 입력된 나 자신의 임상적, 교육적 경험들로부터 나왔다. 나는 실제적인 전문성을 갖고 기법을 교육하고 있다.

부록 C에는 Satir, Bowen, Minuchin, Haely와 Gottman으로 대표되는 가족치료이론가들의 주요 전문용어와 개념을 포함하고 있다.

서 론

글자가 단어를 만들며 단어들이 의미를 전달하는 문장으로 구성되는 글쓰기와 마찬가지로 시각적 미술에 있어서 색채, 선, 형태, 동작, 공간과 톤과 조직들이 작품 구성의 일부가 되고, 그러한 시각적인 작품구성은 어린 아이가 말을 하기 전 초기 아동기 때 각인된 기억들을 재현한다. Lusebrink(1990, p127)는 "이러한 내용은 언어적 형태로 표현되기보다도 상징적인 이미지로 나타날 가능성이 더 크다"라고 말하였다. 그러므로 단어는 방해가 되지 않는다; 대신 "이미지는 생명을 주는 에너지로 전율하듯이 표현되어 나타날 수 있다"고 하였다(Gadon, 1989, p324). 그런 것 때문에 앤드류 와이어스(Andrew Wyeth)와 같은 유명한 20세기 미국 화가는 그림을 그리는 자체가 치유적이라고 하였다; 다른 사람들을 위한 후원자, 목사, 치료자들은 내담자들의 특별한 욕구, 문화와 경험들에 초점을 맞추어 그들을 도와줄 필요가 있다(Kwiatowski, 1978).

Wyeth는 그의 아버지가 죽은 후의 고통을 기억하면서 다음과 같이 기술하였다:

> 내 인생에 있어서 진정한 전환점은 아버지가 돌아가셨을 때이었다. 그때는 정말로 감정적인 것이 가장 중요하다고 생각했다. 그 일이 일어난 후에 하게 된 나의 첫 번째 템페라 작업에 "1946년 겨울(Winter 1946)"이라고 제목을 붙였다. 그 그림에서 한 소년이 강렬한 겨울 빛을 가로지르며 손을 이리저리 휘저으며 거의 언덕을 굴러 내려오듯이 뛰어가고 있었는데, 검은 그림자가 그의 뒤에서 뒤쫓아 달려오고 있었다. 약간의 눈이 쌓여있었다. 그 때 나의 감정은 모든 것들과 단절되어 있었다. 나는 어쩔 줄 몰라 하고 있었다. 공중을 휘젓고 있는 나의 손은 뭔가를 찾고 있는 나의 자유로운 영혼이었다. 저 언덕 반대편에는 나의 아버지가 죽어있었는데, 가슴이 아파서 아버지를 결코 그릴 수가 없을 것 같았다. 그 언덕은 마침내 그의 초상화가 되었다. 나는 그림을 그리면서 온 겨울을 보냈고, 그림은 내안에 있던 이렇게 무서운 감정으로부터 자유롭게 할 수 있는 유일한 길이었으며 아직도 마음속의 큰 동요가 남아있다. 내 인생에서 처음으로 내가 그림을

그려야하는 진정한 이유를 갖고 그림을 그리고 있었다(인용 Corn, 1973 p.58). (그림 1, Andrew Wyeth에 의한 1946년 겨울)

그림 1. 1946년 겨울 Andrew Wyeth

예술이란 무엇인가?

Picasso는 "예술이 아닌 것이 무엇인가" 라고 묻는다. 예술은 라틴어로 경험, 연구 또는 관찰에 의해 얻어지는 행위의 기술로 정의된다. 묘사할 수 있는 형태를 가지고 있고 능숙하게 성취할 수 있는 예술은 정서, 지성과 영혼을 반영하는 일상적인 삶의 장식이라고 생각된다(Webster's New World Dictionary, 1966).

과학이전의, 보편적이고, 본질적인 시각예술은 인간성과 소통하는 것, 기념할만한 것, 탐구적인 것, 애매모호한 것과 변형시키는 것 등을 통해서 인생과 그 의미를 표현해왔다. 시각예술은 강력하고 전능한 창조주와 경외하는 부모님과 무시무시한 피조물을 숭배하는 가운데 인간의 영혼과 접촉하면서 모든 문화권의 모든 연령층이 접하고 있고 계속 접해 오고 있다. 가끔 예술은 씨족사회, 신(神), 친족관계, 자연과 상업의 상징들을 확인해

준다. 그것들은 흥미와 관심을 불러일으키고 숭배의 주제들을 찾아내준다.

모든 연령층과 문화권의 사람들은 심리적, 신체적 고통을 없애기 위한 언어로서 그리고 치유의 진통제로서 예술을 사용한다. 예술과 이미지는 무의식적이고, 기억을 동요시키며, 영적 가치에 힘을 실어주고, 상실감을 치유해준다. 그것들은 마음과 몸, 남자, 여자와 어린애들의 영혼에 관여하며, 우리들 각자를 "영혼을 가진 생명"으로 해방시키고 있다(Jung, 1966/1972, pp.38-40). 문명의 어떠한 발달단계에서도 인간성은 이미지나 의식의 형태로 예술표현을 하지 않고는 또 그것의 사회적이고 전통적인 행위의 표출형태로 예술표현을 하지 않고는 결코 존재할 수가 없다.

예술은 그들 자신의 사용목적과 감추어진 의미에 자연적인 것을 결부시키는 대화자들을 끌어 들인다: 대화자들은 춤, 연극, 리듬과 접속하는 이미지와 신화를 창조하는 기술들과 미적인 취향을 개발하는 사람이다. 그것은 우리가 살고 있는 시대의 태도를 반영할 뿐만 아니라 우리의 적들을 물리치고, 인생의 여러 과업에서 우리 자신들과 타인들이 성공할 수 있도록 동기화해주며, 상처받은 심장과 마음을 치유할 수 있는 용기를 불어넣어 주는 이미지와 신화들이다. 신비한 의미를 지닌 전형적인 의식이 나라와 지역사회와 가족 및 개인을 어떻게 자극하고, 어떻게 알려주며, 어떻게 치유하고 어떻게 지탱하게 하는지 그 방법을 이해하기 위해서, 사람들은 수십억명이 지켜본 다이애나 왕세자비와 마더 테레사의 장례행렬을 단지 기억해야만 할 것이다.

왜 치료인가? 왜 미술치료인가?

사람들이 감정이 좋은 상태이면 아무도 심리치료를 받으러 오지 않는다. 사람들은 정신적, 신체적으로 깊은 고통에 빠진 증상들을 가지고 심리치료를 받으러 온다. 그들은 상실감, 특히 어떤 사람과의 원하지 않는 이별이나 또는 가치관의 상실 때문에 온다. 그들은 인간적인 정신적 접촉, 개인적인 정체감, 기회, 지지 및 영혼 등의 상실감을 경험했기 때문에 온다(Gilligan, 1995).

R가족은 해부학적으로 정확하게 표시한 가족 인형들, 모래상자의 인물들, 스머프, 게임들과 여러 가지 미술재료들로 가득 찬 상담실에 앉아 있었다. 밖에서 봤을 때 그 작은 수의 가족들은 마치 여느 다른 핵가족들처럼 그렇게 보였다. 5세 반인 랜디는 그의 의자에 의기소침하게 앉아서 눈으로 뭔가 아빠에게 말하고 있었다. 아빠는 부인과 아들, 치료자를 무뚝뚝하게 바라보았고 계속 다시 또 그렇게 바라보고 있었다. 새엄마는 눈을 크게 뜨고 입술을 바짝 당기면서, 자동차 헤드라이에 비친 한 마리 사슴처럼 보이면서 앉아있

그림 2. 랜디가 그린 집에 가요

었다. 그녀는 막 뛰쳐나갈 듯 한 자세를 하고 있었다.

접수 면접(다양한 서면과 구두 질문들), 가계도(3세대 가계도[Bowen, 1978]; 부록 B_C)와 가족미술기초평가(부록 A)를 통해서, 나는 이 가족들의 인물들의 배역과 무엇 때문에 이 시점에서 여기까지 그들이 오게 됐을까? 라는 질문에 대한 답을 찾으려고 애썼다. 아빠보다 새엄마가 이에 대해 대부분을 말해주었다. 랜디는 예상보다 3개월 전에 일찍 그들과 함께 살기위해서 왔다. 그동안 가정생활은 더욱 더 고통스러워졌다. 랜디의 행동들은 받아들이기 어려웠으며, 체벌도 소용이 없었다. 학교에서 설치고 다니면서 다른 아이들과 싸우고 욕설을 퍼부었다. 그러나 그가 집에 있을 때에는 아빠는 집에 없었고, 그는 스스로 그의 방에 홀로 있어야만 했다. 랜디의 행동에 대해 최근 학교에서 온 전화는 새엄마로 하여금 전화로 상담약속을 하게 만들었다.

나는 어른들과 이야기하는 동안 마루 위를 휘젓고 다니는 저 작은 소년의 주변에 맴도는 긴장감을 느꼈다. 긴장감을 풀어주면서 그를 평가과정에 참여시키고자 애쓰면서, 나는 랜디에게 상담실 주변을 둘러보고 싶은지를 물었다. 그의 부모와 내가 계속해서 이야기하는 동안 그는 의자로부터 살짝 빠져나와서 한 장난감 통으로부터 다른 장난감 통으로 걸어갔다. 작은 인형을 집어 들고 그것을 바라보더니 내려놓았다. 그는 모래상자 속에 한 남성인형을 묻고 난 다음 그림을 그리는 탁자 앞에 앉았다. 나는 "랜디야, 무엇을 그리고 싶니?"하면서 그에게 다가갔다.

랜디는 빨간 크레용을 집어 들고 창문과 문이 하나 있는 집을 그렸다(그림 2). 그는 집 왼쪽에 작은 꽃도 그렸고, 오른쪽에는 캡슐로 보호된(밀봉된) 뿌리를 가진 커다란 꽃을 그렸다. 태양대신에 웃는 얼굴을 그려 넣었다. 세상의 다른 아이들처럼 자신의 엄마, 아빠, 형제자매들 그리고 할머니(아이들의 중요한 애착대상)의 일상생활을 표현하지는 않았지만 랜디는 혼란스러웠고 가슴 아파하고 있었다. 나는 그가 무엇을 생각하는지 궁금했다. 내가 돌아보면서, 나는 랜디가 "왜 항상 내가 잘못했냐고요? 나는 아무것도 하지 않았어요. 나는 아빠를 사랑하지만 아빠가 왜 나를 여기에 데리고 온 것인지 아빠에게 묻지 않았어요."라는 말을 할지도 모른다고 생각했다.

나는 랜디가 그의 가정에 대해서 다음과 같이 생각하고 있다고 확신하였다. "그런데 집은 어디 있어요? 나의 친엄마는 어디 있어요? 나의 동생은 어디에 있어요? 나의 동생은 새 아빠와 잘 지내고 있나요? 왜 동생은 할머니 집에 같이 있지 않을까요?" 할머니는 큰 집을 갖고 있고 랜디는 할머니와 사는 것을 좋아하였다. 그림을 다 그렸을 때, 그는 돌아서 조용히 "나는 집에 가고 싶어요" 라고 말했다.

가정은 무엇인가? 대부분 사람들에게 가정은 가족이라고 부르는 사랑하는 사람들과 함께 살아가는 안전한 장소이다. 그곳은 고향땅에 있는 안락한 거주지이다. 그곳은 사람의 마음을 따뜻하고 편안하게 해주는 곳이다. 가정은 사람들이 소속하는 장소이다.

나는 다음과 같이 랜디와 그의 아빠와 새엄마가 서로 대화하고, 조화와 융합을 이루고, 각자가 소속됐다고 느끼는 한 가정에서 함께 살아갈 수 있는 가족이 되도록 하기위해서, 그들은 서로 애정과 관심을 갖고 공정하게 이야기를 들어주고 대해줄 필요가 있다고 말하였다. 그러나 어린 아동들은 힘이 없다. 아이들 주변에 있는 어른들은 어른과 아이들이 모두 참가할 수 있는 환경을 제공하고 목소리를 낼 수 있게 해주어야 한다. 보통 이럴 때는 가정 밖의 전문적인 도움이 필요하다. 모든 문화권에서 랜디와 같은 아동이 있는 가정을 위해서, 미술치료접근방법을 적용한 가족치료는 자주 선택할 수 있는 치료방법이다.

감사의 글

이 책은 50년 전 Hanna Kwaitkowska에 의해 창시된 혁신적인 가족미술치료 작업 없이는 결코 저술할 수가 없었을 것이다. 1950년대 미술, 미술치료와 심리학으로 훈련 받았던 Kwaitkowska여사는 국립정신건강연구소(the National Institute of Mental Health)에서 근무하였다. 그 시기에 그녀는 미술은 가족과 가족구성원들을 변화시키는 치유적인 힘을 가졌다는 것을 확인하였고, Charles C Thomas가 1978년에 출간한 *'미술을 통한 가족치료와 평가'* *(Family Therapy and Evaluation through Art)*를 저술하였다. 1970년대 후반 Kwaitkowska여사는 그녀의 연구에 대한 강의를 하기위해 북부 캘리포니아(Northern California)에 왔다. 노틀담 대학(College of Notre Dame)에서 미술치료 프로그램이 그때 막 시작되고 있었으며, 가족미술치료와 그것의 전망에 대해 그녀와 대화를 나눈 것은 나에게는 아주 행운이었다. 그 때 그녀의 접근방법이 얼마나 강력하고 성장 가능성이 있는지에 대해서는 그녀는 결코 예상하기 어려웠을 것이라고 나는 생각한다. 가족미술치료는 20년 이상 노틀담 대학뿐만 아니라 미국의 전 지역의 단과대학과 종합대학에서 널리 광범위하게 적용되었다.

나는 캘리포니아 노틀담 대학(CNDU)과 미국미술치료학회(the American Art Therapy Association)에서 나의 전문적인 가족미술치료를 할 수 있게 해주어 감사를 드린다; Frances Anderson박사와 Carolee Stabno박사는 프로그램을 수업할 공간을 제공해 주었고, 각 장마다 정정을 해주었으며 그 외에도 다른 놀라운 일들을 해주셨다; 내가 미국 전역에서 가족미술치료를 가르쳐 온 20년 이상동안 Valerie Appleton, Barbara Daneielsen, Cay Drachnik, Elizabeth Ratcliffe 및 Betty Jo Troeger 박사들은 내가 이 책의 뼈대를 세우는데 도움을 주셨다; 그리고 처음부터 Dr. Vince Fitzgerald, CND는 이 책을 저술하는데 있어서, 본 책은 사람들의 삶의 질을 향상하는데 도움을 주는 이론이기 보다는 바로 진정한 사람과 그들의 삶을 바라볼 수 있는 관점에서 기술할 수 있도록 나를 격려해주셨다. 이 책을 저술하는 동안, 동료이자 친구인 Dr. Judy Rubin은 내가 무엇을 가장 쓰고 싶어 하는지를 물었다. 나는 지금 이 책을 끝냈을 때, 내가 가장 쓰고자 했던 것은 가족과 가족 중 한 사람 한 사람들이 만들어 낸 미술이 그들을 치유하는 데 어떤 방법으로 영향을 미치는지 바로 그런 이야기를 쓰고 싶었다.

나의 사무실 직원인 Dolores Kopesec, Loren Breithoff와 Jonathan Johnson에게도 감사드리며, 그들은 계획된 과제에 지속적으로 참석하였으며, 끝없이 개인적인 도움을 주었다. Jonathan의 긍정적 태도와 그래픽 디자이너이자 첨단기술자로서 전문적인 기술은 이 책에서는 없어서는 안 될 아주 중요한 것이었다. CNDU와 플로리다와 일리노이즈 주립대학과 그 밖에도 다른 대학에서 수년간 나에게 가족미술치료를 배운 대학원 학생들의 훌륭한 공헌에 대해서도 상당한 감사를 보낸다.

나는 CNDU에서 함께 일한 가족미술치료 교직원들에게도 감사를 드리며, Arnell Etherington과 Richard Carolan박사는 CNDU에서 가족미술치료 방법을 접목하게 했고, 진정한 특권과 기쁨을 갖고 강의를 할 수 있는 환경을 조성하는데 기여를 하였으며, Roseanne Murphy경은 계속해서 우리 미술치료의 수호천사가 돼 주었다. Nancy Gallenti의 현명하고 다정한 말은 미술과 이미지를 창조함으로써 뇌가 마음을 이완하도록 해주고 이것이 반영되어 결국 영혼을 치유하게 한다는 나의 이론을 주장할 수 있게 해주었다. 나의 우크라이나 팀 동료 중 한 사람인 Peter Yorgin박사와 그의 아내 Lisa는 백 개 이상의 사진들을 스캔 및 조정을 해주고 사진의 불필요한 부분들을 잘라 내주었다. 정말 여러 번 거듭 반복해서 말하지만 친구들과 가족들은 나에게 시간과 에너지 및 지지를 아낌없이 해주었다.

저작권이 있는 자료들을 재인쇄할 수 있도록 허락을 해준 다음의 저자들, 출판사들 및 기관들에 대해서도 나는 진실로 감사를 드린다: Frances Anderson; Foster W. Cline; Helen Landgarten; William Smith; Rachael Cherry, Elsevier Science (주) 그리고 *심리치료에 있어서 미술(The Arts in Psychotherapy)*; Open Court 출판사, 일리노이주 페루에 있는 카루스 출판사(주)의 사업부; 1983년 발간된 Margaret Fringe Keyes의 *내적 여행으로부터(From The Inward Journey)*; John Gottman; Judith Rubin; Taylor & Frances; Charles C Thomas 출판사; John Wiley & Sons; Andrew Wyeth; 그리고 노스캐롤라이나의 미술박물관.

나는 그들의 투쟁과 이미지들을 나누어준 내담자들과 그들의 이야기와 그림을 함께 공유하기를 원했던 다음의 가족 분들에게도 깊은 감사와 존경을 표한다. 이들은 Randy, Nancy, 그리고 Anne, Cathy, 그리고 Sam, Sharri, Mary, Humberto, Jenny, Sallie, Ron, Michelle, Tucker, Carl, Mandy, Michael, Chris, JR, Walker, Sandi

와 그녀의 가족, Beverly Stone과 그녀의 Gary와 그녀의 가족의 사례, William Smith 와 그의 Neal, Michael과 그들의 어머니, 그리고 폭력가정으로부터 아동들과 함께 작업한 Rachael Cherry의 사례들.

나는 특히 Marsha Calhoun에게도 감사하고 싶다. 그는 항상 내가 t' s를 긋고, i' s을 점찍는 데에 항상 도움을 주었다.

미술치료와 가족미술치료분야의 설립 초기부터 참여한 Charles C Thomas 출판사에서 이 책을 출판하게 해준 것에 대해서 경의를 표한다. 본 저서와 나에 대한 믿음과 지지를 보내준 Charles C Thomas 출판사의 Michael Thomas사장님에게도 감사를 표한다. 그의 따뜻함과 즉각적인 대답은 항상 반가운 위안이 되었다.

내가 책을 저술하는 동안에 계속해서 나의 남편 Bob은 가족들과 가족 행사에 나의 시간을 대신 채워줌으로써 우리 핵가족의 균형을 지켜주기 위해 노력하였다. 감사드린다.

목차

그림 목차

표 목차

가계도

이 책에서 사용된 짧은 글과 이야기는 실제적인 가족들과 가족들내에 개인들에 기초한 것이다. 그 가족들은 내가 치료하고 그들의 치료를 지도감독하고 그들의 삶을 살아온 방법에 대해 내가 높은 경의를 표한 실제적인 가족들이다. 이 이야기들은 가족미술치료의 이론적, 임상적 문제들을 설명하고 있고, 때로는 요점을 말하기 위해 몇몇 사례들은 통합하기도 하였다. 한 성인이 요청한 것을 제외하고는 모든 이름과 상황은 비밀을 유지하기위해 변경되었다. 예시들도 역시 사실 그대로이다. 몇몇 그림은 너무 밝아 다시 작업하였다. 독자들은 다양한 예술적 복잡성보다는 오히려 시각적 언어에 기초하여 집중해주기를 바란다.

영혼

나는 한 여자로서 또 가족미술치료사, 예술가, 관리자, 심리학자, 교수, 아내, 어머니, 할머니 그리고 평생가족구성원으로서 모든 역할을 함으로써 다음과 같은 것을 체험적으로 알게 되었다. 즉 나의 인생을 안내하고 동기화하고, 내 자신을 다른 사람과 함께 하는데 도움을 준 그러한 궁극적 관심은 영혼(SPIRIT)이라고 부르는 것과 관계함을 체험적으로 알아차리게 되었다. 영혼이란 나의 본성과 양육 모두 다시 말해 나의 선천적인 재능과 가족이라는 중요한 사람들과 함께 한 충만한 나의 어린 시절에서부터 또는 성장하는 환경에서 주어졌거나 아니면 그렇지 않은 양육환경으로부터 주어진 것이다.

- 영혼(SPIRIT)에서 S는 *안전감(security)*을 의미하며, 그것은 나의 원 가족으로부터 받았거나 받지 않을 수도 있다. 안전감은 나의 능력과 재능 안에서 머무를 수도 있고 그렇지 못할 수도 있다. 안전감은 내가 사랑과 일과 존재감을 느끼면서 살아가거나 혹은 위험을 각오해야 할 대상으로 내가 가질 수도 있고 갖지 못할 수도 있다.
- 영혼(SPIRIT)에서 P는 *목적(purpose)* 즉 생활에 대한 나의 개인적, 공동체적 목적을 의미한다; 내가 나의 인생에서 하고 싶은 것; 지금 이 장소, 이 시간에 하고자 하는 동기이다.
- 영혼(SPIRIT)에서 처음 나오는 I는 개인적인 *정체성(identify)*을 나타낸다. 우리는 스스로에게 나의 정체성은 무엇이냐고 물어본다. 나의 개인사, 나의 직업, 또는 나의 가족은 과연 나를 어떻게 정의내릴 수 있는가? 내가 어디에서 왔고, 내가 지적이고, 창의적이며, 부유하고, 낯설고, 양육적이라고 그렇게 내가 알려졌는가? 한 라디오 해설자는 나를 "한 아들의 엄마"로 알려져 있다고 한다. 그럼 당신은 과연 무엇으로 알려져 있는가?
- 영혼(SPIRIT)에서 R은 *관계(relationships)*를 의미한다. 기본적이며 확대적인 개념인 관계는 영혼이란 글자의 중심을 이룬다: 다시 말해 그것은 나의 중심이다. 한 개인으로서 내가 일하건 또는 사랑을 하건 간에 항상 관계 안에 있다. 나는 역시 하느님 또는 더 높은 힘에 대한 나의 이미지와 믿음의 관계 안에 있다. 나는 나의 관계에 의해 형성되고 만들어졌다.
- 영혼(SPIRIT)에서 두 번째 I는 *이미지(images)*를 나타낸다. 매일 나는 나를 나타낼 이미지를 선택한다: 옷을 입는 것, 내가 사는 집과 내가 타는 차에 대한 이미지들, 나의 신념, 나의 만족과 나의 꿈을 만들고 펼쳐 보일 나의 이미지들. 내가 의식적, 무의

식적으로 선택한 이미지들은 나의 내적 사고와 감정과 소통한다. 내가 연관을 지으려고 선택한 기관, 협회와 제도에 대한 이미지는 나의 목적을 규정하고, 나의 정체성을 형성하며, 나의 관계를 확대한다.

- 마지막으로 영혼(SPIRIT)에서 T자는 시간과 경험을 통해 또 내가 나이가 들어감에 따라 더욱 더 경험이 많아지고 세련되어지고 어리석어지며 때론 현명해지는 걸 가리키며, 나의 안정성, 목적, 정체성, 관계 그리고 이미지가 한 방향으로 또는 다른 방향으로 긍정적이거나 부정적으로 모두 섞여 *조절된다*.

인간이란 존재는 선천적이거나 배워서 획득한 그런 영혼이 충만한 연속체와 함께 더불어 살아간다. 일이 진행되면서 그것은 부정적인 것에서부터 긍정적인 범위까지 이루어져 있고, 항상 경험과 관계를 형성하고 적응하고 규정하며 반응하게 한다. 나이와 더불어 두 극단적인 것, 즉 나빠지거나 좋아지는 것 사이에서 선택하게 되며, 그리고 우리는 다음과 같이 현명하게 질문해야한다: 나는 어떤 방향으로 가고 있는가?

1장

가족미술치료

- 미술과 가족치료의 결합
- 가족미술치료에서 미술
- 가족미술치료의 3가지 관점
- 가족 초상화와 벽화
- 역사적 관점으로부터-가족역사
- 상호 작용적 관점으로부터
- 실존적 관점으로부터
- 치료자의 반영 및 고찰

가족은 인간구조를 위한 체제이다. 미술과 이미지는 그것을 표현하고자 하는 캔버스다. "가족미술치료는 치료의 주요방법으로서, 가족에게 미술기법을 적용한 가장 도전적이고 보상적인 기법이다. 그러나 역시 가족미술치료는 미술치료훈련과 함께 가족치료와 광범위한 심리치료의 임상경험에 대한 확실한 이론적 배경을 요구한다," Hanna Kwaitkowska(1978, p. 137).

만약 누군가가 그녀 자신에 관해 더 알기를 원한다면, 그녀는 자신의 내적 사고와 감정 및 그녀의 외적 행동에 초점을 맞춰야 할 것이다. 만약 그녀가 자신에게 그랬던 것처럼 자신이 왜 함께 살아왔고, 왜 함께 일 해 온 다른 사람과 관계되는지 그 원인을 이해하기를 원한다면, 그녀는 자신이 태어나고 양육된 가정과 그 환경 안에서 자신의 성격이 어떻게 형성되었는지에 관심을 두어야 할 것이다. 어떻게 그녀의 부모가 양육되어졌고, 또 어떻게 그들 부모의 부모가 양육되어졌는지를 안다면 도움이 될 것이다. 가족 개인들이 계속해서 영향을 미치는 관계 안에서, 서로 대물림되는 주기가 바로 인간발달의 중심이 된다.

치료는 누가, 어떻게 치료되었는지를 아는 것이 필요하다. 그것은 언어적, 비언어적 언어를 모두 포함하는데, 그 두 가지는 치료에 필요한 이론적 지식을 얻고, 그것을 배우기 위해 치료적 절차를 진행하고, 정보를 모으는 것을 필요로 한다. 이 책은 가족치료와 미술치료 사이에 "과연 얼마나 적합하고 조화를 이루는지 그 정도"를 살펴봄으로써 시작한다. 가족의 기능과 역기능은 인간의 언어, 부호화 및 말과 이미지를 사용한 표현과 함께 탐구되어 질 것이다.

미술과 가족치료의 결합

가족 역동, 의사소통, 및 기능은 가족치료의 핵심 구성요인이다(Connel. Mitten, & Whitaker 1993). 그것은 가족과 가족 내에 있는 개인들의 과거, 현재, 미래를 형성하고 재구성한다. 이미지는 미술치료의 핵심구성요인이다. 이미지는 표현과 의사소통 및 명상을 위해 형성되고, 재형성되는 창조적 과정으로부터 탄생된다. 가족치료와 미술치료라는 두 가지 학문이 가족미술치료로 통합되었기 때문에 가족미술치료는 성격발달, 가족체계 및 미술치료과정, 비언어적 의사소통과 반영의 산물에 대한 이론적 체계를 함께 공유한다.

Nichols와 Everett(1986)는 미술치료에 통합할 수 있는 "아주 적절한" 통합적 가족체계이론을 제안했다. 그것은 가족체계의 주요 이론들을 통합한 모델인데 역사적, 상호 작용적, 그리고 실존적 관점에서 Bowen(1978), Minuchin(1974), Haley(1973)와 Satir(1972)의 이론들을 포함한다. Nichols와 Everett의 모델은 발달적으로 체계의 기원 및 기능을 언급하고 있다. *역사적(historical)* 관점이란 "몇몇 가족이나 가족 구성원들에게 또는 전체 가족들에게 과거에 일어났던 것과 관련하여 가족이나 개인을 발달학적으로 살펴보는 것이라고 그들은 말한다. 치료자는 가족의 생육사와 함께 가족의 현재 상황을 연결하는데 도울 수 있는 정서적 환경을 만드는 역사적 상황과 자료의 종합검토를 한다"(p.83).

상호작용적으로(interactionally) Nichols와 Everett의 통합모델은 "그 체계가 보이고자 하는 게 무엇인지, 어떻게 행동하는지와 관련이 있다"(p. 117). 그것은 둘 다 서로의 환경과 상호적이고 지속적이며, 정보 피드백과정에서도 동일하다.

Nichols와 Everett의 *실존적(existential)* 관점은 다음의 것을 포함한다. "내담자들의 치료적 필요에 맞춰서 의식적으로 역할을 수행하고 과업을 수행하는 동안 가족구성원들과 함께 수행하기 위해서 공감하는 과업과 동시에 가족들로부터 적절하게 반응적이어야 하고, 충분히 그들에게 차별화되어야 한다"(p.84). 이것은 가족 구성원이 그들 자신의 생활, 인생목적 및 잠재성에 책임을 질 수 있도록 도와주는 것을 포함한다.

가족체계의 주요 이론들은 위에서 언급한 원래의 저자들과 다른 문서들에 의해 철저하게 논의되어졌기 때문에(Becvar & Becvar, 1993; Goldenberg & Goldenberg, 1998), 이 책은 이러한 이론가들 사이에 공유하는 이론들과 상호연결패턴과 개념, 목적 및 용어들에 대해서는 간단히 요약하여 살펴볼 것이다(부록 C). 부가적으로 가족관계를 수정하는 것에 중요성을 강조한 Gottman(1998)의 인지 행동적 가족치료이론을 간단히 살펴볼 것이며, 역시 원본을 참조할 것을 추천한다.

인간과 그들의 가족 구조는 과정 안에서 움직인다. 그러므로 치료자가 아동을 대상으로 작업할 때, 치료자는 가족문제도 함께 작업해야한다. 성인이 대상일 때도 관계적 문제는 사랑과 직업의 궁극적인 관심과 상호 관련이 있다. 그들은 성장지향적인 것과 자신의 문제에 초점을 맞추지만, 내담자의 문제되는 행동과 걱정 및 긴장은 바로 가족의 애착,

의사소통, 발달과 항상성 및 구조의 문제에 뿌리를 두고 있다. 이러한 문제 있는 행동과 긴장은 개인과 가족을 해체하고 상처를 주며 파괴한다. 그들은 다음 중 하나를 또는 전부를 보여주고 있다: 가족들과 중요한 다른 사람들에게 향한 부정적 행동; 책임감의 부족; 폭력적이고 이기적인 행동; 정상적이지만 이례적인 생활문제들뿐만 아니라 약물 남용에 이르기까지 모두를 보여주고 있다.

가족과 그들의 영향들은 흔히 내담자의 미술작품에서는 결코 확인되지 않을 수도 있는데 몇몇 치료자들은 그런 것이 보이지 않는 것에 대해 두려워한다(Tomm, 1984). 부모로부터 버려진 것, 신체적 또는 언어적 학대와 같은 인간의 정서적 트라우마를 입은 경우에, 인간 가족 내의 기본적인 신뢰감은 깨어지고, 깨져버린 다른 것들처럼 그러한 문제는 개선되거나 교체되거나 결과적으로 버려져야 한다. 개인이 사고나 질병으로 인한 신체적 손상과 신체적 트라우마로 고통을 받을 때, 정신도 역시 상처를 받으며, 그 사람이 계속해서 성장하고 발전하려면 치료를 받아야만 한다. 더구나 가족 구성원이 신체적, 심리적 트라우마로 고통을 받을 때, 전체 가족도 심리적으로 상처를 받는다.

내담자

간단하게 요약 정리하자면, 가족의 세계관과 상호작용적 패턴은 가족 구성원의 행동을 조절한다. 그러므로 가족치료사들은 체계적 관점에서 가족 내의 개인들과 전체 가족들을 다룬다. 그 관점은 가족구조, 경계선, 심리내적과정에 대한 전문적 지식과 치료자의 영향력을 포함한다. 가족미술치료는 동일한 체계적 모델로부터 유사한 지식을 갖고 거의 비슷한 내담자들을 치료하기는 하지만, 부가적으로 내담자의 비언어적 의사소통을 통해서 얻은 정보와 내담자들의 창조적 과정과 작품들을 통해서 볼 수 있는 정보가 포함된다. 가족미술치료사들은 의사소통 및 문제해결, 이완, 자기위로, 자기관찰과 복구작업을 위하여 미술매체와 이미지를 사용하고 싶어 하는 가족 내의 개인들, 가족의 하위체계와 전체 가족들을 위해 치료한다.

목표

가족미술치료의 목표는 치료적 미술절차(그들의 가족과 문화권 안에 있는 특별한 가족이나 개인들을 위한 자발적인 이미지 제작과 미술매체와 재료들의 선택, 전문적으로 계획된 것으로써 질문에 반응하고, 적절한 시기에 언어적 반영을 하는 것)가 긍정적인 성격 변화와 패턴을 촉진할 때, 시간과 매체 및 안전한 환경을 제공한다. 이러한 환경에서 내담자들은 스트레스로 가득하거나 고통을 주는 경험을 이완하고, 기억하고, 이야기하는 과정에서 이것들을 표현하기 위하여 미술과 이미지라는 보편적인 언어를 사용한다. 치료자는 내담자를 안내하고 능력을 향상시키는 임무를 가지고 내담자의 치료과정을 관찰하는 지지자로서 활동하며, 질문과 관찰을 통해서 그들의 반응에 속도를 맞춘다. 내담자는 가족구성원들 사이에서 그리고 가족구성원과 미술재료, 치료자 및 치료 그 자체에서 상호작용을 인식하거나 그들의 상호작용의 부족함을 지각한다. 치료자는 개개의 가족원들이 그들의 현재 행동을 유발한 과거경험에 관하여 수용과 용서를 발견하도록 돕고, 그들의 미래의 꿈에서 희망하는 것들을 표현할 수 있도록 해주어야 한다. 그러기위해서는 내담자들의 창조적 표현을 돕고, 그들의 전형적인 주제와 개인적 상징들을 통해 내담자를 반영해줄 수 있는 전문적 지식으로 도움을 주어야한다. 감정과 경험에 대한 언어적 표현을 통해서 가족미술치료는 표면적인 변화를 촉진하는 것이 아니라 의식과 무의식 행동 모두에게 영향을 줄 수 있는 변화 즉 이차적인 변화를 촉진한다.

가족미술치료에서 미술

가족미술치료에서 미술작품과 작업과정은 두 가지 모두 의사소통의 도구가 된다. 미술과 이미지를 만드는 경험은 그 자체로 창조적 과정에 있는 모든 개인에게 "보고, 듣는" 것을 수용하며, 치료 중에 치료자를 신뢰하게 하며 참가자 자신의 감각도 신뢰하게 한다. 자발적이거나 제한된 감독 하에 지시받은 미술제작은 내적인 사고와 감정을 대화하도록 허용한다. 미술이 상징적이건 추상적이건 간에 그 자체가 표현이 된다. 지모(地母)의 신(神)인 빌렌도르프와 라스코 동굴벽화의 발견으로 알게 된 것처럼, 태초부터 미술제작은 고대의 언어로 또는 보편적인 언어로 제공되었다(Arrien, 1992, 1993; Arrington, Eslinger & Virshup, 1975; Ault, 1989; Campbell, 1972; Cirlot, 1962; Cornell, 1994; Gadon, 1989; Hammer, 1958/1967; Koplewicz & Goodman, 1999; Kris & Kurz, 1979; McMurray, 1988; Politsky, 1994; Shlain, 1998). 언어는 놀이(play)에 의해서 동기화되고, 열망(desire)은 개인의 환경을 부드럽게 하거나 풍부하게 하고, 욕구(need)는 내적 경험과 성스러운 감정을 소통하게 한다(Arrington, 1998; Bloomington, 1998; Dissanayke, 1992).

이미지는 내적인 현실과 환상뿐만 아니라 집단적이고 개인적인 사회적 경험을 반영한다. 창조적 과정과 미술작품은 개인을 가족에게, 가족에게 문화를, 문화에게 영원한 인류와 집단의 신성함을 연결시켜준다. 인류의 수명을 초월해서 이러한 테마와 이미지들은 상징적, 창조적 언어에 대한 통찰력을 가져다준다. 태초부터 인간은 창조의 상징물들과 그들 세계의 중심을 탐구하였고, 집중하고, 표현하려고 노력하였다. 그들은 신비한 힘을 가진 보석과 토템 및 신성한 동물의 형태를 가지고 다니거나 착용할 수 있는 예술을 창조하였다. 그들은 부정적인 강자를 괴물의 이미지로 표현하고, 권위적인 인물과 구원자의 이미지를 남신과 여신으로 또 남자 및 여자영웅의 이미지로 창조하였다. 그들은 사랑의 관계와 성스러운 결혼의 상징들에 대해서도 그렸고, 그들은 내면의 어린이 또는 신성한 어린이에게 매료되었음을 보여준 것과 같이 영광스러운 희망을 갖기도 하였다. 인간은 구원자에게 도움을 청하기 위한 그들의 욕구를 상징적으로 표현하였으며, 성스러운 왕위와 연약한 왕자비에게 영광과 경의를 나타내기 위한 그들의 욕구를 상징적으로 표현하였다. 현재와 과거 모두에서, 인류는 그것을 상호간에 연결 짓는 외부와 내부의 이중적 상징을 만들었고, 화해, 폭로와 변환에 대해서도 상징을 만들었다(Moon, 1991). 창조적 표현이 우리의 관심의 폭의 범위를 좁히기 때문에, 그것은 "기도와 명상에서 일어나는 것과 유사한 어느 정도의 정신의 해리와 그의 결과에 따른 대뇌 피질의 억제"를 포함한다(Kroger, 1963/1977, p.93). 그러므로 육체와 마음을 이완시킨다.

창조적 과정 그 자체는 자연스럽고, 평범하며, 적극적이고, 활성화되는 반면에, 그것 역시 독특하며, 개인이 혼자 있거나 대규모 군중들 가운데 있건 간에 자기망각이나 자기독학 상태로 빠져버리게 한다. 상징들을 선택하고 그것들을 자발적으로 표현하는 과정을 통하여 모든 개개인들은 의식적, 무의식적으로 그들의 내적 감정과 태도와 소통한다. McNiff(1992, p.38)는 이미지는 "어린아이와 같이 우리를 통하여" 그 흐름을 선택하거나 창조하며, 창조자와 각 단계별 과정 중에 일어난 창조과정에 대한 관찰 및 기록을 해야 한다고 말했다.

이미지는 궁극적인 관심사를 표현한다: 안정되거나 불안정한 감정, 개인적, 집단적 목적, 정체성, 시간에 따라 경험에 의해 안정되어진 관계들. 이러한 창조적 작품, 즉 2차원적, 3차원적인 시각적 구성물은 평가와 진단 및 의사소통과 치료를 위해 구체적인 자료를 제공하게 된다(부록 A와 B를 참조).

미술을 지시하고, 치료적으로 사용하는 것은 참가자들에게 역설과 투사적인 경험들을 강요한다. 이러한 미술치료 경험과 창조된 이미지는 혼자 또는 다른 사람들과 함께 작업하는데 구조를 제공한다. 그것들은 대뇌 피질에 에너지를 집중시켜, 창조자를 이완시킨다. 그 결과 강한 감정 및 무의식적인 자료들이 유발되는데 그것은 자신의 약점과 강점을 드러내준다(Ulman, 1975). 투사적인 미술과정을 통해서 가족체계 안에서 표현과 이해 및 정보전달이 최대화되어야 하며, 그동안에 치료자는 "반응적이며, 충분히 차별화할 수 있는" 상태로 남아있어야 한다(Nichols & Everett, 1986, p.86).

이완(RELAXATION). 이완은 어떤 신체적 스트레스를 감소하는 것으로 언급되며, 장기간 받는 스트레스는 혈액순환을 차단하고, 면역체계에 영향을 주며, 관상 동맥성 심장 질환 및 바이러스 감염을 유발하며, 단기적으로 실제적인 신체적 불편감을 준다(Alder, Underwood, & Kolb, 1999). 또한 이완은 "스트레스관리 세미나, 치료시간들과 그 주제에 관한 여러 책" 에서 기술한 기법의 활용을 말한다(Sapolsky, 1998, p.325). 이러한 기법들은 자기위안을 가르치고, 자존감을 세우며, 의존심을 감소시킨다. 건강과 치유에 관심 있는 사람들에게 중요한 창조적 표현 및 매체와 주제의 선택은 생리적 안정을 향상시키며, 참가자들에게 그들 자신의 적절하고도 강력한 자기위안의 배출구를 찾도록 해준다. 이미지를 사용하는 이완 기법들은 내담자들을 천천히 또는 빨리 그렇지만 직접 "희망을 주는" 깊은 경험으로(Sapolsky, 1998, p.328), 또 통제할 수 없는 것을 통제할 수 있는 경험으로(9p. 331) 움직이게 하는데, 이에 대해 Sapolsky는 John Henryism처럼 "믿기 어려울 정도로 부정적인 역경에 대항하기 위해 내적 통제의 중심을 유지 하라"고 말했다. 미술경험은 창작자들이 "의식을 잃을 정도로" 최대 효율성을 발휘하는 동안 창조한 사람들을 구부리거나 성형을 하게 한다. 미술을 제작하거나 단지 바라보는 것만으로도 개인이나 집단들에게 다시 새롭게 되고 다시 채우도록 삶을 흐르게 할 것이다(Arrington, 1998b; Csikszentmihalyi, 1990, 1999). 미술과 창조적인 표현은 인간이 세계를 바라보는 방법을 변화시키며, 진정한 의미에서 그들이 다음 세대에게 생존의 자원을 제공하는 방법을 변화시킨다.

대화를 하기위한 출발점으로 사용되는 가족미술치료의 미술과정은 삶의 문제와 도전을 얘기해주며, 반면에 작품은 가족구조의 청사진, 하위체계와 계속 진행 중인 평가도구를 제공한다. 예를 들어, 가족미술치료의 처음 시작은 미술을 지시하는 것부터 소개한다. 가족미술에 기초한 평가나 축어록은 지시적이지만 다음과 같이 단순하게 할 수 있다. "마음에 떠오르는 것은 무엇이든지 그려주세요.", "당신이 원하는 것이면 무엇이든지 색칠해주세요.", "당신의 인생 곡선을 그려주세요,", 당신 결혼생활의 긍정적, 부정적 감정과 경험을 통합해서 그려주세요,", "이 그림들로부터 당신의 가족을 선택해주세요.", "또는 "당신이 바깥세상에서 스스로를 어떻게 나타내는지 그리고 내부에서는 당신이 어떻게 느끼고 생각하는지 그려주세요." 이러한 것과 다른 지시사항들은 참여하는 모든 가족 구성원들에게 시각적, 언어적 확장을 위해 과거, 현재, 미래의 관점을 개방하게 한다.

오늘날 다양한 서구 사회문화권에서 민족적 민감성을 요구하는데 가족미술치료사들 역시 임상치료를 자신의 내담자들의 민족성에 특별한 문화적 치유 작업을 적용함으로써 내담자와 함께 소통해야 한다. 문화적으로 기반한 미술치료는 관계의 긍정적, 부정적 측면을 통합하는 만다라를 내담자에게 그리도록 요청하거나 열중하게 할 수 있으며(Jung, 1964; Kellogg, 1978), 내담자에게 레타블로(retablo: 기적적 경험, 확인된 영웅, 현재나 미래에 뭔가 하고 싶은 소망)(Acton, 1998)를 만들어 보도록 요구하거나, 함께 물고기 연을 만들자고 하던지(Tolin, 1994), 또는 그들의 아이들과 함께 우주 동물을 만들도록 권유해보는 것 등을 포함한다.

가족미술치료의 3가지 관점

여러 가지 문제점과 가족 집단과 함께 작업하는 것을 촉진하기 위하여, Nicols와 Everett의 작업(1986)을 기반으로 하는 가족미술치료는 소통, 평가, 진단 및 치료와 같은 미술을 사용함으로써 여러 가지 성격과 가족이론의 상호연결과 상호의존성을 포함하는 3가지 유사함 관점(Arrington 1991)을 통합하였다.

*역사적 관점*은 그것이 최근의 관심사를 반영할 때 개인적 역사와 관계한다. 이 관점은 다음과 같은 항목들의 지식과 이해를 포함한다:

- 창의성과 전형적인 상징과 주제들(Arieti, 1976; Arnheim, 1954/1974. 1969; Cane, 1951; Cirlot, 1962; Jung, 1933/1955; 1954/1974; Moon, 1991; Scarre, 1993).
- 미술표현에 있어서 민족적, 개별적으로 특이하고 퇴행적인 특성에 대한 미술 발달(기초 시각적 구조)과 그에 대한 의미 있는 이해(Altschuler & Hattwick, 1947/1967; Anderson, 1992; Arrington, 1986; Drachnik, 1995; Furth, 1988; Kellogg, 1969-1970; Lowenfeld, 1957; Lusebrink, 1990; Troeger, 1992; Ulhin, 1972).
- 성격발달이론가들(Bowlby, 1969/1982; Brazelton, 1990; Bronfenbrenner, 1979; Erikson, 1963; Freud, 1905; Jung, 1954/1974; Mahler, Pine & Bergman, 1975; Piager & Inhelder, 1969).
- 미술치료이론가들(Keyes, 1983; Kramer, 1959; Kwiatkowska, 1975, 1978;

Landgarten, 1981L Naumburg, 1966; Rhyne, 1973; Rubin, 1978, 1987; Ulman, 1975; Wadeson, 1980).

- 가족치료이론가들(Bowen, 1978; Gottman, 1994, 1996, 1998; Haley, 1973/1976/1984; Knudson-Martin, 1994; Minuchin, 1974; Palazzoli, Boscolo, Cecchin & Prata, 1978; Papp, 1983; Satir, 1964/1967, 1972; Tomm, 1984).

상호작용적 관점은 다음과 같이 구성된다:

- 창의적 참여와 이완(Arrington, 1985; Brown & Smith, 1992; Campbell, 1972; DeLue, 1994; Kellog, 1978; Kramer, 1987; Progroff, 1980; Rhyne, 1973).
- 원가족과 현재의 가족관심사와 관련하여 내담자 행동과 이미지를 관찰하기(Arrington, 1992; Buehlman, Gottman & Katz, 1992; Burns & Kaufman, 1972; Landgarten, 1981, 1987; Keyes, 1983: Kwiatkowska, 1975, 1978; Wilcoxon, 1987).
- 치료자와 함께 문제 확인하기(Connell, Mitten & Whitaker, 1993; Gottman, 1993; Haley, 1973; Jung, 1963; Minuchin, 1974; Rhyne, 1973; Satir, 1964/1972).
- 시간, 공간, 재료, 과정 및 작품과 상호작용하는 내담자 확인하기(Betensky, 1973; Kwiatkowska, 1976; Lusebrink, 1990).

*실존에 관한 관점*은 다음과 관계하여 언어적, 그래픽의 표현으로 구성된다:

- 내담자(들)의 궁극적인 관심사(Frankl, 1984; Hillman, 1996; Jung, 1954/1974; Moore, 1992; Seppa, 1997; Simpkinson & Simpkinson, 1993; Simpkinson, Simpkinson, & Solari, 1995).
- 치료자에 의한 반영(Arrington, 1991, 1998; Bridges, 1980; Callagan & Rawls, 1993; Gilligan, 1995; McNiff, 1998; Moon, 1994).

다음의 Smith 가족의 이야기는 가족발달을 평가하기 위한 3가지 관점을 통합한 수정된 가족미술 기초 평가(FABA)를 사용하고 있다(본 사례의 종합적인 보고서를 보기 위해서는 Fances Anderson에 의한 *모든 아동들을 위한 미술(Art for All the Children)* 2판의 5장을 참조).

가족 초상화와 벽화

스미스 가족-가족미술 기초평가

어머니가 처음에 전화를 하였고, 그녀는 5세 된 딸 샌디 이야기를 하였다. 가족들은 샌디의 남자 정신과의사에 의해 여자 가족미술치료사에게 의뢰되어졌다. 엄마는 샌디의 현재 나이와 학업적 성취사이에 2년이나 차이가 나며, 샌디의 성적표가 아직 개선되고 있지 않음을 잘 말해준다고 하였다.

치료는 전체 가족에게 형식적, 언어적 면담과 가계도 작성(가계도; 부록 C와 개입 C를 참조)과 가족미술기초평가(FABA; 부록 A-3을 참조)로 시작하였다. 가족의 생육사 정보를 모으고, 가족행동패턴을 확인하는 치료자의 첫 번째 접근 방법은 구조적 모델과 유사하다. 이 모델에서 치료자는 "비전문가, 모른다(non-expert, not-knowing)" 라는 입장을 취하며, 가족구성원들의 이야기를 너무 빨리 이해하려고도 또 격려하려고도 하지 않는, 그저 존중해주는 청취자 입장을 취한다(Christensen Russell, Miller & Peterson, 1998, P. 18). 이러한 치료과정에 합류한 후에 치료자는 질문과 이야기에 보조를 맞추면서 개인과 가족이 기억하고, 다시 말하고, 꿈과 희망을 가질 수 있도록 격려하는 안전하고 공정한 환경을 조성해야 한다(Satir, 1972).

가계도에서 아빠는 외아들이었고, 샌디 엄마보다 15세가 더 많다는 것이 나타났다. 홀어머니에 의해서 키워진 그는 첫 번째 결혼에서 세 자녀가 있었고, 재혼에서 두 자녀가 있었다. 현재 그는 샌디의 엄마가 일하는 동안 샌디와 그녀의 오빠를 돌보았다. 그는 아버지의 신탁재산으로부터 자금을 받는 이외에 사냥과 낚시여행을 주로 하고 있었다. 대가족으로부터 성장한 엄마는 지역의 테크닉회사에서 고위직으로 일하고 있었다.

역사적 관점으로부터-가족역사

Rubin의 가족미술 기초평가(FABA, 부록 A-3)를 수정하여, 가족미술치료사는 각각 4명의 가족 구성원에게 자유화, 가족 초상화를 그리게 하였고, 가족구성원들이 함께 완성하는 벽화를 그리게 하였다. 미술재료로 12×24인치의 흰 도화지, 마커, 쵸크, 오일 파스텔과 크레용 등이 제공되었다.

첫 번째 미술작업: 마음에 떠오르는 것은 무엇이든지 그리기

가족미술 기초평가(FABA)에서 첫 번째 과업은 비지적이며, *자유화를 그리는 것이다.* 비지시적 과업은 참가자들의 긴장을 감소하고 이완시키며 통제할 수 있게 하며, 그들이 원하는 것은 무엇이든지 그리도록 한다(Schmidt, 1998).

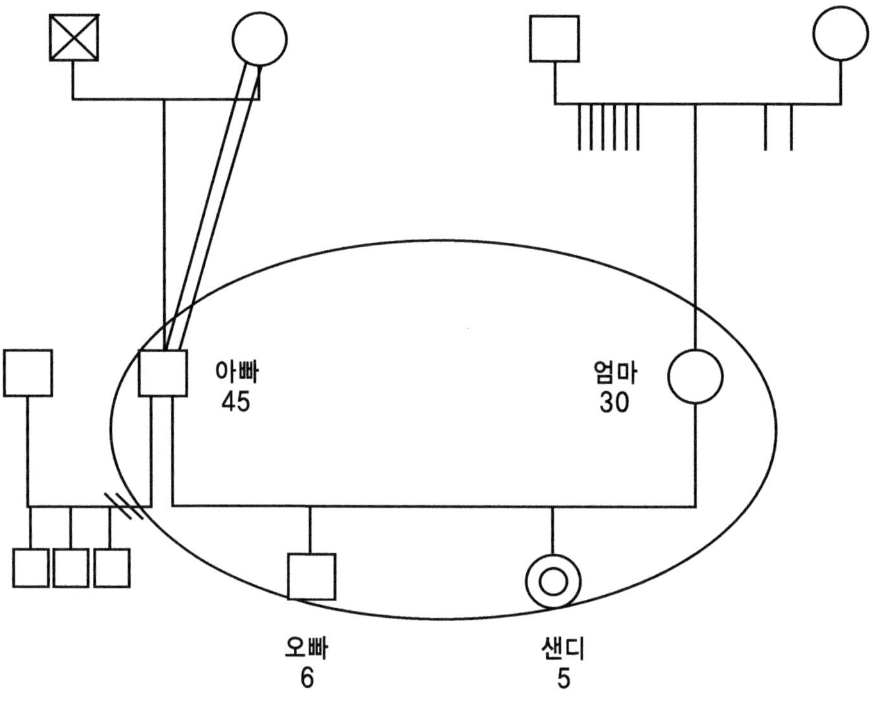

가계도 1. 스미스 가족(Bowen, 1978; Carter & McGoldrich, 1980).

치료에서 사용된 미술이 이완제로서 어느 정도 작용할지에 대한 의문을 연구하면서 Baker(1986)는 글쓰기 언어과업을 하기 전에 미술을 실시했을 때 그것이 이완제로 작용했다는 것을 알았다. 이완제로서 미술은 언어쓰기와 읽기 두 가지에 장애가 있는 학습장애 아동의 인지적 능력을 향상시켰다. Delude(1994)는 심장박동률과 피부온도의 모니터링을 통해서 초등학교아동들의 만다라 제작이 퍼즐 맞추기에 참여할 때보다 초등학교 아동들을 훨씬 더 생리적으로 유의미하게 이완시켜준다는 것을 발견하였는데, 이 결과는 Folken(1988)에 의해 지지되었다. Cohen(1994)은 긴장, 분노 또는 고통의 증후를 밝히기 위해서 만다라 그리기에서 알아낸 모서리(각/각도)의 수를 측정하였다. 그녀는 거주지역 정신보호 센터에 있는 청소년들이 만다라 제작에 참여함으로써 불안과 흥분이 감소하는 경험을 했다는 것을 발견하였다. Schmidt(1998)는 일정기간 입원한 성인 프로그램에서 그들과 함께 작업을 하였는데, 집단에서 비지시적 미술작업이 지시적 또는 쓰기 작업들보다 훨씬 더 스트레스 수준을 유의미하게 감소시켰다는 것을 발견하였다.

아빠는 라임빛 녹색 마커로 시작했는데, 언덕 사이에 물이 흐르는 두 개의 언덕을 그렸다(그림 3). 언덕 밑을 가로질러 작은 갈색의 쭉 늘어선 울타리를 그렸고, 그 울타리 왼쪽에는 일곱 개의 전나무가 있었다. 라임빛 녹색 크레용으로 언덕 안을 채색했고, 그림 제목을 *언덕*이라고 이름 지었다.

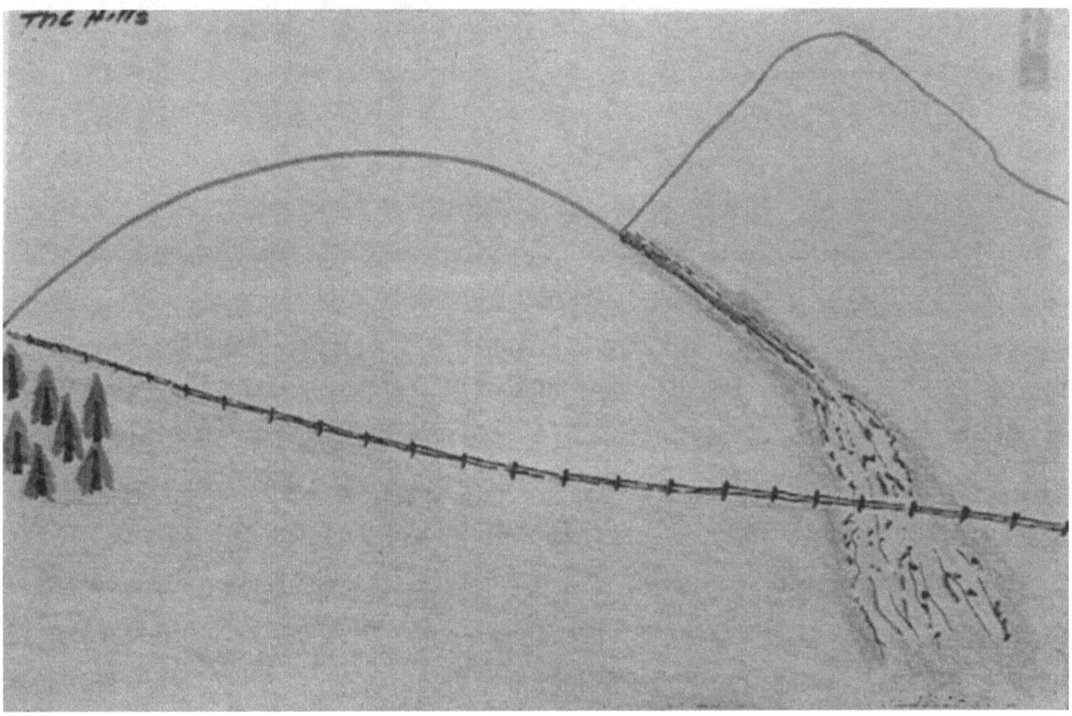

그림 3. 아빠가 그린 언덕

엄마는 크레용을 사용해 도화지의 아래에 부분에 무지개를 그렸는데 위로는 7마리의 새가 있었다(그림 4). 엄마는 무지개 아래 왼쪽으로 향하는 투명보트와 전나무 한 그루를 그렸다. 갈색 지면선이 부분적으로 물위를 가로질러 길게 그려졌다. 그녀는 그림을 *무지개 아래에서 낚시하기*라고 이름을 지었다.

오빠는 그의 그림에 테두리를 긋고 그 안에 그렸다. 그는 검은색 마커를 사용해 그림주변에 테두리를 그렸고, 테두리 안에 아빠의 그림을 동일시한 4개의 뾰족한 산들을 그렸

그림 4. 엄마가 그린 무지개 아래에서 낚시하기

다(그림 5). 그는 한 개의 산에 반 정도를 검은 색으로 칠했다. 다른 산들은 파란색 초크로 그렸다. 그는 산 위에 두 개의 구름을 그렸고, 3개의 번갯불이 산 아래를 내리치고 있었다. 그는 그림 아래에 작은 풀을 나타내는 초록색 풀을 그림으로써 그림을 완성하였다. 갈색 마크를 사용해 그는 두 번째 산의 정상중 하나 위에 *산* 이라고 제목을 썼다.

샌디는 오일파스텔과 마커들을 이용해 엄마가 이끄는 대로 따라하였고, *무지개 집*이라고 부르는 그림을 그렸다(그림 6). 엄마가 종이위에 제목을 써주었다. 그 무지개집은 사각형 모양에 그 오른쪽에 동그랗게 둘러싼 4개의 얼굴이 있었다. 샌디는 검은 색 마커로 집 가장자리에 글자 같이 보이는 것을 써 놓았다.

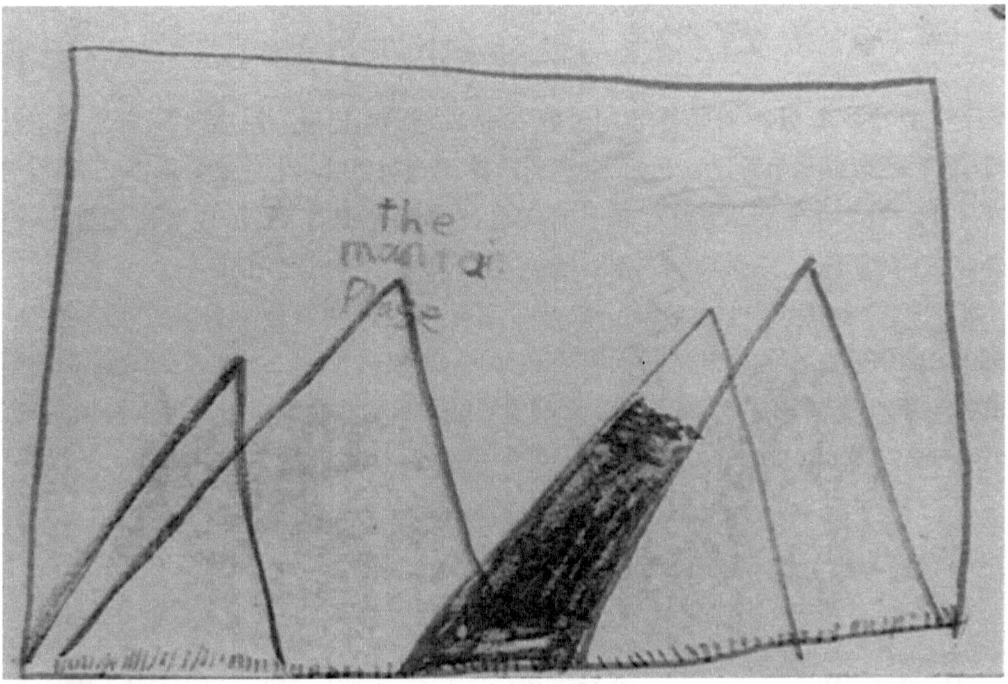

그림 5. 오빠가 그린 산

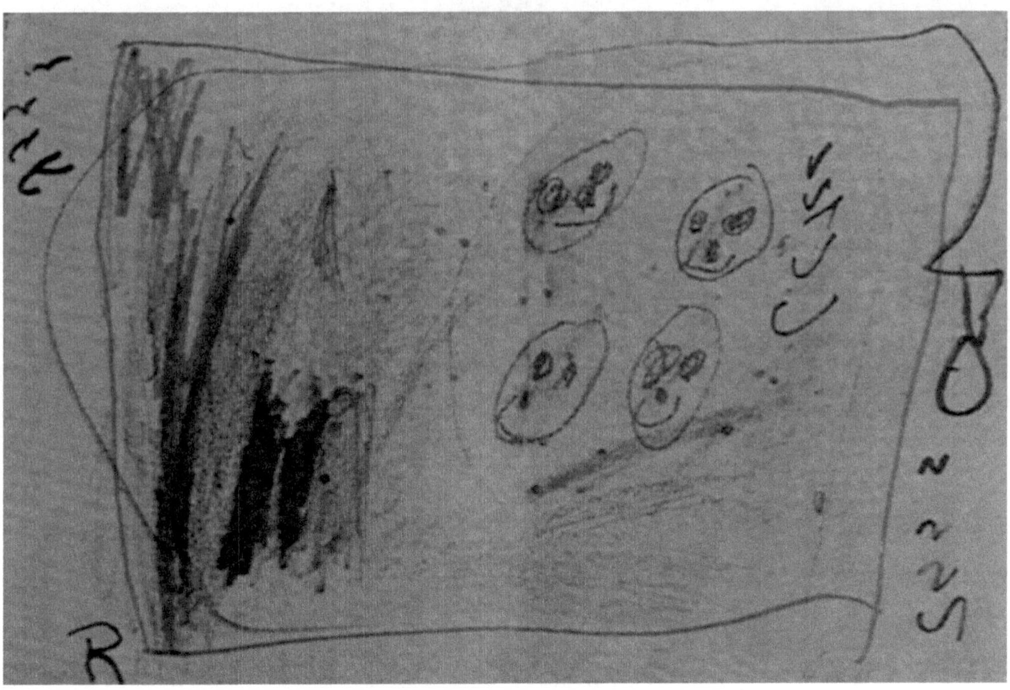

그림 6. 샌디가 그린 무지개 집

두 번째 미술작업: 가족 초상화

서로가 관계하고 있는 가족들의 편안한 수준을 탐색하면서, 두 번째 그림은 참가자들에게 *가족 초상화(family portrait)*를 그리도록 요청하였다. 가족 초상화는 가족 경험을 상기시키는 가족관계를 포함하기 때문에 그들은 때론 긴장을 한다. 이러한 긴장은 생략, 캡슐화, 지우개 사용, 수정과 과거경험의 피해가 그림 안에 반영된다.

연대순으로 아빠는 엄마의 얼굴을 그리기 위해서 갈색 마커를 사용하였다(그림 7). 그는 샌디의 머리에 어두운 청색을 사용했고, 아들의 머리에는 초록색으로 그리고 자신의 머리에는 빨간색 귀를 가진 검은색으로 색칠했다. 모든 가족들의 머리는 공중에 떠있고, 엄마에서부터 샌디, 샌디의 오빠 그리고 아빠 순으로 점점 작게 그렸다.

그림 7. 아빠의 가족 초상화

크레용을 사용해서 엄마는 굴뚝에서 연기가 나는 집안이 훤히 들여다보이는 초록색 집 안에 가족을 포위시켰다(그림 8). 집 밖의 왼쪽에는 검은 색 마커로 작은 개집을 그렸다. 그리고 나서 그녀는 크레용을 바꿔 하나는 갈색 또 하나는 검은색으로 두 마리 개를 그렸고, 그리고 빨간색의 커다란 꽃도 그렸다. 오른쪽에는 두 개의 커다란 빨간 꽃을 그렸다. 집 내부의 벽난로 안에는 불이 있었고 TV도 그렸다. 그녀는 스스로 소파위에 자신을 포

그림 8. 엄마의 가족 초상화

그림 9. 오빠의 가족 초상화

위시켰고, 남편은 안락의자에서 웃고 있었다. 그녀는 빨간색으로 2층으로 올라가는 계단을 표현하였고, 엄마가 그들의 침대로 표현한 곳에서 샌디와 그녀의 오빠는 둘 다 포위당하고 있었다. 그녀의 그림은 잠재연령기의 발달수준으로 그려졌다.

오빠는 종이의 왼쪽에서 출발해서 검은 색 크레용으로 옷을 제대로 갖추어 입고 손가락 있는 손과 속눈썹이 달린 샌디를 그렸다(그림 9). 다음에 그는 자신을 대략 동생의 삼분의 일 사이즈 크기로 막대 인물로 표현하였다. 그는 자신을 동생과 아빠사이에 그렸고 아빠는 그의 동생보다도 2배나 크게 그렸다. 그의 아빠는 얼굴에 눈, 코, 입이 없고 발도 없고, 동그라미로 그의 큰 위장을 표현하였다. 오빠는 아빠의 성기부분에 작은 사각형 모양을 그려 색칠을 하였다.

파스텔을 이용해서 샌디는 다리를 가진 4개의 머리를 그렸고, 하나는 얼굴이 제대로 갖추어지지 않았고, 커다란 분홍색 꽃이 분홍색과 파란색의 산 아래에 포위되어 있었다(그림 10). 그녀는 자신의 이름을 맨 위에 썼다가 검은색 크레용으로 덧칠해버렸다.

그림 10. 샌디의 가족 초상화

세 번째 미술작업: 가족 협동벽화

세 번째 미술작업을 위해 그 가족은 3 x 5 피트 크기의 두꺼운 방습지위에 *협동벽화(Joint Mural)*를 제작하도록 요청받았다(그림 11). 협동벽화는 가족미술치료사에게 가족동맹과 가족구성원이 어떻게 함께 작업하는지를 관찰할 기회를 준다.

미리 사전 의논도 없이 이 가족은 그림을 그리기 시작했다. 엄마가 얼굴에 눈과 눈썹, 코와 입과 분홍빛 볼을 그리기 시작하였다. 그녀는 아빠가 기하학적인 도형들을 그리는 것을 쳐다보았다. 그녀는 멈추더니 그녀 자신의 도형들, 즉 동그라미 안에 튀어나온 삼각형을 그리기 시작하였다. 그 중간 시간에 아빠는 원근법으로 상자 하나와 2개의 상자를 더 그려 넣었다. 오빠는 아빠와 같은 쪽에서 집을 그리기 시작하였다. 그리고는 오빠는 끝 쪽으로 옮아가서 커다란 바퀴를 가진 경주차를 그렸다. 샌디는 엄마 옆에 앉아서 7개의 작은 동그라미를 포위한 커다란 동그라미를 그렸다. 그 밑에 그녀는 웃는 얼굴을 그렸다. 샌디는 엄마 옆에 앉아서 큰 원을 그린 다음 그 안에 7개의 작은 원을 그려 넣었고, 바닥에 웃는 얼굴을 그렸다. 엄마의 그림 옆에 남근 모양의 커다란 양초모양을 그렸다. 그리고는 그녀는 종이의 구석을 향해 움직이더니 오빠가 그린 경주차 위로 폭포와 같은 물이 쏟아지는 것을 그렸다. 벽화에 대한 이름을 물었을 때 엄마는 주변을 둘러보고 재빨리 다음과 같이 선언하였다. "우리는 그것을 *스미스 가족의 창조(Smith Family*

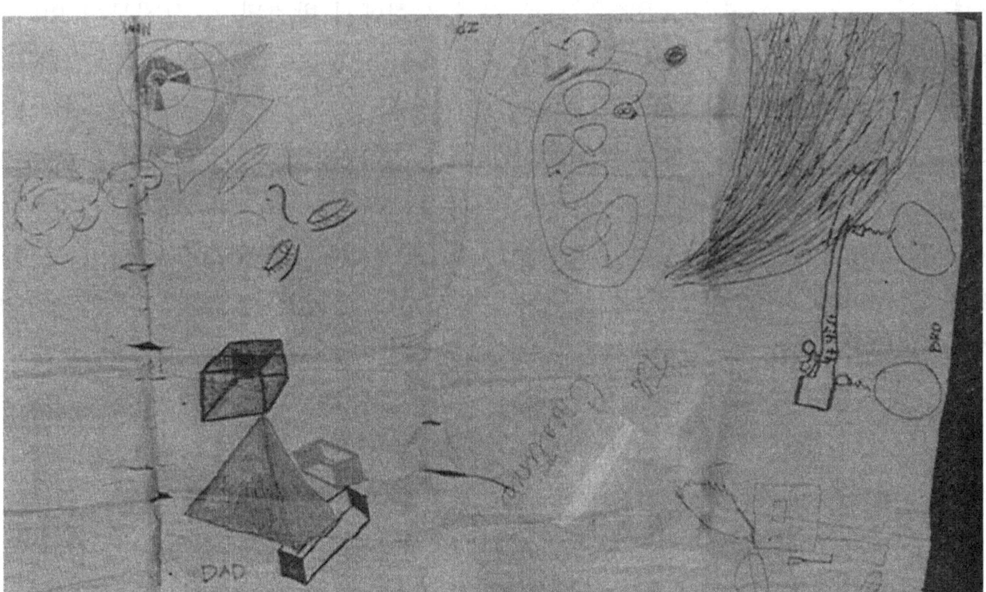

그림 11. 스미스 가족에 의해 그려진 스미스 가족의 창조

Creation)라고 부르겠어요." 다른 가족들은 이무도 의견을 내지 않았고 이에 반대도 하지 않았다.

창조성, 원형적 상징들과 주제

일찍이 인간은 장식된 미술, 음악소리와 풍부한 의식적 생활에 대한 관찰과 창조를 통해 바로 그들 자신의 존재를 기록하였다. 그들은 집단적이고 미적인 취향을 발달시키면서, 그들 자신의 목적과 즐거움을 위해 자연적인 것에 적응을 하였다. 그들은 자신들의 최대의 관심을 반영하는 이미지와 신화를 가진 성스러운 장소를 만들어냈다. 그들의 신념과 종교는 인간의 "내적인 생활을 표현하기 위한 근본적인 열정"으로부터 탄생되었다. 예술은 삶의 신비의 높이와 깊이를 소통할 수 있는 언어를 창조하기위해 춤과 드라마 그리고 리듬과 접촉했고 계속 접촉하게 만들었다. 그러한 언어는 모든 문화권의 상징적체계 안에 새겨진 주요 원형적 테마에 포함되었다(Cirot, 1962; Cooper, 1978; Fontana, 1993; Jung, 1964; Walker, 1988). 흔히 예술에서 원형적 테마들은 예술의 의미를 찾는데 있어서 새롭거나 서로 다른 관점에서 볼 수 있는 의문점을 유발하곤 한다. 가족미술치료 안에 있는 미술표현, 이미지와 상징들의 영향을 이해하기 위해서 치료자가 내담자들을 위해 그들이 갖는 원형적 상징과 테마와 의미를 인식하는 것이 중요하다.

인류학자 Angine Arrien(1993)은 서로 다른 사회에서 발견된 각 상징물이 의미하는 일치성에 관한 연구를 하기 위해, 1,200개 이상 되는 상징물의 기원을 연구하였다. 그녀는 모든 문화권의 미술에서 나타난 기본적인 5개 형태 원, 사각형, 삼각형, X표와 나선형을 확인하였다(p.12). "각 형태는 보편적인 의미를 공유하는데 다시 말해서 원은 전체성을 상징하고, 사각형은 안정성을, 삼각형은 목표와 꿈을, X 표는 관계를, 나선형은 성장을 상징한다"(p.12). 이러한 상징들은 인간과 동물의 이미지 안에서 통합되어왔고 계속 그렇게 될 것이다. 이런 것들과 다른 이미지들은 항상 문화적, 종교적 의식과 성스러운 장소의 일부가 되어왔다.

샌디의 가족에서 남자 구성원들의 상징과 테마는 산이었고, 영혼의 내적인 고상함을 상징하는 삼각형 모양의 산과 어머니인 대지에 의해 창조가 시작된 세상의 중심을 상징화하였다. 아빠와 오빠는 모성인물들에 대한 부정적인 사고로 인해서 지금 그들 자신의 인생에 대한 시각을 제한하고, 퇴행하고 있는 것 같지 않는가(젖가슴 모양과 같은 두 개의 산을 가로질러가는 아빠의 울타리와 오빠의 날카롭고 차갑게 보이는 산들)? 두 명의 남자들은 그들 어머니상을 자신들의 목표와 꿈을 방해하는 인물로서 지각하고 있는 것 같지 않는가?

이 가족에게 여성의 테마는 무지개였다. 무지개는 흔히 믿음의 약속을 상징하는 하늘과 땅 사이를 연결하는 다리처럼 보인다(Arrington, 1986). 무지개는 그들이 나타난 그림을 포위하거나 구분하기 때문에 그것들은 환경으로부터 보호하는 것으로 볼 수 있고, 소외감과 공포를 반영하기도 한다. "Hardin은 나이와 상관없이 성추행을 당한 아동의 8.5%가 자발적으로 그들의 인물화 그림에 무지개를 추가하였다는 것을 발견하였다(Peterson & Hardin, 1997, p.134). 지금 엄마와 샌디는 그들의 가정에서 보호를 필요로 하고 있는 것 같지 않는가?

성격발달의 주요 이론들

20세기 초 Margaret Naumburg(1966)는 Freud와 Jung학파 이론으로 훈련을 받았고, 미술제작의 분석적 과정이 무의식적 자료를 의식으로 가져올 수 있다는 것을 믿게 되었다. 그녀는 원래 아동들과 함께 작업하였는데 후에는 성인들과 함께 작업하였고 집단도 하게 되었다. Freud와 Jung의 작업을 기반으로 Naumburg는 상징의 내적인 개인적 의미를 탐구하였다. Naumburg는 무의식적인 것이 미술표현을 통하여 의식적인 것으로 만들어진다고 확신했다. 역동적 미술치료과정을 설명하면서 Naumburg는 역동적 미술치료과정은 한 개인의 기본적인 사고와 감정은 무의식에서 유래하였고, 흔히 말보다는 오히려 이미지 표현으로 흔히 무의식에 쉽게 도달할 수 있다는 인식을 가졌다. Wilson(1987)은 Naumburg와 Beres(1965)를 지지하면서, 이미지는 성격에 따라 "지각적 경험의 체계"안에서 발전하며(p. 48), 적응과 의사소통도 제공한다는 것을 발견하였다. 어린 샌디 사례의 경우, 그녀의 그림발달능력이 3세 수준이라는 것을 알 수 있지만, 사실 그녀의 실제 연령은 6세이었다. 미술치료사는 이러한 발달에서 오는 불일치한 면을 주목해야하고, 그녀가 3세이었을 때 샌디의 인생경험을 탐색하면서 주요 트라우마를 찾아야할 것이다.

미술치료와 가족치료에서 모두 볼 수 있는 변화와 치유의 이론

아동, 성인 또는 가족에 의해 미술과 이미지를 제작하는 것을 치료적으로 촉진하기 위한 과정은 제 시간에 정보를 제공해야하는데 그렇지 않으면 접근하기가 어렵다(Anderson 1992; Appleton, 1989; Arnheim, 1969; Arrington, 1986; Drachnik,

1995; Gantt & Tabone, 1998; Goleman, 1995; Hammer 1958/1967; Hays & Lyons, 1981; Howowitz, 1970; Jung, 1964; Kaiser, 1996; Kaplan, 1997; Kellogg, 1978; Kwiatowska, 1975, 1978; Levick, 1983; Lowenfeld, 1957; Lusebrink, 1990; McKim, 1980; Miller, 1990; Naumburg, 1966; Peterson & Hardin, 1997; Rhyne, 1973; Rosal, 1992, 1996; Rubin, 1978; Troeger, 1992; Ulhin, 1972; Wadeson, 1980).

다음 연구는 미술표현이 내적인 또는 감정상태의 외적인 표현이 될 수 있다는 게슈탈트의 동형구조 원리의 효과성을 규정하고 있다. 동형구조 원리는 미술작품의 구조와 내용의 병렬과정과 그것을 창조한 개인의 정서적, 인지적 과정이 동시에 일어나는 과정이라는 것을 입증하였다(Brudenell, 1989; Drachnik, 1995; Shagman, 1996; Ulhin, 1972).

아빠의 자유 그림인 *언덕*(그림 3)은 7개의 나무와 2개의 큰 언덕이 그려져 있는데 아마도 그의 어머니와 그의 핵가족 7명을 표현한 것 같다. 자유롭게 흐르는 자양분이 언덕사이의 개울에서 흐르고 있다. 산 밑을 가로지르는 울타리는 특이하다. 그것은 마치 꿰맨 상처와 같이 보인다. 치료자가 가족들의 초상화를 검토할 때, 그녀는 샌디 아빠의 자존심에 관해 염려가 되었다. 그의 머리는 가장 작았으며 그의 그림에서 샌디는 십대처럼 표현되었다. 그림은 마치 그의 어머니와의 관계의 균열을 보여주고 있는 것 같지 않는가? 아빠와 샌디 사이에 문제가 있는 것 같지 않는가? 아빠는 샌디 엄마와 샌디에게 보다 많은 힘을 주었고, 그가 자신과 아들보다도 샌디 엄마와 샌디를 첫 번째, 두 번째로 크게 그렸다.

엄마의 자유화인 *무지개 아래에서 낚시하기*(그림 4)에서 그녀는 배위에 안테나를 가진 작은 배를 그렸는데, 그것은 마치 과거로 돌아가고자 하는 것 같다(오른쪽보다 오히려 왼쪽으로 그리고 미래로 가려고 한다). 배는 작고 고립되게 보였다. 엄마의 가족 초상화는 투명한 집이다. 치료자는 엄마가 이 집에서 무엇을 드러내고 싶어 하는지 궁금하였다. 모든 인물들은 구획으로 나누거나 캡슐로 둘러 쌓여져 있고, 어떤 건 두 번이나 주위환경으로부터 경계선과 보호막을 쳤다. 개인 인물들에 밑줄을 그으면서 다른 것보다도 그들을 더욱 더 중요한 것으로 표현했다. 이러한 시각적 표현방식은 정상적인 그림제작의 범주를 벗어나 있고 보호를 받고 싶은 욕구의 표현이다(Peterson & Hardin, 1997, p. 61). 엄마의 미술은 잠재기 아동의 수준으로 그려졌고, 그녀가 아동이었을 때 일어났던 것에 관해 누군가에게 말하고싶은 욕구를 나타내고 있다. 그것은 역시 보호받고 싶은 욕구로 나타나지만, 도대체 누구로부터 보호를 받아야 되는 것인가?

오빠의 자유화, *산*(그림 5)은 차갑게 보이는 눈 덮인 아주 날카로운 산이다. 그의 아빠가 그린 것처럼 산을 그렸지만 오빠는 그의 아빠와 함께 성별 동맹을 맺었다. 그는 4개의 산 중에 하나를 검게 칠하였다. 앞서 질문을 한 것처럼 이것은 그의 엄마에 대한 부정적 그림을 대변하는 것 같지 않는가? 그는 아빠의 성기부분도 색칠하였다. 아빠에게 성적 특성을 부여한 그의 목적은 과연 무엇일까? 3명의 인물들은 지면위에 있지 않으며 대신 공중에 붕 떠있었다. 함께 검토해보면, 이러한 모든 단서들은 좀 더 조사할 필요성을 제시하고 있다(Peterson & Hardin, 1997).

샌디의 그림은 지저분하고 색을 덧칠했으며 발달적으로 지체되었고 역시 포위되어있었다. 샌디는 과연 그녀의 환경에서 보호를 필요로 하는가? 그녀는 자신의 그림을 *무지개 집*(그림 6)이라고 제목을 붙임으로써 성별 동맹을 설정하였다. 그녀의 가족 초상화는 퇴행적인 인물들이기 때문에 특이하다(그림 10). 그녀의 자아-자기축(ego-self axis)은 Allan과 Bertoia(1992)이 정의한 것처럼 일정한 배열로부터 벗어나 있어서 샌디의 욕구가 충족되지 못하고 있다는 것을 나타내고 있다. 샌디의 미술은 그녀가 그녀의 세계를 함께 유지하는데 문제가 있음을 나타내고 있다. 가족벽화에서(그림 11), 각 가족 구성원들은 관계가 단절되고 있었으며 자녀들은 미해결된 욕구를 갖고 있음이 드러났다.

그림 12. 샌디에 의해 그려진 나의 가족

다음 주에 샌디에 의해 그려진 두 번째 동적 가족화(K-F-D)는 더욱 더 혼란스러웠다(그림 12). 그림 안에 가족 구성원들은 상자 안에 포위되거나 구분되어 있었다.

모든 인물들은 왜곡되고 퇴행하고 있었다. 오빠의 머리는 오른쪽 상자 안에 있었고, 소녀의 머리는 왼쪽 상자 안에 있고 부모의 머리들은 오른쪽 상자 안에 있었다. 그 상자들은 공중에 떠있으며 미술매체로 문질러져있었다. 그림의 독특한 면과 왜곡된 인물들은 조사가 더 필요하다는 시각적 단서를 제공한다. 샌디는 자신의 신체적 발달에 대해서는 아무런 감각도 없다. 그러나 그녀의 미술은 소통의 수단이며, 그녀와 치료자가 함께 참여하는 방법을 제공한다.

미술 발달에 대한 지식(기본 시각적 구조들)

가족의 역사적 관점아래에서 마지막 내용부분은 미술발달(기본 시각적 구조들), 미술작품에서 민족적, 개인적으로 특수한 그리고 퇴행적인 특성들의 중요성과 차이점에 대한 지식을 가지는 것이다.

Viktor Lowenfeld(1957)는 미술교육과 미술치료에서 선구자적인 작업을 쌓아올린 국제적으로 명성이 나 있는 학자이다(Alschuler & Hattwick, 1947/1967; Arnheim, 1954/1974; Bender, 1938; Cane, 1951; Goodenough, 1926; Naumberg, 1950; Prinzhorn, 1972; Read, 1958; and Schaefer-Simmern, 1948). 그는 발달단계와 그것들의 중요성을 연구하였고, 창조적 활동은 어려운 상황을 극복하는데 도움이 되고, 성장과 발달과정에서 부닥치는 많은 좌절에 대한 정서적 배출구를 제공하는데 도움이 될 것이라고 결론지었다.

스미스 가족의 미술치료사가 아빠의 가족초상화에서 그의 머리 그림을 평가했을 때, 그 치료자는 아빠가 어른 수준에서 그림을 그렸다고 보았다(그림 7). 그러나 그가 단지 머리만을 그렸기 때문에 그는 자신의 몸과 접촉을 하지 않거나, 자신의 신체를 거부하는 것으로 보였다. 아빠의 극도의 신체적 비만에서 이러한 거부의 가능성을 더욱 더 찾을 수 있었다. 엄마의 가족 초상화에서 인물들을 검토해보았을 때, 막대인물들은 잠재적 발달단계에 있는 사람에 의해 그려진 것으로 나타났다(그림 8). 오빠의 가족 초상화의 인물그림에서 샌디와 그의 아빠 그림은 연령에 맞게 그려졌지만, 아주 작게 그려진 막대인물이 바로 오빠 자신이라는 것이 보다 더 중요한 것으로 평가되었다. 즉 오빠는 그의 가족 초상화에 그의 엄마를 포함시키지 않았다.

치료자가 샌디의 그림에서 6세 샌디의 신체 개념을 검토한 다음, 치료자는 샌디가 3세

반에서 4세 범위의 그림을 그렸다는 것에 주목했다(그림 10). Anderson(1992)은 "아동은 구상적으로 그릴 수 있기 전에 개념을 가져야 한다"라고 언급하였다(p. 26). 왜곡되고 혼란된 개념을 가진 아동은 왜곡되고 혼란된 그림을 그릴 것이다.

아동의 인물화 그림(human figure drawing: HFD)을 그리기 위한 선별목록에 대한 Hardin의 연구 결과, 인물화 자료들에서 성적으로 학대된 아동들에게 7가지 심각한 특징이 나탔다고 하였다(Peterson & Hardin, 1997). 이것들은 명백하게 성기, 성기의 은폐, 성기와 인물의 중앙부분의 생략, 그림의 캡슐화, 과일나무를 추가하거나 그림 그리는 자와 반대되는 성을 그리는 것이다. 부가적으로 Jolles(1964/1992)와 Koppitz(1968), 그리고 Osler와 Gould(1987)의 연구에서 지적한 문제들은 작은 인물들, 신체 부분의 왜곡이나 빈약한 통합, 손이 잘리거나 인물의 지엽적인 부분들의 생략, 배꼽이 추가되거나 강조되고, 커다란 손, 투명성과 뾰족한 이빨들을 포함하였다. Mailloux(1998)는 잠재기 연령대 아동의 HFD에서 성학대의 도식적 특징들을 조사하였다. Mailloux는 성학대 아동들에게 좀 더 자주 나타나는 5개의 통계적으로 유의미한 특징들을 발견하였다. 이것들은 (1) 인물을 종이의 맨 아래 가장자리에 그리는 것, (2) 약한 선의 필압 (3) 작은 그림 크기, (4) 커다란 팔과 손, 그리고 (5) 신체왜곡 등이다.

성적으로 학대당한 것이 확인된 아동들의 동적 가족화(KFD)를 통제집단의 KFD와 비교한 결과, Powell(1997)은 성적으로 학대당한 아동들의 점수가 통제집단보다 상당히 높았으며 성적학대 증후를 보여 준다는 걸 알아냈다. Powell의 연구는 Burns와 Kaufman(1972)의 연구에서 나타난 증후는 그의 아동들의 성적 학대 증후처럼 논리적으로 타당하다는 걸 밝혔다. 이러한 것들은 구분, 포위, 조감도(멀리서 바라보는 것)등 이다. 조감도 그림은 실험집단에서만 그려졌고, 소녀들의 그림에서 더 높은 점수가 나타났다. Powell은 이것은 아마도 분열된 경험과 관련이 있다는 것을 제시하였다. 뇌가 스스로 외상사건과 분리하기 위해서 사용하는 일반적인 방어기제인 분열은 성적학대희생자들이 어떤 이상한 상황의 처지에 있거나 모든 것이 작게 보이는 마치 터널을 통해서 보는 것처럼 있을 때 발생한다고 기술하였다. 미술치료에 관한 연구는 미술을 통해서 내담자의 거부와 방어가 감소하고, 그 때문에 미술치료를 통해서 의사소통이 향상되고 이완이 개선된다고 하였다. 이것이 가족구성원들에게 미술을 사용하는 중요한 이득이다. 연구를 통해 치료로서 미술은 아동들과 외상후 스트레스장애(PTSD)의 희생자들에게 선택해야 할 치료임이 확인되었다(Goleman, 1995, p.211). 앞으로의 연구는 이러한 개념을 계속해서 뒷받침해야할 것이다(Chapman, 1998).

상호 작용적 관점으로부터

내담자 참여를 촉진하기

가족미술치료 모델의 상호 작용적 관점은 선구자인 Edith Kramer(1958, 1974, 1987)의 미술과정의 치료적 가치와 관계한다. 주로 아동들과 작업한 Kramer는 미술작업과정의 치료적 가치의 중요성을 강조하였고, 미술치료사의 과업은 내담자의 신체적, 지적, 상상적 그리고 정서적 능력을 통합하는 것 중에 하나라고 기술하였다,

또한 이러한 관점은 Eleanor Ulman(1975)의 내적 치유와 조직을 위한 동기로 보는 미술에 대한 이론적 견해와도 관계하며(p. 14), 그리고 문화와 경험 및 관계에 대한 욕구를 탐구하는 미술작업과정의 중요성에 대한 Kwiatowska(1975)의 이론적 견해와도 관계한다. 미술작업은 가족의 상호 작용적 활동의 구체적인 증거이다.

원가족이나 현재 가족의 관심사에 관계한 내담자 행동

샌디 가족들의 그림 안에 나타난 원형적 상징들을 조사하면서, 가족미술치료사는샌디의 아빠와 엄마가 계속해서 그들의 원 가족에게 무의식적으로 영향을 받고 있다고 말했다. 아빠의 자유그림인 *언덕*(그림 3)은 그의 어머니와의 상처받은 관계를 나타낸다. 샌디 엄마의 개인적 작업 두 가지 모두가 과거로 언급된다(그림 4). *무지개 아래에서 낚시하기*는 보트가 왼쪽으로 향하고 있는데, 이는 그녀의 과거로의 회귀를 의미한다. 그녀의 가족 초상화(그림 8)는 잠재기 연령대 아동의 발달수준으로 그렸는데, 바로 잠재기 연령대의 기억을 반영한다.

가족미술 기초평가(FABA)에서 가족이 함께 작업하는 것을 직접 관찰할 수 있고 가족이라는 소속감에 대해 그들이 어떻게 느끼는지를 알 수 있다. 아빠의 가족들과 상호작용은 인지적이었다. 그는 신체의 문제를 거부하였다(Levick, 1983). 엄마는 가족들과 함께 지내는 것보다도 오히려 그녀의 동물들을 돌보는 것으로 퇴행하였으며, 그녀는 원가족에서 배운 방식대로 그녀의 가족들과 상호작용해오고 있었다.

샌디 가족의 집에서 면담을 진행했는데, 집은 산뜻하고 깨끗했다. 모든 가족구성원들은 그들의 미술과업 안에서 치료자와 함께 적절히 이해하고 상호작용하는 것 같았다. 그들은 이완되어 있고 협동적이었으며, 자발적으로 그림을 그렸고, 지시사항도 진지하게 받아 들였다. 엄마와 자녀들은 아빠가 치료과정에서 반영하는 것보다도 더욱 개방적이었

다. 5세와 6세인 자녀들은 나이에 맞게 활동적이었고 말로 표현을 잘 했지만, 서로에 대해서 언어적으로는 부정적이었다. 아동들은 공간과 재료에 대해서 언쟁하고, 말다툼하며, 징징거렸고, 면담하는 내내 부모로부터 관심을 얻으려고 하였다. 샌디는 과도하게 말이 많았다.

실존적 관점으로부터

내담자의 궁극적 관심

가족미술치료에서 실존적 관점은 각 내담자들의 궁극적 관심과 인간정신과 관계하여 언어적, 도형적 표현을 용이하게 해주는 것으로 구성되어있다. 인간의 형성과 기능에 있어 실존적 관점의 발달적 역할 때문에 Nichols와 Everett(1986)는 가족을 통합적이고 실존적인 체계로 보았다. 실존적 철학은 존재의 최종적 관심을 다루는 것으로 기술되고 있다. 실존주의는 존재하는 것 또는 이 세계 안에 존재하는 것으로 언급된다. 그것은 자유, 삶의 의미, 격리와 죽음의 궁극적인 관심을 확고하게 함으로써 예기치 못한 불안, 공포와 피상적인 일상의 거부로부터 인간을 자유롭게 하는데 헌신한다(Moon, 1994).

깊은 상처를 받은 적이 없는 모든 사람들은 Simpkinson과 Simpkinson(1993), Simpkinson, Simpkinson과 Solari(1995)가 언급한 궁극적 관심이라는 것을 갖고 있다. 최종적 관심은 다음과 같은 질문을 해야 한다. 왜 내가 여기에 있는가? 나의 의미는 무엇인가? 나의 목적은 무엇인가? 내가 인간사회에게 기여하기위해 무엇을 할 수 있는가? 삶과 죽음의 의미는 나에게 무엇인가? 나를 동기화하는 것은 무엇인가? 아무도 주변에 없을 때 나는 무엇에 대해 생각해야하는가? 내가 했던 것 중 가장 어리석은 것은 무엇인가? 나는 공포, 무지, 권리, 사랑을 해야 하는 이유가 있었다; 그것이 무엇인가? 내가 나의 인생을 위해 포기해야하는 것은 무엇 때문이며, 또 더욱 더 중요한 것은 무엇 때문에 나는 살아야 하는가? Alice Miller(1990)는 그녀의 자발적인 회화를 통해 그녀의 초기 가족사와 인생의 의미를 찾는데 도움을 받았고, 유년기 양육과 훈련에 의해 유발된 강박적인 행동들로부터 자유롭게 되는데 자발적인 회화가 도움이 되었다는 것을 알게 되었다. Jung에게 인생의 의미는 자기의 실현이었으며, 이 자기라는 것은 성스러운 내적인 신성한 경험에 대한 생각으로부터 온다고 했다(Acton, 1998).

"이러한 투쟁들에 생존하기위해서 있는 그대로의 인생에 열정적이고, 적극적인 참여에 집중하는 관심이 요구된다(Moon, 1994 p. 7). 치료자는 인생에 대한 참여, 투쟁, 고통, 신체적, 정서적 경험과 표현을 인식하고, 그것에 가치를 둔다. 개인과 그들의 배우자, 아동들과 모든 확대가족 구성원들(부모, 형제, 자매, 조부모, 삼촌, 고모와 이모 그리고 모든 친구들)이 위기의 시간에 어떻게 인생을 받아들일지를 선택할 자유를 가져야한다. 마찬가지로 그들은 수용, 변화, 보상 또는 저항이라는 차후에 일어나는 과정을 선택할 자유를 가진다. Gilligan(1995)은 "치료자로서의 직업은 인간의 영혼 즉 우리, 우리의 내담자들과 우리가 매일 만나는 사람들의 영혼의 발달을 후원하는 것"이라고 말하면서 치료자의 도전의식을 격려하였다.

스미스 가족과 샌디의 사례의 경우 가족이 함께 새롭고 다양한 방식에 집중할 수 있는 안전한 환경을 제공해준 치료자는 그들이 이완하고 기억하도록 도와 줄 수 있는 이미지를 창작하는 동안 뭔가를 만지고 냄새를 맡고 눈으로 보게 함으로써 그들의 감각을 키워준다. 말 그대로 이러한 살아 움직이는 과정은 혈액과 산소가 척수와 뇌의 막힌 부분으로 흐르게 하며, 외상과 그러한 시간으로 방해받은 뉴런을 자극하고 복구한다. 창조는 본질적인 생산이 되기 때문에 그것을 탐구해야 할 뿐만 아니라 반복적으로 찾아야한다. 무의식적으로 샌디와 그녀의 가족 구성원들은 치료의 도움으로 그동안 포기되어졌거나 가 본 적이 없는 대뇌피질영역을 탐구하는 이미지를 창작하였다. 결과적으로 그러한 이미지들은 우리가 보다 높은 존재라는 이해에 대한 꿈, 희망 그리고 상호의존적 지식을 쉽게 가지도록 하는 의미로 풍성하게 넘쳐났다.

반면에 인간은 이러한 성배(聖杯: Holy Grail)를 추구하지만(Johnson, 1974), 의미있는 일과 하찮은 일, 둘 다에 들어있는 이러한 중요한 목표에 대한 의미는 파악하기도 어렵거나 심지어 보기조차도 어렵다. 우리가 초래하지 않은 불행이 왔을 때도, 그 불행안에 내포되어있는 선(善)이나 심지어 그 의미조차도 보기가 어렵게 된다. 10살 난 나산(Nathan)이 이웃집 아이가 얼굴에 쏜 총에 맞았을 때, 우리가 과연 그 의미를 어떻게 알겠는가? 부모가 너무 젊고, 너무 자기중심적이거나 또 너무 아파서 그들의 아이들을 돌볼 수 없을 때, 우리가 과연 그 의미를 어떻게 알겠는가? 엄마와 그녀의 십대의 딸이 차량이 탈취되어 살해를 당했을 때, 우리는 과연 그 의미를 어떻게 알겠는가? 아이들이 부당하게 이용되고 학대받았을 때, 잠재기 연령의 아동이 그를 보호하는 어른때문에 약물과 알코올에 노출되었을 때, 어떻게 우리는 그 의미를 알겠는가? 강간당하고 살해당하고 모든 나라에 걸쳐서 "인종청소"를 당했을 때, 과연 우리는 그 의미를 어떻게 알겠는가? 우리가 그 의미를 알지 못하거나 이해하지 못했을 때에도 인간들은 여전히 그런 경험들을 갖고 행동하면서 살아간다. Frankle(1984)은 우리 각자가 좋고, 나쁜 시기 모두에서 우리 인생을 어떻게 살아가야하는지에 대해 그 책임이 있다고 믿었다.

내담자의 인생, 증상과 그것의 정서적, 신체적 증후와 표현에 적극적으로 개입하기위해서, 치료자는 가족과 그 구성원들의 정서적 생활을 이해하려고 노력한다. 가정이라는 성벽 안에서 가족 구성원이 물리적으로 함께 사는 동안에 정서적 생활은 서로 영향을 미치지만, 가족구성원이 떠나간 후에도 그것은 오랫동안 지속된다. 가족의 영향은 현재 가족구성원들 사이에 그리고 미래 세대의 가족 내에서도 계속 영향력을 발휘한다. 부가적으로 치료자는 내담자와 관계할 때 항상 내담자 자신의 정서적 경험과 반응의 중요성을 의식해야하며, 내담자들에게 질문을 하거나 미술작업을 제공하거나 또는 생각하거나 감정을 느끼도록 동기화하도록 바로 그것들을 지표로서 활용해야한다(Nichols & Everett, 1986).

태어날 때부터 가족구성원은 서로 가깝게 끌어당기지만, 그 후에는 중요한 다른 구성원들을 멀리 밀어내기도 한다. 가족구성원들은 가정에 소속되기를 갈망하며, 아직도 단지 구속의 형태인 소속을 찾기도 한다. 미술치료에서 이러한 투쟁들은 리본으로 연결하거나 일련의 줄을 그리게 하거나 팽팽한 밧줄이나 무거운 사슬이라는 은유로 표현된다. 우리의 책임감과 최종적인 가치를 분명하게 하는 것이 우리 인생의 과업이다. 그것은 융학파가 영웅의 여행으로 말한 것을 동기화해주는 것으로써, 정확하게는 영혼(SPIRIT)의 여행이라고 말한다.

치료자의 반영 및 고찰

스미스 가족의 부모들은 그들의 자녀들을 철저하게 양육하고 싶고, 자녀들이 그들의 충분한 잠재성을 갖고 성장하고 발달하기를 원했다. 그러나 세대 간의 전수 된 문제 때문에 엄마와 아빠는 그들 자신의 발달적 잠재력을 방해받았다. 자녀를 위해 무엇이 최선인지 확실히 잘 몰랐고, 그들은 지도와 안내를 찾아 나섰고, 삶에 그 지도와 안내를 통합하기 위해 노력하였다.

현재 애착 모델은 "유아와 부모의 상호작용에 중심을 두는 정신분석적 관점을 어린아이, 청소년과 부모의 상호작용에 초점을 맞춘 체계적 관점으로 확대하고 있다"(Erdman & Caffery, 1997/1998, p.12). 애착패턴에 대한 세대 간 전수에 대한 연구(Byng-Hall; 1990)에서 "성인이 그들 자신의 가정에서 학습한 애착패턴이 그들 자녀들과의 애착패턴의 발달에 크게 영향을 준다"(p.12)고 하였다. 학대받거나 방임된 아동들의 부모는 그들이 아동이었을 때 흔히 학대를 받았거나 방임이 되었다.

다음 해에 샌디는 단지 3세였을 때 유모에 의해 박해를 받았다는 것이 밝혀졌다. 3살이었을 때, 샌디는 유모를 좋아하지 않았으며, 유모에게 가고 싶지 않다고 그녀의 부모에게 말했다. 그들은 그녀의 감정을 인정하지 않았고, 그런 것이 더욱 더 샌디의 자기감과 기본적 신뢰감을 손상시켰다.

샌디의 사랑의 주기는 파괴되었을 뿐만 아니라, 그녀의 부모가 샌디를 유치원과 그녀를 학대하는 사람에게 데려다 주었을 때 반복해서 또 다시 깨어져버렸다. 샌디가 그녀의 부모와 신뢰감을 재형성하도록 도와주는 것은 그녀 자신을 스스로 신뢰할 수 있게 하는 가장 중요한 일이다. “내가 그에게 그만 두라고 했지만 그는 그렇게 하지 않았어요,” 샌디는 치료자에게 말하고 나선 그녀의 엄마와 아빠에게 말하였다. 퍼즐의 조각들이, 즉 샌디의 행동문제들, 그녀의 낮은 자존감과 발달적으로 지연된 그림발달이 지금 함께 맞추어지기 시작하였다.

서너 살 때, 샌디는 그녀의 몸이 침해받고 싶지를 않았다. 그녀가 나이가 들어갈수록 그러한 경험에 대한 기억은 희미해지겠지만 그런 느낌에 대한 기억은 심지어 더욱 더 혐오스럽게 된다. 그 가족의 한 친구가－그 가족이 그녀를 돌볼 것이라고 믿었던 사람이－샌디를 배신했다. 샌디가 조지 아저씨가 “역겹다” 라고 하면서 유치원에 가고 싶지 않다고 그녀의 부모에게 이야기했을 때, 그들은 그녀를 일축해버렸다. 그 괴롭힘은 몇 개월 동안 계속 되었고, 샌디가 말을 하기 전의 현실은 더욱 위협적인 것이 되었다. 그녀가 안전에 대한 욕구가 증가할수록 그녀의 신뢰감은 감소하였다. 그녀의 가족은 그녀를 보호하는데 실패했다. 샌디는 마치 자신의 것이 된 것 같은 이런 불미스러운 세계에 살기보다는 그녀자신의 세계로 후퇴하는 것이 훨씬 더 안전하다는 것을 알게 되었다. 샌디는 자신을 보호해줄 부모를 신뢰할 필요가 있었다. 샌디는 생산적인 성인으로 성장하는데 필요한 그녀의 권리와 능력을 빠르게 잃어가고 있었다. 그녀가 그렇게 하기에 안전하다고 느꼈을 때, 모든 기억이나 환상을 이야기하고 그림으로 그리고, 놀이를 통해 대화할 수 있는 기회를 가지는 것은 매우 중요하다.

비록 아빠는 그의 친어머니와 갈라진 사이이고 이런 행동이 그의 아들에게 모델링이 되고 있지만, 이것이 가족미술치료의 주제는 아니다. 세심히 관리되는 양육장소라는 현실에서 가족치료와 가족미술치료는 단기치료모델로 가족구조와 가족의 항상성을 복원하는데 초점을 맞추어야한다. 이것은 샌디의 사례에도 그대로 적용되었다. 목표는 아동들을 위한 보호적인 가정환경을 수립하는 것이다. 6세 샌디와 그녀의 가족은 그녀의 부모와 샌디 자신에 대한 샌디의 신뢰감을 중재하고 복구해줄 수 있는 “후원자”가 필요했다

(Guilligan. 1995).

Schneider, Ostroff와 Legow(1990)가 인용한 것처럼 Torras De Bea는 "아동은 부분적으로 엄마와 아빠로부터 그리고 모든 그들의 관계적, 애정적 구성요인들로 구성된 감각 운동적 경험으로부터 아동의 신체 도식(이상적 신체상)을 받는다"(p. 135)고 믿었다. 2세와 3세 사이에 받은 학대로 인해 샌디는 아직 자아를 확립하지 못하였다. 그녀는 결코 긍정적인 자아감을 발전시키지 못하였다. 그녀의 그림 안에서 표현된 그녀의 신체상은 정서적 장애를 가진 3세 아이의 발달수준으로 표현되었다. 향후 2년 동안 샌디와 그녀의 엄마는 자기를 위안하고, 불안을 감소하고, 신뢰하는 관계를 형성하는 방법을 배웠다. 엄마가 성장하는 동안 아빠도 그의 상호적인 행동에 있어서 약간의 향상이 있었으며, 가장으로서의 권리를 가진 그의 태도를 유지하였다. 오빠는 계속해서 아빠로부터 자신의 주도권을 가지려고 하였다.

자신의 잠재성을 찾으려고 노력하고 있는 샌디 엄마는 처음 그녀의 미술작업에서 그랬던 것처럼 잠재기 때 그녀 역시 성적 괴롭힘을 받았다고 폭로했다. 그녀는 자신의 자기감에 그녀의 발달과 모성애에 대해 그것이 부정적으로 영향을 미친 것을 이야기하였다. 가족치료 중에 만들어지는 미술을 통해서 샌디의 전체 가족은 공포, 분노, 그리고 불신감을 서로 의사소통하고 전달하는 대안적인 방법을 발견하였다. Alice Miller(1990)는 그녀가 아동이었을 때 학대받았다는 사실을 알아차렸을 시기에, 그녀의 기억과 경험을 인정하기 위해 치료로서 미술을 이용했는데, 그녀는 자신의 부모들도 그들의 아동기 때 유사한 경험을 했고, 학대가 그들 자신의 건강함을 위해 존중받아야한다는 것을 배웠다..... 왜냐하면 우리가 아동기의 고통이 잘 보이지를 않아 더 이상 직면할 필요가 없을 때, 갑자기 그것이 우리 어른들의 책임이라는 걸 깨닫게 된다. 즉 우리가 우리의 아이들을 어떻게 다루느냐에 따라서 그들은 미래의 괴물로 변하기도 하고 또는 느낌을 갖고 성장하는 책임감 있는 인간존재로 성장하기도 한다(pp.8-9).

2장

인간 구조로서 가족

가족이란 무엇인가

가정의 기본적인 기능들

랜디 가정을 찾다

가족치료

게리와 그의 가족을 대상으로 실시한 미술에 기초한 가족평가

앤: 한 소녀와 그녀의 비밀

가족 규칙을 최상의 상태가 되도록 유지하는 것은 양육적인 가정의 특징 중 하나이다(Virginia Satir, 1972, p.98).

가족이란 무엇인가

우리가 알고 있는 대로 미국 가족은 항상 문화적, 사회적, 경제적 변화에 취약하고 마치 멸종위기에 처한 종(種)처럼 되어가고 있다. 오늘날 가족의 구조가 재형성되고 재창조되는 동안에 미국문화는 다양한 사회적 구조로 지나치게 복잡하게 되어가고 있다. 여전히 아빠와 엄마가 서로 결혼해서 아이들을 낳는 전통적인 가족이 한 표준이 되고 있지만, 미국에서 일천이백만의 한 부모 가정이 있고, "대안적인 가족 구성들이 점점 더 일반화 되어가고 있다"(Vo, 1999, p.4). 과거에는 가족들은 한 공동의 조상으로부터 이어져 왔고, 혈연 및 혈족과 DNA로 연결되어왔다. 최근에도 "아기를 갖는 구성인자는 변화하지 않았지만(때론 아기를 가지려면 난자, 정자와 자궁이 필요하다)—의학적인 발전은 성관계 없이도 아기를 갖는 것을 가능하게 만들었다"(Vo, 1999, p.1). 점점 확대되어 가고 있는 우리의 다문화사회에서 "가족은 무엇인가?"라는 질문은 점점 더 광범위해지고 더 심오해지고 있다.

오늘날 과거에 그랬던 것처럼 가족은－핵가족, 혼합가족, 또는 대가족이－인간적 구조를 위한 가족체계이다. 가족은 우리가 "부화되고, 맞추어져서 비슷하게 되고, 결국은 보내지게" 될 때, 육체와 정신적으로 존재하는 그런 구성원들로 이뤄진다(Anderson, 1999 개인 통신). 탄생해서 죽음에 이르기 까지 아동이 자라고 성장해갈 때 아동을 둘러싸고 있는 것은 자연스런 하나의 사회 체계이다. 가족들은 양자관계로 구성된다: 부모/자녀, 엄마/아빠, 남편/부인, 엄마/아들 그리고 아빠/딸. Satir(1972)는 "가족역할은 항상 한 쌍을 의미하고 상호성을 공유하며, 남편 없이 아내의 역할을 할 수 없고, 아들이나 딸 없이 아버지 역할을 할 수가 없다고 말했다"(p.146).

가족 속으로 들어가거나 가족을 떠나는 것은 둘 다 중요하고 의례적이다. 가족 안으로 들어가는 문은 출생, 입양 또는 결혼을 통해서이다(Goldenberg & Goldenberg, 1996). 일단 사람이 가족 안에 있으면, 왕자나 공주, 극빈자의 가족이 되었든 간에 가족은 형식적, 혹은 비형식적 역할과 규칙을 갖고 살아가는 공동사회 안에 존재하지만 가족은 항상 소외감 대 친밀감, 개별화 대 단란함과 같은 정반대의 긴장 속에도 존재한다. 가족은 인간이 지지를 받기도 하고, 또는 버려지기도 하고, 소외되기도 하고 숨이 막힐수도 있고, 양육적일 수도 있으며, 때론 존재가 부정될 수도 있는 곳이다. 이혼, 별거, 또는 사망과 같이 가족을 떠나는 시도는 육체를 가족과 분리하는 것이지만, 영혼/마음의 존재 또는 부재도 인생의 전과정을 통해서 일반적으로 주목해 볼 만한 것이다.

가정의 기본적인 기능들

이미 알려졌듯이 원시적이거나 혹은 교양있고 세련된 가정들도 세상에 생존하는 것에 대해 사랑과 통제 및 훈육을 통해 자녀들을 양육하고, 교육한다. 자신의 방법대로 그리고 그들의 능력에 최선을 다해서 가정은 가족구성원들을 위해 음식, 쉼터, 사랑, 애정과 신체적 건강을 유지하는 법을 제공한다. 그들은 정서적 피해로부터 자녀들을 보호하고, 도덕적, 윤리적 지도를 한다(Forward & Buch, 1989). 기본적인 가족의 기능들은 가족을 하나의 단위로 설정하고 유지하는 것을 포함한다(Rosenblatt & Horwitz, 1996; Zilback, 1986). 이러한 기능들은 소속과 분리에 있어 역할과 규칙을 제공한다(Minuchin, 1974). Miller(1990)는 모든 가정에서 이런 기본적인 기능들이 있으며, 이러한 것들이 나타나는 것은 사회적 기술을 알려주는 양육에서부터 극도의 아동학대까지 그 범위를 다양하게 이룬다고 말하였다. 건강한 아동 발달은 아동이 일차적인 양육자에게 전적으로 의존하게 될 때 시작하여 그 후 독립을 향해 나아가는 것이다(Pipher, 1996).

50년대 중반에 Person과 Bales(1955)는 가정에서 결코 더 이상 평가절하할 수 없는 장기적인 두 가지 상호작용적 기능을 확인하였다: 그 두 가지는 젊은이의 사회화와 성인 성격의 안정화이다. 이러한 기능들은 실제로 결코 변화되지 않는다. 가족들의 멘토링과 그에 대한 모델, 지지적 행동과 태도는 가족들이 자신의 최종적인 관심에 대한 행동과 표현을 창조하게 만든다. 가족은 인간 잠재력을 육성하거나 또는 제한하는 환경을 제공한다. 초기에 결합은 가정에 대한 의무와 책임감 때문에 가족구성원들은 서로 바꿀 수도 없으며, 삶을 위해 서로 영향을 미치게 되며, 그 영향력은 미래세대까지 확대된다.

가족단계에서 발생하는 명백하고 은밀한 가족역동은 가족 구성원들을 가족 역사적, 발달적 맥락에서 기억하도록 새겨 넣는다. 이러한 초기의 그리고 계속되는 사건과 관계들은 인간의 감정과 행동과 인지에 크게 영향을 미친다. 그러므로 아동이 "직계가족 밖의 가치와 관계"에 점점 애착을 가지는 걸 허용하면서도 바깥세상으로부터 초기보호를 제공하도록 일차적인 경계선은 충분히 유연해져야 한다(Nicolas & Evertt, 1986, p. 103).

가족치유작업

가족은 특별나게 그리고 일반적으로 생애에 걸쳐 모래사장에서 부서지는 파도처럼 서로 덮어주고 섞이다가 서서히 물러나면서 남은 것을 드러내며, 리듬감 있게 서로 밀고 댕겨준다. 이런 과정에서 가족들은 다듬어지고 부드러워지며 힘이 약해지며 정화된다. 모든 가족들은 매일 일상생활에서 서로 정신적 문제를 안겨주며, 모든 결혼은 어둡고 그림자적인 측면을 갖는다. 이러한 그림자적인 면이 행동이나 감정에 나타날 때, 작거나 센 폭풍우 속에 있는 것처럼 긴장감이 만들어지며, 마치 낯선 대상과 같이 서로 휩쓸리게 되며, 변화와 파괴를 초래하기도 한다. 이런 그림자적인 면을 깊이 검토하는 것이 부족하게 되면, 아주 빨리 격렬한 감정이 나타나서, 결국 가족 구성원 중에 하나는 자신도 모르게 스스로를 통제하는 수단으로서 죄책감을 갖거나 권력을 사용하게 된다. 최근의 연구는 가족을 함께 지키는 데 가장 중요한 것은 가족이 잘못 길을 가고 있을 때 그 일을 치유할 수 있는 능력이라는 것을 밝혀냈다.

변화나 수용의 과정은 가족치유작업에 필수적이다. 치유작업과정에서 Christensen 등(1998)은 필요한 3가지 기능을 확인하였다: *정동(Affect)*은 개인적 감정과 관련된 모든 것으로 언급한다; *의사소통(communication)*은 가족구성원들과 관계하는 "새로운 사실, 조망, 이해에 대한 발견"을 의미한다(p.182). 그리고 *인지(cognition)*는 새로운 정보를 습득하는 방법과 "과거에 이미 알고 있는 사실들에 관하여 생각하는" 방법을 말한다(p.182).

이 세 가지는 "안전, 공평, 정상화, 희망과 함께 보조 맞추기"라는 전제조건이 제공될 때만 효과적이다(p.184). 수용, 변화, 용서와 새로운 시각에 대한 감사의 마음을 통해서 치유작업은 빠르게 또 천천히 일어날 것이다.

왜 결혼에 실패하는가?

전염병처럼 급속하게 번지는 미국의 이혼율 때문에(최근에 결혼한 사람의 50%, 재혼한 사람의 60%), 결혼에 왜 실패했는지, 어떤 커플이 이혼했는지에 관한 진지한 질문들이 계속해서 제기되고 있다(Blaisure & Geasler, 2000). 시애틀 부부 및 가족 연구소의 Gottman(1994, 1996)과 그의 동료들은 지난 20년 동안 이러한 의문에 대해 연구해왔다. 생리적 검사와 면접과 비디오카메라를 이용한 바 Gottman과 그의 팀들은 부부는 처음 결혼생활 7년 안에 이혼을 하던지, 아니면 결혼 16년과 20년 사이에 이혼을 하며, 그리고 그 이유에 대해 "90%의 정확성"을 갖고 예측을 했다(1998, p.15). 연구팀들은 부부가 이혼하는 두 개의 이유를 발견하였다. 결혼 초기 부부가 싸울 때는 부정적인 상호관계를 가지게 되기 때문에 부부는 이혼한다. 즉 비난, 방어, 경멸과 완고한 저항과 같은 부정적인 상호작용 때문에 결국은 멀어지고 단절된다. 결혼 후기에 이혼하는 부부들은 결혼초기에는 싸우지 않았을지 모르나, 그들은 긍정적인 관심과 의사소통 및 상호작용이 부족했기 때문에 이혼한다. "두 가지 측면들이 약간은 별개로 보이고 또 둘 다 본질적인 것으로 보이기도 하지만…… 부부치료가 이런 두 가지 갈등에 중재가 들어갈 때 그 지속적인 효과의 가능성이 가장 높았다: 하나는 매일 긍정적인 감정을 증가하는 것이고(바로 갈등의 해결이 아니라), 다른 하나는 갈등을 해결하는 동안에 부정적인 감정을 감소하는 것이다"(Gottman, 1998, p.15).

결혼한 부부들 또는 결혼을 약속한 부부들과 작업하면서, Gottman(1998)은 행복이나 불행은 모두 동일한 과업을 다룰 때 발견한다고 하였다. Gottman의 확인된 이혼 예측변수에서 안정되고 행복한 결혼생활 안에서 이혼은 결코 일어날 수 없다는 것은 사실이 아니다; 그들은 덜 자주 일어날 뿐이다. 중요한 것은 부정적인 상호작용을 개선하기위해 진지한 시도를 한 부부들은 그렇게 하지 않은 부부들보다 이혼을 적게 하였다는 것이다.

"결혼과 친밀한 관계 안에 있는 부정적인 정서"에 대해서 성별에 따른 민감한 반응이 있다는 사실을 살펴보면서, 그 차이점과 유사점을 Gottman과 Levenson(1988, p.33)은 알게 되었다. Gottman의 연구팀들은 "결혼생활의 예후는 남성 스스로 또는 그의 여성동반자에 의한 남성의 생리적인 위로가 포함된다" 는 것을 발견하였다. 심리적인 위로는 "남편에 의해서 남성의 부정적 감정의 단계적 감소와 확인, 아내에 의한 유머와 남편에 의한 애정" 등이 포함된다. 이러한 마음을 달래고 위로하는 일이 일어났을 때 남편의 심장 박동율은 유의미하게 감소하였고, 실제적으로 신체적 불편감이 감소하였다. 이러한 생리적 감소는 연구된 다른 부부들과 비교할 때 안정되고 행복한 부부들에게서 더 유의

미하게 높았다.

만약 비평, 방어, 경멸, 저항(Gottman[1998]이 요한 계시록의 네 명의 기사라고 부르는 특성)이 성인관계를 파괴한다면, 그것들은 어린 마음과 연약한 신체를 가진 아동들에게도 똑같이 파괴적이지 않겠는가? 무엇인가를 치유하는 방법을 안다는 것은 천부적 재능을 받았거나 아니면 학습된 기술일 것이다. 정서적 치유가 가족의 행동 목록의 일부가 되지 못한다면, 혹은 이러한 기술들이 가정에서 모델링이 되거나 학습되지 못한다면, 어린 가족 구성원들은 대인상호간의 인간관계를 개선하는 기술들을 배울 수 없을 것이다. 그러므로 어린 자녀들에게 개인 간의 상호관계를 교육하는데 있어서 이런 기술들은 원가족 밖에서 찾아야 할 것이며, 또 학습되어져야만 할 것이다.

Hetherington, Bridges와 Insbella(1998)의 연구결과, 이혼은 첫 번째 결혼보다도 두 번째, 세 번째, 결혼에서 더 자주 발생하는데, 그것도 자녀들을 보호하지 않는 남편들보다도 자녀들을 보호하고 있는 재혼한 부인들 중에서 더 많이 발생한다고 하였다. 여기서 자녀들이 중요한 지표로 나타난다. 그들은 역기능적인 가정이나 불안정한 환경에서 살았고, 그들은 역기능적이며 자기애적인 생존기술을 터득하였다. 이러한 행동들은-신뢰가 부족하고 최고의 것을 추구하며 다른 사람들보다도 자신을 먼저 돌본다-후에 다른 사람들과 관계를 맺고 생활하는데 거의 도움이 되지 않는다. 다음 이야기는 세대 간 전수에 관한 것이다. 비록 랜디의 이야기가 계속되지만, 그건 바로 체계가 나아갈 방향이며, 두 번째, 세 번째 세대 간의 상호작용과 역할 모델링을 포함하고 있다. 어떻게 기본적인 신뢰가 깨지고 또 다시 망가지는지를 보여줄 것이며, 그것을 치유하기위해 초인간적 접착제(super-human glue)와 전문적인 기술들이 어떻게 요구되는지 그 방법을 설명해 줄 것이다.

랜디 가정을 찾다

아빠가 가정을 떠났을 때 랜디는 두 살 반이었으며, 동생 찰리(Charlie)는 6개월이었다. 부모 두 사람은 아주 초기부터 그들의 관계가 깨진 것을 치유하려는 노력을 중단하였다. 아빠가 떠났을 때 부유하게 자랐던 엄마는 자신의 원가족으로 돌아갔고, 하인들이 거기서 자녀들의 신체적 욕구를 돌보아 주었으며, 그녀는 "그럭저럭 생활을 할 수 있었다." 결과적으로 아빠는 부인과 자녀들을 떠나 다른 주에서 직업을 얻었다.

랜디는 두 살부터 세 살 까지 Mahler와 그녀의 동료들(1975)의 대상항상성과 재접근

단계 그리고 Erickson(1964)의 자율성 단계의 최고 절정기에 속하였다. 그는 할머니의 크고 안락한 가정에서 자유롭게 지냈다. 그는 하인들을 따랐고, 하인 책임자와 가깝게 지냈으며, 술 취한 선원과 같은 입을 가진 아저씨에 의해 훈육을 받았다.

하루가 끝날 무렵 달콤한 향기가 나는 할머니가 돌아올 때에 랜디는 인사를 하였으며, 할머니는 그의 행동과는 상관없이 착한 소년이라고 안아주고 1달러 지폐를 주었다. 그와 동생은 엄마의 자유방임적인 아동기를 반복하였고, 그녀의 장난감 집에서 놀며, 가족의 조랑말을 타고, 식당에서 여러 재료가 섞여있는 아이스크림선디를 만들면서 보냈다. 2살 난 랜디는 그의 부모의 부재로 유대관계를 맺지 못한 반면에, 3살까지 하고 싶은 것을 마음대로 할 수 있게 놔두는 할머니와 관계를 맺었다.

엄마는 곧 재혼하였고 생활은 급속하게 다시 변화하였다. 랜디와 동생 찰리와 엄마는 할머니의 집에서 나와, 새롭고 좀 더 큰 집이 완성될 때까지 새 아빠의 집에 들어갔다. 거기에는 당구대, 소다수 분출기, 수영장, 탈의실, 방갈로, 깨끗한 차고 안에 골프 트로피와 여러 수집물이 진열된 유리 케이스들이 있었다. 할머니는 일주일에 여러 번 방문했고 맛있는 것들을 더욱 더 많이 가져왔다. 엄마는 자주 할머니 집에 아들들을 떨쳐놓곤 했는데, 거기서 그들은 하인을 따르거나, 뒤에서 그들을 따르는 하인과 함께 했다. 멀리서 봤을 때 그건 아동의 꿈인 듯 했지만, 좀 더 가까이서 봤을 땐 악몽이 만들어지고 있었다. 아동들은 안정된 사랑과 훈육을 제공하면서 자신들과 관계한 양육을 맡고 있는 어른을 점점 더 필요로 하면서, 그들이 보았던 모든 것을 복제한다: 인간의 욕구와 상대방이 알아주지 않는 사랑으로 가득 찬 환경. 그들의 행동은 다루기 어려웠고 저속하였으며, 성인 가족들에 의해 모델화된, 편견이 심한 언어로 아주 넘쳐났다. 바로 이 시기가 한 십대가 랜디의 할머니가 외출하는 동안에 남자하인이 랜디와 찰리를 성적으로 추행했다는 것을 보고했을 때이다. 아주 후에야 엄마는 유모가 이웃의 아동들을 성적으로 학대하였다는 것을 희미하게 기억하였다. 자신의 작은 아들들이 포함되었는지 확신하지 못하였지만, 그녀는 “걱정하지마세요” 아들들은 어리고 그것을 잘 극복했을 거예요 라고 말했다.

엄마보다 20세가 더 많은 새 아빠는 자녀들이 없었으며, 소년들의 불쾌한 행동으로 곧 지쳐버렸다. 지금 3살인 어린 찰리는 매우 불안하고 불안정한 애착을 보였으며, 변기사용훈련에 어려움이 있었고 자주 그의 용변 연습용 팬티를 더럽혔다. 랜디 말에 따르면 새 아빠는 찰리 엉덩이를 막 때렸으며, 그러고 나서 벌주기 위해 그를 샤워실의 찬물 안에 있게 한다고 하였다. 찰리는 두려웠고 상처받았으며, 울고 또 울었다. 매일 저녁 이러한 일은 반복되었다. 엄마가 임신하게 되어 침대에 있었을 때, 소년들은 새 아빠의 매질과 무자비한 훈육에 맡겨지고 있었다. 새 아빠가 찰리를 벌줄 때 랜디는 생존의 한 방법으로서 새 아빠에게 그의 차로 당장 떠나가버리라고 선전포고를 하였다. 다음 몇 달 동안에 랜디는 분노로 가득차서 도와달라고 울었으며, 새 아빠의 우편물을 버린다든지, 그의 집 사무실을 지저분하게 만들었고, 그의 면도기를 숨겼으며, 열린 건조기 문 위에 서있었다. 그러나 랜디가 가장 버릇없이 말을 안 들었을 때가 새 아빠의 골프 트로피 중에 하나를 망치로 부셨고, 새 아빠는 재빨리 그를 앙갚음하러 쫓아왔다. 엄마는 자신의 결혼을 안전하게 구조하기위해서 별 계획도 없이, 부서진 장난감이 들어 있는 상자와 작아서 맞지 않는 옷들로 짐을 꾸려 랜디를 그의 아빠와 그의 새 부인과 살도록 보냈다.

랜디의 사랑의 주기는 얼마동안 사라져버렸다. 지금 그의 정서적 욕구가 변화됨에 따라 안도감을 향한 그의 희망은 사라졌다. 랜디는 화가 났으며, 혼란스러웠고 거부되었으며 멀리 보내졌다.

그림 13. 랜디가 그린 나, 5세

이혼과 삶의 택일

이혼은 발전해가는 사건으로서, “가족관계를 붕괴하고 가족 구성원 특히 아동들을 수많은 적응을 하도록 몰아 내쳐 버린다”(Baisure & Geasler, 2000, p2). 그건 부부관계에서 치유되지 않는 첫 균열로 시작하고 아동들의 인생에서 죽을 때까지 계속 영향을 미친다. 그것은 정신적으로나 신체적으로나 거기에 함께 있지 않는 배우자로 시작하며, 부부 싸움을 하거나 또는 부정적으로 상호작용함으로써 시작한다. 앞서 언급했듯이 1960년대 이래로 이혼은 급속히 증가하고 있다. 매년 미국에서 모든 결혼의 반 이상이 이혼으로 끝난다. 여러 개의 주를 가진 미국은 세계에서 가장 높은 이혼률을 가진 나라라는 타이틀로 휘청거리고 있으며, “결점이 없는 이혼법률은 과거로 역행을 요구하고 있고, 심지어는 결혼 전의 준비기간(예비기간)도 요구하고 있다”(Kirn , 1997, p48). 타임지와 CNN의 여론조사에서 50%는 현재 이혼하는 것보다도 이혼소송이 더 어려워진다고 하였다. 같은 여론조사에서 응답한 64%는 부부가 혼인신고를 하기 전에 결혼에 대한 교육을 받아야한다고 보고하고 있다.

모든 민족적 집단에 있어서 이혼했거나 혹은 여러 번 이혼한 가정의 아동들은 부모가 둘 다 있는 이혼하지 않은 가정의 아동들과 비교했을 때 신체적, 정서적 적응문제의 위험에 더 많이 노출해 있다. 이러한 문제들은 학교, 병원, 지역사회와 주정부기관에서 넘쳐나고 있다. 이혼과 재혼에 관계된 스트레스는 가족 모두에게 영향을 미치며, 흔히 아동들에게 실제적인 문제를 더 악화시킨다. 이혼은 모든 아동들을 반드시 아프게 하지는 않는다; 단순히 그것은 그들을 질병에 대해 더 많은 위험에 놓이게 한다(Hetherington). “이혼한 부모를 가진 아동들을 온전한 가정의 아동들과 비교했을 때 정서적, 행동적 문제(예, 우울증, 비행, 임신)를 보일 가능성(20-25% 대 10%)이 두 배라고 하였다 …… 이혼에 대한 아동들의 적응은 부모의 다양한 갈등의 정도와 관계하며 양육 기술, 아동들의 삶에 대한 부모의 개입과 생활 스트레스 등의 정도와도 관계한다”(Blaisure & Geasler, 2000, p.2). 연구는 아들들이 딸들보다 이혼으로 더 악화되며, 재혼할 때는 딸들이 아들보다 더 나빠진다고 제시하고 있다. 그러나 연구는 역시 아프리카계 미국인 부인의 아들들은 그들의 가정에서 새 아빠들로부터 이익을 얻는다고 보고하고 있다(Hetherington et al., 1998).

여러 다른 서구화 된 나라들처럼 미국사회에서 결혼은 오랫동안 존재 해온 영구적인 제도이기보다는 오히려 하나의 선택이 되어가고 있다. 결혼 혹은 재혼의 선택사항 중의 하나는 동거이다. 동거는 아동이 훨씬 더 많은 가족 변천과 가족 집단을 경험하게 하는 불리한 면이 있다. 많은 아동들이 청소년 엄마들한테서 혼인 외 출생을 하고 있다. 그 결과 이러한 아동들은 오랫동안 편부모 가정에서 양육되어지는데, 그런 편부모 가정은 영구적이거나 엄마의 결혼이나 재혼으로 다시 확대된 가족으로 구성되기도 한다(Hetherington et al., 1998).

영국은 가족해체와 미혼모들의 결과에 따른 범죄와 복지의 의존에 대해 반응하기 위해 현대의 결혼 상태에 대해 가장 종합적인 연구를 실시하였었다. 인터뷰한 사람들 중에 사분의 삼이 결혼이라는 것을 신뢰하였으며, 64%가 결혼은 영원해야한다고 믿고 있었다. 영국의 연구로 81%는 혼외정사를 하는 건 잘못 되었으며, 미혼여성보다 미혼남성이 2배나 많이 미래에 결혼을 원한다는 것을 알게 되었다(Appleyard & Carrol, 1998).

영국과 미국 두 나라의 연구를 통하여 이혼했거나, 여러 번 이혼했거나, 편부모 가정에서 온 모든 민족적 집단의 아동들은 부모가 둘 다 있는 이혼하지 않은 가정들과 비교할 때, 주기적으로 반복되는 부정적 사건으로부터 고통을 받는다는 것을 발견하였다(Hetherington et al., 1998). 이러한 부정적 사건들의 주기는 "부부갈등으로 시작되어 현재 가족구조의 해체로 이어지고, 곧 바로 별거된 가정의 형성으로 끝이 나버린다"(p.403). 인간관계와 자존감에 있어서 그들의 일생을 통하여, 이런 아동들은 흔히 계속해서 집을 옮겨 다녀야 하며, 결국 친밀성, 중간대상, 지지체계, 친구들과 지역공동체사회의 결함을 야기한다. 이러한 부정적 사건들의 주기는 실제적인 이혼보다도 훨씬 더 스트레스를 준다. 왜냐하면 그것은 손상된 애착과 이질적인 문화에 대해 적응된 스트레스를 야기하기 때문이다. 아동들이 해체된 가정에서 성장되어짐에 따라 그들 가족이 경험하는 부정적 사건의 주기는(해체) 계속해서 다시 드러난다. 연주회에서, 스포츠경기대회, 세례식, 성인식, 스카우트 의식, 졸업식, 결혼식, 휴일마다 다시 드러나게 되며 미래사돈들과의 관계에서도 다시 그 경험들은 급부상하게 된다. 아동들과 관계된 문제들이 결국 가족치료에 참가 동기가 된다는 것은 그리 놀라운 일은 아니다.

가족치료

가족치료란 전체적이고 포괄적이며, 여러 다른 방법으로 치료를 실시하기보다는 치료에 관해 여러 다른 방법으로 생각하는 것을 의미한다. 가족치료는 핵가족과 대가족의 기능과 구조 및 과정에 대한 "지식과 언어"와 개인적인 태도와 행동으로 그리고 인지적으로 관계한다. 전통적이고 개별적인 심리치료 접근방법 이상으로 확대하고 싶은 욕구에 의해 가족치료는 성장하고 있으며, “개인 또는 대인관계체제 다시 말해 가정이라는 지역적 환경에 초점을 맞추면서” 개입하고 있다(p.2).

그러나 가족치료를 받는다는 건 개별적 치료의 거부를 의미하는 것이 아니라 그것을 수용하는 것이다. 대신 가족체계이론은 개인 자신, 개인들에게 중요한 다른 사람들과 이런 관계들이 형성되고 존재하는 환경과 관계된 정보를 개인들이 접근하고 통합하기 위한 도구로서 작용한다. “개인들은 가족들의 관계로부터 분리할 수가 없다”(Anderson, 1992, p3). 가족치료사는 가족구성원들을 조사하고, 반영하고, 가능하면 관계들을 치유하는 권한을 갖고, 가족단위와 가족문화(지식과 언어)에 대한 맞춤형 치료를 목표로 설정해서 내담자들과 작업한다.

가족치료는 관계의 역동 안에서 발생하는 개인과 가족 발달단계에 서로 영향을 주는 공동영역을 다룬다. 가족치료사 모두가 개인 혼자만을 보는 것을 가족치료라고 부르는데 동의하는 것은 아니다(Minuchin, 1998). 미술과 이미지가 개인과 알게 된 가족정보, 곧 치료 시 드러난 사람, 즉 개인이나 가족을 나타낼 언어수단이 되는 통합적인 가족치료의 모델은 “일치와 조화”이다. 다음에 제시한 간단한 가족치료의 역사는 특히 가족치료와 미술치료의 초기 통합과 “일치와 조화”에 초점을 맞추어 제시할 것이다.

초기 가족치료의 발달

1940년대 Nathan Ackerman은 Topeka, Kansas의 Menninger클리닉에서 그의 임상을 시작하였다. Ackerman은 가족을 사회적, 정서적 구성단위로 보았다. 후에 그와 그의 임상적 동료들은 어머니와 자녀들을 분리해서 보기보다는 함께 보기 시작하였다. 후에 지방의 내담자들과 작업하면서 그의 동료들은 그들의 가정에서 전체 가족을 보았다. 세계 2차 대전 이후 Ackerman은 뉴욕시로 옮겼고, 그는 거기서 계속해서 치료 안에서 가족들과 함께 작업을 하였다.

Ackerman이 가족치료의 조부로 알려진 반면, 서쪽에서 일하고 있는 Geroge Bateson은 가족치료의 아버지로서 알려지게 되었다. Bateson은 동료 연구자인 Jay Haley, John Weakman과 Don Jackson과 주요 만남을 가지면서, 체계이론과 의사소통 스타일에 대해 관심을 가졌다. 그들은 폭넓은 의사소통 수준 즉 수달, 훈련된 안내견, 유머, 대중영화들과 정신분열증 환자의 의사소통에 초점을 둔 연구에 착수를 하였다. 정신분열증에 초점을 둔 Bateson집단은 정신분열증은 “정신내적 장애라기보다는 오히려 상호작용적, 관계적 현상으로서 의사소통의 장애” 라고 말했다(Becver & Becvar,

1989, p.23). 그 시기에 치료를 정신내적 문제보다는 오히려 관계적 문제에 초점을 둔다는 그들의 주장은 혁신적인 것이었다.

의사소통에 관한 추가 연구로 Jackson과 동료 Watzlawick와 Beavin(Watzlawick, Beavin, & Jackson, p.63)은 관계가 의사소통의 중심적 문제이었을 때는 구두로 표현하는 말은 거의 의미가 없다는 걸 알아냈다. 대신 신체적 언어, 톤, 제스처와 반영, 모든 형태의 메타커뮤니케이션(meta-communication: 말이 아니라 시선 · 동작 · 몸짓 · 태도 등에 의한 커뮤니케이션)은 실제적으로 말하는 사람의 의도를 분명히 밝히는 것이라고 하였다.

2차 세계 대전 직후 Murray Bowen이라는 또 한 사람의 젊은 정신분석자는 Menninger 클리닉에서 그의 일을 시작하였다. Bowen의 관심도 역시 가족에 기초하였다. 그는 어머니와 아이의 공생관계가 정신분열증과 관계한다는 것을 연구하였다. "Bowen은 1954년에 Kansas를 떠났으며, 국제정신건강연구소(National Institute of Mental Health: NIMH)에 가서 입원한 정신분열증 환자들의 관찰과 연구를 위해 그들의 전체 가족들을 위한 고전적 연구를 주도하고 감독하였다"(Becver & Becvar, 1989, p.25). Lyman Wynne은 2년 더 일찍 국제정신건강연구소에 합류하였다. Bowen이 국제정신건강연구소를 떠났을 때, Wynne이 가족연구의 수석 연구원으로서 Bowen의 연구를 계승하였다. Wynne이 국제정신건강연구소에서 29년간 재직하면서 주목할 만한 여러 가족치료에 관해 연구를 하였는데, 특히 가족과 정신분열증적인 행동에 관한 연구에 상당히 공헌을 하였다. 가족미술치료를 적용할 수 있는 그의 업적 중에 하나는 가족치료 팀의 상호 통합적 모델의 확립에 있었다. 이 연구팀들은 여류조각가이자 미술치료의 선구자인 Margaret Naumburg의 옛 제자로서 국제적으로 알려진 Hanna Kwiatkowska 미술치료사를 포함하고 있었다(Kwiatkowska , 1978).

초기 가족미술치료의 발달

Kwiatkowska는 1958년부터 1973년까지 국제정신건강연구소와 관계하였으며, 거기서 그녀는 미술치료를 소개하였고, 미술치료 팀을 이끌었으며, 가족미술치료발달의 선구자적인 위치에 있었다. Kwiatkowska의 작업은 '*미술치료를 통한 가족치료와 평가(Family Therapy and Evaluation through Art)*' 라는 저서 안에서 절정을 이루었다. 오늘날－주로 Kwiatkowska여사의 영향을 통해서－가족미술치료는 광범위하게 실시되고 있고 수용되어지고 있다(Darchink, 1975).

국제정신건강연구소에서 일하던 초기에는 Kwiatkowska(1978)는 인간관계에 있어 사람들을 돕는 것이 자신의 기본적인 과업이라고 믿었는데, 미술의 자발적인 자기표현을 통해서 "그들의 특별한 문화, 경험과 욕구들을 만나게" (p.17) 해주는 것이었다. 처음에 그녀는 환자들의 작업과정과 반영을 지지하면서 개별 환자들과 작업을 하였다. Kwiatkowska는 부모와 가족구성원들이 환자를 방문할 때 그들의 행동 하나 하나를 따라가면서, 가족구성원들을 관찰하기보다는 미술 활동지도에 참여하도록 격려를 하였다. 그녀는 미술작품과 상호작용으로 자주 뜻밖의 평가 자료들을 얻게 된다는 것을 알게 되었다. 그녀는 우선 "전체가족을 미술치료프로그램에 개입시키는 것"으로 시작하였다(p. 150). 전체 가족들이 미술로 함께 작업함으로써 가족 구성원들을 언어적 치료를 할 때보다 덜 경계하도록 만들었다. 예를 들어 그녀는 가족의존문제가 미술작업과정에서 더 명백해졌고, 작품 안에서 분노와 적개심이 거의 죄책감 없이 표현되는 걸 알게 되었다. 부가적으로 그녀는 가족구성원들이 더욱 더 정확한 방법으로 자신들과 다른 가족 구성원들을 지각할 수 있다는 것을 알아냈다. 처음에 가족들은 미술을 사용하는데 상당한 저항을 나타냈다.

Kwiatkowska가 각 치료시간들과 서로 다른 가족집단에게 서로 다른 구조적 접근방법으로 실험을 해봄으로써 평가 목적으로 6개의 표준적인 절차를 개발할 수 있었다. "이러한 절차들은 가족 중 저항하는 구성원이 그 집단 상황의 어려움을 잘 참아내게 도와주었다"(p. 117). 자발적인 또는 지시적인 미술작업과정에서 가족들과 함께 작업하면서 Kwiatkowska와 그녀의 팀은 경험에 대한 그들의 반응에 따라 가족의 정서적 분위기를 경험하는 기회를 제공하였다. Kwiatkowska는 그녀의 미술에 기초된 평가를 '가족미술평가(Family Art Evaluation: FAE)' (부록 A-1을 참조)라고 불렀다. 1970년대 이래로 *가족미술치료(family art therapy)*라는 용어는 Kwiatkowska와 그녀의 작업과 더욱 밀접하게 되었다.

게리와 그의 가족을 대상으로 실시한 미술에 기초한 가족평가

게리(Gary)에 대한 다음이야기(Arrington, 1991)가 Kwiatkowska의 가족미술평가(FAE, 부록 A-1을 참조)의 적용에 대한 실례이며, 가족미술평가가 불완전하게 이루어질 때 조차도 평가와 의사소통과 치료를 하는데 어떻게 유용한지를 보여주는 사례이다(이 이야기의 일부는 1989년에 샌프란시스코에서 개최된 미국미술치료학회 컨퍼런스에 제시된 것이다. 나는 Beverly Stone에게 감사하며, 그녀는 자신의 실습과목의 현장실습 시에 게리와 함께 작업하였다).

몇몇 결혼은 천국에서 이루어지는 반면에, 대부분의 결혼은 지상 여기 바로 인간들 사이에 이루어지며, 심지어 고통과 완전히 실패하는 기간을 갖기도 한다. 결혼은 가끔 도움을 필요로 하는 사람에 의해 이뤄지기도 한다. 그들은 때론 도움을 찾으며, 또 가끔은 다른 사람들이 그들을 위해 도움을 찾고, 또 어떤 때는 아무도 도움을 찾지 않기도 한다. 결과적으로 모든 사람들이－배우자, 아동들, 인척관계, 전 부인이나 전 남편의 가족들, 친구들과 그 친척들이－또 때론 세대 간에 고통을 초래한다.

게리는 18세로서, 저소득과 고 범죄 지역에서 파트타임의 일을 하는 결혼하지 않은 아프리카계 미국인 부부사이에 태어난 유일한 아들이었다. 엄마는 그녀의 첫 번째 남편에게서 9명의 아이들을 가졌고, 남편은 강도사건 중에 살해당했다. 그녀는 다음 해에 게리의 아빠를 만났다. 게리는 편집성 정신분열증으로 진단되었으며, 부모가 그를 해칠지도 모른다는 망상으로 야기된, 그의 부모를 향한 언어적 공격성의 히스토리를 갖고 있었다.

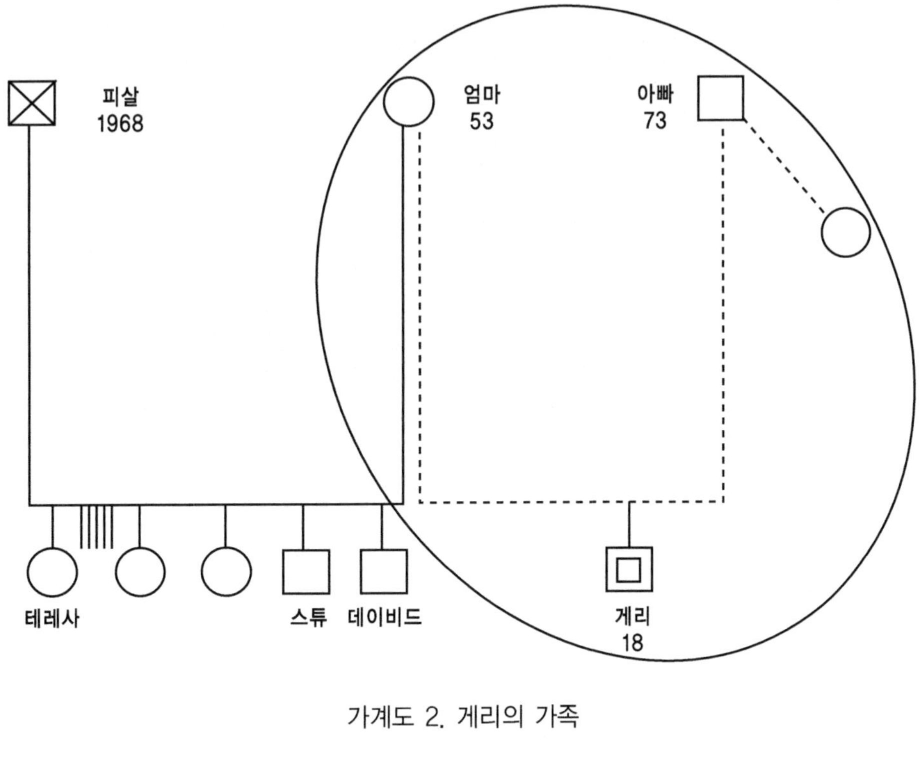

가계도 2. 게리의 가족

수많은 정신병원에 입원한 후에 게리는 그의 엄마를 신체적으로 폭행한 후 다시 입원하게 되었다. 안정화를 이룰 수 없는 그는 장기 시설에 옮겨졌다. 가족과 작업한 두 명의 치료자는 미술치료가 가족의 역동을 평가하는 수단과 필요한 지식을 제공할 것이라고 느꼈다.

가족미술치료사는 미술에 기초한 평가 작업을 소개하였고, 다른 치료자는 참여자/관찰자로서 활동하였다. 치료자는 가족들에게 "마음에 떠오르는 것은 무엇이든지 그려주세요"(자유화)라고 요청하였으며, 놀랍게도 모두가 협조적이었지만, 엄마가 유일하게 "우리는 우리가 할 수 있는 한 최선을 다할 것이에요" 라고 말했다. 세 사람은 개별 그림을 그렸다.

첫 번째 그림은 흔히 자신의 소개이거나 가족문제일 수도 있다(Kwiatkowska, 1978). 엄마의 그림은(그림 14) 그녀가 샐리라고 이름을 붙인 것으로서 사람의 형태가 풀렸고, 아이 같고, 원시적이며, 구체적인 표현이었다. 이것은 엄마의 보다 원시적이고 구체적인 사고과정들에 대한 정확한 표현으로 보이며, 서로 연결이 잘 되지 않는 방식으로 표현되었다. 그녀는 역시 깃털처럼 보인 "나무"를 그렸다.

그림 14. 엄마가 그린 자유화

게리의 첫 번째 그림도 원시적이고 혼란스러웠다(그림 15). 그것은 5개의 동심원을 포함하였는데, 모성의존성을 나타내며 제목은 "미키 벽난로"이다. 엄마가 게리에게 나무를 그리라고 했을 때, 그는 전형적인 교차선의 형태를 그렸다(저자가 마치 요르단에서 약 BC 7000년의 암각화에서 그린 그림을 관찰한 것처럼). 엄마는 그가 나무를 그리지 않았다고 꾸짖었으며, 그녀의 것을 따라 그리라고 말했다. 그는 두 번째의 알아보기 어려운 형태를 그렸다.

그림 15. 게리가 그린 자유화

아빠의 그림도 여러 가지로 불안감을 주었다(그림 16). 검은색 크레용으로 그렸는데, 그림은 말 머리를 너무 낮게 구부려 머리가 떨어져나갈 듯이 보이는 슬픈 말을 나타내고 있었다. 말은 4개의 막대기가 꽂혀진 깡통을 향해 있었다. 앞으로 나아가기위해 투쟁을 하고 있는 듯이 보였다. 아빠는 실제적으로 그림에 표현된 몸이 구부러지고, 우울하고 앞으로 나아가 위해 안간힘을 쓰는 말과 닮아 보였다. 말의 항문부분에 독특한 남근상징이 말의 몸 내부에 있었다.

두 번째 미술평가 작업을 위해 엄마, 아빠와 게리에게 그들의 가족 그림을 그리라고 요청하였다. 엄마가 멈추더니 갑자기 적대적인 목소리 톤으로 "왜 당신은 우리 가족에 대

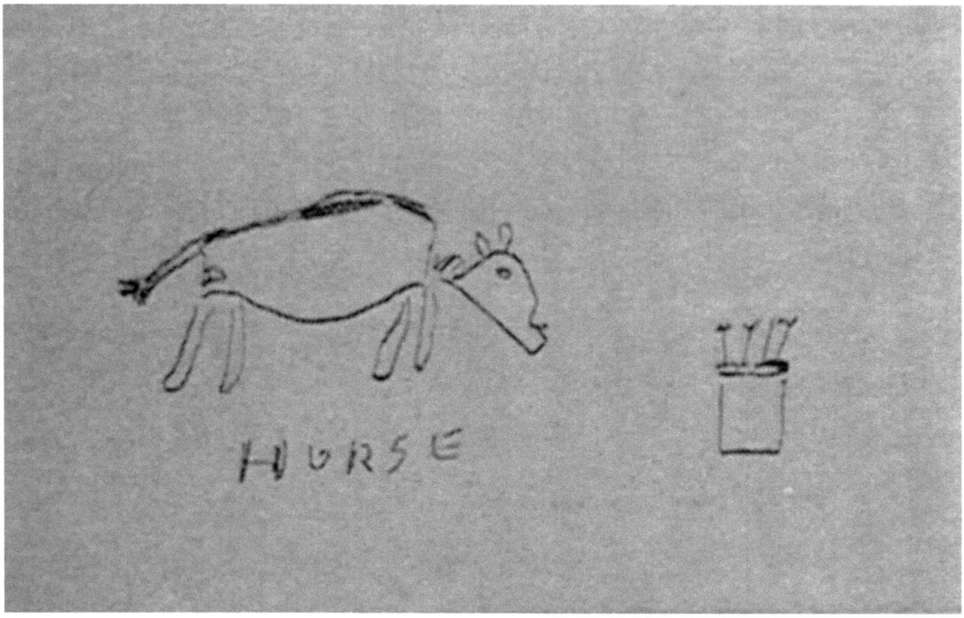

그림 16. 아빠가 그린 자유화

해 알기를 원하지요?" 하면서 물었다. 치료자는 미술을 통해 가족이 함께 작업함으로써 게리는 더 좋아 질 수도 있다고 설명했다. 엄마는 자신이 눈 수술로부터 회복중이며, 의사가 그녀에게 "이런 형태의 일을 하지 말라고" 했다고 말하였다. 그녀도 아빠도 어떤 문제를 갖고 있지 않다고 말하면서, 심지어 그녀의 목사님도 그녀에게 가족에 관한 일은 개인적인 것이므로 그것들에 관해 어떤 누구에도 말할 필요가 없다고 이야기했다는 것이다. 어머니의 거절로 인해 아빠도 더 이상 참여하지 않았다. 그러나 게리는 이미 그의 가족 초상화를 그리기 시작하였고, 치료자는 그것을 완성하도록 그를 격려하였다(그림 17).

게리가 다음엔 누구를 그려야 할지, 사람은 어떻게 그려야할지 엄마가 그에게 말해 준 후에만 단지 완성할 수 있었다. 게리는 자발적으로 세 번째 그림을 그렸다(그림 18). 그러나 엄마로부터 너무 저항의 수준이 강했기 때문에 남아있는 네 번째 과업은 지시할 수가 없었다. 가족구성원들이 과업을 하는 동안에 나타난 가족의 상호작용적 패턴이 조심스럽게 관찰되어졌다.

게리의 두 번째 그림은 가족미술치료사의 지시에 따랐다. 위쪽 줄에 3명씩 두 개의 집단이 그리고 아래쪽 줄에는 2명의 사람으로 모두 8사람이 보였다. 이 그림에서 가장 주목할 만한 것은 상당히 역할 규정이 있다는 것이다. 게리의 이복 형제들과 부모의 하위체계들이 함께 그룹화 되었지만 거기에는 가족구성원들 간에 아직 개인적 성격, 성역할과

그림 17. 게리가 그린 '나의 가족'

신체타입에 관해서는 별 구분이 없었다.

엄마가 이야기하는 동안에 게리는 자발적으로 계속해서 그 자신의 그림을 그렸다. 그의 세 번째 그림은 단순하며, 손가락사이에 낀 담배처럼, 그래서 얼굴을 가진 담배처럼 보였다. 게리는 그의 그림에 "털깎기가 필요한 개" 라고 그것을 불렀다. 엄마는 게리의 그림을 인식하지 못한 채 간섭도 제안도 하지 않았다.

미술과업을 하는 동안 가족들의 작업과정을 관찰한 결과, 가족체계가 폐쇄적이며 위축되어 있다는 것이 명백해졌다. "외부인", 또는 두 명의 백인 치료자들에게 "집안의 치부"를 드러내는 것은 물론 너무나 갈등적인 일이 될 수도 있다. Hampson, Beavers와 Hulgus(1990, p.308)는 "치료실에서 함묵증상을 나타낸 흑인들은 고향, 즉 그들의 본거지에 대해 신뢰할만한 친구들이나 성직자들에게 끝없이 이야기할 수도 있음"을 주목했다. 이것이 게리의 경우에도 사실일까요? 그의 가족들은 게리의 문제에 대한 반응으로 치료가 요구되어질 때에만 치료에 참가하였다. 이번에 바로 이 장소에서 엄마는 명백하게 권력자의 위치에 있었다. 그녀가 시작하자고 하면 시작하고, 그려도 좋다고 말할 때까지 아무도 그림을 그리지 않았다. 그녀는 아주 심하게 게리와 아빠를 곤경에 빠트렸다; 두 사람 중 누구도 치료시간 중에 치료자들에게 말도 거의 하지 않았다. 치료자들은 이런 곤란이 마찬가지로 다른 가족 구성원들에게도 이어질 것이라고 가정하였다. 엄마는 그녀의 가족을 보호하기위해서 아주 경계적이었고, 가족비밀을 유지하는데 상당한 에너지를

그림 18. 게리가 그린 '털깎기가 필요한 개'

쏟고 있었다. 이것은 샐리라고 부르는 인물화 그림에 의해(그녀는 자신의 이름을 사용하지 않는 이유를 설명하지는 않았다) 그리고 가족그림을 완성하기를 거부함으로써 분명히 보여주고 있었다. 게리는 그의 가족그림을 그녀의 엄격한 감시와 감독아래 있을 때만 완성하였다.

미술에 기초한 사정평가(Art-Based Assessment Evaluation: ABE-Eval, 표 1)를 적용하면, 우리는 참가자의 신체적 언어가 긴장되거나 심지어 정상이 아닌 것으로도 볼 수가 있다. 치료자들과의 상호작용은 부정적이었고 아주 극단적이었다. 조심스러워하는 엄마와 함께 그림은 시작되었으며, 엄마가 참가하지 않겠다고 하여 그림 작업은 끝나버렸다. 미술작업과의 상호작용은 극단적이었으며, 부모 두 사람 다 한 가지 그림 작업에만 참가하였다. 심리적 통찰력은 부족한 것으로 나타났지만 미술작업 그 자체의 내용만으로 가족역동의 실례를 보여주었다. 모든 인물화들은 애착이 안 되어 있었으며 붕 떠있었다. 엄마의 깃털 같은 나무는 가벼운 바람조차도 견딜 수 없는 심리적으로 아주 취약한 개인을 나타내고 있었다(Wench, 1980). 게리는 엄마의 지시를 따랐으나 곧 엄마 자신이 인정하지 않았기 때문에 꾸중을 듣게 되어 그는 이중구속으로 곤경에 처하게 되었다. 즉 그는 그림을 그렸을 때도 잘못되었고, 그가 그림을 그리지 않았을 때도 잘못되었다.

아빠의 말 그림은(특히 항문부문의 남근 상징) 사실 주로 남근에 관한 게리의 그림과 연결되어 있으며, 게리가 그의 아빠로부터 동성애적 성추행이나 근친상간을 경험했을 수 있다는 것을 암시했다. 추가 평가가 권고되었다.

표 1. 미술에 기초한 사정평가(ABA-EVAL)

이름__________ 나이______________ 날짜______________

계약절차: 작업과정, 작품과 지각

I. 양적인 것: 절차와 과정 -집중/산만함

이완	긴 장	이상한 것	
A. 신체적 언어	있 음 0	있 음 1	있 음 2
머리(눈, 얼굴)	_______	_______	_______
에너지와 호흡	_______	_______	_______
다리, 팔, 손	_______	_______	_______
B. 상호작용 수준:			
중 립 0	긍 정 1+	부 정 2-	극 단 3x + 또는 -
치료자	_______	_______	_______
직원	_______	_______	_______
가족 구성원	_______	_______	_______
재료	_______	_______	_______
미술 과업	_______	_______	_______
C. 감정조절 및 통찰력	_______	_______	_______
D. 결정력	_______	_______	_______
E. 발달적 연령	_______		

점 수-0-4-정 상; 5-8 경 고; 8+ 추가 검사, 치료 또는 의뢰.

F. 진단적 소견: I축_______ III축________ IV축________ V축________

II. 질적인 것: 작품과 지각-미술구성요인의 확인과 분리

A. 전반적 영향-긍정적, 부정적, 불안, 혼란, 공허, 현실적, 기괴한 것.

1. 중심적 관심과 상징물-집, 나무, 사람, 동물, 환경, 반복, 극적인 것, 기타.
2. 색채 민감도-항상 연속체위에 있다(즉 연상, 적합성과 두드러진 것이 중요하다. 그것들은 감정 상태에 따라 개인적 연상들의 지표가 된다).
3. 내용과 상징성-의미-원형적, 문화적, 개인적, 현실적.
4. 선의 질-부드러운, 경직된, 정상적, 제한적, 활기가 있는, 과도한, 극단적.
5. 움직임-방향, 앞, 뒤, 문화적 영향, 안과 밖, 우측, 좌측, 침체된, 혼란된 것, 움직임에 대한 지각이 없다.
6. 중복-색채, 패턴 또는 상징, 순서, 첫째, 둘째, 셋째 등.
7. 배치-공간, 우측, 좌측, 위, 아래, 중앙, 비어 있거나 통합적인 것.
8. 관계-사람, 동물, 관계가 없는, 친밀한, 색채와 크기의 적합성, 상징의 중요성.

9. 전망-시각(조감도-개괄적인 그리고 원거리의- 작업자의 관점- 세부적, 상세한 묘사, 직접적)
10. 의사결정과 문제해결-충동 조절, 목표 설정.

B. 방어기제-거부-부재; 취소-파괴; 포위-밀폐; 투사-상징; 감정의 분리-색채의 연속; 퇴행; 이미 알려진 능력 밖으로 퇴행

III. 지각에 대한 초점: 내담자가 묘사적으로 보도록 교육한다. 미술작품이 완성되면 내담자는 작품을 벽이나 탁자위에 놓게 한다. 뒤로 물러서서 마치 처음 작업한 것처럼 작품을 관찰한다. 당신의 눈이 무엇에 첫 번째, 두 번째로 멈춥니까? *이야기 하지 마세요. 투사하는 것*을 주의하세요. 내담자에게 무엇이 보입니까? 하고 물어본다. 당신의 지식과 경험을 활용하여 내담자가 본 것을 논의한다(Betensky, 1983).

필요하다면 이 종이의 다른 면을 사용한다.

추수지도

추수지도 세션에서 게리는 치료자에게 매일 아빠가 자신을 아프게 찌른다고 말했고, 아빠는 그것이 게리를 아프게 했다는 것에 대해 안 좋게 느꼈다. 그는 두 형이 자신을 6살이었을 때부터 자신을 성적으로 괴롭혔다고 자유롭게 이야기했다. 게리의 망상체계는 뱀과 코브라가 밤에 그의 침대 안에 있다는 생각에 집중되어있었다. 뱀의 테마는 게리에게 은유적인 것으로 지금 그의 성적 괴롭힘이 분명히 드러나고 있었다(Burns & Kaufman, 1972). 이 시기에 성적학대는 아동보호서비스로 보고되어졌다.

논의

게리가 장기 시설에 수용되기 전에, 그는 3년 동안 개별과 집단치료를 받았었다. 가족은 단지 자문이 필요할 때만이 개입되어졌고, 게리는 결코 미술에 기초한 평가로는 그의 가족들과 함께 평가할 수가 없었다. 시설 안에서 시도된 가족미술평가(FAE)가 여러 기능들을 확인하기위해 실시되었는데, 게리가 보이는 편집성 정신병은 역기능적인 가족체계로 생긴 것이었다. 그의 정신병은 비록 어지럽고 혼란스러웠지만 친밀한 가족 작업에는 적합하였다. 편집증적인 감정은 근친상간이 일어나는 가족체계 안에서 명료하게 이해되어졌으며, 보호되어져야만 한다. 더욱 더 중요한 것은 가족비밀을 유지하는데 거부라는

가족의 규칙을 관찰함으로써 게리의 행동을 확인할 수 있었다. 예를 들어, 중간 치료회기에서 엄마는 게리가 너무 미쳤기 때문에 그를 믿을 수가 없다고 진술하였다. 게리가 보여준 정신병적인 행동 때문에 그가 그의 엄마에게 충성을 다하게 되었고, 가족 규칙을 존중하게 되었으며, 그 자신의 대가로 다른 가족 구성원들을 보호하였다. 미술기초평가를 통하여 게리는 처음으로 희생자로서 확인되었으며, 치료자들은 보호입장을 취할 수 있었다. 불행하게도, 다른 사람과 그 자신에 대한 게리의 기본적인 신뢰감이 너무나도 취약해서 그의 예후 역시 그리 좋지가 않았다.

목표에 대한 논평

가족치료의 목표에 대한 논평에 있어서 치료자가 반드시 내담자들의 부분만을 통찰하는데 관심을 두지 말고, 내담자들이 증상을 어떻게 얻었는지 그들을 이해하도록 도와주는데 관심을 가져야 한다. 오히려 치료자들은 그들이 원하는 대로 내담자의 관점을 바꾸는 것, 성장에 힘을 실어 주는 것, 그리고 개개 가족구성원들의 잠재성을 최대화하는 것과 관련이 있다. 다른 말로 치료자들은 가족구성원들이 그들의 현재와 미래의 생활과 인간관계로부터 그것들을 대부분 얻을 수 있도록 "지금 바로 여기" 에서 가족체계를 변화시키도록 영향을 주어야 한다. 가족치료사들은 그들이 어떻게 할 수 있든 간에 치료자는 코칭하고, 계획을 세우며, 그림을 그리고, 역설적인 전략들을 제공하고, 교육을 한다. 가족구성원들이 자신들이 무얼 하는지를 자각하지 못한 채, 가족치료사들이 체계적 변화를 가져오는 방식에 개입하였을 때(Nichoals & Everett, 1986), 그들은 역설적인 과업을 수행한다. 역설적인 과업 때문에 내담자들에게 분명하게 직접 연관을 갖지 않고도 행동을 자주 바꾸게 된다. 가족치료사들은 모든 가족구성원들이 언어적, 시각적으로 경청하고 공정하게 대해진다는 것을 분명히 함으로써, 그리고 "안정되고 희망적인 분위기를 설정함으로써" 이것을 수행한다(Christensen et al., 1998, p.186). 게리의 가족미술평가(FAE)에서 보이듯이 치료할 때 미술은 게리가 안정감을 느끼고 심지어 글자 없이 대화할 수 있었던 게리를 위한 추가적인 언어를 제공했다. 치료 시 미술은 모든 참가자 3명 모두에게 독특한 시각적 진술을 하고 단계별 과정에서 관찰될 수 있는 기회를 주었다. 그것은 차후의 평가와 목표설정 및 개별 또는 가족치료계획에 참가하는 가족구성원들이 도식적 표현들을 쉽게 해줄 수 있다.

내담자에 대한 논평

가족치료에서 내담자는 전체가족이거나 가족의 하위체계, 또는 개별 가족구성원일 수가 있다. 작업은 관계된 인물들과 사건들을 단계적으로 수집하면서 개입한다. 가족치료는 치료자가 가족 내의 한 개인이나 몇몇 가족구성원들과 작업하던 간에 현재나 역사적인 가족 역동들과 경험 또는 기능들과 관계하며, 그러한 것들이 관계 안에서 내담자에게 어떻게 영향을 미쳤는지를 다룬다. 다른 말로 핵가족은 항상 내면화된 가계도내에 존재하기 때문에 치료자는 현존하는 가족의 부분만을 갖고서 가족체계에 개입할 수가 있다. "반대로 몇몇 치료자들은 마치 단지 가족이 개인들에 의한 집합인 것처럼 전체가족을 면담하고 여전히 그 체계를 다룬다. 하지만, 결코 가족 안에 나타난 상호작용적인 과정들을 확인하거나 인지할 수가 없다"(Nicolas & Everett, 1986, p.2).

앤(Anne)에 대한 다음의 소개로 한 치료자가 한 명의 가족구성원과 작업하였을 때 그 치료자가 오랜 기간 동안 자주 인간의 영혼(SPIRIT)과 행동에 영향을 미치는 가족의 상실과 그 충성에 어떻게 초점을 맞출 수가 있는 지를 확인하는데 도움을 줄 것이다. 앤에게는 미술치료는 그녀의 의사소통의 수단이 되었다.

그림 19. 앤이 그린 '우울한 미소'

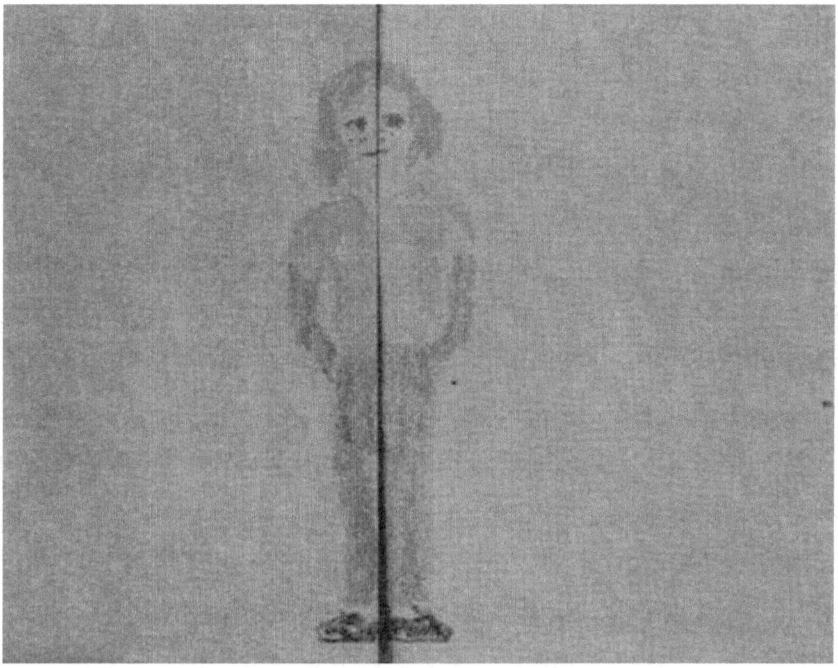

그림 20. 앤이 그린 '슬픔에 잠긴 표정'

앤: 한 소녀와 그녀의 비밀

앤은 30대 후반의 아름답고 옷을 잘 차려입은 미혼의 전문직 여성이며, 그녀의 새끼 고양이가 죽어서 너무나 마음이 아팠기 때문에 치료를 받으러 왔다. 치료자는 앤에게 중간에 두 개로 접혀진 종이를 건네주었다. 치료자는 앤에게 마치 그것이 한 장의 종이인 것처럼 안쪽으로 접혀져서 두 끝을 가진 측면을 사용하게 했고, 그녀가 세상에서 어떻게 자신을 나타낼 수 있는지를 그리기 위해 어떤 미술재료라도 사용할 수 있다고 권하였다(부록 B를 참조-중재-H, 외부와 내부). 그녀가 그리는 것을 마쳤을 때, 두 개로 접혀진 것을 펼치도록 지시하게 했고, 안쪽에는 그녀가 내면에서 어떻게 생각하고 느끼는지를 그리라고 하였다. 앤은 오일파스텔로 매력적이며 약간은 웃고 있으면서 상대방을 똑바로 쳐다보지 않은 얼굴을 그렸다. 안쪽에 앤은 코 위에 주근깨가 있고, 왼쪽 편을 쳐다본 부드러운 눈을 가진 비슷한 얼굴을 하고 있는 한 작은 인물을 그렸다. 그 그림에는 미소가 없었다. 두 개의 그림에 제목을 부치라고 권했을 때 그녀는 외부에 있는 것에는 *우울한 미소*(그림 19)라고 하였고 내부에 있는 것에는 *슬픔에 잠긴 표정*(그림 20)이라고 했다.

벽에다 그림을 부쳐보고 그녀가 본 것이 무엇인지에 관해 이야기해보라고 요청했을 때 앤은 밝고 명확하게 표현을 하는 것처럼 보였지만, 마침내 거의 이야기를 할 수가 없었다. 그녀는 그 때 몸이 얼어붙은 것처럼 보였다.

John Allan(1988)은 치료에서 사용되는 연속적인 그림의 단계들을 다음과 같이 확인하였다:

- 처음 단계는 보통 그리는 사람의 무력한 감정을 반영하는 그들의 내적 세계에 대한 시각을 준다. 미술은 조력자와의 첫 접촉을 이루는 도구에 해당하며, 내담자와 조력자가 함께 만날 수 있는 방법이다.
- 중간 단계에서 신뢰감이 설정되기 시작할 때 원초적 감정들의 표현과 양가감정의 투쟁을 표현하게 한다. 이 단계에서 조력자와의 더 깊은 관계를 맺게 되며, 마음속 깊은 문제들을 드러나게 해준다.
- 종결 단계에서 미술은 뭔가 해냈다는 건강한 이미지들, 자기통제, 자기 가치감, 유머와 중심적인 자기상의 확립을 표현한다.

가족미술치료사는 앤이 신뢰단계에 있었을 때의 이미지들과 그림들의 제목을 살피면서 그것들에 관해 알게 되었다. 앤과 관심을 공유하게 되었다. 그녀는 그림을 그리는 것에 참여하면서 내적, 외적 감정을 드러냈고, 그녀의 그림에 *우울한 미소*라고 제목을 부치면서 그녀의 아주 깊은 무력한 감정을 확인하였다. 그녀의 그림은 무엇에 대한 가면이겠는가? 두 개의 그림에서 그녀의 두 눈은 무엇을 바라보는 것인가? 앤의 코에 있는 주근깨는 훨씬 더 어린 자아, 아마도 아이와 딸의 역할을 하고 있는 자아와 관계하였을 것이다. 눈길을 돌리는 그녀의 두 눈은 앤이 드러내기가 두려운 깊은 근심과 비밀의 주제에 도움을 원한다는 치료자에게 보낸 단서들이다. 보통 치료에서 그러하듯이 처음에 내담자에 관해서는 아는 것이 거의 없다. 더 많은 기억들을 나누면 나눌수록 신뢰감이 형성되고, 감정들이 발견되며 희망이 커지게 된다.

앤은 그녀의 마음속 깊은 문제를 아직은 이야길 할 수 없지만, 그림을 그리는 것이 치료자와 첫 접촉하는 걸 도와주었다. 치료자는 앤과 그녀의 미술작업과정을 존중하면서 앤이 자신의 걸음으로 나아갈 수 있고 천천히 고통을 더 잘 드러나게 시험하도록 안정되고 보호적인 공간을 제공하였다.

앞에서 보여주었듯이 가족구성원이나 가족과 작업하는 치료자는 가계도로 정보를 모으고, 의미 있는 정보의 내력을 살피고, 내담자/가족이 과거에 그 문제를 해결하려고 시도했던 방법을 조사해야한다. 치료자는 그 과정에서 참가자들과 신뢰관계를 설정해야할 것이다. 결과적으로 내담자/가족이 스스로 문제를 해결하는 것을 포기했을 때 그들은 치료자로부터 도움을 찾으며, 치료자는 내담자/가족을 치료에 응하게 하는 주제에 관심을 가져야 한다. 따라서 가족이나 개인이 미술매체를 사용해서 감정을 나타내게 하거나, 가족들에 관한 질문의 답을 하기위해 자료들을 사용하게 하거나, 또는 그들이 치료실에 온 이유를 밝히도록 치료자에게 자료를 사용하게 함으로써 가족의 역사와 상징적인 정보를 치료자에게 제공하는 동안에 내담자로부터 호기심이 유발되도록 관심을 갖고 대해야 한다.

3장

사랑의 주기

성격발달에서 가족의 영향

정서적 욕구들

성격발달에 미치는 심리적인 영향

애착과 대상관계

행동 과학적 발달

시각적 구조 발달

Zaslow는 사랑은 인간 영혼이 탄생하는 주기에 연료를 공급한다고 말했다.
(Cline 인용, 1991, p.15)

20세기 중반부터 심리치료사들은 상호 관계적 맥락 안에서 성격과 증상이 발달해 가는 것을 관찰하였다.

> 기존의 사회적 조건아래서 가정생활의 심리적 분위기는 여러 가족관계에 따라 일어나는 복잡한 정서 및 감정과 함께 인간의 성격과 발달에 상당한 영향을 미치고 있음이 아주 확실해졌다. 최근의 인간행동에 관한 연구 발달이 지적하길 이러한 영향은 일반적으로 생각해온 것 보다 훨씬 더 크다고 한다. 아동은 가족 주기의 구성원들을 향한 그들의 태도를 결정하는 것과 거의 동시에 대체로 그의 또래관계의 주요한 특성들을 결정한다; 인간 실존의 가장 중요한 질문을 다루는데 있어서 개인적 인생관과 견해는 가족이라는 상대적으로 좁은 세계 안에서 일어나는 문제와 어려움과 관련지어서 그가 취하는 입장에 의해서 표현될 수가 있다 (Frugel, 1948, p.4).

가족치료의 선구자 Satir(1992)는 성격은 사회화가 일어나는 일종의 공장처럼 제공하는 가정 안에서 이루어진다는 이론을 지지하였다. 이 공장안에서 모든 행동들은 의사소통으로서 보이며, 따라서 "성격이해는 하위체계들의 위계 안에서 체계와 하위체계로서 형성되고 유지되는 상황의 이해를 떠나서는 불가능하다"고 하였다(Nichols & Everett, 1986, p.93).

가족치료는 바로 그것의 정체성에 의해서 가족과 치료자 모두가 핵가족과 대가족 체계 안에서 살아가고 발달하는 가족구성원의 입장에서 가족들을 생각하게 해준다. 인지와 정서를 탐색하고, 도식적 표현과 상징을 사용하는 가족미술치료는 임상가가 "사고 체계 뿐만 아니라 동시에 그것들을 볼 수 있도록" 허용을 해준다(Arrington, 1991). 이러한 새로운 방법으로 보는 것은 치료에서 새로운 조망과 의미를 함께 창조하는 공간을 제공한다(Christensen et al., 1998, p.185).

성격발달에서 가족의 영향

인간의 아동은 태어난 날 때부터 항상 관계 안에 있다. 엄마와 아빠는 아동의 애정과 관심의 첫 번째 대상들이다. 그들의 수용이나 거부로부터 아동은 행동을 학습한다. 주요 성격 이론가들은 이러한 초기 부모의 영향들에 대한 자각을 함께 공유하였다. "가족 안에서" 라고, Zaslow는 계속해서 다음과 같이 말하였다:

> "우리의 영혼을 탄생시키는" 거의 신비한 사랑의 주기(cycle of love)가 있다. 영혼이란 말은 다른 사람들을 사려 깊게 돌보는 독특하고 특별한 인간의 특성과 우리 자신의 존재보다도 훨씬 더 위대하고 우리를 초월하는 것에 대한 내적 믿음을 표현하는데 사용되어지기 때문이다 … Erickson은 기본 신뢰감을, Martin Buber는 나와 너를, Christians는 은총의 이야기를 하였다(Zaslow, 1975, Cline에서 인용, 1991, p 15).

나는 이러한 신비한 주기는 Foster Cline의 허락을 얻어서 내가 *사랑의 주기(Cycle of Love)*라고 부르는 것이다. 그것은 안전과 안정감을 제공하는 동안 기본적 신뢰감과 애착을 가져오게 한다. 이러한 신뢰감은 우리의 가장 취약한 시기에 확립되며, 인생 전반을 통해 다양한 형태로 계속된다. 그것은 임신에서부터 시작하여 4시간의 수유리듬을 갖는 영아와 함께 계속된다. 유아생활의 처음 6개월 동안 이러한 욕구와 그 충족감에 대한 리듬은 무려 800번이나 반복된다. 그것은 유아와 양육자사이에 2박자 댄스로 인간의 두뇌에 깊게 각인된다. 그 수는 적절하다. 이와 같은 시기 동안에 아기를 가볍게 두들겨 주고, 위치를 변화시켜주고, 다정스럽게 안아주고 입맞춤하는데 셀 수 없이 많은 시간이 포함되지는 않는다. 이러한 *사랑의 주기*는 일차적인 양육자가 그들의 아기와 어린 아동들에게 주는 양육 행위이다. Perry(1997)가 말하길 이러한 초기 인생 경험들은 문자 그대로 인간의 핵심적인 신경생물학적 조직을 만들고 형성시킨다고 한다. "정말로 유아기와 아동기의 일차적 관계는 인간 개인의 핵심적인 신경생물학적 조직을 결정하며, 그 때문에 믿을 수 없을 정도의 사회적 특수화를 가져온다. 초기 인생경험들은 핵심적인 신경생물학을 결정한다"(p. 126). 초기 인생경험들은 가장 희귀한 특수적 환경을 제외하고는 인간의 사회적 특수성을 촉진한다. 인간을 인생과 사람관계의 상호관계로 이끄는 것은 *사랑의 주기*와 관계한 이러한 리듬들이다. 주기는 각 개인의 생활양식의 지표이며, 동시에 *사랑의 주기*는 한 세대에서 다음 세대로의 계속해서 연결된다(Steven, 1983).

가족은 정서적 학습을 위한 우리의 첫 번째 학교이다. 그것은 우리가 애착과 결합을 위해 현장실습을 하는 곳이다. 가정생활은 인간의 두뇌를 단련하여 만드는 곳이다. 유아들은 그들의 가족을 통해서 세상에 관하여 학습한다. 가정 안에서 아동들은 그들의 여러 욕구들을 갖고 그들의 감정을 표현하거나 억압하는 것을 학습하고, 그리고 거기서 이러한 사랑의 주기가 잘 연주되기도 하며 손상되기도 한다(Bronfenbrenner, 1979).

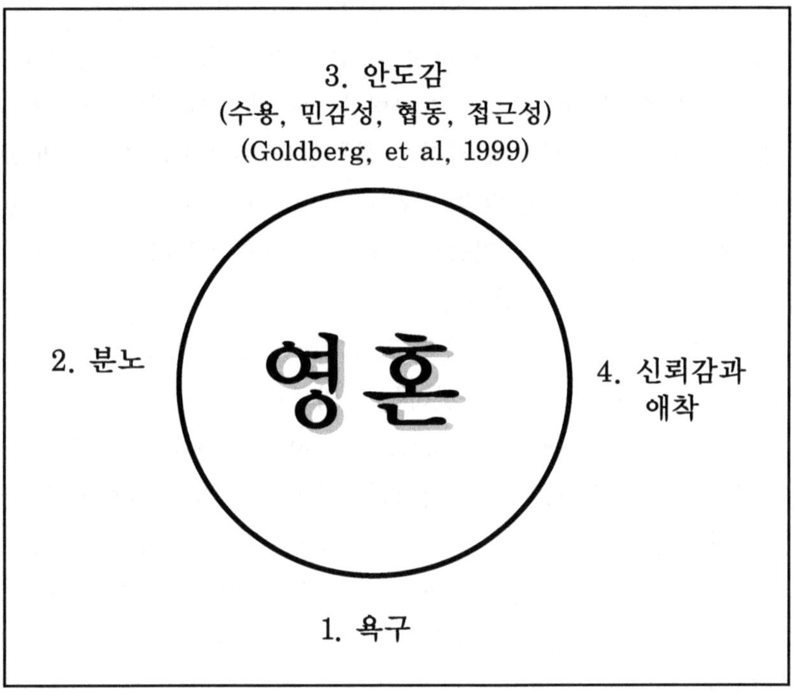

표2. 사랑의 주기: 신뢰감과 애착 (자료출처 : Cline(1991, p16) 재인용)

정서적 욕구들

인간의 정서는 행동에 필요한 충동들을 제공한다. "인간의 정서가 끊임없이 정보를 교환하고 해석하듯이" 이러한 정서는 두뇌의 3가지 상호 연결된 부분들안에서 조절된다(Levy & Orlans, 1998, p 25). 우리가 화가 나고, 두렵고, 또는 그와 달리 정서적으로 자극되었을 때, 망상체 활성화계(reticular activating system: RAS)와 우리의 투쟁-도피반응들이 장악하여 혈액을 양팔로 보내면서 투쟁을 자극하고, 혈액을 다리로 보내면서 도주할 수 있는 에너지를 제공한다(Bowlby, 1969/1982). 화가 나고 곤경에 처한 아기는 자신의 생존을 위해 투쟁하거나 도피하는 욕구로 팔과 다리를 흔들어댄다. 깜짝 놀란 정서는 두 눈을 좀 더 크게 뜰 수 있는 민첩성을 제공한다. "우리가 이완되고 위협을 지각하지 못할 때, 피질은 다시 전환되어 논리와 이성이 돌아올 수 있도록 해준다"(Levy & Olans, 1998, p.25). 행복한 감정은 에너지를 제공하고 부정적 감정을 억제하는 반면에 슬픈 감정은 에너지를 감소하고 사람을 집에만 있게 한다. 혐오감정은 맛과 냄새에서 불쾌함으로 반응한다. 사랑의 감정은 협동심을 촉진하고 차분함과 보살핌, 만족감과 인간과 포유동물의 기본적인 발달을 가져온다(Sapolsky, 1998). Goleman(1995)에 의해 널리 알려진 용어인 정서적 지능은 이러한 정서를 이해하고, 그것들의 사용을 효과적으로 또 능률적으로 개발하는 힘이다.

인간이 정서를 이해하고 그것들을 사용하고 통제하는 것을 학습하기 전에 그것들은 생존적 욕구들을 성장하고 충족하거나 표현하는 방법들로 존재한다. 예를 들어, 아기는 안도감이 필요하며, 자신들의 욕구가 즉각적으로 이루어지지 않았을 때 그들이 할 수 있는 유일한 방법으로 화가 난 감정을 막 울어버림으로써 좌절감을 표현한다(Ckine, 1991, p.16). 아이를 보살피는 사람은 대개 엄마이지만 아빠도 쉽고 효과적으로 할 수는 있는데(Silverstein & Auerbach, 1999), 아동에게 안정성과 수용성 및 민감성을 주면서 일관되고 긍정적인 정서적 관계를 가질 수 있는 최소한도 한 사람의 책임감이 있는 성인 양육자를 필요로 한다(Goldberg, Grusec & Jenkins). 이러한 양육자는 화가 난 유아나 아동에게 안도감을 주기를 원하면서 그들의 시각과 소리에 반응한다. 그녀는 보고, 듣고, 반응한다. 그녀는 엄마들이 아기들에게 쓰는 말투로 "네가 정말 미치도록 화가 났구나" 하면서, 아기의 분노를 심지어 언급한다. 엄마는 계속해서 아기의 접촉과 입맛 및 체취의 욕구들에 반응한다. 그녀는 아기를 세심하게 돌보는 것과 개인의 욕구와 사람의 절대적 신뢰감을 함께 결합시켜준다(Erickson, 1963, p. 249). 그녀는 조심스럽게 아기를 들어올려 지지해주며, 우선 그녀의 동작으로 만족감을 주려고 애쓰며, 그녀의 몸 향기로 위안을 주고 나서 따뜻하고 만족감을 주며 소화하기 쉬운 음식과 또는 부드럽고 편안함을 주는 기저귀로 충족감을 주려고 한다. 인간은 그들의 감각을 통해서 표현한다; 첫 번째로 동작을 통해서, 그러고 나서는 이미지를 통해서 마지막으로는 언어를 통해서 표현한다(Geller, 1978). 아기를 바로 번쩍 들어올리기만 해도 아기가 그걸 알아차린 것처럼 동작과 관계에 대한 아기의 감각적 욕구를 편안하게 해주며, 그 때 아기와 세상 사이에 *신뢰감(trust)*이 형성되고 아기가 바로 그것을 지각한다. 동작은 미로와 같은 자극을 말한다. "미로는 동작과 위치에 연합한 내이(內耳)의 부분이다" (Cline, 1991, p.16). 아기를 보살펴주고, 들어 올려주고, 껴안아주고, 위치를 변경해주며, 젖을 주고, 입맞춤해주며, 입맛을 돋구어주고, 아기에게 노래를 해줌으로써 아기의 본질적인 인간적 만남을 제공하게 된다. 아기를 돌본다는 것은 인간의 얼굴과 눈 마주치기, 상호적인 웃음, 친밀한 냄새와 가벼운 터치와 부드러운 목소리와 같은 것들을 제공하는 것이다. 아기를 보살피는 것은 공감적인 인간 상호작용에 대한 여러 기회를 제공한다. 이러한 인간 상호작용은 "자, 자, 괜찮아요! 우리 아가야, 이제 너는 다 컸지?" 라는 말로 아기를 알아보고 확인하는데, 이런 모든 것들은 자아와 정체성을 확립시켜준다.

"태어날 때부터 돌봄으로써 생긴 신뢰감은 어떤 종교의 실제 모습의 기준이 된다" 고 Erickson(1963, p.250)이 말했다. 일반적으로 신뢰와 안전감, 예측성과 일관성은 현재 공감적이고 쉽게 다가갈 수 있는 돌보는 사람에게서 발견된다. 아동에게 있어선 고대 사회에서 엄마들이 그랬던 것처럼 엄마는 따뜻하고, 안전하며, 선하고, 지혜롭고, 천국이며, 모든 것을 주는 사람이고, 바로 신과 같은 존재이다. Kohut와 같이 Lackman-Chapin(1983)은 인생의 가장 초기 몇 개월간 이러한 공감적 자리의 실패는 "후기 개인생활의 관계적 갈등을 초래하는데 결정적 역할을 한다" 고 믿었다(p.3).

Bowlby(1969/1982)와 Mahler 등(1975)에 의하면 아동 정신병리는 일반적으로 이러한 초기 사랑의 주기의 심각한 손상으로 생긴다고 하였다. 엄마와 아기사이의 관계에서 학대, 입양, 방임과 트라우마로 인해 생겨난 손상과 분열은 흔히 불안, 고통, 불신감과 화를 가져온다. 정신병리의 강도는 손상 당시 유아의 나이와 그 주기가 손상된 기간에 달려있으며, 동시에 유아의 유전과 자아강도에 따라 결정된다. 엄마가 일시적으로 없거나 혹은 떨어져 있는 곳엔 아기의 불안이 있다. 아기의 가장 큰 고통의 원천은 혼자 외롭게 있을 때나 자신을 달래주는 엄마가 없을 때이다.

자신을 달래주는 엄마로부터 떨어져있는 아기는 불안하게 엄마를 그리워하면서 찾는다. 엄마가 발견되지 않았을 때 아기는 아주 깊이 슬퍼하면서 극복해야하며, 상당한 분노와 그 후 상당한 고통과 우울감이 따르면서 자신을 방어하는 것이 점점 증가한다. 엄마가 다시 돌아오지 않을 때, 아동은 시간이 지나면서 그녀에 대한 양가감정으로 발전하고 그녀로부터 분리된다. 10세 이전에 자신을 사랑해줄 대상도 없이 영구적인 모성상실이 있을 때 애착과 자신과 타인에 대한 견고한 신뢰감은 결코 발달하지 못할 것이다(Cline, 1991).

가족치료사에게 가족이란 유대감과 충성 및 Brazelton(1990)이 *하트 스타트(Heart Start)*라고 부른 것 등을 포함하는 평생 지속되는 환경적 경험들로 맺어진 것이다. 하트 스타트는 "상당히 많은 인생의 작은 도전들" 이다(Goleman, 1995, p.192). 만족할 줄 모르는 욕구를 가진 걸음마기 유아는 하트 스타트의 완벽한 지원자이다

> 만약 아동이 나이에 적절한 과대 자기이미지를 경험한다면, 그 아동은 과시적인 표현이 안전하고 효과적이라고 느낄 것이다. 아동은 엄마와 중요한 다른 사람의 반영과 엄마의 눈에서 나오는 반짝거림으로 "이게 그런 거구나" 하고 확인을 한다. 자기를 과시하는 아동의 노력은 개별화, 즉 엄마와의 공생적 유대관계를 떠나면서 하는 첫 번째 시도에 해당한다. 그것이 성공하기 위하여 이러한 웅대하고 전능한 능력이 엄마에 의해(중요한 다른 사람의) 칭찬과 인정으로 환영을 받아야 한다(Lackman-Chapin, 1983, p.4).

미셸(Michelle)은 인생이란 춤에서 두 단계를 학습한다. 말 그대로 생후 18개월인 미셸과 그녀의 부모가 친한 친구들과 함께 저녁식사를 하고 있었다. 이야기가 미셀문제에서 어른들 문제로 옮겨갔다. 몇 분 후에 미셸은 의자로부터 내려와서 탁자로부터 5피트 정도 떨어져 서있었고 아주 큰 목소리로 "미녀와 야수" 노래를 불렀다. 그러더니 그녀는 집에서 자주 본 *미녀와 야수(Beauty and Beast)*의 비디오 안에 있는 미녀 벨(Belle)을 모방하면서 팔을 쭉 뻗어서 빙빙 돌더니 머리를 깊이 숙였다(그림 21).

조숙한 걸음마기 유아는 깜짝 놀라면서 감탄을 자아내는 청중으로부터 의지를 하면서 바로 박수, 칭찬과 갈채를 얻어낸다. 미셸은 재접근 단계의 초기로서(Maller et al., 1975) 그녀의 엄마로부터 분리해 떨어져서 자신에 대해 만족스럽고 적절한 이미지들을 탐색하기 시작한다.

다음 18개월이 지나서 미셸은 그녀의 부모 없이도 같은 또래의 친밀한 친구들을 종종 방문했다. 약 2세반 되던 어느 날, 그녀의 부모가 차에 내렸을 때 그녀는 앞마당에서 뭔가를 만들고, 놀고, 행복하게 노래를 부르고 있었다. 미셸은 갑자기 모든 사람을 깜짝 놀라게 하면서 울면서 차로 달려가기 시작했다. 그녀의 엄마를 보자 자신의 자기감이 없어

그림 21. 미녀 벨과 같은 미셸, 아만다의 삽화

지는 듯 했다. Jung학파의 견해로 볼 때, 미셸의 내적 안전감, 즉 그녀의 자아 자기-축은 독립적으로 기능하기에 충분히 견고하지 못하였다(Allan & Bertoia, 1992). 대상관계의 신경발달학적 관점에서 보아도 미셸의 중추신경계(CNS)는 결정적 시기에 최적의 조직상태 또는 충분한 발달 상태에 아직 이르지 못하였다. 그녀가 엄마를 봤을 때 자신이 엄마로부터 떨어져있다는 것을 깨달았고 그때 비로소 마음상태가 모두 정지되었던 것이다.

미셸이 대략 3세에 이르렀을 때, 비슷한 장면이 발생하였다. 바로 이시기에 그녀의 부모가 운전하여 그녀를 데리러 왔을 때 그녀는 계속해서 놀았다. 친구들에게 얼굴을 돌리면서, 미셸은 "나는 엄마가 항상 필요하진 않아"하고 마치 그녀가 기억한 것처럼 단순히 말했다. 미셸의 성숙은 그녀가 단지 3세에 이르렀다고 해서 일어나지는 않았다. 그녀의 중추신경계(CNS)가 발달하면서 신뢰감이 쌓이고 성장과 개별화에 필요한 기본 단계들이 미셸에게 제공된다. 긍정적인 정서적 경험들(사랑, 승인, 기회와 융통성)을 제공하는 하트 스타트(Heart Start)환경에서 자란 아동들은 처음에 그들의 일차적인 양육자들과 그러고 나서 중요한 다른 사람들과 마지막으로 일반적인 생활과 함께 움직이고 춤출 수 있도록 학습되어진다.

성격발달에 미치는 심리적인 영향

미술과 이미지는 과학이전에 있었고 또한 인간이 오랫동안 존재해왔던 것처럼 오래 존재해온 반면, 심리학은 단지 150년이 된 젊은 비교적 새로운 과학 분야이다. 심리학은 다양한 이론들과 방법들로 구성되었는데, 마음으로 언급되어지는 인간존재의 통합적이며 분리할 수 없는 부분을 연구하고 탐색하고 관심을 가져왔다. 심리학의 뿌리는 철학과 의학의 지식분야에 근거를 둔다. 이론과 논리가 스며들어있는 철학자들은 그것들이 마음, 의지, 지식과 관련이 있으므로 인류의 궁극적인 관심사를 오랫동안 숙고해왔었다. 의학은 생물학과 생리학 안에서 싹텄다. 과거와 현재의 문화 안에서 이러한 과학 안에 스며든 개인들이 인간의 행동에 대한 지식을 계속해서 탐구하고 확장해왔다. 심리학은 계속되는 이해와 에너지를 위해서 이런 풍부한 분야들을 발전시켜왔다. 다음 표(표 3, 성격발달이론의 비교)는 성격발달이론을 비교하면서 어떻게 서로 다른 발달이론들이 연령과 경험을 통해서 서로 관계하고 중첩되는지를 예시한다. 가족의 영향에 초점을 둔 간단한 기술들이 표에 제시되었다.

심리성적이론 (Freud)

Freud가 비록 가족역동보다는 개인과 심리내적 자료에 집중하였지만, 그는 부모와 다른 가족원들이 아동의 문화적으로 받아들이기 어려운 소망들의 첫 번째 대상이 된다는 것을 인식하였다(Rychalk, 1981, p. 108). 친밀한 환경, 특히 모자관계는 어느 정도 개인의 욕구를 만족할지 안할지를 결정한다. 더구나 아동들에 의한 Freud의 심리성적발달단계를 통한 성공적인 발전은 부모에 의한 적절한 반응들을 필요로 한다. Freud이론을 논의하면서 Hamper-Turner(1981)는 "아동은 우선 엄마와의 중요한 관계에 전적으로 의존한다-엄마는 모든 기분을 만족시켜줄 수 있고, 아동 자신을 지탱시켜줄 수가 있다"고 언급하였다. Freud는 두뇌를 우선 사람들이 알고 기억하는 의식적인 사고와 경험들과 감각적인 자극 때문에 다시 나타날 수 있는 전의식적 사고와 경험들 및 의식적인 기억으로부터 차단된 무의식적인 사고와 사건들로 구분을 하였다. Freud는 일차 양육자들과의 초기 경험들은 흔히 무의식 안에 잊혀져 있다가 후기 행동에 결정적인 영향을 미친다고 믿었다. 프로이드의 발달적 구조인 "이드(id)" 와 "자아(ego 라틴어로 "it" 또는 "I") 와 "초자아(super ego)"는 마음에 대한 그의 새로운 관점의 한 부분이었다.

Freud발달의 첫 번째 세 단계－구강, 항문과 남근－에서 쾌락의 감각이 앞에서 언급한 몸의 특정부위에 집중되어있다. 이 기간 동안, 태어나서 약 3세까지 엄마 젖가슴, 애정과 영양의 공급자인 엄마는 아기에 의해 거의 독립된 개인으로 구별되지 않고 단지 삶의 지지체계로서 사랑을 받게 될 뿐이다.... 엄마의 분리된 존재를 서서히 인식되기 시작하면서 성적 감정과 거의 비슷한 감정이 유아의 자기애와 대치하기 시작한다. 엄마의 관심을 공유하는 "아버지에 대해서 남아는 경쟁심을 느끼고 심지어 아주 싫어하게 된다." (Hamper-Turner,1981, p.42).

여아는 그들의 아빠와의 관심을 공유하는 그들의 엄마에 대해 비슷한 경쟁심을 느낀다. 아동이 잠재기(6세에서 12세)를 거치고 생식기(12세 이상의 성숙)로 진입하면서 성장할 때, 오디프스(Oedipal)와 일렉트라(Electra)갈등은 보통 해결되며, 십대의 쾌락적인 관심이 부모에 대한 정서적 의존심에서부터 또래들 간의 정서적 우정으로 이동한다. 이러한 해결은 방어기제와 초자아가 실행되고 형성되어지기 때문에 일어난다. "오디프스 갈등의 해결은 성격발달의 한 패턴이다"(Hamper-Turner,1981, p.43). 아동들은 Freud의 생식단계를 사춘기 또는 약간 그 이전에 시작한다. 이시기에 청소년들은 성적인 자극을 위하여 이성한테 관심을 돌릴 뿐만 아니라 관계를 만족시키고 성장시키기 위해서 이성한테 관심을 돌린다. 자아는 이드와 초자아의 균형을 유지하면서 본능과 에너지의 적절한 통로를 사랑과 일하는 관계로 전환하기 시작한다.

Becvar과 Becvar(1988, p. 45)에 따르면, Freud는 가족치료 운동의 선구자였다는 것이다. Freud가 "리틀 한스(Little Hans)"아버지를 슈퍼비전한 것으로 봐서 그는 한명 이상의 가족들을 치료했다는 의미에서, 처음으로 가족치료를 실시한 사람이었던 것이 분명하다. 아동들과 그들의 가족들을 대상으로 미술을 활용한 선구자인 미술치료사이며 심리학자인 Rubin(1986)은 Freud는 한스가 자유연상을 할 준비가 안 되어 있다고 생각하고, "리틀 한스"로 하여금 그림을 그리도록 했기 때문에 처음으로 Freud가 가족미술치료를 실시했다고 제시하였다.

Jung학파의 심리학(Jung)

Freud와 같이 Carl Jung도 역시 정신의 3가지 영역, 곧 의식, 개인적 무의식, Jung

표 3. 성격발달이론의 비교

신체적 연령	심리성적 (Freud)	대상관계 (Mahler)	융학파 (Jung)	사회심리적 (Erickson)	인지적 (Cognitive)	미술적 (Lowenfeld)
0-1세	구강기	자폐적/공생	아동기	신뢰감/불신감	감각/운동	
2-3세	항문기	분리 개별화		자율감/수치심		
				주도성/죄책감		
		분화기				
		연습기				
		재접근				마구 그리기
		대상과 자기 항상성				난화기
4-6세	남근기			성취감/열등감	전조작기	원과 수평적 형태들
						태양 형태들
7-11세	잠재기				구체적 조작기	전도식기
						도식기
사춘기 & 청소년	생식기		사춘기	정체성/역할혼란	형식적 조작기	사실주의
성인기 초기			40세 이전	친밀감/소외감		
성인기			성숙	생산성/침체감		
노년기				자아통합감/절망감		

표 4. 융 심리학파에 의한 성격 역동과 구조

성격 역동
페르소나

성격구조

정신적 에너지는 항상 활동적이다.

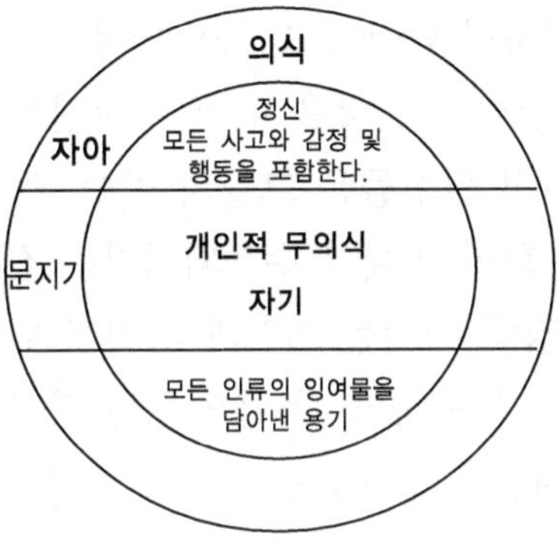

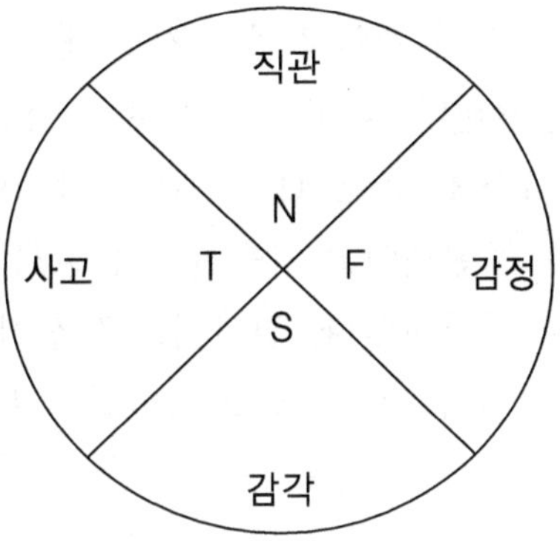

정신적 가치들은 끊임없이 재조정된다.

개인을 추진하게 하는 원형적 상징들
그림자, 아니마, 아니무스, 트릭스타
이것은 어떻게 에너지화 되는가?

그것의 가치는 무엇인가? 본능 접촉

상징으로 변환 감정

시각
냄새
미각
청각

4가지 기능

사고…상황에 대한 논리적 처리(좌반구)

감정…자신에게 가치가 있고
다른 사람에게도 가치가 있는
것을 아는 것(우반구)

감각…사건 자료들에 대한 정확한 관찰

직관…아이디어와 가능성들을 지각

자아-
자기 분리 ↑

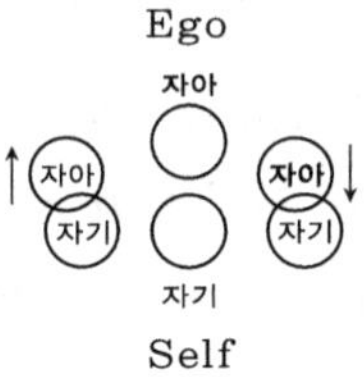

자아-
↓ 자기 결합

외향적
E

외향적-에너지가 세상 밖으로 향해 있다. 너무 많은 접촉을 할 수 없으며 많은 가능성을 갖지 못한다.
자기 성찰이 의심스러울 수도 있다.

내향적
I

내향적-내면에 남아 있다. 개인적 에너지를 외부세계에 대처하기 위해 함께 모아둔다. 가정에서 정신적 일을 한다.

퇴행
리비도의 역방향 움직임 ←—— 에너지가 흐름 ——→ **진전**
발달, 개성화

현재의 행동은 미래에 의해 결정된다. : 미래의 목표와 사건 안에 존재하는 희망은 개인으로 하여금 위험을 감수하게 한다.

개성화 **전체성** **자기감이 목적이다**

의 특별한 공헌인 집단 무의식을 알아냈다. Jung에 의하면(1954/1974), 집단무의식은 원형들, 즉 연령, 경험과 문화에 의해 영향을 받는 생물학적 혹은 원초적인 이미지들로 구성되어 있다고 한다. 그것들은 이미지와 정서이기 때문에 인생에 의미를 준다. 본능과 연결된 원형은 일차적으로 자기조절을 하는 정렬체계로서 작용한다. 그것들은 세대와 세대 간에, 개인과 개인 간에 유사한 형태로 존재하며 남아있고, 개인의 꿈과 예술 및 신화에서도 발견된다. 타고난 기질로 보여질 때, 원형은 발달을 위한 청사진을 제공한다(Samuels, 1983). Jung(1964)은 문화적인 상징적 원형들은 그들의 예술, 정치와 종교에서 표현된 보편적이고 영원한 진실로서 문명사회에 의해서 수용되어지는 집단적 이미지가 된다고 주장하였다. 결과적으로 신화와 상징의 이해는 개인과 사회의 이해에 필수적이다. 정신의 집단적이고 초개인적인 특성에도 불구하고 각 개인들은 전적으로 사적이며, 인생에 의미를 주는 자신만의 내적 이미지들을 표현하는 적절한 방법을 찾는다. Jung에게 있어서 이것은 자신의 사고와 감정을 채색하고, 그림을 그리고, 조각하는 걸 의미했다(Arrington, 1986).

인간 삶의 주기(HUMAN LIFE CYCLE). Jung(1933/1955; 1954/1974)은 개별화과정으로서 인간 삶의 주기의 발달적 이론을 제시하였다.

- 이러한 과정은 출생에서부터 사춘기까지 아동기와 함께 집단적으로 시작한다. 이것은 무의식 상태이며 개인이 부모의 보호와 지도아래 있을 때이며, 특히 모성영역에 있을 때이다. 초기 자아 발달은 엄마의 지배아래에 많이 있기 때문에 "주요 관심사는 관계이며, 자아가 아니라 신체와 엄마에 대한 아동의 전체적인 자기이며, 그리고 엄마는 세상을 대표한다"(Neumann, 1976, p.137: Allan & Bertoia,1992).
- Jung의 두 번째 단계인 청년기는 성인의 의식을 갖고 시작하며 사춘기에서 중년기까지 확대한다. "자아의 점진적인 발달과 함께 할 때만 자기 동형성은 자신의 독창성으로 개인적인 발달을 주도하는 정신의 경향으로서 확실해진다."(Neumann, 1976, p.129). 여성성과 남성성 원형(아니마와 아니무스)의 이중성을 통합하는 것은 이 단계에서 중요하다.
- 40부터 50세까지 중년기는 Bridges(1980)가 의식의 한계, 한계점, 공간적 및 시간적 공백으로 기술하였다. 이것은 자기원형의 발달을 탐구하면서 내적인 것을 조망하는 시기인, 개인의 개별화 과정중의 한 시기이다.
- Jung의 세 번째 단계인 50세 이후에 지혜는 의식이 자아와 자기의 활동 안에서 반

영된 원형적 이미지 사이에서 대화를 요구하는 시기로 본다.
- Jung의 마지막 단계인 노화는 의식과 자아가 무의식 속으로 차츰 멀어져 갈 때에 일어난다.

표 5. 융학파 이론에 의한 생활주기

아동기	무의식 상태
사춘기	청년기부터 시작해서 중년기(35-50)까지 확장 의식은 자아발달과 연령에 따른 특별한 인생과업을 성취하는 것과 관련되어 있다.
40세 이후	Bridges(1977, p.15)는 40세 이후의 시기를, 나아가는 길이 교차하여 가던 길이 막히게 되어 인간이 이전에 자각하지 못했던 개인적 꿈과 자기이미지들을 탐구하는 "공백"으로 언급하였다.
성숙	지혜는 개발되고, 의식은 자아와 자기사이에 대화를 요구하면서 내적 세계로 지향하게 된다.
노년기	의식이 무의식 속으로 멀어져 가는 시기에 일어난다.

Jung은 자아가 처음에는 무의식 안에 위치해 있다가 의식과 개성화를 통해서 발전해 간다고 믿었다. 이러한 평생의 인생과정에서 인간은 상호관계 없이는 개성화도 지혜도 존재할 수 없다는 걸 알게 된다.

Jung의 자기(the Self)에 대한 원형은 본질적으로 심리적 성장과 발달을 조율하여 조직하는 선천적이고 무의식적인 심리적 구조이다. 그것은 정신적 생활의 창조자이며 원천이다(1933/1953). 태어날 때 자아원형은 Jung학파의 용어로 의식의 중심이며, 원형적이면서 무의식적인 모체에 깊이 새겨져 있는 것이며, "약하고 미분화된 형태로 존재하는" 것이다(Allan & Bertoia, 1992, p.6). 생의 첫 번째 시기 동안에 초기 자아발달단계 중에 영양과 양육에 대한 유아의 신체적, 심리적 욕구가 계속 발달해가고 있다. 유아를 흔들어주고, 안아주고, 양육하고, 젖을 먹여주는 것은 그의 충족하지 못한 욕구의 경험들로부터 발생한 분노를 감소시키고 순간적인 안도감을 제공한다. 안도감은 아동의 자아를 키우고 내적 추동과 외부적 현실사이를 중재한다. 다시 말해 "나는 욕구를 갖고 그것을 해결할 것이야" 라고 말할 수 있다. 그러나 유아의 욕구들이 충족되지 못했거나 혹은 유아가 위협을 느꼈을 때, 거기에는 안도감이 없거나 혹은 부적절하게 해결되었을 때, 유아는 위협에 대해 유아 스스로 방어하거나 혹은 전멸되거나 압도당한다."(Allan & Bertoia, 1992, p. 9). 위기에 처한 인간, 아동이나 성인의 심리적 에너지는 소위 방어병력이라고 부르는 생물학적, 심리학적 방어기제를 수립한다. 시간이 지남에 따라 이러한 방어기제는 분노, 불안, 신체적 위장, 거부와 편집증, 억압과 투사로서 표현되는 신체적, 심리적 행동을 동반하면서 강화되고 엄격해질 것이다. 분노와 폭력의 잦은 화산분출은 그것을 계속 통제하기 위한 방어를 통해 결국 심리적 에너지 변화로 붕괴되어 버릴 것이다. 대조적으로 방어가 "외관상 존재하지 않고" 충동들은 억누를 수 없을 때, 아동들은 "과잉 운동적, 충동적 그리고 비사회적"으로 될 것이다(Allan & Ertoia, 1992, p.9).

자기와 엄마사이에 건강한 관계가 유지된다면, Neumann(1976)은 자아-자기축의 배열로 언급한 것이 있다. 이것은 자아와 자기의 사이, 즉 의식과 무의식 사이의 배열이다(Allan & Bertoia, 1992; Edinger, 1973; Neumann, 1976). 적절한 육아와 함께 정상적인 아동의 자아는 고통과 쾌감을 적절하게 조정할 수 있다. 아동은 상처받았을 때 울고, 화났을 때 감정을 말로 표현하고, 필요할 때 부모의 도움을 찾으며, 즐거움을 받아들이고 애정, 웃음과 유머를 경험한다. 건강한 정서적 발달을 위해 자아(의식)는 괴로운 경험을 살피고, 고통을 느끼며 경험의 중요성을 이해하며 그리고 전진하기 위하여 학습한다. Jung은 자아의 발달을 전 생애에 걸쳐 영웅적 투쟁을 하는 것에 비유하였다.

아동기 자아발달단계 (Neumann)

Neumann(1976)에 의해 확인된 발달단계들은 다음과 같다:

- 남근기적 지하세계의 단계, 동식물
- 마술적, 남근기 단계
- 마술적, 호전적 단계
- 태양적, 호전적 단계
- 태양적, 합리적 단계

이러한 단계는 아동들, 청소년, 심지어 성인들의 그림과 놀이 안에서 상징적으로 자주 나타난다. 아동의 자아는 처음에는 특히 엄마의 지휘아래에 있는 동식물단계이며, 무의식적이고 수동적이다. 저 자아는 위대하고 베푸는 어머니, 여신, 처녀 및 마녀와 악독한 새어머니를 반영한다. 두 번째와 세 번째 단계의 자아는 자신의 신비한 방향으로 활동을 발달시킨다. 아이의 자아는 수동적인 원형적 어머니의 본성을 초월해서 적극적인 원형적

아버지의 본성에 이르게 된다. 네 번째 단계인 태양적-호전적 단계에서 자아는 아버지의 원형과 스스로를 아주 확실하게 동일시한다. 이 자아는 아동이 공주, 기사, 카우보이, 인디언, 우주전쟁과 파워 레인저와 같은 이야기에 푹 빠지는 것에서 볼 수 있다.

Jung(1964, p.185)은 아니마(The Anima; 남성의 여성적 특성) 발달단계에서 성인의 발달(사춘기에서 노년기)단계를 확인하였다: 순수한 본능적 생물학적 성적 관계들; 낭만적, 심미적 사랑 및 정신적 사랑; 그리고 지혜. 그는 아니무스(The Animus; 여성의 남성적 특성) 발달단계들을(p.194) 육체적 힘으로 명명하였다; 계획된 행동, 언어, 그리고 의미.

Freud(1900/1958)는 꿈과 상징에서 무의식적인 언어를 강조하였지만, 사실 원형을 가치 있게 판단함으로써 인간성격발달에서 시각적 심상과 보편적 상징의 중요성을 인정한 사람은 실제 Jung(1954 /1974, 1964)이었다. 예를 들어 Jung(1960/1978)은 여성들에게서 무의식의 남성적인 인격화를 아니무스로서 명명하였고, 여성은 자신의 아니무스를 그녀의 남성 양육자와 함께 성장하면서 수용한다고 말했다. 마찬가지로 남성은 남성에 있어서 무의식의 여성적인 인격화를 아니마라고 명명하였고, 남성은 그의 여성 양육자와 함께 성장하면서 그의 아니마를 수용한다고 언급하였다(Arrington, 1986). Becvar와 Becvar(1988)는 가족치료문헌에서 Jung의 사상에 대해서 거의 언급하지는 않았지만, 여러 가지 방법으로 Jung의 생각은 가족치료 임상에 기본이 되는 개념들과 일치한다고 기술하였다.

Edwards(1987)는 미술과 심리치료 사이의 결합에 대해 논의하면서 [가족]미술치료에 임하는 내담자들에 대해서 미술작품은 치료를 단순하게 하거나 혹은 복잡하게 한다고 말한다. 미술작품은 내담자/치료자 관계가 다음과 같기 때문에 단순해진다.

> 미술작업을 통해 부분적으로 일어나는 것을 다음과 같이 여러 가지로 표현할 수 있다. 완충제, 여과장치, 스크린, 용기 등으로…그리고 미술작업은 환자(내담자)와 치료자사이를 중재한다. 처음으로 표현적인 동작을 하는 순간부터 일련의 창조의 단계들은 대개 의지 및 기대와는 맞지 않는다. 의식적으로 계획하고 신중하게 만들어낸 이미지조차도 작품의 창조자가 자신의 성격과 함께 좀 뒤로 물러나서 이야기할 수 있는 시각적 방법을 갖게 한다. 게다가 이미지의 특성은 즉각 호감을 주지 않을 수도 있다. 그건 흔히 생소한 면, 즉 "색다름"의 특성을 갖기도 한다. 그럼에도 불구하고 그것의 생경한 특성에도 불구하고 이미지는 그것을 만든 사람에게 분명히 속해있다는 것을 직면해야한다. 대화는 지금 사람과 그 사람

> 이 만든 이미지(사람과 행동에 관한 것)사이에 시작한다. 동시에 이미지 자체는 여전히 변화 혹은 해결 중에 있다. 그것은 관심을 불러낸다. 이미지들의 "색다름"은 당황스럽게도 예측할 수 없으며, 이미지가 자신의 제작자한테 묻고 있는 것에 지나치게 호기심을 갖게 한다. 그것에 대해 안다는 것이 쉽지가 않다(p.101).

이러한 이미지의 의인화는 그 이미지 안에 에너지가 포함되기 때문에 오늘날 그리고 다음해에 또는 여러 해에 걸쳐서 탐색을 시작한다. 그러나 에너지는 불분명하거나 혹은 개인이 그걸 소화해내기에 너무 취약하거나 너무 노출되거나 너무 강력하거나 너무나 두렵다고 느낄 수 있다. 내담자가 에너지를 받아들이고 그걸 문화와 전통 속으로 끌어들이도록 하고, 치료자가 내담자와 시각적 표현사이를 중재시킬 곳을 이해하는 걸 돕도록 하기 위하여 미술 안에 존재하는 에너지와 연결시킬 책임을 치료자는 담당해야한다.

엘리자베스(Elizabeth)가 미술을 통해 다시 연결되다. 중년의 전문직 여성으로서 엘리자베스는 10년간 낭만적 사랑을 해온 친구의 상실로부터 회복 중이었다. 그의 죽음으로 인해 가정, 가족과 자녀들에 대한 그녀의 연속적인 꿈들도 역시 사라져버렸다. 버려지고 소외되고 상실된 초기 아동기의 감정들이 다시 수면위로 떠올라왔다. 그녀는 아래로 추락하는 것 같았고, 우울해졌고 황패해진 것처럼 느껴졌다. 깊은 신앙을 가진 한 사람으로서, 그녀의 육체적, 정서적 그리고 영적인 고통은 굶주린 야수처럼 그녀를 괴롭혔다. 그녀는 먹는 것이 조절이 안 되었다. 그래서 결코 만족을 느끼지 못했다. 엘리자베스의 고통은 그녀 생애를 지배하였다. 그녀는 소외감과 탈진 사이에 붙잡혀있었고, 수없이 많은 응답 없는 기도를 하였고, 만족하지 못한 채 너무 오랫동안 너무 열심히 일만 했고 결국 감각이 멍한 상태로 혼란스러웠고, 집중이 되지 않았다. 자신의 치료는 더 이상 어디에도 없다고 그녀는 생각했다. 영성과 근본적인 관심에 대한 질문들은 오히려 그녀를 괴롭혔다. 누가 이 재앙을 초래한 감정의 협곡을 채울 수 있단 말인가? 도대체 그녀의 미래는 어찌 된단 말인가? 몹시도 괴로운 이 고통이 도대체 언제 사라진단 말인가? 그녀의 안전은 어디에 있단 말인가? 왜 그녀는 이 친구, 이 사랑스런 사람, 이 관계를 맺었던 동반자를 상실하게 되었던 말인가?

도예가인 친구는 점토와 특수한 흙색조 유약을 가지고 실험을 하기 시작했다. 그는 대학에서 도자기 공예를 공부한 엘리자베스에게 점토를 갖고 뭔가를 해보게 했다. 혼자서 작업하고 또한 그녀의 치료자와 함께 일주일마다 상호작용하며 추억담을 나누면서, 그녀는 자연스레 작은 그릇 모양, 그녀의 가족형태라고 여기게 된 모양의 안에 있는 그녀의 감정의 초상화를 만들었다. 자신의 창조적 과정 때문에 생긴 변화된 마음상태에 있는 엘리자베스는 그녀 생애의 초기 시기로 되돌아왔다. 이러한 명상적인 상태에서 아무 생각도 없이 그녀는 부드럽고, 차가운 점토로 직관적으로 작업을 했다. 그녀는 편안하였다. 그녀는 압박이나 기대도 없이 그 자료를 다룰 수 있었다. 그녀의 첫 번째 작은 그릇은 자기 주먹의 반 크기이었다. 작은 인물들이, 언제나 더 이상 접촉하지도 않고 손이 닿지 않는, 그녀 주변이나 그릇 위에서 빙빙 돌고 있는 몇 개의 다른 인물들과 함께 "움푹 파진 곳의 바닥"으로부터 자라고 있었다. Cooper(1978, p.31)에 의하면 움푹 파진 곳은 자궁과 어머니인 대지, 즉 장례식과 재탄생을 하는 곳을 나타낸다고 하였다. 엘리자베스는 그 그릇을 물끄러미 바라보았고, 그녀 친구의 특수한 유약을 바르고 그것을 불에 구웠다. 그녀는 치료자에게 보여주었다. 그러곤 또 하나를 만들었고, 다시 또 다른 걸 만들면서 첫 번째 작은 인물이 있는 작은 그릇-움푹 파진 모양을 계속 만들었고, 그런 다음에 다른 인물들은 바닥으로부터 빙빙 돌지만 결코 접촉하지 않는, 모든 게 동일한 흙색조 유약으로 발라져 있었다.

엘리자베스의 원형적 흙색조 형태는 그녀가 그녀의 초기 가족생활 때 느꼈던 감정을 반영했고, 지금 슬픔 속에서 여기에 그녀가 버려지고 소외됐던 감정을 반영했다.

엘리자베스가 만들 다음 그릇은 약간 더 컸고, 바닥과 손을 잡은 사람들로 늘어서 있는 테두리에 작은 인물들이 있었다. 그녀는 이 그릇을 채색했다. 새로 구은 각 작품들을 가지고 엘리자베스는 그녀의 치료자와 함께 가족형태와 그 의미를 논의했는데, 그녀의 치료자는 그녀에게 비언어적 매체로 그녀의 감정에 위험을 무릅쓰고 탐구해보라고 했다. 그녀는 등대와 거북이가 들어있는 일련의 가족 형태를 작업하기 시작했다. Cirlot(1962)에 의하면 거북은 천국과 땅이 합성된 모양, 아마도 엘리자베스의 내부의 신성의 재출현을 나타낸 것이다. "빛은 전통적으로 정신과 동일시하며… 빛을 비추게 된다는 것은 빛의 소재를 알게 되고 결과적으로 정신적 강도를 알게 된다는 것이다."

도자기 그릇과 그녀의 작업과정을 살피면서, 엘리자베스는 그녀의 형태와 이미지의 우세함을 따르도록 권유받았고, 다른 사람들에게 접근하도록 권유받았다. 그녀의 자발적인 미술은 그녀 기도생활, 내부의 힘 그리고 그녀의 치료자와 소통하기 위한 도구의 상징이 되었다. 그녀의 작업과정은 하나의 성스러운 치유과정이 되었다. 엘리지베스는 그녀의 부드럽고 상냥한 성격의 중심과 다시 연결됨에 따라 그녀는 다른 사람의 중심으로 다가가서 부드럽게 접촉할 수 있었다.

오늘, 그녀는 계속해서 여러 이미지가 들어있는 점토형태를 만들었다(그림 24). 엘리자베스는 그녀의 가족을 포함시켰고 미술은 계속되는 그녀의 개성화과정의 영적 동반자가 되었다.

그림 22. 엘리지베스가 만든 첫 번째 동굴

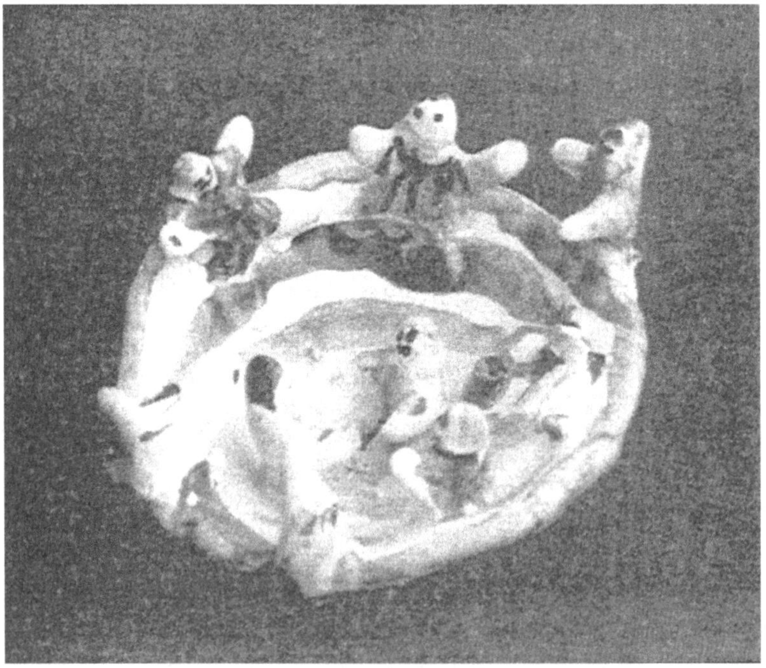

그림 23. 엘리지베스가 만든 가족 형상

그림 24. 엘리지베스가 만든 등대를 가진 가족 형상

애착과 대상관계

아동은 좋든 나쁘든 순응적이며, 어떤 모양과 형태로 만들어질 수 있으며, 쉽게 통제되거나 영향을 받고 적응할 수 있지만, 이러한 모든 건 제한된 모든 범위 안에서 그리고 중요한 시기에서만 가능하다. 생의 처음 2~3년 동안 애착패턴은 관계의 특성이다. 양육기관, 즉 엄마가 담당한다. 부모자녀관계가 변화하면 패턴들도 따라서 변화될 것이며, 애착의 패턴들은 한번 결정되면 영구화되는 경향이 있다. 가족관계에서 형성된 그 패턴들 즉 애착양상은 나머지 우리 삶을 우리와 함께 하며, 언어와 인간관계와 연관될 때 우리의 여러 행동에 영향을 미친다.

"애착은 특히 스트레스가 있는 동안 특별한 인물에게 도움을 구하고 지속적으로 가까이 있고 싶어 하는 것을 특징으로 하는 정서적 관계이다" 라고 Bowlby(1969/ 1962, p.12)는 말한다.

유아는 대상애착과 관계에 대한 확실한 욕구를 갖고 있다. "이러한 애착은 수유경험과는 별도로 이러한 과정을 활성화하는 여러 형태의 자극들을 해소함으로써 발전한다"

(Antony, 1994, p. 184).

대상관계가 성격발달에 영향을 미치는데 선구자 역할을 한 Fairbrain(1954)은 아동과 부모의 애착은 건강한 아동발달에 중요하며, 긍정적이든 부정적이든 초기 아동기 경험은 아동에게 심리적으로 각인이 된다고 말하였다.

Fairbrain과 Bowlby의 가정에 기초해서 Mahler(1975)등은 대상관계와 모자관계를 연구하였다. 그들의 자료는 대상항상성 발달을 확인하였고, 이러한 것들이 아동이 "초기에 부모들에게 지각하고 반응하고 응답하는 것" 과 똑같은 방법으로 훗날 인생에서(배우자 또는 친구들) 다른 사람들에게 반응하고 응답하는데 그 경험들을 유지 또는 내사하거나 영향을 미칠 것이라고 믿었다(Wilcoxon, 1987, p.3).

Kohut(1971)는 그의 부모와 자녀의 애착연구에서 자기-대상(self-object)으로서 첫 번째 자기가 곧 원초적인 과대 자기로서 시작되는 것을 확인하였다. 아마도 Kohut은 미녀와 야수의 어린 연기자 미셸이 자기 응집력을 발달해가는 것을 말했을지도 모른다. 그녀의 과대자기가 반영됐을 것이며, 자기 위로감을 학습하였기 때문에 이러한 것들 덕분에 그녀는 그녀의 부모들에게 좀 더 독립적으로 되었을 것이다. Jung학파의 발달적 이론가들(Allan & Bertoia, 1992; Edinger, 1973: Neuman, 1976)은 미셸의 자아축(무의식적 [자기]와 의식적 [자아]마음 사이에 좋은 관계와 연결)이 정렬 안에 있을 것이라고 말할 것이다. 그녀의 인생을 통해서 미셸의 초기 갈망은 우리 모두의 것과 같이 계속해서 "자기-대상", 즉 우리가 좋고, 특별하며, 중요하다고 느끼게 해주는 그런 사람이나 물건들을 필요로 할 것이다.

양육하는 부모들도 역시 자신들과 관계 안에서 생활하는데 필요한 정보를 발달하고 있는 아동들에게 제공한다. 이러한 것들에는 제한된 환경설정의 규범, 곧 역할, 및 규칙들, 제한과 확장 등이 들어있다. "부모의 거부는 안정적으로 애착된 아동에게 부정적 감정을 갖게 하며, 받아들일 수 없는 행동을 없애 버리며 양심의 발달을 가져오게 한다. 자존감은 아동이 부모의 승인을 받을 때 나타나며, 자기에 대해 좋게 느끼도록 해준다(Levy & Olans, 1998, p42).

터커가 권위를 시험하다. 터커(Tucker)는 놀이에서 과잉 확장되었다. 잠자는 시간이 다가오면서 거의 3세 된 아동은 자신의 장난감, 누나, 부모들에게 점점 더 짜증을 냈고, 칭얼대면서 울고 장난감을 발로 차고 팔을 휘둘렀다. 터커의 엄마는 장난감 상자 안에 불만이 가득한 아이를 놓고는 단호하지만 사랑스럽게 터커를 번쩍 들어 꺼내어서 그를 침대로 데려가면서 꼭 안아주었다. 그는 그녀의 품에서 편안해졌고 그녀가 떠난 후에 몇 분 동안은 모든 것이 조용해졌다. 그러자 다시 터커는 소리를 지르면서 방으로 뛰어나오면서 시험에 들도록 했다. 화가 난 작은 터커는 탁 버티고 서서 발을 벌리고 손을 엉덩이에 두고 그의 엄마에게 혀를 날름 내보였다(그림 25).

그림 25. 시험하고 있는 터커, 아멘다가 그린 삽화

놀란 엄마는 그녀의 미소를 억눌렀다. 아빠는 침대로 나와서 그 대립상태를 권위 있게 말했다. "말 안 듣는 터커야, 잘자." 그러자 터커는 다시 바라보면서 방으로 울면서 뛰어 되돌아갔다. 침묵이 빨리 그 집에 흘러갔다. 5분이 지나자 침대에서 터커가 나와 깡충 뛰면서 웃으면서 놀리듯이 다 다 다다 다- 다다 다다 다 다 다 하면서 노래를 불렀다. 그의 초기 행동을 반복했지만, 이번엔 장난치기 좋아하면서 짓궂게 놀리는 방법으로 터커는 떨어져 서있었고 그의 손을 엉덩이에 두고 웃으면서 혀를 날름하고 있었다.

터커가 여기저기 뛰어다니고 그의 노래를 하고, 한 번 더 그 행동을 반복하는 동안, 엄마와 아빠는 의도적으로 그 행동을 무시하고 책을 읽는 척 했다. 부모의 도움으로 그 걸음마 아이는 지금 자신의 분노를 통제하고 있으며 다시 한 번 자신에 대해 좋게 느꼈고, 부모의 못마땅함 때문에 당황스러워하는 훨씬 더 나이가 든 아이처럼 보였다. 터커는 자신의 방법으로 그가 정말 말을 안 듣는 것이 아니라는 것을 알리려고 애썼다. 그는 단지 장난쳤을 뿐이었다. 터커가 그의 행동을 다 했을 때 그의 부모는 쳐다보면서 단호하게 "터커, 잘자" 라고 말했고, 터커는 그의 방으로 뛰어가서 잠자리에 들었다.

아동들이 말을 안 듣고 버릇이 없기보다는 더 훌륭하게 다시 태어나려고 한다. 그러나 모든 아동들은 언젠가 부모의 사랑을 필요로 할 때조차도 그들의 방식을 원한다. 그들이 통제를 벗어날 때 아동들은 그들의 욕구를 들어주고 그들의 분노를 부드럽게 할 수 있도록 도와주는 누군가가 있다는 것을 알고 싶어 한다. 어린 아동들의 양육자로부터 나온 훈육은 *사랑의 주기(the cycle of love)*에서 필요한 구성요인이다. 아동들이 그들 스스로와 다른 사람에 관한 신념과 기대감을 발전하는 것은 일차적인 양육자와의 애착패턴에 기초한다. 외부적이고 사랑스러운 훈육은 아동이 양심의 발달을 통해 자기훈련을 내면화하는 것을 학습하기 전에 그의 분노에 대한 안전감을 제공한다. 분노를 포함하는 안정된 환경을 제공하지 못하는 양육자는 잠재기나 청소년기에 폭발하는 통제할 수 없는 행동을 조성하며, 지역사회의 기관, 정신건강서비스와 의료 인력과 정책의 사회적 참여를 필요로 한다.

행동 과학적 발달

최근에 발달행동과학의 전형적 양식(패러다임)이 "관련분야(인류학, 인지, 경제 및 사회학)가 인간행동의 사회적 환경과 함께 가지는 관심을 포함하면서" 발전하고 있다(Jessor, 1993, p.117). 이러한 패러다임에 기여하는 핵심은 Jessor(1993)가 자세하게 논의한 것처럼 여기서 주목할 필요가 있다. 어떠한 성격발달을 이해하기 위해서는 인간이 양육된 가정만이 아니라 그 사회도 이해를 해야만 한다.

심리 사회적 발달(Erickson)

Erickson의 심리 사회적 발달은 전체 인생주기를 통해 가정에서 학습하고 헌신적인 관계 속에서 학습한 사회적 행동의 중요성을 지지한다(Erickson, 1963). 가족의 지지가 시작되고 그것은 초기 발달시기의 기초로서 중요하다. Erickson은 "활력적인 성격의 주춧돌"은 아동이 부모나 다른 양육자와 상호작용하는 유아기에 형성된다고 믿는다(Rice, 1997, p.216). Erickson의 사회적 발달은 일련의 8개의 심리사회적 단계들을 통해 발전한다(표 3). 개인의 내적인 욕구들과 사회의 외적인 요구들은 우선 가족에게 압력을 가하며, 그다음 아동이 한 단계에서 다음 단계로 직접 움직여서 변화를 하도록 개인에게도 압력을 가한다고 그의 발달이론은 제안하였다. 비록 이런 단계들은 중첩되고 특별한 시기에 완성되지는 않지만, 어떤 단계에서 부적절한 위기의 해결은 다음 발달단계들을 방해한다. Erickson(1963, p. 68)은 "위기가 해소되지 않거나 또는 발달적 욕구가 해결되지 않으면, 구석으로 몰아넣은 동물의 분노와 비교할 만큼 깊은 분노를 불러일으킨다고 말했다." 아동들과 함께 그들에게 안정의 기회를 제공하는 것이 부모의 일이기 때문에 내면화된 분노에 대해서 수용적이면서도 견제하는 승화의 과정을 거쳐야한다.

인지적 이론(Piaget)

Piaget(1971)의 발달단계들은 심리 성적, 심리 역동적, 또는 사회적이라기보다는 오히려 인지적이지만, 그 단계들은 나이에 적절한 행동, 기대감과 사고를 이해하는데 가족과 전문가들에게 도움을 준다(표 3). Piaget의 인지적 발달 단계들은 전인적 사람에 대한 이해를 통합시켜준다.

- *감각-동작기(Sensory-Motor: 2세)*: Piaget의 첫 번째 단계는 감각하도록 주어진 여러 자극들에 따라 운동신경활동을 통해 반응하는 것을 학습하는 것을 포함한다. 이 시기에 행동은 지식이다(예, 기어 다니기, 걷기, 말하기).
- *전조작기(Preoperation 2-7세)*: Piaget의 두 번째 단계는 생각하고, 말을 대상과 사건으로 연결하며, 말을 사용해서 소통하는 능력을 포함한다. 그 행동이란 언어적이거나 비언어적인 언어 그리고 인격과 동일시 된 사고이다.

Gardner(1973)는 Piaget은 주로 과학적 사고를 하게 되고, 논리적 용어로 표현될 수 있는 그러한 정신적 과정에 관심을 가졌다고 한다. Piaget의 전조작기(두 번째)단계, 즉 아동이 생각하고, 말을 대상과 사건으로 연결하며, 말을 사용해서 소통하는 능력을 발달시키는 단계의 한 예를 칼(Carl)이 자신이 들은 말을 이해하려하고, 그 말에 연관시키려고 하는 다음의 이야기에서 볼 수 있다.

칼은 말과 행동을 이해하려고 시도한다. 칼은 그의 할아버지 로우(Lou)가 죽었을 때 바로 세 살이 되었다. 그는 최근에 판 구덩이 복판에 놓인 장식된 관 앞에서 묘지에서 입는(묘지용) 조끼달린 새 정장을 입고 서있는 칼은 경험한대로 행동하고 있었다. 그는 그 날 오후 중반에 교회에서 함께 온 모든 친척들을 지켜보았다. 그들 중 여러 명은 울었다. 낯선 사람들이 할머니 쥬디(Judy)에게 음식을 가져다주었고 그의 엄마, 아빠에게 입맞춤을 하였으며 칼의 머리를 쓰다듬었다.

공동묘지에서 그의 엄마는 그에게 가까이 붙어 서서 관의 가장자리에 있는 금속표시를 가리켰다. 그녀는 부드럽게 도로시(Dorothy)할머니가 할아버지 다음 오른쪽에 있을 것이라고 설명하였다. 그것이 칼의 호기심을 자극하였다. 칼은 자세히 쳐다보았다. 그는 어떤 누구도 보지 못했다. 칼은 언어와 기억 능력들을 발달해가는 단계에 있는데, 이런 일화적 사건은 언어와 기억능력을 발달하려는(뿌리를 막 내리려는) 참이었고, 칼은 그의 어머니가 의미한 것을 이해하려고 애쓰고 있었다. 우선 그는 누가 거기에 있는지 알아보기 위해 관 덮개 밑을 살폈다. 여전히 그는 누구도 볼 수 없었다. 칼은 장례식 내내 그가 관 뚜껑 밑에서 본 누군가가 구덩이 안에 있는 지를 보려고 그의 작은 몸을 굽혀서 살펴보았다. 그가 어둠 이외 아무것도 볼 수 없었을 때, 그는 관의 금속장식위에 엎드려서 천천히 그리고 조용히 맨땅을 향해 조금씩 움직이려고 했다. 그는 관과 관 뚜껑 주변에서 이야기하고 있는 어른들을 방해하기 않으려고 무진 애를 썼다. 대화가 멈추고 사람들이 가버리자 그는 몇 분간 기다렸고, 그 관 뚜껑을 들어 올려서 그 어둠속을 유심히 보았다. 만족을 못한 채 그는 관의 네 귀퉁이 주변을 걷고 또 걸었다. 그 누구도, 할머니도 할아버지도 찾지 못하자, 칼은 관과 관장식을 떠나 공원에 있는 한 금속묘지표시에서 다음으로 갔다.

몇몇 어른들은 이 작은 아이가 각 표시판마다 의례적으로 깡충 뛰는 것을 주목하여 보았다. 그는 머리를 숙였고 조용히 일어섰다. 그리곤 그의 팔과 머리를 들어올렸다. 하늘을 보면서 그는 길면서도 낮게 "어흠, 아아아아" 하면서 소리를 질렀다. 드라마같이 동작을 하고 목소리를 내면서 그는 몸으로 무엇인가에 경의를 표하였다; 그는 그게 뭔지를 확실하게 알지 못했지만, 그것이 그의 가족에게 매우 중요하다는 것을 알았다.

Piaget의 전조작기 단계에서 칼은 그의 엄마의 말이 어떤 중요한 것을 대표하는지 이해할 수 있었지만, 그는 그것들을 연결하기위한 충분한 경험을 갖지 못하였다. Gardner(197, p.30)는 인간발달을 이해하기 위한 유일한 방법은 한 사람이 만든 작품과 작품을 창조한 예술가를 심리학적으로 분석하는 것이라고 제안했다. 만약 우리가 칼의 예술적 드라마를 이해할 수 있다면, 칼과 그가 보여주었던 앞선 사건들을 관찰하는 것은 필수적일 것이다. 개방적이고 직접적인 의사소통을 배운 아동들은 가족의 일들과 정서를 경험하고 살아가는데 있어 그들의 욕구에 민감한 양육자로부터 그것을 배울 수 있다.

시각적 구조 발달

일찍이 19세기에 "모든 아동들은 보편적 시각적 상징들의 언어를 갖고 있다"는 것을 알게 되었다(Troeger 1992, P.30). 이러한 비언어적 언어는 애착, 인지, 개별화, 대상항상성, 성발달과 사회적 능력과 같은 다른 발달적 과정들과 같이 일반적으로 예측할 수 있는 순서로 발달한다(표 5)(Anderson, 1992; Harris, 1963; Kellogg, 1969- 1970; Lowenfeld, 1957).

미술치료 선구자이자 교육자 Thomas Pasto(1968)는 가정이 결정적 시기에 아동의 표현적 발달에 영향을 미친다는 것을 확인하였다. 첫 해에 아동은 "몸을 움직이면서 하는 낙서, 기쁨의 소리와 근육의 느낌" 을 통해서 자신을 표현한다(P.66). 2세정도의 아동은 "그의 주변을 빙빙 도는 그리고 그가 통제하는 우주를 만들기 위하여 원형으로 몸을 움직이면서 그의 엄마와 자신의 둘레에 울타리를 치려고 시도할 것이다. 엄마의 이미지와 원은 함께 연합될 것이며, 그래서 그의 인생 나머지를 위해 남을 것이다"(p.65). 3세 때 아동은 남성과 여성을 통합하는데 있어서 문제와 대립에 직면한다. 4세 때에 "아동은 자아의 표시로 사각형을 그린다"(p.66) (그림 27).

20세기 중반까지 Goodenough(1926), Schaefer-Simmern(1950), Koppittz(1968), DiLeo(1970, 1983), Jolles(1964/1992), Machover(1958), Drachnik(1975, 1995), Gardner(1985)와 Ulman(1981)과 같은 유명한 미술교육자들에 의한 아동미술발달에 관한 연구는 아동들의 미술적 표현에 대한 해석과 기대에 주요한 영향을 미쳤다.

Feldman(1980)은 그림 발달에 영향을 주는 5개 영역을 포함하도록 Piaget의 한쪽 방향의 발달적 도식을 확장하였다. 이것들은 보편적인 발달이며 모든 인간에 의해 이뤄진다; 문화적 개념들은 어떤 문화의 모든 구성원들에 의해 이루어진다; 기술과 공예발달은 훈련에 기초하며(어떤 문화의 작은 부분에 의해 성취된다), 마지막으로는 개인 특유의 발달이다. 비록 각 개인들은 독특하지만 한 문화권에서 단지 소수의 구성원들만이 독창적인 발달을 이룬다.

아동의 그림발달수준에 관해 Levick(1983)이 실시한 경험적 연구는 말하기 전, 감각동작기의 발달 중에 있는 아동들은 무의식적으로 기본적 시각적인 구조들을 그들의 일차적인 양육자들(엄마, 아빠와 형제들)과 그들의 환경과 연결시킨다는 걸 밝혀냈다. 이러한 보편적이며 예측할 수 있는 구조들(Kellogg & O'Dell, 1967; Kellogg, 1969- 1970)은 "아동과 성인들의 자발적인 그림에서 자아기능의 지표로서 기여한다" (p.18). 그것들은 성격발달과 함께 "지각적 경험들의 체계"에서 발전하며(Wilson, 1987, p.46), "적응과 의사소통" 모두에 도움이 된다(p. 57). Gerber와 Lyons(1980)는 성인 그림들에서 표현된 발달 수준을 아동기에 고착된 것과 퇴행의 정도에 대해서 평가할 수 있다는 것을 알아냈다. 1991년에 Troeger(1992, p.32)는 Piaget(1971)의 "정상적인 인지발달의 개념은 특별한 성장 수준으로 봐서 비정형적인 이미지들을 확인하는 하나의 구조를 제공한다"고 결론지었다.

그림 26. 기본 시각적 구조발달의 실례

표 6. 시각적 구조 연속체

패턴을 만들고 그 의미하는 것을 찾으려는 인간의 본능

모든 개인은 의식적, 무의식적으로 시각적 구조를 선택하고 자발적으로 표현함으로써 그들의 기본적 사고와 내적 감정들에 대해 의사소통을 한다(Arrington, 1986).
어떤 기본적 시각적 구조는 인간의 미술작품에서 일관성 있게 나타난다. 그 구조의 모양은 발달적으로 예측할 수가 있으며(Kellog, 1967; Lowenfeld, 1964), 성숙의 심리－사회적－정서적 단계인 평행적 단계를 의미한다. 시각적 구조들은 상징을 만들기 전부터(혼돈), 능력, 지각 및 성숙의 단계를 거쳐 고차원적이거나 상징적인 미술까지 발달한다. 그들은 비구조적인 것에서부터 구조적인 것까지 발전한다. 창조적인 과정은 오른쪽 대뇌반구에서 일어나서 패턴들이 왼쪽 대뇌반구를 통해 모습을 형성하여 밖으로 드러내도록 한다.

발달적 연속체	기본 시각적 구조(BVC)	시각적 구조 연속적 주제들
1. 무질서 난화기		1. 혼돈－율동적이고 근육 감각적인 탐구단계－패턴의 시작
2. 원, 수직적, 수평적 형태들		2. 군집－통합을 시도. 마음에는 이미 패턴의 형태를 표현하려고 시도한다
3. 태양과 태양 모양들		3. 중심화 자기와 타인을 중심에 두고 구분하여 밝힌다.
4. 전 도식기		4. 신체상－자기에 대한 자각이 증가. 사람에 대한 경계선이 개선되고 투사된 다양한 신체상을 구성. 이것들은 자기로부터 거리를 두는 방법으로 동물 형태를 포함한다.
5. 도식기		5. 신체상을 일관된 형태로 그림
6. 세밀한 선과 그림		6. 지면과 환경－공간 안에서 자기와 다른 사람을 인식(땅, 호수, 하늘).

7. 색채

8. 깊이 지각

9. 상징적 미술

7. 색채와 에너지 – 자연적인 관계안에서(정서) 색채를 인식하고 비자연적인 색채도 표현적으로 사용한다.

8. 방향성 – 사물이 시간이 지나감에 따라 변화되고, 분명하게 또는 함축적으로 나타난 자연적 과정을 가진다는 것을 인식. 가치관이 설정된다.

9. 사실주의

높은 심리적–사회적–정서적 발달은 사람이 전달하고자 하는 사고와 감정을 최선으로 표현하는 상징들을 만들기 위해서 일부 또는 모든 기본적 구조들을 사용하는데 자유롭다는 것을 주목하는 것이 중요하다.

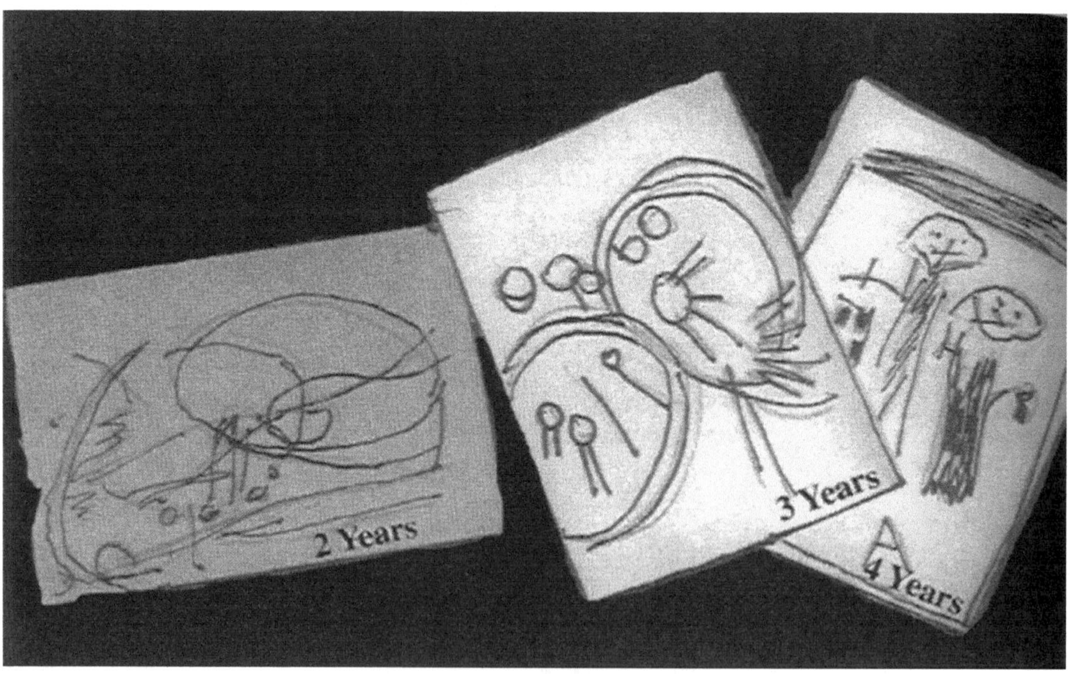

그림 27. 시각적 자아발달의 실례

4장

폭력의 주기

폭력

영양실조 및 잘못된 양육의 기본적 욕구와 관련된 폭력

차드와 배서느, 집은 없지만 희망은 있는 아이들

집을 찾는 랜디

가족미술기초평가(FAE)-랜디 가족

부부사이에 긍정적 영향을 미치는 Gottman 모델

낸시는 많은 공포를 경험하다

영양분이 공급되면서 성장하는 인간의 두뇌는 신경 세포의 복잡한 상호 작용을 통해 부당한 대우나 학대를 개선하고 살아남는 방식을 개발할 수 있다. 그렇지 않은 두뇌는 도움 없이는 이런 것을 해결할 수 없다. Alice Miller는 다음과 같이 기술 한다:

> 훈련의 일환으로 두 번의 완벽한 개인분석을 받았지만 심리분석가들은 마땅히 내가 보냈을 것으로 가정되는 행복한 유년기의 상황을 흔들지는 못했다. 1973년에 내가 자발적으로 그렸던 그림에서 나의 유년기에 대한 현실을 온전히 맞닥뜨릴 수 있었다. 내 그림에서 나는 엄마가 행사해 온 폭력성과 마주하게 되고 그 상황 속에서 꽤 오랜 시간을 살았다. 왜냐하면 내 주변의 누구도 심지어 친절한 내 아버지조차도 양육이라는 가면을 쓰고 자행되는 아동 학대를 눈치 채거나 거기에 문제를 제기하지 않았기 때문이다(1990, pp. 6-7).

폭력

제2차 세계대전과 다음 세기로 접어드는 시기 사이에 미국은 TV와 신문에서 보여준 것 처럼 두렵고 폭력적인 세상 안에 있는 무섭도록 폭력적인 국가가 되어있었다. 다른 국가들은 서로에게 극단적이고 강렬하며 갑작스럽고 부당한 힘 또는 파괴적인 행동으로 대응하고 반응했다. 가족과 가족 내의 구성원들은 이런 분위기에 편승하여 행동 방식을 선함에서 악함으로, 양육에서 무관심으로, 사회성에서 고립으로 바꾸어갔다. 가해자들은 학대를 가하고, 그들의 배우자와 아이들을 살해했다. 그들의 이유는, “배우자와 아이들을 너무나 사랑해서 배우자와 아이들이 자신이 없는 세상을 헤쳐 나갈 수 없기 때문에” 라고 흔히 말했다. “지난 10년간 청소년 시설에 수용된 청소년의 수가 41%나 증가했다. 1986년 140,000명에서 1993년까지 600,000명이 학대로 인해 심각한 외상을 입은 아이들의 숫자였고, 이 통계치는 4배 가량 증가했다”(Levy & Orlans, 1998, p. 4).

미국인들의 열한 번째 사망 원인인 살인은 5세에서 14세 사이 아동의 사망 원인일 경우 세 번째 주요 원인이 학대이기도 하다(어린이 보호 기금, 1994, p.x).

미국 아동 연감의 내용을 좀 더 살펴보면 다음과 같다(어린이 보호 기금, 1994, p.Xii):

- 5초마다 학생이 공립학교에서 자퇴한다.
- 26초마다 미혼모에게서 아기가 태어난다.
- 30초마다 아이가 빈곤하게 태어난다.
- 4분마다 알코올 관련 범죄로 인해 아동이 체포된다.
- 7분마다 폭력 범죄로 인해 아동이 체포된다.
- 2시간마다 아이가 살해된다.
- 7분마다 마약 관련 범죄로 아동이 체포된다.
- 4시간마다 아이가 자살한다.
- 9시간마다 아동 또는 25살이 안된 소년 · 소녀들이 HIV로 인해 사망한다.

미국 아동들을 위협하는 가장 큰 위험으로는 십대의 임신, 가정에서의 학대 및 방임, 부적절한 보육, 열악한 학교 및 의료 서비스의 부족 등이 있다(Torassa, 1999, p. A-14). 그러나 이와 같은 뉴스 헤드라인이 우리의 이웃, 친구, 가족 구성원에게 영향을 미칠 때마다 우리는 큰 소리로 믿을 수 없다고 말해왔다. 프시케와 큐피드 신화에 등장하는 프시케(프시케: 큐피드가 사랑한 미소녀; 영혼의 화신)처럼, 위기에 처했을 때 우리는 해답을 찾기 위해 판 (Pan: 목신-염소의 뿔과 다리를 가진, 음악을 좋아하는 숲 · 목양(牧羊)의 신)을 찾는다(Neumann, 1956). 어떻게 이런 일이 가능할까? 원인이 무엇인가? 우리는 무엇을 할 수 있는가?

고대 사회에서 인간은 자신이 처한 환경과 경험, 해당 경험의 범위에 따라 기술과 힘을 형성했다. 신경 생리학자들은 이것이 계속 진행되고 있음을 우리에게 말해준다. 말을 시작하기 전 유아의 경험은 아직 발달되지 않은 유아의 두뇌에 조직화된 구조를 제공한다(Perry, 1997). 이러한 초기 경험들은 말이 아닌 감각(미각, 촉각, 시각, 후각, 청각 및 이동)에 기록된다. 하나 안에 3개의 뇌(뇌간, 변연계(인체의 기본적인 감정 · 욕구 등을 관장하는 신경계), 대뇌피질)로 구성되는 이러한 인간의 신경 임시 틀은 실제로 우리가 누구인가를 결정하는 신경세포를 보유하고 있다. 중요한 지점에서 감각 경험에 의해 형성되는 이러한 영역들은 핵심 신경 생물학을 결정한다(Damasio, 1994; Goleman, 1995; Lambert, Bramwell, & Lawther, 1982; LeDoux, 1996; Perry, 1997).

이처럼 뛰어나고 복잡한 비언어적 뇌 시스템이 인간을 숨 쉬고 움직이고 느끼고 싸우고 도망가고 평가하고 계획하고 생각하고 상상할 수 있게 해준다. 이는 건강한 인간의 두뇌가 갖고 있는 탁월한 유연성에 대한 증거로 한 개인이 성장하면서 지능과 창의성이 함께 길러지지만 어떤 개인이 소외, 스트레스 및 외상에 노출되면 감정적으로 취약해지며 지적인 측면에서 불안정해진다. 생후 첫 3년간의 영양실조, 질병 및 폭력에 대한 신경 화학 반응은 어린 두뇌의 구조를 급격하게 형성하며 학습과 발달을 방해하는 불안, 우울증과 공격성으로 이어진다.

콜럼바인 고등학교에서 발생한 학살의 휴유증으로 아이들의 두뇌가 그들이 노출된 여러 이미지에 의해 형성되었다고 알려져 있다. 세서미 스트리트(Sesame Street)를 보고 자라며 MTV와 컴퓨터 게임으로 길러진 이 아이들의 인지 근육은 환경이 입력하고 다운로드한 것을 반영하며 부모의 뇌가 발달했던 속도와 다른 속도로 발달한다(Jennings, 1998). 나이가 더 많은 사람들도 비슷한 두뇌를 가지고 있다고는 하지만, 변화하는 환경은 두뇌를 다르게 형성시키며 인간은 그에 따라 생각하고 행동하게 된다.

확장 과학 및 기술 자원을 가진 인간성은 아직 이미지와 기호에 반영된 대인 관계의 의존에서 해방되지 않았다. 사실상 과학과 기술이 두 가지 모두에 대한 인간의 요구를 증가시켰다고 주장할 수 있다. 광고, 사이버 커뮤니케이션, 오락, 종교 및 우주 탐험에서 보듯이 현대 사회는 지속적으로 좀 더 정교하고 세련된 상징적 출구를 찾고 있다. 리복에서 만든 최근의 광고는 이미 두뇌가 시각 정보에 의해 형성된 세대의 주목을 끌기 위해 1초에 8개의 이미지를 포함하고 있다. 이 광고의 형식은 빠르게 줄넘기하는 운동선수이다. 추측컨대 이 이미지를 강화시키는 480개의 단일 이미지 풍경과 행동이 있을 것이다. 그러나 이것들은 너무나 빨리 나타나기 때문에 발견하기도 어렵다(Shank, 1998).

신경 이미지화 절차를 통해, 과학자들은 여러 경험들을 간직하고 경험들에 반응하는 기능을 담당하는 뇌의 영역을 파악한다. 이러한 감각 경험들은 우리의 두뇌에서 수렴대(작은 신경세포 무리)에 머물고 수렴대를 구성해 간다. 뇌간에서 시작하여 이러한 기질 표상 또는 신경 패턴들은 반응하고 대응하며 다른 신경 패턴들에 명령을 내린다. 이것들이 기저핵과 변연계 그리고 고차원 관련 피질(뒤통수, 관자놀이, 정수리 및 전두엽 영역) 곳곳에 위치한 초기 감각 피질로 돌아 올 때, 반응 또는 이완 *이미지*가 된다. 인간의 두뇌는 반응과 휴식을 동시에 할 수는 없다(Erickson, Rossi, & Rossi, 1976; Damasio, 1994).

사랑, 즐거움, 배고픔 및 두려움과 같은 환경 경험 및 감정에 의해 영향을 받는 우리의 두뇌는 인간 행동, 인식 및 감정을 억제 또는 강화하는 수렴대의 상호 작용에 영향을 주는 이미지에 반응한다. 좋든 나쁘든 결과는 우리의 사회적 태피스트리(여러 가지 색실로 그림을 짜 넣은 직물. 또는 그런 직물을 제작하는 기술)를 엮어낸다(Crick, 1994). 이상한 것은 우리가 이러한 정보를 알고 있음에도 불구하고 아직 초기 인간의 고통을 없애지도 못하고, 줄이기 위해 필요한 조치를 취하지 않았다는 점이다.

인간 기능에 심각하고 해로운 결과를 초래하는 폭력은 언제나 인간 행동의 한 부분이었으나 최근 역사에서 우리는 "착한 남자와 여자"를 상징적인 화이트 햇(white hats: 올바른(착한) 사람)에 의해 알아볼 수 있다고 믿게 되었다. 오늘날, 즉각적이고 글로벌한 커뮤니케이션을 통해, 다양하고 혼란스런 믿음 체계 및 불규칙한 행동 모델로 인해 "화이트 햇(white hat)" 상징학은 회색으로 변했다. 미국인들이 가정, 학교 또는 지역사회를 신성시하는데, 그런 곳에서 어떻게 폭력이 발생하는지 궁금하지 않을 수 없다. 결국 집이란 한 개인의 주거 공간이다. 집이란 한 가족의 주거지이며 한 가족의 애정의 공간일 뿐 가정 폭력의 공간은 아니다. 우리의 상징과 신화에서 가정이란 "좋은 남자와 여자들"이 사는 곳이며 사랑하고 보살피며 보호하는 사람들이 사는 곳이지 소리 지르고 위협하고 방치하는 사람들이 사는 곳이 아니다. 그러나 이제 유혹적인 기호와 이미지를 통해, 폭력적이고 이기적인 행동이 TV와 인터넷을 통해 가정으로 직접 그리고 즉시 들어옴에 따라 폭력적이고 이기적인 행동이 표준으로 비춰지기도 한다. 이러한 학대, 방치, 포기의 "피라미드 효과" (Levy & Orlans, 1998, p. 5)는 세대 간에 아이들에게 전달되어 아이들은 성장함에 따라 유년기 경험을 되풀이하면서 스스로를 가치 없다고 느끼게 된다.

앞 장에서 살펴보았던 *사랑의 주기*처럼, *폭력의 주기*도 인간의 욕구로부터 시작된다. Erikson(1963)이 지적했듯이, 사랑, 지속, 제한설정에 대한 욕구가 충족되지 않을 때, 이는 깊은 분노로 바뀌게 된다. 사람이 나이가 들고 만족을 지연시킬 줄 알게 되어감에 따라, 폭력적인 방법으로 분출되지 않는다면 분노는 더욱 내면화되고 악화된다. 분노가 일관성 없는 신뢰나 불안감 심지어 학대와 마주치게 되면, 불안정과 깨진 신뢰감이 그 뒤를 따른다. 인간적인 돌봄 없이 학대나 부당한 취급이 짧은 순간이라도 지속되면, 그 결과로 칩거와 고립이 나타나게 된다. 인간적인 돌봄 없이 학대나 부당한 취급이 상당 기간 지속되면, 인간은 비싸고 광범위한 사회적 개입을 필요로 하는 폭력적이고 위험한 인간으로 발달하게 된다.

영양실조 및 잘못된 양육의 기본적 욕구와 관련된 폭력

오늘날 미국에서 약 천 삼백 오십만의 아이들이 정부가 규정한 가난(Torrass에 따르면 4인 가구 기준 연간 16,400$, 1999, p. A14)속에서 살고 있으며 영양실조가 아이들에게 가해지는 폭력의 주된 형태라는 점을 고려해야 한다. 영양실조는 영아 및 유아뿐만 아니라 학령기 아이들에게도 나쁜 영향을 미친다(Brown & Pollitt, 1996). 영양실조는 생명을 위협하는 욕구를 생성하고 세포 기능을 방해하여 때로는 신경 시스템과 정서적 안정에 돌이킬 수 없는 손상을 야기하기도 한다. 심지어 얼마나 최근에 먹었는가에 의해서도 영향을 받게 되어 탐구과 학습에 필요한 에너지가 약화되고 한 개인의 "다른 사람 그리고 환경과의 상호작용"이 감소하게 된다 (Brown & Pollitt, 1996 p. 40). 이러한 인지적 그리고 생리적 손상은 성격발달, 정신 기능 및 모든 행동 방식에 부정적인 영향을 미친다. 연방 및 주립 학교 아침 식사와 점심 식사 프로그램은 이와 같은 연구결과에 따라 제공된다.

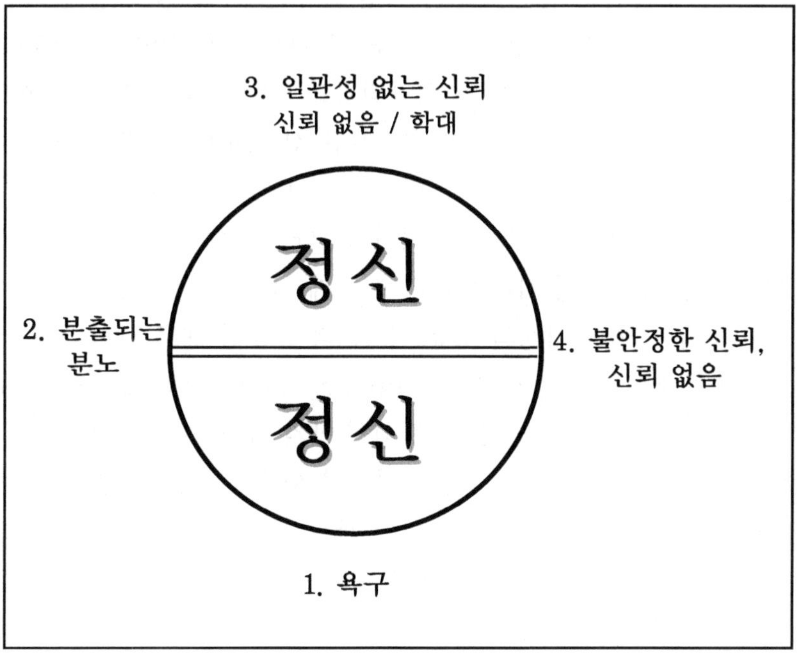

표 7. 폭력의 순환: 부서진 신뢰 (출처: 허가를 받아 Cline, 1991의 저작물을 각색)

영양실조는 또한 면역 체계를 변형시키기도 한다. 인체 내에서 생리적 그리고 정서적으로 얽혀있는 면역 체계는(Goleman, 1995), 파란색 염료처럼 혈류를 이동하며 좋게든 나쁘게든 감염시킨다. 면역 체계가 인식하는 세포들은 그것들을 내버려 둔다; 그것들은 공격하지 않는 세포들은, 암과 같은 병으로부터 몸을 보호하고 자가 면역 질환과 알레르기와 같은 자체문제를 만드는 세포들이다. 영양실조에 대한 정보만큼이나 중요한 것은 영양실조가 인간 특히 아이들에게 있어서 잘못된 양육이나 폭력만큼 영향을 미칠 수 있다는 것이 연구결과 드러나고 있다(Sapolsky, 1998). 아이들에게는 자신들이 지극히 사랑하는 대상으로부터 버림받거나 분리되는 것을 잘못된 양육이나 폭력적인 외상으로 여길 수 있다. 어릴 때 이별을 경험하거나 학대, 유기, 사망, 무관심, 정신적인 외상을 초래하는 부모의 이혼 등의 이유로 인간적인 유대가 깨지거나 없어질 때, 이러한 부정적인 기억과 경험 및 관계는 먹이사슬의 제일 아래인 이끼처럼 인간들이 사는 환경에서 제일 바닥으로 가게 만든다. Perry(1997)는 이러한 현상을 "정서적 지체"(p. 5)라고 부르며 정서적 지체가 성격 발달 및 대인 관계에 미치는 광범위하고 파괴적인 영향에 대해 지적한다. 자율신경계의 신경 말단은 면역 세포와 직접 교류한다. 스트레스를 받으면 이러한 세포들은 아드레날린 및 노르아드레날린, 코티솔, 프로락틴 및 천연 아편제로 알려진 상승된 호르몬에 의해 영향을 받거나 심지어 억압되기도 된다. 코티솔과 같은 호르몬이 아이의 부드러운 두뇌에 깊이 영향을 미치면, 호르몬은 산(acid)처럼 반응한다. 호르몬은 애착, 관심, 공감 등 필수적인 인간의 사고 및 감정을 담당하는 대뇌변연계와 대뇌피질에 있는 새롭고 부드러운 영역을 말 그대로 먹어치운다. "학대받은 아이들의 경우 이러한 영역이 학대받지 않은 아이들에 비해 20-30% 작게 나타난다. 학대받은 아이들의 경우, 생존에 관여하는 뇌구조 활동(각성과 흥분)이 좀 더 노출된 채로 남아있게 되어 집중력, 규제, 자기 조절에 문제가 심해질 것이다"(Gunnar, cited in Begler, 1997, p. 32).

만성 불안, 오랜 기간 지속되는 슬픔, 비관적인 생각, 끊임없는 긴장 또는 끊임없는 적개심, 의심할 여지 없는 냉소 또는 의심을 경험했던 사람들은 천식, 관절염, 두통, 심리적 고통 및 궤양 등과 같은 질병에 걸릴 확률이 두 배나 높은 것으로 밝혀졌다. 이 정도라면 건강에 큰 위협이 되고 있는 높은 콜레스테롤 수치나 흡연과 같은 유독성의 위험 요인처럼 지속적이고 부정적인 감정을 만들어내는 것이다(Goleman, 1995, p. 169). 이 모든 것을 고려해 볼 때, 영양실조에 걸린 아이들을 위해 어떤 개입이나 정부 프로그램이 효과가 있을지 자연히 궁금해지게 된다.

차드와 배서느, 집은 없지만 희망은 있는 아이들

차드(Chad)와 배서느(Bethanne)는 가난한 집안에서 태어난 불쌍한 아이들이었지만 처음부터 위험 아동이었는지에 대해서는 의문의 여지가 있다. 유아였을 때 이 아이들이 영양실조였는지에 대해서도 의문의 여지가 있다. 사실, 폭행이 가해지기 시작했을 때 차드와 배서느는 6살, 12살이었다. 위험에 처해있지만 충격에 대한 회복력을 갖고 있었던 두 아이의 이야기는(이 아이들이 치료된 기관에서 목격한 가장 비참한 사례 중 하나로서 주목됨) 다음과 같다.

새로 들어온 아홉 살의 아이가 잘 웃지도 놀지도 않고 학교 숙제도 거의 하지 않는 것이 걱정스러웠던 지역 학교 관리자는 차드와 그 가족이 비영리 기관에 입소할 것을 권유했다. 종종 이 아이는 가만히 앉아서 허공을 응시했다. 전화로 가족과 연락을 취하기 어려웠던 치료자는 약속을 잡기 위해 부모님이 전화해 줄 것을 부탁하는 메모를 차드편에 집으로 보냈다. 놀랍게도, 차드의 아빠로부터 전화가 왔고 약속한 날에 아빠는 가족을 데리고 방문했다. 뚱뚱하고 온화해보이는, 턱이 온통 수염으로 덮여 산타클로스를 닮은 차드의 아빠는 15살짜리 딸 배서느와 9살 먹은 아들 차드를 소개했다. 아빠는 아이들이 최근에 자신과 살기 위해 이곳으로 왔으며 가능한 한 아이들에게 도움이 되고 싶다고 가볍게 말했다. 대화는 거의 아빠가 주도했으며 아무 감정도 없어 보이는 두 아이는 거의 끼어들지 않았다. 입학 자료 작성을 마친 후, 아빠는 다음 날의 약속을 잡았다. 다시 돌아왔을 때 그는 한숨을 쉬고, 담배에 불을 붙이며 이어 담배를 끈 다음, 이런 저런 자신의 얘기를 털어놓았는데 기억할 수 없다거나 자신은 그 자리에 없었다거나 "아마도" "네" 라고 대답하거나 또는 머리를 가로 저으며 치료자의 질문에 대답했다.

차드의 아빠는 자신이 마약과 술에 빠져 있는 동안 잘못된 선택을 했고 결국 무장 강도 행각으로 주립 교도소에 수감되었음을 시인했다. 그는 자신이 감옥에 가기 전까지는 가족들의 삶이 나쁘지 않았다고 했다. 그는 배관공으로 일했고 엄마는 식당에서 일해서 아이들과 함께 시간을 보낼 수 있었다. 그들은 숲속에 있는 트레일러에서 살았고 그곳에서 친구들과 자주 파티를 열었다. 아빠가 감옥에 있던 어느 날 저녁, 빵을 사러 나간 엄마는 돌아오지 않았다. 엄마는 마약을 과다 복용했고 차에서 사망했다. 아동 보호 서비스는 아이들이 오랫동안 거주하던 집에서 아이들을 데려다가 여행 가방을 하나씩 들려서 가장 가까운 친척인 외삼촌이 사는 새로운 지역으로 보냈으나 외삼촌 역시 오랫동안 마약을 한 전력을 가지고 있었다. 아빠가 감옥에서 나올 때쯤 외삼촌은 마약 일제 검거 도중에 집에 불을 지르고 가진 것이라고는 입고 있는 옷 밖에 없는 아이들은 아빠가 감옥에서 나

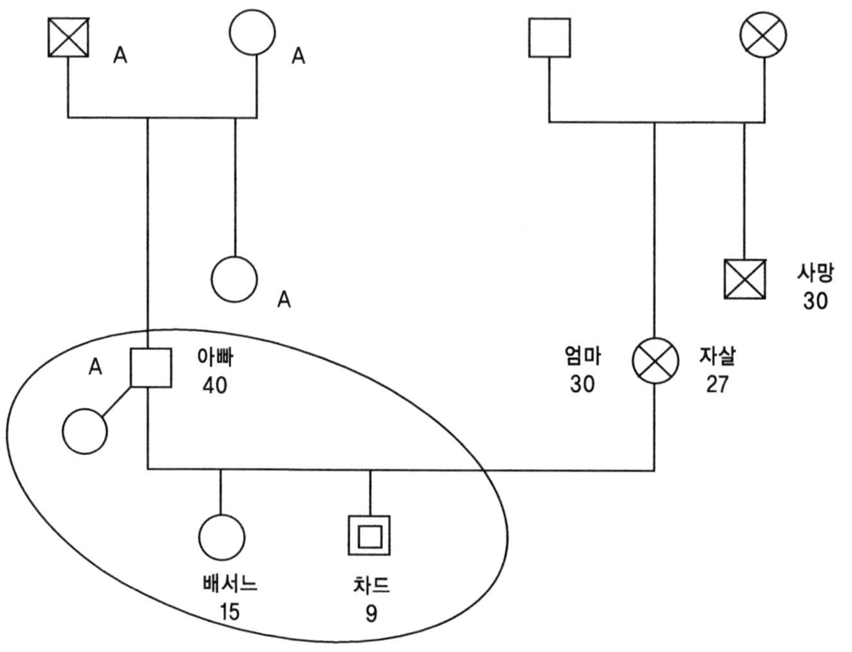

가계도 3. 차드와 배서느의 가족

올 때까지 보호 구치에 처해졌다.

감옥을 나온 아빠는 아이들과 만났다. 비록 아이들을 정말로 알고 있다고 느끼지는 않았지만(그는 4년이나 떨어져 있었다), 아빠는 아이들을 돕고 싶어 하는 듯 했다.

그러나 그의 알콜 전력으로 볼 때, 아빠가 새롭게 맞닥뜨릴 가족에 대한 부담과 책임을 술을 마시지 않고 풀어갈 가능성은 거의 없어 보였다. 배서느와 차드는 심각한 위험에 처한 아동이 되었다.

가족과 함께하는 초기 가족미술기초평가에는 Landgarten(1987)의 비언어 가족미술 과제가 포함되었다(부록 A-2). 가족들은 그것을 크레이지 타임(미친 시간)이라고 이름 붙였다(그림 28).

마커로 그린 첫 번째 평가에서 어떠한 상호작용, 대화, 접촉, 색상의 겹침도 없었다. 아빠와 치료자는 한쪽에 앉았다. 배서느와 차드는 그들의 맞은편에 앉았는데 남자는 남자의 맞은편, 여자는 여자의 맞은편에 앉았다. 각각 자신이 앉아 있는 곳 앞에 있는 자신만의 공간에서 작업했다. 가족들은 종이 한 장과 별도의 컬러 마커를 가지고 말 없이 그림을 그렸다. 작업을 다 끝냈을 때 그들 모두는 작업을 중단하고 아빠는 제목을 결정했다.

칼라 점토(plasticene: 찰흙 같은 물질)로 진행되는 두 번째 평가는 유사한 방식으로

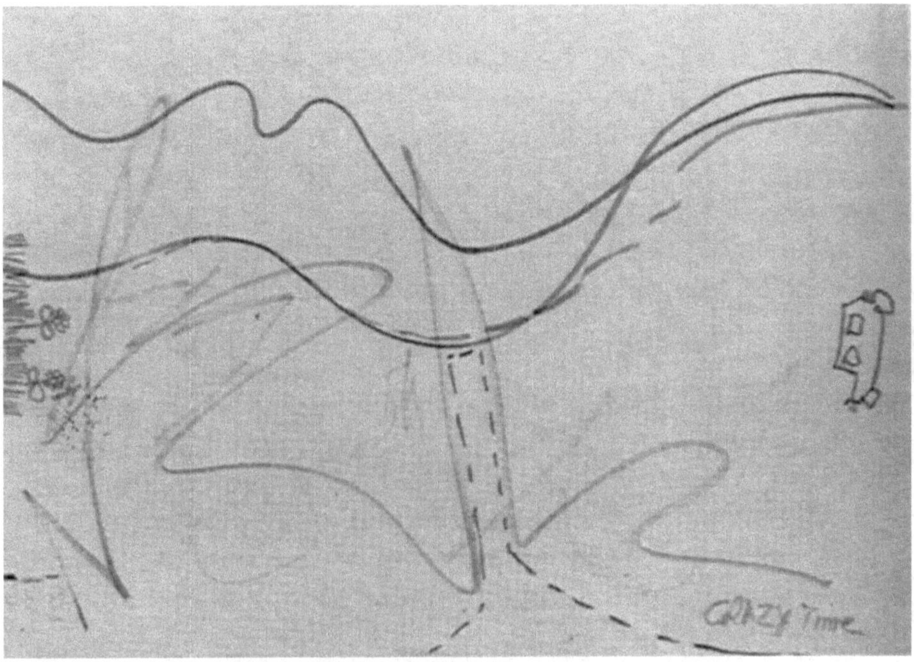

그림 28. 차드와 배서느의 가족이 그린 미친 시간

실시되었다. 평가하는 동안 말을 해도 좋다고 했지만 사실상 문장 형식으로 말을 하는 것은 아빠밖에 없었다. 다른 사람들은 단지 끙끙거리거나 짧은 코멘트를 할 뿐이었다. 과정 내내 아빠를 제외한 가족들은 말이 없고 조용했다. 아빠와 치료자만이 약간의 대화를 나누었을 뿐이다. 작업을 다 마치고 나서, 간단한 토론 후 그들은 창작물을 우주 개라고 명명했다(그림 29).

가족평가에 이어 아이들, 특히 차드를 걱정했던 치료자는 그들이 함께 자신들의 슬픔을 표출하는 것이 중요하다고 느꼈다(Figley, 2000). 차드의 인지 및 정서상태를 평가하기 위해 치료자는 차드에게 집-나무-사람 그림(Buck, 1948)을 그리게 했다.

미술에 기초한 사정평가(그림 30)의 시각적 형태 역시 차드의 정서적 취약성을 보여주었다. 연하게 그린 선, 한쪽으로 치우친 구도, 바닥이 안보이고 불안정하며 토대가 없는 집은 차드의 생활 조건과 부족한 내적 안정성을 묘사하고 있었다. 나무 윗부분은 심각한 혼란을 보여주며 작고 닳아 헤어진 나뭇가지 그림은 상실과 단절감을 보여주었다.

차드의 가족은 이 기관에서 열린 가족집단에 참여하게 되었다. 평가가 끝나고 치료자는 두 아이를 보기 위해 학교에 갔으며 아빠가 집에 있는지 확인하기 위해 집에 들리기도 했다. 차들이 집 앞 진입로에 있었음에도 불구하고 차양이 당겨져 닫혀있었고 벨 소리가 울려도 아무도 나와 보지 않았다. 미술 프로젝트에 참여한 이후로 배서느와의 관계가 느

그림 29. 차드와 배서느 가족이 만든 우주 개(칼라 점토).

리지만 꾸준하게 형성되기 시작했다. 함께 보드 게임과 산책을 하면서 느낀 행복감은 차드와의 관계를 형성시켰고 저항이나 신뢰의 부족 등을 감소시켰다. 12월까지 차드는 언어로 그리고 미술로 자신의 관심사를 드러내기 시작했다.

아동 보호 서비스 방문을 권유하는 치료자의 전화 때문에 아빠와 여자 친구는 술을 마시고 싸웠으며 차드와 누나는 베개로 머리를 감싸고 장롱에서 잠이 들었던 적이 종종 있었다고 차드는 치료자에게 털어놓았다.

다음 회기에서 차드는 불안하고 걱정된 모습으로 와서는 화가 난 아빠가 집에 있는 "많은 물건들"을 부수었으며 여자 친구의 소지품을 마당으로 던지고(비가 오는 와중에) 떠나라고 소리쳤다고 말했다. 그리고는 문제가 커져버렸다. 배서느가 집을 나가버렸다. 얼마 후 치료자는 배서느의 소재를 파악했는데 그녀는 친구 집에 머물고 있었다. 치료자는 차드에게 추가적인 지원을 제공하기 위해 일주일에 두 번씩 차드를 만나기 시작했다.

당황하고 불안해진 차드는 가능한 한 빨리 치료자를 만나고 싶다는 뜻의 메시지를 남겼다. 치료자를 만난 차드는 숨을 헐떡이며 "누군가 다가와서 총을 쏘길래 아빠하고 도망 나왔어요. 지금 차에서 살고 있고 먹을 게 없어요." 그런 다음 차드는 정말 기본적인 질문을 던졌는데 이런 질문을 들어본 치료자는 거의 없을 것이다: "누가 나를 먹여 살릴

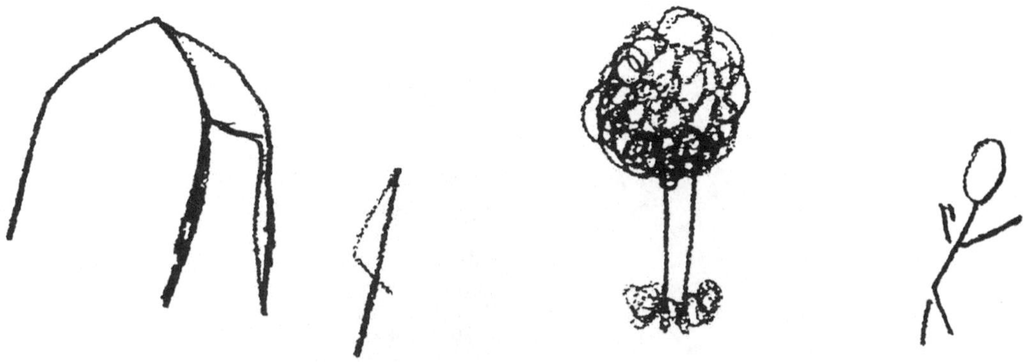

그림 30. 차드가 그린 H-T-P, 10세

수 있을까요?" 치료자는 가능한 사회 서비스를 연계하기 위해 최선의 노력을 기울였다. 하지만 해당 서비스와 접촉했을 때 치료자는 차드가 운이 좋은 케이스라는 말을 들어야 했다. 사회 서비스에서 식료품 할인 구매권을 지급할 수도 있지만 차드는 아빠가 있고 그들에게는 차가 있다는 것이다. 상황이 아무리 불안정하다 해도 이 아이와 아빠는 살 곳이 있다는 것이었다. 1주가 채 지나기 전에 차드는 더 이상 학교에 나가지 않았다. 차에서 생활하는 차드와 아빠는 2주간의 허가증을 가지고 한 주립공원에서 다른 주립공원으로 옮겨 다녔다. 때때로 차드는 치료자를 만나고 싶어 전화하기 위해 학교에 나타나기도 했다. 그는 항상 이런 질문을 했다, "왜 누군가 나를 입양하지 않을까요?" 가족 구성원에게 손해를 입히지 않고는 물리적 환경을 변화시키지 못하는 비영리 기관의 한계를 아는 치료자는 무기력감을 느꼈다.

마침내 몹시 추운 어느 날 차드와 아빠는 모습을 감추었다. 배서느, 학교, 기관, 친구, 누구도 그들의 행방을 알지 못했다.

이윽고 9월에 그 치료자는 학교로부터 차드가 재등록했으며 치료자를 보고 싶어 한다는 메시지를 받았다. 감정상태가 좀 더 긍정적이 되고 말도 많아지고 개방적이 된 차드는 자신도 아빠처럼 술을 많이 마시게 되었고 남 캘리포니아에 거주하는 이모에게 맡겨졌다고 말했다. 그는 계속해서 말했다, "어느 날 배서느가 나를 보러 왔어요. 배서느는 나를 데리러 왔고 나는 이모 집으로 다시는 돌아가지 않았어요. 이모집에서도 나를 찾으러 오지 않았죠. 이제 배서느와 누나 남자친구와 함께 진짜 큰 집에 딸려있는 차고 아파트에서 함께 살아요."

19살인 배서느의 남자친구 역시 집이 없으며 집이 있는 친구가 있었다. 배서느의 남자

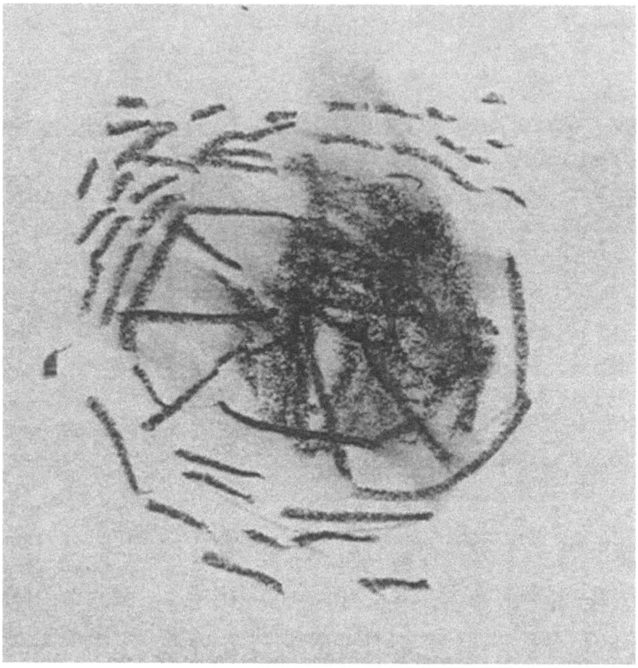

그림 31. 차드가 그린 아빠, 11세

친구는 정원사로 일하면서 공짜로 차고 아파트에서 살고 있었다. 음식, 주거, 가족과 함께 생활하는 것 등과 같은 차드의 궁극적인 관심사가 충족되는 듯했다. 이제 차드는 그의 삶과 가족에게 무슨 일이 일어났는지 이해하기 위해 치료를 시작했다. 어떤 날에는 큰 골판지 상자가 놀이방에 나타났다. 차드는 엄마를 마지막으로 보았던 때를 재생하기 위해 또 다시 상자를 사용했다(그림 32). 차드는 치료자를 설득하여 상자에 들어가서 눈을 감도록 했으며 꽃을 들고 있는 동안 손을 포개줄 것을 요청하기도 했다. 그는 마치 관에 누워있는 것처럼 치료자의 위치를 잡아주었으며 조용히 누워있어 달라고 부탁했다. 그 다음 차드는 상자에 "눕혀져 있는" 치료자의 사진을 찍기 위해 그 기관에서 가져온 플라로이드 사진기를 사용했다.

이런 일은 그 큰 상자가 낡고 닳아 해져서 버려질 때까지 반복적으로 발생했고 차드는 누군가를 묻는다는 것이 어떤 것인지 조금씩 이해하게 되었다.

차드는 어려서 아직 혼란스러워했지만 배서느는 빠르게 성장했다. 그녀는 "부모화"의 의미를 일찍 알아버렸다. 17세가 되기도 전에 배서느는 학교에 다니면서 웨이트리스로 일하고 남자친구의 도움을 받아 자신과 이제는 남동생까지 부양하고 있다. 그녀는 다른 누구보다 자신과 남동생을 잘 돌볼 수 있는 준비가 되어 있는 듯했다. 그녀의 삶에는 술

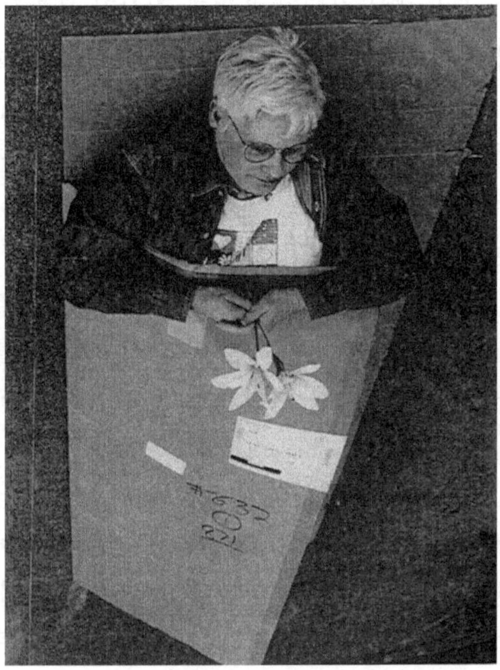

그림 32. 차드가 만든 엄마의 기억(폴라로이드 사진 콜라주)

이나 마약을 해본 흔적이 없었다. 그녀는 부모로부터 해방되어 독립하기 위한 요건을 충족하고 있었고 기관의 도움을 받아 이 두 명의 위험 아동은 가족이 되었다. 독립하는 과정에서 치료자는 배서느에게 어떻게 마약과 술을 하지 않고 이 상황을 피해갔는지 물었다. 그녀는 정확하게 대답했다, "제가 감옥에 가면 아무도 꺼내주지 않을 거라는 걸 진작에 알고 있었거든요."

집을 찾는 랜디

재정적으로 그리고 감정적으로 랜디는 차드와 배서느의 연속선상의 반대편 끝에 놓여 있는 아이였다. 생후 첫 5년간 랜디는 특권층이었지만 아이를 잘 돌보지 않는 혼란스러운 환경에서 생활했다. 랜디는 혼란스러운 권위와 일관성 없는 사랑과 관심 속에서 살았다. 랜디는 한 번도 총을 맞아본 적도 없고 누군가 그의 집을 쏜 적도 없다. 랜디의 부모님은 약물 중독자도 알코올 중독자도 아니었다. 그의 아빠는 감옥에 가본 적도 없었다. 그의 부모님은 혼미할 정도로 술을 마시거나 마약을 판매하거나 사용하지도 않았다. 하지만 랜디는 행동과 방임 모두에서 신체적 폭력과 정서적 무관심에 노출되어 있었다. 연구 증거에서 보여주듯이 정서적 무관심과 심리적으로 무능한 보호자는 물리적 방임이나 다른 형태의 학대에 비해 훨씬 아이들에게 해롭다(Hetherington 외, 1998).

랜디의 어린 시절을 들여다보면 그의 삶에서 지속적으로 나타나는 요인은 형과 할머니의 호화로운 환경이었다. 랜디가 성장했던 환경과 형과 떨어뜨려 아빠 집에 랜디를 홀로 보낸 것이 상실감과 부정적인 사건 주기의 시작이었다.

반면에 랜디의 아빠와 새엄마는 전형적인 중산층으로 교외 지역에 살고 있었으며 다른 젊은 부부들처럼 아이들을 기르는 방식에 대한 표본대로 유년기를 보낸 부부는 그만큼만 랜디를 사랑하고 도왔을 것이다. 그들은 혼란스럽고 불안정한 5살짜리 아이를 어떻게 도와야할지 당황스러웠을 것이다.

회사에서 승진가도에 오른 임원인 랜디의 아빠는 랜디의 보육을 새엄마의 몫으로 남겨둔 채 대부분의 시간을 출장을 갔다. 열심히 일하고 근검한 가족에서 성장한 새엄마는 아이를 키우는 것보다 직장을 다니는 것을 선택했다. 새로운 남편의 아이들 또는 아이가 와서 함께 사는 일은 상상도 못해 본 일이었다. 랜디가 이전에 어떤 곳에서 지냈는지 거의 알지 못하고 관심도 없었던 새엄마는 제한을 두고 타임아웃(아이가 계속 말을 안듣거나 엄마가 시킨 일을 하지 않았을 때 주는 벌)을 주기도 하고 랜디의 방을 청소하게 하고 그의 빨래를 시키는 등 랜디를 자신의 통제 하에 두기 시작했다.

새엄마는 랜디를 위한 규칙을 정하고 타임아웃과 집안일을 통해 규칙을 실천해 갔다. 새엄마는 자신의 아빠가 오빠들을 체벌할 때 사용했던 신체적 처벌은 사용하지 않았다고 말했다; 대신에 새엄마는 남편이 집을 비운 사이 랜디가 가족의 규칙을 따르지 않았을 경우 남편으로 하여금 랜디를 때리도록 했다. 매주 랜디가 할머니에게 전화로 자신의 슬픈 상황을 토로할 때면 할머니는 언제나 그래왔듯이 테이프 데크, 캠코더, 카메라 등 비싸지만 터무니없는 선물을 보내어 해결하려고 했고 이러한 유대 과정을 통해 새로운 가족의 문제는 악화되었으며 랜디는 더욱 더 혼란스러워졌다.

집요한 성격의 새엄마는 랜디를 위해 거처를 제공할 수도 있다는 것을 알고 있었다. 하지만 그녀의 예상대로 되지 않았고 결혼 생활 역시 그녀와 남편이 자신들이 아는 방식대로 아무리 노력해도 생각처럼 되지 않았으며 결국 이 불쌍하고 슬픈 어린 아이는 골칫거리가 되었고 자신의 불행을 주변 모두에게 감염시켰다. 절망한 나머지 부모는 결국에는 치료를 받게 되었다.

보통의 가족 치료처럼 가족 미술 치료의 방식 중 하나는 단기 치료(8-10회기)로서 문제 해결이나 개별 가족구성원 또는 전체 가족에 초점을 맞추고 그들의 자원을 사용하며

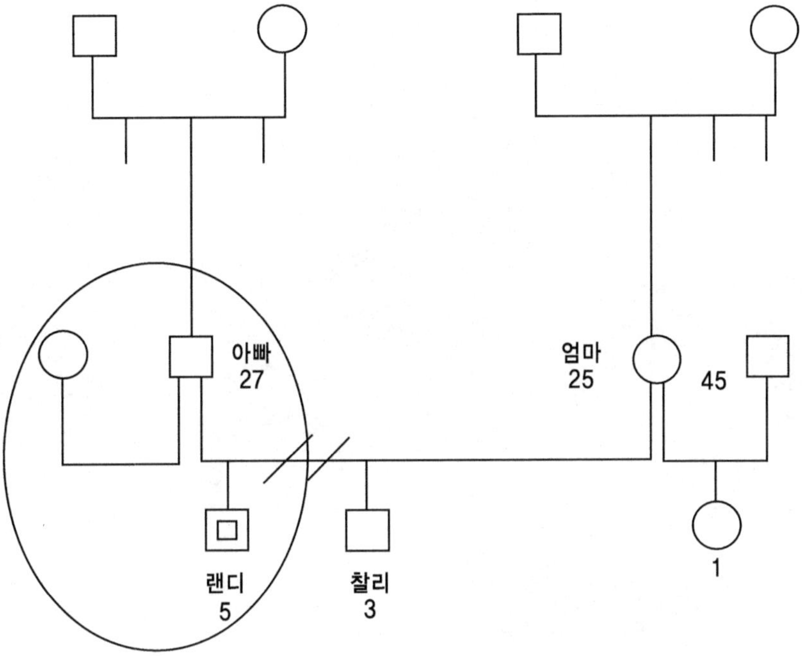

가계도 4. 랜디의 가족

그대로 다음 발달 단계로 이동한다. 이 과정에는 정보 수집, 경청, 개인적 판단 없이 질문하기, 이전의 외상 치료를 하기 등이 긍정적인 관계를 구축하면서 포함된다. 치료가 단기치료의 회기 이상으로 확장되어야 한다면, 그때부터는 선택사항이다. 일단 치료가 시작되면 언제 끝나게 될지는 아무도 모른다. 이 경우 랜디의 가족은 6년 이상 동안 치료를 중단하다가 재개하다가를 반복했다.

이 가족에게 진행된 초기 절차는 (a)초기 가족면접 및 약물치료 (b)가계도(가계도 4)를 이용한 가족 면담, 가족일생 연대표(그림 33), 가족미술기초평가(부록 A-1)를 사용한 시각적 면담 등이다. 초기 심리치료에서 랜디 가족의 가계도로 가족의 구조와 정보를 볼 수 있었다.

가족일생 연대표는 가족의 청사진(살면서 남겨진/생긴 증거물) 안에 포함된, 어디서 무슨 일이 있었는지 하는 시각적 및 언어적 기억을 통합한다(그림 33). 가족 생애에서 치료자는 비록 각 구성원들의 이야기가 다를지라도 모든 가족 구성원들이 어떻게 그들이 이 시기까지 함께 왔는지에 대한 각자의 생각과 현재 가족에 대한 일반 정보에 대해 이야기를 꺼내도록 했다(Satir, 1967). 그런 다음 치료자는 가족들에게 이 생애를 확장하여 그들이 어떻게 만났으며 이러한 특정 문제가 발생하기 전에 그들의 삶은 어떠했는지에 대

그림 33. 랜디 가족의 생애

한 자신의 생각과 감정을 털어 놓도록 했다. 현재로부터 시작해서 더 좋은 시간이 있었던 과거로 갈 때 두려움은 점점 없어지고 희망이 살아나기 때문이다 (pp. 112-134).

긍정적인 영향으로 인해 이 부부는 그들이 결혼 전 6개월간 알고 지냈다고 털어놓았다. 이 부부는 랜디가 그들과 살기위해 오기 전에 6개월간의 결혼 생활을 했으며 랜디는 그들과 함께 4개월을 함께 지냈다.

랜디의 심각한 신뢰감 결핍을 준비되지 않은 상태로 맞은 이 부부는 랜디를 위해 무엇을 해야 할지 몰라서 당황했다(Erikson, 1963, Visher & Visher, 1988). 감정을 드러내고 조절하지 못한 채 랜디는 자신이 진심으로 애착하고 있는 존재인 가정, 엄마, 할머니 그리고 동생으로 인해 마음 아파했다. "Bowlby의 가정 중 하나는 비애 과정의 발생으로 인해 6달과 3-4살 사이에 엄마라는 존재의 상실이 이후의 성격 발달에 부정적인 영향을 미칠 가능성이 매우 크다는 것이다"(Malmquist, 1994, p. 187). 랜디의 지속적인 분노는 자신의 상실을 회복하려는 무의식적인 노력의 필연적인 일부분이다. 양쪽의 부모를 어릴 때 잃게 됨으로서 랜디의 발달중인 두뇌는 할머니에게 집착하게 되고 어린 남동생의 보호자가 됨으로서 슬픔을 대신하도록 했다. 그러나 이제 할머니도 동생도 없다. 아빠가 있긴 하지만 랜디는 아빠에게 애착을 느끼지 못했다. 모든 게 달라졌고 랜디는 화가 났다. 그는 집에서든 학교에서든 닥치는 대로 자신의 분노를 투사했다. 이 상황의 영속성을 "의식적인 수준"에서 부인하면서 "정상적인 비애 과정에 참여하지 못한 랜디는 [결국] 자아의 분열이 되었다"(p. 188). 아니면 아마도, Goleman이 지적했듯이(1995), 랜디는 "일반적인 사실을 위한 기억 시스템 그리고 다른 하나는 감정적으로 격한 것들을 위한 기억 시스템, 이렇게 두 가지 기억 시스템"을 구축했는지도 모른다(p. 21). 랜디는 이러한 상실을 회복할 수 있는 힘을 거부해왔다. 감정적으로 격한 그의 기억들은 (a)그가 다른 삶 속에서 배우고 받아들인 울화 행동과 도발적인 언어로 (b)아빠와 새엄마를 기쁘게 하거나 협박하고 (c)마침내 절망하여 포기하는 행동으로 규정지어지며 그를 압도했다. 부모님의 보호와 세력 속에서 랜디의 자신감은 점차 소멸되어 갔다.

가족미술기초평가(FAE)-랜디 가족

이 가족과 목표를 세우기 전에 치료자는 그들에게 가족미술기초평가(FAE)에 참여할 것을 요청했다(Kwiatkowska, 1978; 부록 A-1). 치료자는 재료를 자유롭게 사용하고 무엇이든 마음에 떠오르는 것을 그리도록 요청하면서 치료를 시작했다.

첫 번째 미술 과업: 생각나는 대로 그리시오.

아빠는 방에서 흔히 볼 수 있는 것을 그리기 위해 오일 파스텔을 사용했다(그림 34). 새엄마는 그녀의 과거 속에 있음직한 내용을 그렸고(그림 35), 랜디는 집을 그렸다(그림 36). 랜디의 집은 크고 땅 위에 기반을 두고 있었으며 잘 구조화되어 있었다. 보강된 굴뚝에서 연기가 나오고 있었으며 왼쪽 편에 꽃과 해가 있었다. 랜디가 노커(방문객이 두들겨 알리는 문에 달린 쇠)는 문 위에 있었는데 문 오른쪽에 초인종과 함께 있었다. 노커는 랜디가 도움을 받고자 마음을 표현하고 있음을 보여주는 상징이라고 볼 수 있다. Drachnik(1995, p. 53)은 성적 학대의 상징으로 굴뚝을 강조할 수 있다고 했다.

두 번째 지시사항, "가족들이 함께 뭔가 하고 있는 그림을 그리시오".

동적가족화(가족들이 함께 뭔가 하고 있는 그림)를 그리라는 요청을 받았을 때 세 명의 가족 구성원들은 나열식의 그림으로 스킨쉽과 상호작용이 매우 제한되어 있는 가족을 그

그림 34. 아빠가 그린 사무실 식물

그림 35. 새엄마가 그린 말

그림 36. 랜디가 그린 집

렸다. 아빠는 종종 집에서 하고 있는 것처럼 운동복을 입은 가족을 그렸다(그림 37). 엄마는 그녀가 설명하는 것처럼 저녁 먹으러 가는 가족을 그렸으며(그림 38), 랜디는 가족과 정원에 사는 큰 거북이 롬을 그렸다(그림 39). 랜디의 그림에서(그림 39) 랜디는 거의 보이지 않았다. 아빠와 새엄마는 이상한 모자를 쓰고 있었다. Drachnik(1995, p.42, Oster & Gould 재인용, 1987)는 모자를 쓰고 있는 것은 힘껏 에너지를 써서 화난 감정을 제어하는 지표로 보았다.

랜디의 관점에서 세상을 보면 랜디의 분노를 이해할 수 있을 것이다. 랜디의 입장에서는 충분히 자신이 엄마의 집으로부터 아빠에게 보내졌다기보다는 아빠가 강제로 데려간 것으로 생각하고 있다. 또한 인간이 자신이 잃어버린 가족 구성원에게 보다는 현재 같이 있는 가족 구성원에게 분노를 투사하는 것은 흔한 일이다.

가족이 세 번째 지시사항인 상징 가족화를 그려달라고 했을 때, 아빠는 세권의 책을 그렸다: 자신의 다이어리, 아내를 위한 수표책, 그리고 랜디의 학교 책. 새엄마는 자신을 위해 한잔의 스타벅스 커피를 그렸고, 남편을 위해서는 골프채를, 랜디를 위해서는 하트를 그렸다. 랜디는 아빠를 위해 야구 방망이, 새엄마를 위해 빅맥과 프라이 그리고 자신의 모습을 그렸다.

그림 37. 아빠가 그린 운동복을 입은 가족

그림 38. 새엄마가 그린 외출하는 가족

그림 39. 랜디가 그린 가족과 거북이 롬

네 번째 지시사항(그림 40)으로 치료자는 가족들에게 함께 낙서를 하도록 부탁했는데 각 가족 구성원이 낙서에서 자신이 찾은 모양이나 상징을 표시해도 좋다고 했다. 가족들이 함께 모양에 대한 이야기를 만들어내도록 지시했다.

네 번째 미술 지시사항: "함께 만든 낙서에서 3개의 대상을 찾아 모양에 대한 이야기를 만드시오"

엄마의 하트, 랜디의 풍선, 아빠의 곡선도로에서 발전된 그림. 곡선 도로 어디쯤에 놓여 있는 하트와 풍선은 이 시점과 이 공간에서 나타나는 가족의 상태를 매우 잘 묘사했다.

마지막 지시사항은 한 번 더 "*생각나는 대로 그리시오.*"였다.

아빠는 위에서 내려다 본 롤러코스터를 그렸다(그림 41). 새엄마는 길의 끝에 화분이 놓여 있는, 정원으로 통하는 산책로가 있는 배경도를 그렸다(그림 42). 이번에 랜디는 벌레의 눈으로 크고 덜 구조화된 그리고 다소 압도적인 집을 그렸다(그림 43). 집은 밝은 붉은색의 문을 가졌고 크기가 다른 창문이 여러 개 있었다. 벨은 삼각형 모양의 다락에

그림 40. 랜디 가족이 그린 곡선 도로 어디쯤에 놓인 하트와 풍선

있었다. 보호의 상징인 얇은 선의 무지개는 왼쪽 하늘에 있었고(Ulhin, 1974) 작은 붉은 색 꽃이 오른쪽 아래에 있었다.

가족에게 미술이라는 비언어적 언어를 사용할 기회를 제공함으로써, 모든 가족 구성원인 아빠, 새엄마, 랜디-가 동시에 의사소통을 하고 서로의 이야기를 들을 수 있었으며 따라서 공평하게 대우받았다. 뿐만 아니라, 때로는 함께 때로는 개별적으로 또는 몇 명씩 묶어서(아빠와 새엄마, 아빠와 랜디, 랜디와 새엄마) 만날 수 있었다. 치료자와 가족 구성원 간에는 어떤 비밀도 없었다. 한 치료시간에서 드러난 것이 치료자의 도움으로 다른 치료시간에서 나타날 수도 있다. 치료의 즉각적인 목적은 이 가족 구성원들의 육아, 적절한 의사소통을 돕는 것이고(Satir, 1964/1967), 적절한 방법으로 감정을 효과적으로 일치시키는 것이다.

랜디는 가족의 일부였으며 하위 체계, 계층적 조직, 가족 구조의 한 네트워크였다. 개인적인 배경보다 가족 배경에 집중할 때 랜디의 증상을 가장 잘 이해할 수 있다. 랜디의 엄마와 아빠 모두 고립과 회피의 패턴을 사용했다. 많은 충족되지 못한 욕구를 가진, 영리하고 솔직한 아이 랜디는 엄마와 아빠의 새로운 관계에 추가적인 스트레스를 제공했다. 두 가지 예시에서 계층적 조직의 보편적인 패턴이(부모님이 아이들보다 더 막강한 권

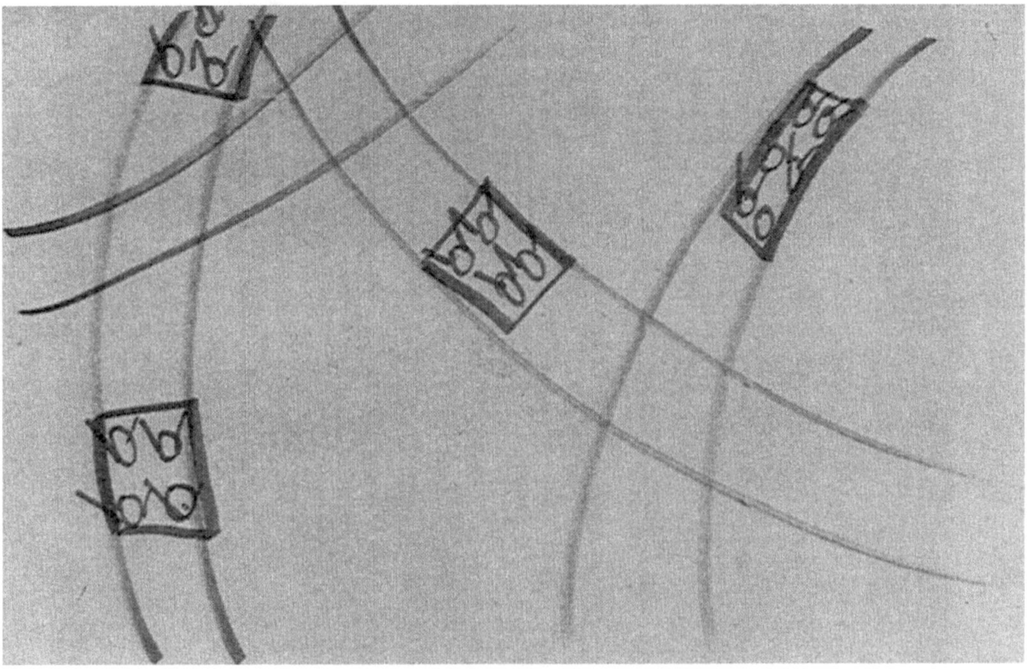

그림 41. 아빠가 그린 롤러코스터 타기

그림 42. 새엄마가 그린 산책로 끝에 놓인 화분

그림 43. 랜디가 그린 집

력을 갖고 있다) 의붓 부모에게 남아있고 그들이 이러한 계층적 조직의 보편적인 패턴을 가정하며 결과적으로 약하고 비효과적인 부모의 하위체계로 구축된다. 아이와 의붓 부모 사이에 엄격한 경계가 존재하는 반면, 아이와 부모 사이에 혼란스런 경계도 존재한다.

삼각망의 잘못된 정렬도 (아이, 부모, 의붓 부모) 그 결과였다. 서론에서 보았듯이, 치료자의 목표는 가족이 어떻게 균형과 항상성을 성취하는지 관찰하면서 랜디와 그의 아빠 그리고 새엄마와 함께 참여하는 것이고 가족 구성원들이 그들의 현실을 인식하도록 도와주는 것이었다. 그렇게 함으로써 가족 구성원, 특히 랜디와 새엄마는 고립감을 감소시킬 수 있고 아빠, 새엄마 그리고 랜디 사이의 삼각망을 피할 수 있다; 또한 가족은 긍정적인 영향과 관계에 더욱 집중할 수 있다.

그러나 대부분의 계획이 그러하듯이, 즉각 눈에 띄지 않는 결함이 있었다. 중요한 결점은 랜디의 엄마, 할머니 등 모든 구성원이 치료에 참가하지 않으면서도 항상 그림에는 등장한다는 것이다. 랜디는 엄마와 아빠라는 이중의 구속에 사로잡혀 있었다. 엄마와 할머니는 랜디에게 사랑의 메시지를 전달하기 위해 돈을 사용했지만 동시에 그를 쫓아 보냄으로서 고립과 거부라는 거래적 유형을 시행했다. 아빠와 새엄마는 말과 행동을 사용하여 랜디에게 사랑의 메시지를 전달했지만 동시에 그를 처벌하고 징계했다. 랜디의 초기 아동기에는 뭔가가 결핍되어 있었다.

랜디가 그린 그 다음 집은(집과 보송보송한 태양, 그림 44)는 규모가 크고 빨간 문과 노커가 있었다. 집은 그림의 왼쪽 편에 있었다. 오른쪽에 랜디는 십자가를 품고 있는 무지개를 그렸다. 그 위 중간에 랜디는 미소 짓고 있는 보송보송한 태양을 배치했다. Drachnik(1995, p. 63)는 종이의 오른쪽 편 또는 가운데 있는 태양을 아버지를 대신하는 것으로 보았다. 그녀는 왼쪽에 있는 태양은 어머니를 대신하는 것으로 본다(개인적 커뮤니케이션, Drachnik, 1995). 집과 무지개는 땅을 나타내는 단단한 영역에 자리 잡고 있다. 좀 더 긍정적이 된 그림은 랜디가 자신의 주변 환경에 대해 예전보다 행복감을 느끼고 있음을 보여준다. 그러나, Erikson(1963)의 근면성 대 열등감(industry versus inferiority) 단계에 있는 총명한 아이인 랜디에게 중심은 항상 가족이었다.

부모님과 함께 있든 놀이방에 혼자 있든 "무엇이든 원하는 것을 그려보라"고 요청할 때

그림 44. 랜디가 그린 집과 보송보송한 태양

면 일반적으로 랜디는 그가 "집" 이라고 부르는 그림으로 시작하며 이것은 그리 놀라운 일이 아니다.

그림 45의 집과 무지개도 예외가 아니다. 이번에 랜디의 집은 더 작아졌고 잘 구조화되어있으며 굴뚝에서 나오는 많은 연기와 함께 중앙에 위치하고 있다. 이번 작품도 이전

그림 45. 랜디가 그린 집과 무지개 나무

에 보았던 그림들과 마찬가지로 그 나이에 걸 맞는 그림이다; 마치 자신이 살고 있는 환경을 구조화하려는 것처럼 격자로 그려져 있다. 이전 집들과 마찬가지로 이 집 역시 작고 뾰족한 지붕을 갖고 있으며 문은 노커를 갖고 있다. 이 그림에는 집보다 큰 나무가 포함되어 있다. 나무에는 5개의 사과가 있다. 4개의 사과는 무리지어 있는데 이는 마치 랜디가 이전에 살던 집에 있던 엄마, 아빠, 찰리, 그리고 그 자신을 나타내는 듯이 보이며 나머지 하나는 외롭게 매달려 있다. 나무의 뿌리는 위로 들어 올려져 있으며 나무의 몸통은 특이하게도 여러 가지 색깔의 층으로 되어 있다. Drachnik(1994)는 위로 들어올려진 뿌리를 엄마에 대한 거부로 본다(p.33). 집과 나무는 땅의 두 개 층에 위치해 있다. 여러 가지 색깔의 나무 몸통과 땅은 랜디가 앞서 살았던 여러 집을 나타내는 것이다. 붉은 태양의 1/4만이 그림의 오른쪽 편에 나타난다.

그림 46에서 가족은 집이 필요한 랜디의 감소하는 대처 능력을 반영하기 시작한다. 지난번처럼 이 집도 격자로 그려지긴 했지만, 집으로 들어가는 출입문이 더 까다로워졌고

그림 46. 랜디가 그린 가족은 집이 필요해

문은 옆쪽으로 옮겨갔다. 차고와 또 다른 면이 집에 추가되었는데 이는 랜디가 자신을 가족의 일부로 느끼고 있지 않다는 점을 보여주는 듯하다. 집에서 검은 연기가 나오고 있다. 랜디는 그림의 왼쪽 상단에 "가족은 집이 필요해"라고 썼다.

몇 달후에 그려진 그림 47에서 집과 언덕은 다르지만 또 비슷하기도 하다. 윗부분에 둥근 큰 언덕이 있다. 언덕이 작은 과일나무를 감싸고 있으며 나무의 뿌리는 위로 들어올려져 있고 큰 매듭 구멍이 있다. 나무 옆에는 작은 깃발이 있다. 언덕 오른쪽에 작은 집이 있는 것으로 보아 랜디의 그림임을 쉽게 짐작할 수 있다. 집에는 랜디의 노커가 달린 격자형 작은 문이 있다. 몇 가지 면에서 그림은 혼란스럽다. 집에 더 이상 창문이 없으며 굴뚝에서 풍선모양의 연기가 나온다. 붉은 태양의 1/4부분이 그림의 오른쪽과 왼쪽 모서리 모두에서 등장하며 무턱대고 큰 꽃이 하늘에 그려져 있다.

Peterson과 Hardin(1997)은 아이들의 그림을 분석하는 데 있어 일곱 가지 심각한 지표를 나열한다. 이 지표에는 그림을 속에 품고 있는 것과 추가된 과일 나무가 포함되어

그림 47. 랜디가 그린 집과 언덕

있다(p.25). Drachnik(1994, p.48)은 연과 풍선을 가족 환경의 우위에 서거나 가족 환경에서 벗어나고 싶은 욕망으로 본다.

그대로는 아니더라도, 랜디의 그림은 삶을 반영하고 있었지만 그가 경험한 것만큼이나 혼란스러웠다. 랜디는 아빠 그리고 새엄마와 가족생활을 영위했지만 매일 또는 격주로 친엄마와 할머니로부터 전화를 받았다. 그림 48의 작고 빨간 집과 나무 그리고 꼭대기가 눈으로 덮인 산에는 바닥이 없다. 커다란 붉은 해 1/4만큼이 왼쪽 코너에 등장한다. 집에는 창문도 격자도 노커도 없다.

산과 집보다 더 큰 나무는 두 번째 나무와 세 번째 나무사이에 있다. 나무에 있는 옹이구멍은 이전에 본 것보다 더 크지만 나무뿌리는 여전히 위로 들려져 있다.

그림 49에서 집, 나무, 꽃은 아무런 기반이나 기초가 없다. 작은 빨간 집은 랜디가 이전에 그렸던 다른 집들보다 작고 불안정하게 오른쪽으로 기울어져 있다. 집은 꽃 두 개, 나무 하나, 꽃 3개, 나무 하나, 꽃 하나, 나무 하나, 꽃 두 개, 나무 하나, 꽃 3개와 함께 평지에 세워져 있다. 치료자는 이것들이 랜디가 함께 살고 있는 가족들의 결합인지 물었다. 이상하고 심지어 기묘하기까지 한 이 모든 나무들은 긴 물결 모양의 나뭇가지를 갖고 있었으며 잎이 없었다. 붉은 태양의 1/4은 오른편에 있었다.

그림 48. 랜디가 그린 집과 눈으로 덮힌 산

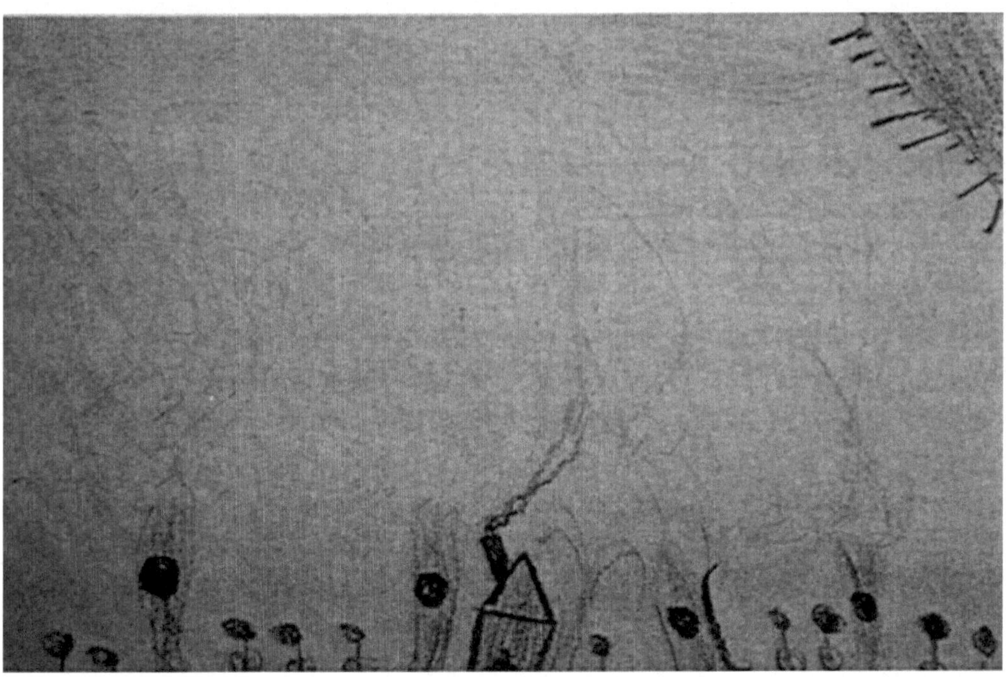

그림 49. 랜디가 그린 집, 나무 그리고 꽃

그림 50. 랜디가 그린 연기나는 집

그림 50의 연기 나는 집에서, 문이 있는 붉은 집은 삭막한 환경을 배경으로 땅위에 서 있다. 연기를 나타내는 물결 모양의 선은 집의 왼쪽 하단에서 하늘까지 닿아있다. 이제 붉은 태양의 1/4은 오른쪽에 있다.

다음 해에도 랜디와 가족은 치료를 계속했다. 미술과 언어적 개입에는 미래 꿈에 관한 즉흥 콜라주(잡지 사진), 낙서, 자유화(자유롭게 표현하는 그림) 등이 포함 된다; 제목 붙이기, 제목 붙여진 사건에 대해 이야기하고 그리기, 나와 우리를 위한 상자를 함께 만들기(부록 B-G).

랜디는 자신을 보호하는 사람 또는 물건을 그려보라는 제안을 받고(부록 B-J) 론 레인저(미국 TV · 영화 등의 서부극의 주인공) (그림 51)라는 인물을 그렸다. 원뿔형 천막에서 기거하며 말을 타고 다니는 론 레인저가 랜디의 그림에 등장하기 시작했다.

그림 51에서 말을 타고 있는 론 레인저는 빨간색의 작은 집을 마주보고 있다. 집에서 나오는 연기는 오른쪽에 보이는 큰 해의 절반 쪽을 향하고 있다. 두 개의 큰 구름이 하늘에 나타난다. Burns(1987)는 구름을 "불안, 머리 위에 매달린 어떤 것"으로 본다(p.149).

(미국에서 상징의 표준화는 상당히 정확하고 계속 연구가 진행되고 있기는 하지만, 아

그림 51. 랜디가 그린 론 레인저

직 전반적으로 봤을 때 시작 단계에 있다. 우크라이나와 과테말라(2000)가족들 및 가난하고 집 없는 아이들과 함께 진행한 가족미술치료 작업 및 연구에서, 그들이 "제일 좋아하는 날"을 그렸음에도 불구하고 그림에는 구름이 끊임없이 등장한다. 그러나 어떤 연구도 이것이 불안한 사람이나 해당 국가 출신의 개인들에게만 해당되는 것인지에 대해서는 밝혀내지 못했다.)

아빠와 함께 한 첫해 동안 랜디와 가족들이 약간의 변화가 있었지만, 컵 스카우트에 참여하고 축구팀(아빠가 코치로 있는)의 몇몇 친구들과 플레이오프에 진출하면서 랜디에 대한 잘못된 양육의 주기가 더욱 강화되었다. 다음 해 여름, 랜디의 엄마는 랜디가 남동생 찰리 그리고 새로 온 베이비시터를 만날 수 있도록 몇 주간 랜디를 초대했다. 엄마와 남동생, 배다른 누나를 만나는 것은 랜디의 고통스런 상처를 다시 들추어냈다. 한 달 후, 랜디가 아빠의 집으로 돌아왔을 때, 해결되지 않은 그의 유아적 나르시시즘(자기도취증)이 친구들과의 관계를 어렵게 했다. 랜디는 스스로가 왕따를 당하거나 놀림 받도록 자초했다. 이렇게 랜디는 자신의 상처받은 감정, 거절, 우울증을 더욱 강화시켰다.

랜디의 그림은 계속해서 그의 심리 상태를 반영했다. 그림 52의 비 속에 세 언덕은 랜디의 우울감이 점점 커지고 있다는 것을 보여준다. 랜디의 것이라고는 보기 힘든 그림 속

그림 52. 랜디가 그린 비 속에 있는 세 개의 언덕

집은 세 언덕의 가운데 위치하고 있다. 집의 양쪽에 더러운 녹색의 얼룩(나무로 보이는)이 있다. 집은 넓고 문과 빨간색 지붕, 굴뚝이 있다. 왼쪽에는 붉은 태양의 1/4만이 있다. 3개의 구름과 빗방울이 그림을 덮고 있다.

Drachnik(1994, p.48)는 이것을 우울감과 낮은 자존감의 표시로 본다. 다음 해 겨울, 엄마 가족의 역동은 변했지만 엄마의 성격 패턴은 변하지 않았다. 엄마는 첫 번째 새 아빠와 이혼하고 새로운 남자친구와 동거했다. 새로운 남자 친구의 영향으로 인해, 래디는 더 큰 위험에 처하게 되었다. 다음 해 여름 엄마의 초대를 받고 다시 방문한 랜디는 아빠 그리고 새 엄마와 사전에 상의도 없이 그 집에 머물렀다. 이제 8살이 되고 적절한 대처 능력을 갖고 있지 않을 뿐 아니라 엄마와 함께 다시 사는 것이 어떨지에 대한 과도한 환상을 갖고 있던 랜디는 아빠 집에서 머물도록 강요받게 되자 자살 성향이 드러나기 시작했다. 랜디는 나무에 줄을 매고 목에 올가미를 매었다. 랜디는 뛰어내릴 것처럼 덱(deck: 집 후면에 마루처럼 달아내어 앉아서 쉴 수 있게 만들어 놓은 곳) 난간에 섰다. 그는 물을 시험했고 넌지시 자살을 암시했다.

랜디는 큰 종이에 침대에 누워있는 자기 자신을 그렸다. 작고 슬픈 얼굴이 그림을 보고 있는 관찰자를 바라보고 있다. 배경은 회색으로 칠해져있다(그림 53). 상담 후 치료자는

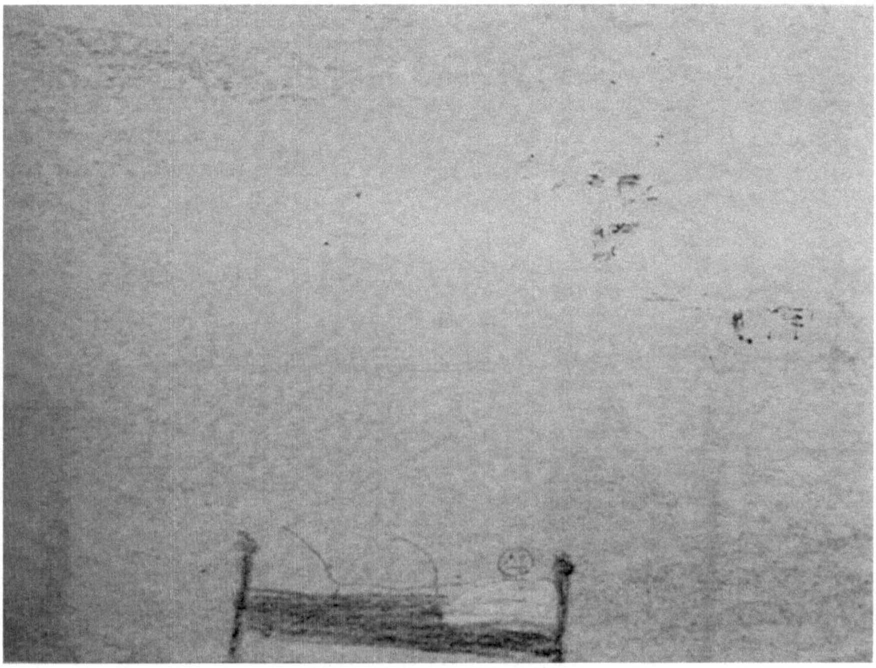

그림 53. 랜디가 그린 침실

아빠를 만나서 랜디를 엄마의 집으로 보낼 것을 권고했다. 이 결정은 다음과 같은 내용을 근거로 하여 이루어졌다. (1)랜디는 자신의 이상을 참다가 우울해질 수 있다 (2)아빠와 살게 될 경우, 분노가 더욱 심해질 것이며 분명 그 분노를 새엄마에게 투사할 것이다 (3)아마도 랜디와 엄마는 다시 함께 살게 될 것이다.

우울하고 자살 충동을 느끼는 랜디는 이전과 다르게 혼란을 느꼈고, 기가 죽어있는 아이와 어떻게 살아가야 할지 알지 못하는 엄마와 함께 여덟 번째 집으로 이사했다. 어떻게 살아야 할지 생활 방식에 대해 깊이 고민해 보지 않은 채, 집안의 부속 건물에서 떨어져 있는 하녀의 방이 랜디의 침실로 꾸며졌다. 화나고 실망한 랜디는 엄마와 시간을 보내기를 원했다; 대신에 랜디는 엄마가 자신에게 할애하는 시간을 새로운 남자친구, 남동생, 여동생과 공유했으며 이윽고 엄마가 다시 임신하기에 이르렀다. 랜디의 불행은 모두에게 영향을 미쳤다. 심지어 남동생인 찰리조차 험하게 구는 랜디에게 왜 다시 돌아왔냐고 다그쳤다. 엄마와 남자친구는 때리고 소리 질렀다. 엄마의 남자친구는 새엄마보다 더 엄격한 규칙을 정했다. 랜디의 입장에서 보면 남자친구에게는 그렇게 할 권리가 없다; 그는 랜디의 아빠가 아닌 것이다. 두 개로 나누어진 가족 사이에서 랜디는 이방인처럼 느껴졌고 그렇게 다루어졌다. 다섯달 간의 비정상적인 생활 방식 후에 랜디의 자아-자기-축은

그림 54. 랜디가 그린 검은 집

정상 궤도를 벗어났고(Allan & Bertoia, 1992), 랜디의 두터운 방어벽은 부서졌다. 랜디는 마커를 가지고 벽을 욕설로 도배했으며 양탄자에 풀을 버리고 침실에 있는 장식장의 문을 부수어버렸다.

엄마의 남자친구는 분노한 랜디를 소아 정신과에 응급으로 데려갔고 그곳에서 랜디는 심각한 우울증 진단을 받아 한 달간 약물 복용 등 입원환자로 취급되었고 퇴원 후에도 후속치료가 이어졌다. 랜디는 거기서 많은 것을 배웠다. 이후에도 엄마의 남자친구는 벨트를 가지고 그를 쫓아왔으며 랜디는 선생님에게 멍든 부위를 보여주었고 아동학대로 고발된 남자친구는 집도 엄마도 떠났다. 그러나 랜디는 더욱 공격적이고 적대적이 되었으며 더 많은 상실감과 스트레스에 맞닥뜨렸다. 엄마가 만드는 유해한 환경에 저항하던 랜디는 신속하게 아빠의 집에 있는 아빠와 새엄마 그리고 새로운 여동생에게 돌아갔다(Forward & Buch, 1989).

아빠 집으로 돌아갈 때쯤, 랜디는 너무나 신체적이고 정서적으로 학대를 당해서 불안정하고 방어적이 되어 있었다. 그들의 사랑을 잃어버릴까 두려워 엄마 아빠를 업신여기지 못하는 랜디는 자신을 도우려하거나 배려하는 친구들의 시도를 차단하고 그들을 경멸했다.

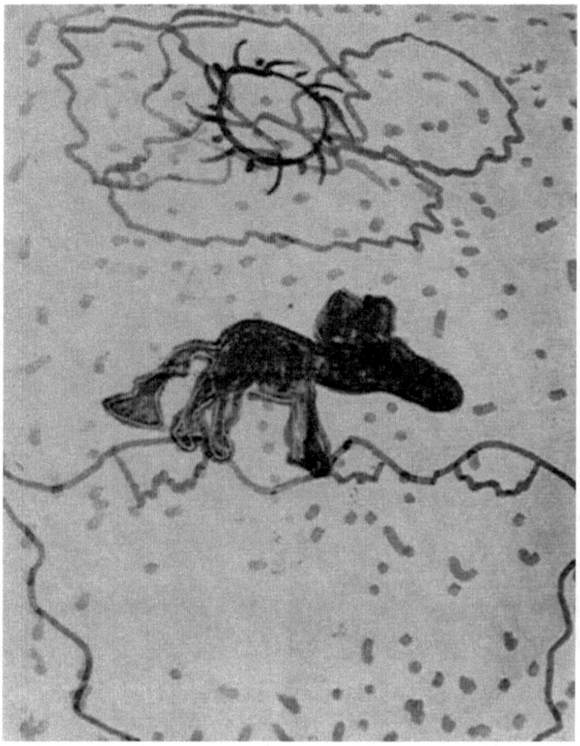

그림 55. 랜디가 그린 산 위에 말코손바닥사슴

랜디는 위태로웠다. 좀 더 배려했더라면 상황이 달라졌을 것이다. 이제 잠복기 말기에 있는 랜디는 "신뢰 없음"이라는 내면적 입장을 취하고 있다. 그림 54의 검은 집은 외로운 집을 보여준다.

이 집은 검은 색이지만 여전히 문과 노커를 가지고 있다. 집은 세 개의 언덕 중 하나에 위치해 있다. 왼쪽에는 소용돌이치는 해가 있고 불안해 보이는 많은 구름이 오른쪽으로 몰려가고 있다.

그 해에 랜디의 가족은 치료를 받으러 가지 않았다. 대신 치료자가 집으로 왔다. 한계를 느낀 랜디의 아빠와 새엄마는 가족 행동 수정과 가정 방문 치료에 참가했고 랜디는 약물치료를 받았다. 약물치료는 효과적이지 못하다는 이유로 배제되었지만 행동수정은 배제되지 않았다. 이 모든 것을 통해, 랜디는 비언어적으로 자신의 요구와 혼란을 전달했고 보이 스카우트 단장의 보조역할을 하는 랜디의 아빠는 미술을 통해 랜디가 적절하게 다른 아이들과 관계를 유지하도록 도와주었다.

그 해 크리스마스쯤 랜디는 소용돌이치는 해로 연결된 네 개의 구름 아래, 세 개의 이

그림 56. 랜디가 그린 세계를 결합시키기

상하게 보이는 산 위에 서 있는 말코손바닥사슴을 그렸다(그림 55, 산 위에 말코손바닥사금). 그림 전체가 비 혹은 자신을 비난하는 표시로 덮여있었다. 수사슴의 친척인 말코손바닥사슴은 자신의 죄와 오류, 괴물과 투쟁으로부터 영생을 추구하는 자신을 자유롭게 하는 개인의 상징으로서 헤라클레스와 관련이 있다(Cirlot, 1962, p.145).

랜디는 너무 많이 변해버렸고 인간 애착이나 안정성에 대한 감정적 저장고는 바닥이 나버렸다. 그러나 그의 무의식은 자신을 지탱할만한 이미지를 찾고 있었다.

랜디는 자신의 환경에서 더 이상 안전함을 느끼지 못했다. 그는 두 개의 문화, 즉 엄마의 문화와 아빠의 문화를 내면화했다(Hong, Morris, Chiu와 Benet-Martinez, 2000). 두 개의 문화가 그의 내면에 공존하고 있었다. 절대 합쳐지지 않지만 가끔 문화적 이미지에 의해 동기가 부여되는 그 두 가지 문화는 번갈아가며 그의 생각과 감정을 지배했다. 예를 들어, 엄마의 집에서는 영화관에서 캔디를 살 때 20$를 받았다. 아빠의 집에서는 집안이나 마당에서 허드렛 일을 했을 때에만 돈($5)을 받을 수 있었다. 서서히 랜디는 강박증으로 인해 외로움과 우울한 "내적 표상의 변화"로부터 자신을 방어하려 했다(Malmquist, 1994). 랜디의 가족은 랜디가 자신이 할 수 있는 방식으로 자신의 세계를 결합시키려 하자 도움을 주려고 애를 썼다. 많은 그림에서 랜디는 이 기간을 그렸고 말

그림 57. 랜디가 그린 분열된 집

그대로 아래쪽으로 땅에 박혀있는 말뚝과 대못을 갖고 있었다.

이 그림에서 말뚝은 왼쪽에 있는 언덕의 반을 지탱하고 있다. 오른쪽에 있는 나무는 왼쪽으로 기울어져 있다. 나무에는 옹이구멍이 있지만 뿌리는 없다. 나무의 양쪽에 꽃이 그려져 있다. 종종 론 레인저를 위해 그려졌던 원뿔형 천막이 나무 아래에 있다. 이 모두는 초원 바닥에 위치해 있다. 중간에는 둥글고 합쳐진 수풀이 있다. 하늘은 한쪽에서 다른 한쪽으로 흘러가는 구름으로 가득 차 있다. 좌우 양측 모두에서 번개가 내리치고 있다. 태양의 중간 부분은 나누어져 있다.

버거운 사랑과 상대하기 힘든 또래들의 틈바구니에서 랜디는 자신의 감정 표현을 차단해 버렸고 가족 그리고 가정생활이라는 인식된 현실로 살아가는 것을 배웠다. 그는 좋고 나쁜 모두를 내면화했다. 그는 두 세대용 건물처럼 연결된 두 개의 집을 그렸다. 이 두 개의 집은 두 개의 언덕 중 한쪽에 위치해 있다. 나무에는 조금씩 없어져가는 표시가 있다. 집과 나무는 풍경과 함께 기울어져 있다. 왼쪽 하늘에 둥근 물체(태양 혹은 달)는 하얀색으로 칠해져 있다. 색상은 회색이며 우울하다.

가족 내에서, 가족 발달 및 역동은 끊임없이 변한다. 다음 해에 진행된 매일의 치료에서, 비명소리가 점점 더 커졌다. 이제 랜디의 불행은 사춘기를 맞아 폭발하기 시작했다.

그림 58. 랜디가 만든 자화상 (점토)

이번 위기는 새엄마를 통해 찾아왔다.

아빠와 삼각형을 이루어, 랜디는 다른 사람도 자신이 느끼는 불행을 느끼도록 하기 위해 시도를 했다. 새엄마는 랜디를 통제하기 위해 노력했지만 한계를 넘어버렸다. 새엄마는 정서적으로 그리고 육체적으로 랜디를 학대했다. 가정생활에 불행을 느낀 새엄마와 그녀의 아기와 따로 아파트를 구해 이사했고 아빠와 랜디는 지속적으로 파트타임 치료를 받았다.

아빠가 다시 자신에게 돌아왔을 때 랜디의 스트레스 수준은 현저히 감소했다. 중학교, 가정, 스카우트에서 그의 행동은 안정을 되찾았다. 치료 시 랜디는 점토로 작업하는 것을 선택했다(그림 58, 점토로 만든 자화상). 그는 도자기 자화상을 만들었다. 하얀 색상의 자화상에서, 두 눈은 그가 한 번도 받아본 적 없는 애정 어린 양육의 상징인 여자의 가슴을 암시한다. 얼굴에 길게 베인 상처는 자기 비난을 의미한다.

랜디가 고등학교로 진학하자 할머니가 더욱 깊게 개입하기 시작했다. 그녀는 랜디를 삼촌이 다녔던 군사 학교에 보낼 것을 제안했다. 외견상으로 아빠와 랜디는 이 제안이 좋은 선택이라고 생각했다. 그러나 랜디가 떠나고 아빠가 새엄마와 재결합한 후 랜디는 환멸을 느꼈고 배신감을 느꼈다.

부부 사이에 긍정적 영향을 미치는 Gottman 모델

Gottman(1998)은 7층으로 구성된 "행복한 결혼의 집" 모델을 이용하여 부부를 위한 이론적 개념과 치료 과정을 구성하고 설명한다. 근간은 그가 "애정 지도"(토론과 질문을 통해 서로를 지속적으로 알아가는 부부)라고 부르는 것으로 구성되어 있다. 그가 "호감과 존중 시스템"이라고 부르는 2층은 심리적 진정의 중요성을 인식하고 심리적 진정을 장려한다. 서로 멀어지기보다 가까이 다가서는 것을 가르치는 "감정은행계좌"가 3층을 차지한다. 4층은 Gottman이 "긍정적 정서의 우세"로 묘사하는 내용을 포함한다. 그의 연구 결과가 말해주듯이 부부가 만족스런 관계를 가지려면, 육체적 정신적 스트레스 모두가 완화되고 감소되어야 한다. 5층은 "효율적 문제 해결"과 모든 관계에서 발견되는 끊임없이 계속되는 문제 및 개인적인 차이에 대해 대화하는 법을 다룬다. 6층은 서로의 꿈과 야망이 실현되도록 도와줌으로서 부부가 "결혼의 교착상태"를 피하도록 도와준다. 꼭대기 층 또는 "다락방"은 꿈, 이야기, 신화 및 은유의 장소이다. Gottman은 "요한 계시록의 네 기사(백 · 적 · 흑 · 청색 말에 탄 4명; 각각 질병 · 전쟁 · 기근 · 죽음을 상징함)" (비판, 방어, 경멸, 묵묵부답)를 대인 관계 및 행복한 결혼의 집을 파괴하는 가장 중요한 요소로 본다. Gottman의 연구(1993, 1994, 1996, 1998)가 주로 부부에 초점을 맞추는 반면, 가족에게 적용할 수 있는 가족과 아동에 대한 Gottman의 연구는 전혀 발견할 수 없었다. 미래에는 그의 행복한 결혼의 집 이론, 긍정적인 영향 방식 및 집중 치료가 가족에게도 동일하게 적용될 것이다.

낸시는 많은 공포를 경험하다

오늘날 미국과 세계 도처에서, 상상만으로도 너무 끔찍한 일들이 일어나고 있다. 다음 이야기는 낸시와 그녀의 가족이 경험한 악몽 같은 사건 중 하나의 시작이다.

4월 어느 오후 학교가 끝난 후 심각한 학습 장애를 갖고 있는 5학년생들의 특수 교사이며 탁월한 재능을 가진 "예술-행동가"인 낸시는 막내딸 캐리의 전화를 받았다. 전화에 대고 신경증적으로 흐느끼던 캐리는 "나단이 살해되었다"고 말했다. 경찰, 소방관, 장의사 모두 캐리가 총에 대한 환상을 갖고 있는 전력을 가진 이웃 소년이 11살짜리 나단의 얼굴에 대고 총을 난사하여 살해했다고 했으며, 아이의 시체를 보지 못하게 한다고 했다.

낸시는 다른 자녀들, 친척, 친구들에게 거는 전화로 인해 전화기가 불이 났다. 낸시와 남편 곁에는 딸과 딸의 가족이 함께 했다. 잠깐씩 원래 살던 집을 방문하는 것을 제외하고 낸시는 거기서 8월 중순까지 머물렀다. 이 사건으로 인해 낸시의 친밀한 대가족이 붕괴되었다. 훌륭한 엄마인 낸시는 어떻게든, 무슨 수를 쓰든, 그녀가 캐리를 보호할 수 있음을 알고 있었다. 캐리 그리고 그녀의 조촐한 가족과 함께 지냄으로써 그들의 고통을 완화시키고 두려운 단절감, 장애, 실패와 수치심을 감소시킬 수 있다. 그렇다, 바로 수치심이다. 캐리의 수치심이란, "나는 내 아이를 죽게 한 엄마다"라는 것이다. 캐리의 남편 톰의 수치심은 "나는 나단을 안전하게 지켜내지 못한 아빠다"라는 것이며 나단의 누이 레이첼의 수치심은 "왜 나단과 함께 가서 그를 보호하지 못했는가?" 하는 것이다. 그러나 낸시는 그녀가 누구의 고통도 심지어 그녀 자신의 고통도 완화시킬 수 없다는 것을 알았다. 그녀는 자신의 기본적 신뢰 체계에 배신감을 느꼈다.

반복되는 이미지와 미술 솔루션

50,000년 전 유럽 지역의 뼈에서 발견된 지그재그 이미지로부터 오늘날 사이버 공간에서 만들어지는 웹사이트에 이르기까지, 상징적 이미지는 인류와 매우 밀접한 관계에 놓여있다. 상징적 이미지는 이미지를 만든 사람의 내면적 삶과 외적 경험을 드러낸다. 수년 간, 여러 가지 신념을 가진 치료자들은 계속해서 그래픽 이미지가 내면의 감정과 생각, 차단 또는 왜곡된 생각을 표현한다는 점을 발견해왔다. 전형과 이미지를 연구해왔던 학자들은 상징적인 테마와 이미지를 확인할 수 있다(Arrington, 1986; Goleman, 1995; Howowitz, 1970; Keyes, 1983; Miller, 1990; Peterson & Hardin, 1997; Ratcliffe, 1997; Rhyne, 1979; Ulhin, 1972; Wadeson, 1980; Wilson, 1987).

낸시는 내면에서 끊임없이 그녀 자신, 딸 캐리, 캐리의 남편 톰, 그들의 딸 레이첼이 조용하고 얼음처럼 차가운 어두운 푸른 물 위로 솟았다가 가라앉는 이미지가 떠오른다고 말했다. 영원히 끝날 것 같지 않은 낸시의 슬픔에 잠긴 내면의 비명 외에 다른 소리는 없었다. 많은 친구들과 이웃들의 노력이 있었지만 누구도 낸시의 절망을 덜어줄 수 없었다.

8월에 낸시에게는 두 번째 이미지가 떠올랐다. 이번 이미지에는 물에 떠 있는 구명구가 포함되어 있었다. 구명구가 가까이 있지는 않았지만 생존한 가족 중 누구도 그것을 잡으려 하지 않았다.

그 후 낸시에게 세 번째 반복적 이미지가 떠올랐다. 밝은 빛으로 둘러싸여 왁자지껄하게 파티를 즐기는 사람들로 가득 찬 멀리 보이는 유람선이 어둠속에 떠 있었다. 배에 있는 누구도 차디찬 칠흑 같은 파도에 휩쓸려 움직이는 네 사람을 보지 못했다. 여전히 낸시는 그녀의 이미지를 표현할 수 없었다.

냰시의 학교 관계자와 친구들은 낸시가 9월에 5학년 학급으로, 그것도 8명의 학생 모두 나단 또래의 아이들인 그 학급으로 돌아올 수 있을 거라고 믿지 않았다. 그러나 8월에 학교와 학생들에게 돌아갈 준비를 시작했을 때 그녀는 학교의 교육과정 주제를 생각하기 시작했다. 교사생활을 시작한지 15년 만에 처음으로, 낸시는 얼어붙은 북쪽섬인 알라스카를 선택했다. 직감적으로 낸시는 차갑고 생명을 위협하는 이미지로 살아남는 방식을 발견했다. 그녀는 물을 얼려버렸다. 학생들이 알래스카의 동식물을 공부할 때 그녀는 수업을 리드했다; 알래스카 에스키모; 주택; 음식 소스; 교통기관; 오락; 참가자들이 얼어붙은 어둠 속에서 목적지까지 수백마일을 달려가는 이디타로드레이스(Iditarod Race: 영하 30도의 알래스카 툰드라지역 약 1,940㎞를 주파하는 극한 경기). 학생들은 털과 신문으로 에스키모와 알래스카 동물들을 만들었다.

가을 내내 낸시는 슬픔으로 인해 힘겹게 삶을 살았다. 크리스마스가 가까워오자 그녀는 자신의 대가족을 위한 선물을 만들기 시작했다. 그녀는 온갖 모양과 크기로 눈사람을 만들었으며 티셔츠, 두껍고 헐거운 스웨터, 책가방에 눈사람을 그렸다.

낸시의 치료자는 감정을 감추고는 있지만 의문으로 가득한 낸시에게 공포 중의 공포로

그림 59. 낸시가 손으로 만든 친구들

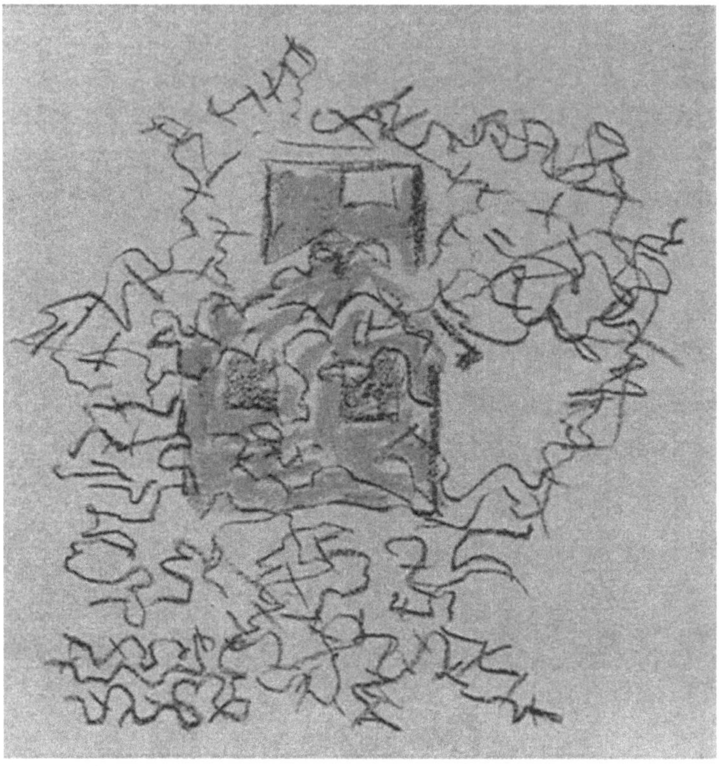

그림 60. 낸시가 그린 가시덩굴 속에 있는 캐리의 집

돌아가 얼굴에 총을 맞고 살해된 나단에게 일어난 그날의 일을 머리에 떠올려 보라고 했다. 그녀는 눈사람을 사서 TV를 보는 동안 눈사람을 흔들거나 그 충격적인 사건의 모든 가능성과 불가능성을 분류했다. 2월 달까지 낸시는 부활절을 위해 긴 귀를 가진 눈사람을 만들었다. 그녀는 그들을 "긴 귀를 가진 친구들"(그림 59)이라고 불렀다.

겨울이 누그러지자 다음 해 봄에 낸시는 그녀의 영혼 깊숙이 도달해서 이전에는 끄집어낼 수 없었던 이미지를 떠올리기 시작했다. 낸시가 떠올린 한 이미지는 지난 여름 낸시의 집에 관한 이미지였다. 그것은 가시덩굴에 의해 둘러싸인 작은 집이었다. 그녀는 그 안에 거주하는 사람들이 요리, 청소, 세탁, 정원 가꾸기를 할 수 있다고 생각했지만 장미와 가시로 인해 그들은 집을 떠날 수도 다른 누군가를 집안에 들일 수도 없었다.

고통과 수치심이 그 주위를 둘러싸고 있었다.

그 때 낸시는 어둡고 찬 물에서 아기를 안고 있는 어떤 사람의 상반신을 시각화했다. 황량한 머리에는 스컬캡(테두리 없는 베레모)이 씌워져 있고 머리카락이 없었으며 상체는 중성처럼 보였다. 심장 부위에 진홍색 홍조가 있었다. 낸시는 그 이미지를 신부라고

그림 61. 낸시가 그린 신부, 아기, 소년

했다. 배경에는 죽기 전에 보았던 것처럼 나단의 따뜻하고 발그레한 초상화가 있었다.

이 시점에서, 낸시는 자유롭게 모든 이미지를 한 장의 그림으로 그렸다.

우리는 이미지가 되풀이해서 그녀의 마음 속에 집중하도록 잠시 동안 낸시를 여기에 남겨둔다. 미술은 그녀가 심리적 재료를 구성하고 함께 경험했던 끔찍한 경험을 극복하는 방법이 되었다. 치유의 메시지를 잉태하고 있는 이미지로 인해 낸시는 다시금 정상적인 활동으로 돌아가고 나단을 존중하며 인간의 비극에 의미를 부여하게 되었다.

5장

순환은 계속 된다

그들은 힘으로 맞서려고 했다,
"그것은 옳지 않았고 그래서 부서졌다.
이제 치료할 수 있는 범위를 넘어섰다"
Jym Marks (1992, p. 28)

미국 법무부가 보고한 가장 광범위한 1990년대 청소년 범죄자 자료 모음집에 따르면 지난 10년간 주요 폭력 범죄로 인한 청소년 체포는 1/3가량 증가했고 청소년 살인 범죄자의 수는 두 배 증가했다. "청소년들이 연관된 위험 행동은 그들이 노출된 여러 조건과 관련되어 있지만 그러한 조건들과 구별될 수 있다. 청소년들은 그들의 부모와 가족의 생활 조건에 의존하고 있으므로 자신들의 통제를 벗어나는 조건의 영향에 취약하다" (Jessor, 1993, p. 129). "가난하고 집이 없는 가족, 가출한 아이 그리고 버려진 아이 및 마약 사용에서 보았듯이, 청소년 폭력은 가족의 사회 경제적 조건과 연결되어 있다. 미국 10-18세 청소년의 1/4가량이 연방 빈곤 수준에 훨씬 못 미치고 있다"(Snyder, 1996). 뿐만 아니라, 대부분의 빈곤 가족이 편모 가정이며 이는 미국에서 가장 흔히 볼 수 있는 가족 형태이다. 1990 년대 초반에 인구 조사국이 확인한 바에 따르면 10명의 미국인 중 3명에게 가난은 현실이며 어떤 방안을 내놓더라도 아이들은 계속 가난해질 것이다(아동보호 기금, 1994).

그러나, 오늘날에는 빈곤한 아동 혹은 청소년만이 범죄를 저지르지는 않는다. 모든 사회적 계층의 아동들이 끔찍하고 무분별한 행동을 하고 있다. 우리 사회는 이것이 학대, 무관심, 부족한 규율, 컴퓨터와 TV게임에 대한 지나친 노출로 나타나는 잘못된 양육으로 인한 것인지 알고 싶다. Perry (1997, p. 5)는 심각한 감정적 방치, 정서적 방임으로 인해 어린 희생자들이 우리가 공감 이라고 알고 있는, 다른 사람들과의 상호작용을 불가능하게 하는 반사회적 성격장애자로 성장한다는 것을 발견했다. 콜럼바인의 비극을 조사한 Stone Philips(1999)는 놀라울만큼 치명적인 것을 발견했는데 치명적인 이유는 그것이 보통 미국 젊은이들에게 각인되어 있는 일반 미국 청소년들의 오락이기 때문이다. 그는 많은 미국 청소년들이 컴퓨터와 비디오를 통해 반복적으로 폭력적인 게임을 하는데 그 게임이 연방수사국과 첩보 기관의 명사수 훈련에도 사용되는 같은 게임이라는 점을 발견했다.

오늘날 우리가 신문을 통해 접하는, 범죄를 저지르는 불안정한 청소년들은 자신들의 희생자에 대해 아무 생각이 없고 배려도 전혀 없다. 이러한 가해자들은 감정적으로 뒤쳐져 있을 뿐만 아니라 피를 흘리게 함으로써 즐거움을 느끼는, 이른바 영혼을 상실한 것처럼 보이기도 한다. 매일 같이 언론에서는 이러한 국가적 전염병과 관련된 사건을 보도한다. 6살짜리 아이가 6살짜리 아이를 죽인다. 왕따 당하는 청소년이 총과 자동 소총으로 반 친구들과 선생님을 죽인다. 사춘기 소년들이 마약을 하고 어린 여자를 강간한다. 십대 소녀들은 친구의 신발과 옷을 강탈하고 이유 없이 그들을 살해한다. 아이들은 동네에 불을 지르고 가족의 애완동물을 고문한다. 청소년들은 덤프스터(금속제의 대형 쓰레기 수집 용기), 다른 사람의 트럭, 공연장 화장실 또는 공항에 신생아를 유기한다. 아이들은 차를 이용한 총격으로 다른 아이나 어른 심지어 유아까지도 죽이며 이런 일이 지속적으로 발생한다. 이러한 청소년, 가해자와 피해자 모두 엄마, 아빠, 여자형제, 남자형제, 할머니 할아버지, 이모, 삼촌, 사촌으로 이루어진 가족과 친구, 선생님이 있으며 이와 같은 비극적인 사건으로 인해 그들의 삶은 영원히 변하게 된다.

회의석상에서 Gilligan(1995)은 청소년 범죄 시스템에 관한 PBS 스페셜을 설명했다:

> 그날 저녁은 다 기억이 나진 않지만 나에게 많은 이미지를 남긴 그 이야기는 기억이 납니다. 쇼의 한 부분은 다문화 소녀들에 관한 것이었는데 그들은 아무 이유 없이 사람을 죽이곤 했죠. 예를 들어, "재킷 내놔" 하고 위협한 후 그들이 재킷을 주면 탕 탕, 하고 죽여 버리지요. 이 이야기에서 특이한 점은 감옥에서 진행되는 어떤 프로그램에 관한 것이었는데 그 프로그램의 주요 목적은 아이들로 하여금 그들이 죽인 것이 인간이었으며 그들은 인간에게 폭력을 행사한 것이라는 점을 알게 해주려는 것이었어요. 인간의 목숨을 빼앗은 것뿐만 아니라 희생자를 포함한 너무나 많은 사람들, 즉 그들의 가족들에게도 영향을 주었다는 것을요. 놀라운 것은 이 아이들이 자신들이 인간을 살해했다는 것을 모른다는 것입니다. 그들은 희생자들이 자신들과 같은 사람이라는 것을 모르는 것이었어요. 오직 장기적이고 창의적인 치료를 통해서만 TV에 등장한 이 젊은이들의 영혼을 회복할 수 있었지요.

TV에서는 아이들이 경험한 외상의 문제를 예로 든다. "LA에서 성장하기"라로 불리는 60분 프로그램에서 15분 꼭지를 차지하는 Bradley(1989)는 사랑하는 사람이 살해되는 것을 목격한 와츠 지역의 학교 관계자, 어린 아이들과 친척들을 인터뷰했다: 엄마는 교통사고가 나고 형이나 남동생은 저격 당했으며 삼촌은 칼에 찔렸다. 이 어린아이들에게 도움을 주고자 했던 한 학교의 교장인 Melba Coleman 박사가 시범 집단상담을 실시하고 나서야 친척들은 도움을 줄 수 있었다. 심리상담사와 심리학자가 주도하는 이 집단은 가장 도움이 필요한 사람들을 위해 실시되었으며 상담에 참가한 사람들은 충격적인 경험의 결과물인 공포, 상처, 고통에 대해 이야기할 수 있었다. 어린 희생자들은 상당 부분에 대해 말을 하지 못하기 때문에, 이미지를 만들고 그 이미지에 대해 생각해 보는데 있어 그림은 프로그램의 중요한 부분이 되었다.

Coleman은 사회가 이 아이들을 어떻게 해줄 여유가 없음을 지적한다. 계속해서 그녀는 만약 이 아이들이 그들이 목격한 범죄를 다시 반복하여 감옥에 갇히는 성인이 되거나 정신병 환자가 되는 것보다 생산적인 시민이 되도록 하려면 지금 당장 전문적인 양육으로 그들을 도와줄 수 있어야 한다고 말한다.

캐시와 샘, 그리고 고통스런 부모의 실패

캐시(Cathy)와 샘(Sam)의 다음 이야기는 때때로 왜 그리고 어떻게 부모가 실패하는지를 보여준다. 위기에 처해있던 캐시와 샘은 함께 치료를 받으러 왔다 그들 가족의 스트레스 수준은 통제 불능 상태였다. 캐시는 잠을 잘 수 없었고 그들의 말을 빌리자면, 의사소통도 상스럽게 변질되어 갔다. 제일 먼저 캐시가 전화했고 이어 치료 과정이 시작되었다. 그들이 약속 시간에 맞춰 사무실에서 도착하자 치료가 계속되었다. 날씬하고 매력적인 여성인 캐시는 두껍게 화장을 했으며 짧은 반바지에 나시를 입고 운동화를 신고 있었다. 샘도 캐시처럼 매력적이었고 깃이 있는 셔츠에 카키색 옷을 입고 있었다. 처음 입소 단계에서는 필수적인 기관 서식과 다소 긴 가족 설문조사지가 포함되어 있다. 치료자의 처음 질문은 무슨 이유로 이 시기에 치료를 받으러 왔는가 하는 것이다.

캐시가 먼저 입을 열었다. 기업체 간부인 샘은 6개월 전 회사의 인원 감축으로 인해 직장을 잃었다. 그는 훌륭한 지불 계획을 갖고 있었지만 재정이 바닥나고 있었다 고지서가 쌓여갔고 곧 가족들은 건강 보험에서도 제외될 것이다. 캐시는 집에서만 지내는 엄마였지만 최근에는 여분의 필요한 돈을 벌기 위해 식당에서 일했다. 이전 결혼에서 얻은 2명의 십대 아들은 잘 지내지 못했다. 막내는 마약 재활을 위한 수용시설에 있었고 장남은 대놓고 마약을 하고 학교를 빼먹기 시작했다. 캐시는 다른 주에 살고 있는 알콜 중독 부모님에 대해 끊임없이 불평을 늘어놓았다. 점점 불안정해지면서 캐시는 그녀가 어떻게 지내는지 알아보기 위해 친정 엄마가 매주 전화를 했지만 통화가 채 끝나기도 전에 친정 엄마는 실업자 남편과 거친 아이들의 문제에 대해 캐시를 비난한다고 말했다. 마침내, 캐시는 샘이 직장을 구하고 이웃들과 차고에서 맥주 마시는 일을 그만두고(그녀가 2교대로 근무하는 동안) 나이를 먹을 만큼 먹은 그녀의 두 아이들에 대한 비난을 줄이고 좀 더 이해해 주었으면 한다고 말했다. 그런 다음 그녀는 뒤로가 앉아 기다렸다.

샘은 캐시의 말이 끝날 때까지 조용히 지켜보면서 앉아있었다. 그런 다음 너무도 침착하게 그는 앞으로 몇 번의 면접이 기다리고 있고 그 중 한 번은 성공적일 것이라고 말하며 스스로를 방어했다. 하지만 샘이 적극적으로 구직활동에 나서지 않을 것이라는 점은 분명했다. 왜냐하면 이전에 벌던 것보다 월급이 적은 직업을 구하려 하지 않기 때문이다. 샘은 캐시와의 9년 간의 결혼생활 동안 처벌과 보상 모두를 이용하여 캐시의 아이들과 잘해보려고 애썼지만 이들 셋은 서로를 이해하지 못했다. 샘은 이 두 명의 소년이 왜 그런 의견을 갖고 있는지 이해하지 못하였으며 그들도 샘의 말을 이해 못하는 거라고 확신했다. 샘은 상처받았다. 샘은 그들의 게으름뱅이 친부가 했던 것 이상으로 그들을 도우려 애썼지만 아이들은 그것 때문에 샘을 더 싫어하는 것 같았다.

Satir의 성장 모형을 이용하여(1964/1967), 치료자는 이 부부에게 그들의 이야기를 들려달라고 했고 이 세상 모든 사람들 중에 어떻게 그들 둘이 만나 결혼하게 되었는가에 대해 알려달라고 했다. 무엇이 그들을 끌리게 했는가? 이 부부 사이에 사랑의 결합을 평가하고 그들의 개인적인 혹은 공유하고 있는 꿈이 미래가 있는지 알아보기 위해 치료자는 가까운 실마리를 찾으려 했다.

캐시는 가족 이야기로부터 시작했는데 그녀가 혼란스럽고 폭력적인 환경에서 자랐다고 슬프게 말했다. 가끔 집에 머물던 부모님들은 삼촌들처럼, 둘 다 술을 마셨다. 오빠들처럼 맞지 않기 위해 그녀는 부모의 눈에 성가시지 않으려고 애썼다. 고 2,3 시절에 그녀는 학교에서 운동 선수로 활약했고 식당에서 일했다. 그녀는 집을 벗어나기 위해 18살의 나이에 결혼했지만 부부는 시부모님과 함께 살아야 했다. 두 명의 아이를 낳고, 캘리포니아로 이사 온 캐시는, 그녀의 말에 따르면, 첫 번째 남편이 술을 너무 많이 마시기 때문에 이혼했다고 말했다. 그녀는 가족의 걱정과 눈물이 뒤섞인 속에서 오랜 시절을 보냈다. 샘과 같은 직장에 다닐 때 샘이 어떻게 그녀를 따라 다녔는지 말하는 부분에서 그녀는 생기를 되찾았다. 그는 잘생기고 총명했으며 장래가 촉망되는 사람이었다. 그의 가족들도 멋진 사람들이었다. 그녀는 샘이 자신의 아빠와는 다른 사람이라고 생각했고 함께 있으면 안전할 거라고 느꼈다. 캐시는 고등학교를 마치고 몇 개의 대학 코스를 수강했지만 집중할 수 없었다고 말했다. 캐시는 석사학위를 갖고 있는 샘이 자랑스러웠지만 샘의 가족들에 대해서는 갈수록 불편함을 느꼈다. 가족들이 직장에서 승승장구 할 때마다 그녀는 열등감을 느꼈다. 결혼한 후 캐시는 직장을 그만두고 아들을 낳았다. 몇 번이고 캐시는 자신이 가족 내에서 단지 "음식하고 설거지나 하는 사람"이기 때문에 얼마나 오랫동안 함께 할 수 있을지 알 수 없었다고 털어놓았다. 말하지 않았지만 캐시의 꿈은 샘이 그녀와 그녀의 아이들을 사랑하고 돌보아 주는 것이었다. 이전 경험의 역할과 규칙을 통해, 캐시는 여자가 가정, 아이, 그리고 모든 가정비용을 책임져야 한다는 것을 배웠다. 캐시의 가치관은 알코올이 사람을 파멸로 이끌 수 있고 꿈을 파괴할 수 있다는 것이다. 옳건 그르건, 캐시는 샘의 음주에 편집증적인 반응을 보였다.

캐시가 자신의 가족 얘기를 할 때 샘은 열심히 경청했다. 그는 캐시가 아들 또는 자신의 음주에 대해 이야기 할 때 눈을 굴렸고 자신들의 연애시절을 얘기할 때면 그녀와 함께 웃었다. 캐시에 이어서 샘도 자신의 가족 이야기를 시작했다.

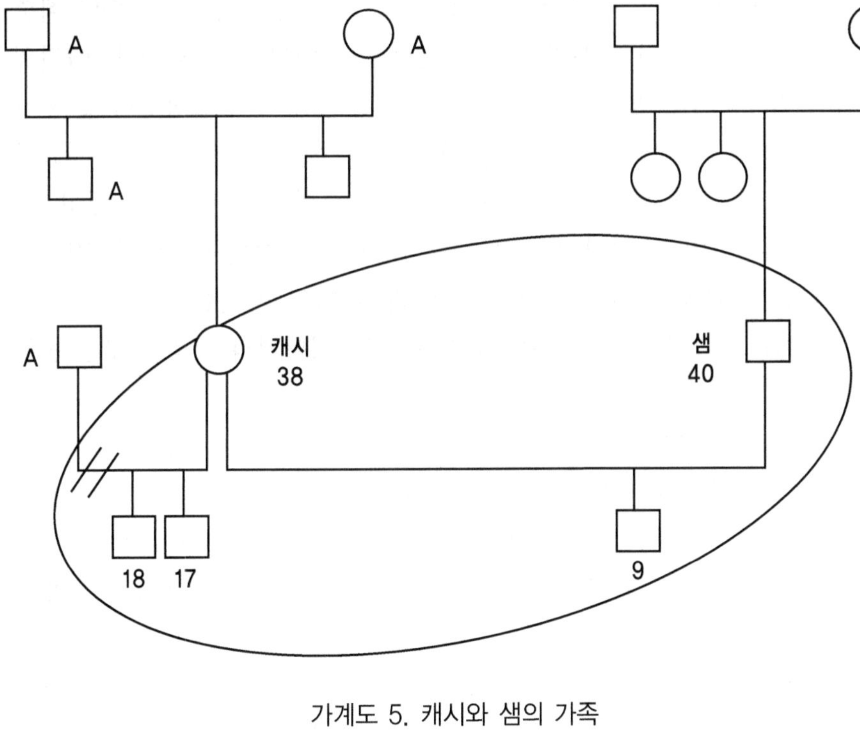

가계도 5. 캐시와 샘의 가족

샘은 이웃 마을 주민이었다. 세 아이 중 막내인 그는 가족과 친밀감을 느꼈다. 샘, 캐시 그리고 아이들은 종종 휴일을 그의 가족과 함께 보냈다. 샘은 캐시가 자신의 가족들에 대해 화가 나있다고 느꼈다. 그녀는 말을 자르며 샘의 가족이 자신의 아들을 잘 받아들이지 않는다고 털어놓았다. 샘은 캐시가 모든 것을 과장한다고 맞받아쳤다.

샘의 성장 과정은 캐시의 성장과정과 사뭇 달랐다. 그의 인생은 안전하고 재미있었다. 그의 가족은 그에게 힘이 되주었으며 그가 성공하도록 도와주었다. 그는 행복하게 그들의 애정에 보답했다. 그는 가족들과 함께 있는 것을 좋아했기 때문에 종종 형제자매들과 가족 행사를 기획했다. 샘은 열심히 일하고 신나게 노는 것을 장려하는 자신의 가치관을 공유하지 않는 캐시의 아들들을 이해할 수 없을뿐더러 그들에게 공감 할 수도 없었다. 그는 캐시의 아들들에게 여러 비싼 물건들이 가득한 집을 주었다. 그는 그들이 쓰는 비용을 대고 축구 할 때면 코치도 해주었으나 돌아오는 것은 적개심뿐이었다.

캐시는 돈을 관리하는 것을 좋아했기 때문에 샘은 그녀가 가족 재정을 관리하도록 해주었다. 샘의 꿈은 원래 자신의 가족에게서 경험한 것처럼 행복한 가족생활을 영위하는 것이었다. 그는 남자로서 가족의 생활비를 대줘야 하지만 돈이 어디에 어떻게 쓰이는지에 대해서는 책임질 필요가 없다는 것을 배웠다. 그러나 잠시 후 이 가족의 계층 균형이 깨져버렸다. 샘은 해직수당과 캐시가 주는 용돈에 의지해서 살게 되었다. 이전의 역할과 규칙은 더 이상 적용되지 않았다. 저녁식사 또는 조용한 가족의 저녁행사 같은 가족 의식은 변하거나 없어졌다. 이제 가족들은 실행 가능한 대안을 고민해야 했다. 치료자가 샘에게 무엇 때문에 캐시에게 끌렸는지 물었을 때 그는 웃으며 캐시를 돌아보았고, 캐시를 일반적으로-대충-설명하며, 그녀가 아름답고 총명해서라고 말했다. 꿈은 여전히 살아있었다. 캐시와 샘 모두 상처 밑에 감추어진 사랑과 관계의 따뜻함을 보여주었다. Satir (1964/1967)는 이러한 면접을 원 가족에서 배운 사랑 에너지와 신뢰를 찾는 좋은 출발점인 가족생활연대기라고 부르다.

다음으로 치료자는 불명확하게 나타나는 영역에 대해 질문을 던지기 시작했다. 치료자는 과거에 그들이 어떻게 재정을 처리했는지에 대해 물었다. 여가시간을 즐기기 위해 과거에는 무엇을 했으며 지금은 무엇을 하고 있는가? "의사소통이 상스럽게 변질되어 갔다"는 말은 무슨 뜻인가? 이 외에도 많은 다른 질문을 던짐으로써 치료자는 캐시의 상처가 표면에 드러나도록 했다. 캐시는 단도직입적으로 샘이 폭언을 일삼았다고 말했다. 샘은 즉각 반박하며 그들이 말다툼을 할 때 샘의 말이 맘에 들지 않을 때면 캐시가 물건을 던졌다고 말했다. 그녀는 가장 가까이 있는 것 ? 브러쉬, 보석 상자, 향수병-을 집어 들어 주로 자신에게 던졌다는 것이다. 그녀는 자신을 옹호하며 그 방법만이 샘의 주의를 끌 수 있는 유일한 방법이었다고 말했다. 샘은 다시금 눈을 굴리며 "물론이지, 그렇게 하는데 어떻게 주목하지 않을 수 있겠어?"라고 말하며 응수했다. 갑작스러운 재연이 시작되었다(Minuhin, 1974). 분명히, 가정 폭력은 이 부부가 지속적으로 연출해왔던 문제였다. 연극에서 그렇듯이 대본에 따라 처음에는 무슨 일이 생기고 두 번째는 무슨 일이 생기고 세 번째로는 무슨 일이 생길지 캐시와 샘 모두 이미 알고 있었으며 이 장면이 어떻게 끝날지도 알고 있었다(Bowen, 1978). 치료자의 임무는 가족 구성원들이 대본에 있는 초기 행동을 변화시키도록 도와줌으로써 해당 장면을 다르게 끝내도록 도와주는 것이었다.

앞서 언급했듯이, 부정적인 행동은 관계를 좀먹는다. Gottman의 연구(1998)에서 나타나듯이 부정적인 행동은 성별에 따라 다른 특성을 보인다. 일반적으로 여성들이 더욱 비판적이며 남성들은 묵묵부답이다. 첫 번째 면접에서, 치료자는 캐시와 샘이 비난하고 방어적인 방식으로 또한 사실에 근거한 방식으로 상호작용하는 것을 목격했다. 치료자는 어느 부분에서 끼어들어야 할지 "가족을 지켜보는 렌즈"를 끼고 지켜보았다(Riley, 1993, p.253). 이 부부의 상호작용에 이끌려 치료자는 현재에 머물렀다. 긴장과 심리적 부담을 감소시키고 의사소통의 장을 평등하게 하기 위해, 그녀는 이 부부에게 의사 소통을 위한 미술을 소개했다. 이러한 구체적인 표현 형태는 부부에게 그 당시에 그리고 앞으로의 치료시간에 놓쳐서는 안 될 것, 주시해야 할 것, 분석해야 할 것을 제공했다.

파트너와 바꾸어 보는 자화상 – 캐시와 샘 – 가족미술기초평가

치료자는 부부로 하여금 다음을 이용하여 미술에 기초한 측정 평가 목록(부록 A-4 참고)를 완성하도록 했다:

1. 자유화, 머리에 떠오르는 것은 무엇이나 그리시오(그들이 안심하도록 도와주기 위해);
2. 동적가족화(KFD, 가족 문제에 초점을 맞추기 위해 함께 뭔가 하고 있는 가족을 그리는 그림[Burns & Kaufman, 1972; Pertersen & Harpin, 1997]);
3. 파트너와 바꾸어보는 자화상(Wadeson, 1980) 및 부부가 관계에 집중하도록 도와줌.

퀼트 제작자인 캐시는 자유화에서 윤곽이 분명한 퀼트 패턴을 그렸다(그림 62). 샘은 요트를 그렸다(그림 63). 캐시의 KFD에서, 그녀는 한줄로 서 있는 가족을 그렸다(그림 64). 반면에 샘은 그림에 있는 여러 사람 가운데서 가족이 종적을 감춘, 눈 덮인 풍경을 그렸다(그림 65). 캐시가 자화상을 그렸을 때, 샘은 손에 모자를 그리고 곁에 우산을 그려 그림을 해변으로 만들었다(그림 66). 그는 그녀의 그림에 몇 가지를 추가했다. 자화상을 그릴 때 샘은 자신의 머리를 그렸다(그림 67). 캐시는 머리카락과 안경을 추가했고 그 안에 요트 그림이 있는 전구를 배치했다. 두 가지 다 비판적이라기보다는 보완적이었다.

미술 개입은 진전되고 "확대된 관찰의 초점" 또는 Minuchin이 자발적 재연이라고 부르는 것을 제공한다(1974, p.451). 종종 자발적 재연은 가족 체계에 의해 영향을 받거나 가족 체계에 영향을 주는 제대로 기능하지 않는 후천적 가족 스크립트를 확인하도록 도와준다.

이 가족에서 캐시의 스크립트에는 죄책감을 유발하는 비난과 회피 모두가 포함된다. 그녀는 많은 비언어적인 단서에 과민하게 반응했고 불안해했으며 경계했다. 그녀는 관찰하면서 성장했으나 원가족의 폭력에서 벗어나 있었다. 부모님 사이에 빈번하게 있었던 싸움 외에도 그녀의 남동생은 14살의 나이에 아빠에게 맞아서 병원에 입원했다. 남동생은 집에서 도망 나왔고 캐시가 캘리포니아로 이사한 후 캐시와 다시 연락이 닿았다.

샘의 후천적 가족 스크립트에는 캐시로부터 분노를 유발한 지나친 합리성과 회피가 포함되어 있다. 미술은 이 부부의 회피 스크립트를 건너뛰었고 그들의 비난/지나치게 합리적인 의사소통의 장을 평등하게 했다.

미술은 민감한 문제를 드러냈고 가족의 강점을 찾아내었다.

폭력적이고 학대가 만연한 집에서 자란 캐시는 원가족에 의해 정신적 충격을 받았다. 그녀의 스트레스와 불안은 샘이 직장을 잃었을 때 다시 심해졌으며 또 다시 캐시는 스스로를 절제할 능력을 완전히 상실했다. 비록 치료 초기에는 캐시가 가족구성원 중에 마지막으로 인정할 수도 있지만, 그녀의 언어와 비난 스크립트가 보여주듯이 그녀는 샘보다 더 엄격했으며 특히 자신의 아이들에게 지나치게 엄격했다.

감정적 압도. 연구 결과가 말해주듯이, 분노와 공포라는 감정적인 상황에서, 초기의 언어습득 전 감각 경험은 우리의 충동이 거의 즉각적으로 이성적 마음을 능가하고 앞서도록 하는 고속도로를 만들어낸다. 감정적 압도에 대해 보고한 Gloeman(1995)은 신경학적으로 처음 시각 신호가 망막에서 시상까지 전달되며 이곳에서 신호는 뇌의 언어로 번역된다. 그 후 대부분의 메시지는 시각으로 전달되고 이곳에서 의미와 적절한 대응을 위

첫 번째 미술 과제: 생각나는 대로 그려보시오.

그림 62. 캐시가 그린 퀼트 패턴

그림 63. 샘이 그린 요트

두 번째 미술 과제: KFD, 가족이 함께 뭔가 하고 있는 그림을 그리시오.

그림 64. 캐시가 그린 가족

그림 65. 샘이 그린 스키타기

세 번째 미술 과제: 자화상을 그린 다음 파트너와 교환하여 그림에 내용을 추가하시오.

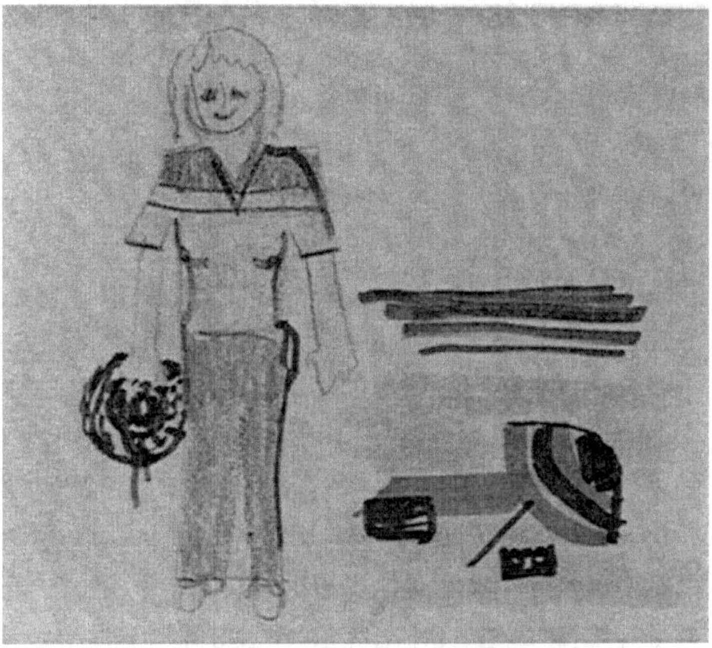

그림 66. 캐시가 그리고 샘이 추가해서 그린 자화상

그림 67. 샘이 그리고 캐시가 추가해서 그린 자화상

해 분석되고 평가된다. 해당 반응이 감정적인 경우, 신호는 편도체로 가서 정서적 중심부를 활성화시킨다. 그러나 원래(시각) 신호의 작은 부분은 빠르게 시상에서 곧장 편도체로 전달되고 더 빠른(덜 정확하지만) 반응이 가능해진다. 따라서 무슨 일이 일어났는지 피질 중심부에서 완전히 파악도 하기 전에 편도체는 감정적 반응을 일으킨다(Goleman, 1995, p.21). 편도체에 저장된, 정서적 흥분을 일으키는 대부분의 순간은 엄청난 충격과 함께 기억에 각인되며 두뇌에 "일반적 사실을 위한 체계와 감정을 담당하는 체계, 총 두 가지 기억 체계"를 제공한다(p.21). 감정을 담당하는 기억 체계는 정확성 보다는 연상 작용으로 자료를 일치시키며 현재의 모든 정보를 사용수 있기도 전에 이전 정보를 이용하여 작용한다. Goleman은 우리의 신경 메모리 알람 체계가 허술하다는 점에 주목했는데 이는 많은 중요한 추억이 유아와 그 보호자와의 관계에서, 언어를 습득하기 이전에 발생하기 때문이다. 무관심과 학대와 같은 정신적 충격이 심한 사건의 경우 특히 그러하다. 미각, 촉각, 느낌, 시각, 후각을 통해 인식된 "이러한 초기의 정서적 기억은 상황과 사건들이 혼란스럽고 아직 그것들을 이해할수 없는 영아기 시절로 거슬러 올라간다"(p.22). 이와 같은 삶의 초기 단계에서는 뇌의 일부가 완전히 발달하지 않았다. 따라서 정보 저장이 흩어지고 이후 삶에서 제어하는 것이 쉽지 않다. 감정적 압도로 알려진 이 현상은 "두 가지 역동을 포함하는 것으로 보인다: 편도체를 자극하는 것과 주로 감정적 반응의 균형을 유지하는 신피질 과정을 활성화시키지 못하는 것(즉, 감정의 돌발 사태로 신피질을 응집하는 것)"(p.26). "시간이 흐르면서, 주변상황이 알맞게 갖추어지면 전두엽 피질 회로는 우리의 반응을 조절하는 감정적 반응을 효과적으로 흡수하고 이해하며 지배 한다"(p.25). 반면 주목해야 할 점은, "무슨 일이 일어나고 있는지 피질이 알기도 전에 편도체는 분노나 공포이라는 착란 상태에 반응할 수 있는데 이는 그와 같은 생경한-정련되지 않은- 감정이 생각을 하기에 앞서 생각과 별개로 이루어지기 때문이다"(p.24).

캐시의 둘째 아들인 조니(Johnie)는 8살 때 학교를 마치고 친구를 만나러 갔다. 친구를 만나고 미리 약속한대로 조니는 엄마를 만나기 위해 붐비는 사거리로 향했다. 그러나 사거리를 돌아갈 때 비가 오기 시작했다. 빗줄기는 점점 강해졌다. 흠뻑 젖은 조니는 근처 집으로 들어가 엄마에게 전화 한 통화 할 수 있을지 물었는데 그때 이미 엄마는 사거리로 출발한 후였다. 캐시가 전화를 받지 않자, 조니는 옆집 아줌마에게 전화를 걸었고 그녀는 기쁘게 조니를 데리러 와주었다. 그러는 동안 캐시는 사거리에 도착했고 주차한 후 기다렸다. 쏟아 붓는 비속에서 캐시는 슬슬 걱정이 앞서기 시작했다. 시간이 지날수록 그녀는 점점 더 걱정이 되었다. 자식의 일에 대해 불안해하는 다른 엄마들처럼, 그녀는 자신의 귀한 아들에게 무슨 일이 생긴 것은 아닌지 걱정이 되었다. 기다릴수록 불안감은 더해갔다. 집에 돌아온 그녀는 전화기 옆에서 기다렸다. 하지만 어디서도 전화가 걸려오지 않았고 결국 그녀는 미친 듯이 비를 뚫고 다시 사거리로 갔다. 그 사이 아줌마가 데려온 조니는 몸을 말리고 따뜻한 어른 옷을 입은 후 우유를 마시고 땅콩버터 쿠키를 먹었다. 엄마는 아이가 실종된 것은 아닌지 납치된 것은 아닌지 최악의 경우 살해된 것은 아닌지 온갖 몹쓸 상상을 하며 집에 돌아왔다. 마침내 옆집의 친절한 이웃이 캐시와 연락이 닿았고 조니가 자신의 집에 있다고 말했다. 조니가 따뜻하고 편안하게 집에 돌아왔을 때 그에게 아무 문제가 없음을 확인하고 엄마는 안도했지만 두려움으로 인해 통제 불능 상태였고 제정신이 아니었다. 캐시는 나중에 엄마에게 연락하는 것을 잊어버린 조니를 벨트로 마구 때렸다. 그녀는 폭풍이 몰아치고 있었음에도 불구하고 조니가 사거리를 떠난 것이 화가 나서 조니를 때렸다. 그녀는 조니에게 끔찍한 일이 생기지는 않았을 까 자신이 너무도 노심초사한 것에 화가 나서 조니를 때렸다. 그녀는 너무나 사랑하기에 조니를 때렸다. 아무도 조니를 위해 아동보호서비스에 연락하지 않았다. 하지만 자신의 무섭고 통제되지 않는 행동으로 인해 극도로 슬퍼진 캐시는 치료시간이 진행되는 동안 혼자 있을 때 치료를 위해 이야기를 꺼내기 전까지 오랜 시간을 이러한 죄책감 그리고 수치심과 함께 살았다. 거기서 그녀는 자신의 폭발적인 분노가 조니를 향한 것이 아니라 자기 내면의 공포와 통제 상실로 인한 것임을 알게 되었다(그림 68). 자신의 원가족으로부터 전해 내려오는 제한된 양육 정보만을 갖고 있던 캐시는 진심으로 조니를 잃는 것이 두려웠지만 그녀의 공포 속에 다른 감정들은 억눌려 있었다.

이 이야기가 시사하는 바는 캐시에 의해 전해지는 폭력과 부정성의 세대 간의 전승이다. 캐시와 샘은 모두 보통의 착한 사람들이었지만 그녀의 장성한 아이들은 위험에 처해 있었다. 조니를 때리던 날 캐시는 그 일로부터 뭔가 배운 것이 있었지만(그림 69), 자신을 돌보려고 한 행동에 의해서 벌받고 상처받은 조니는 무엇을 배웠는가? 어떤 형태의 신뢰 또는 불신이 그의 기억에 각인되었는가?

첫 번째 결혼에 대해 이야기 하면서 캐시는 그녀와 그녀의 첫 번째 남편이 당시에 10대의 어린 나이었으며 역할 모델도 그리고 쓸 수 있는 자원도 제한되어 있었다고 말했다. 결혼 후 그녀는 단 한 번의 행복한 순간도 떠올릴 수 없었다. 그녀는 단지 부모님의 집을 벗어나고 싶었을 뿐이었다. 이 부부는 돈도 계획도 없었으며 그녀가 양육에 대해서 아는 것이라곤 집에서 배운 것뿐이었다. 그녀의 아들들은 이혼 전에 이미 문제 행동을 보이기 시작했지만 그녀가 편모가 되자 그들은 그녀를 미치게 했다. 때때로 그녀는 감당할 수 없음을 느꼈다. 그녀가 충족시킬 수 없는 요구를 하던 두 아이들은 “정말로 불같이 화를” 내곤 했다. 캐시는 샘과 결혼하여 이 멋지고 안정적인 남자가 아빠의 역할을 하고 자신이

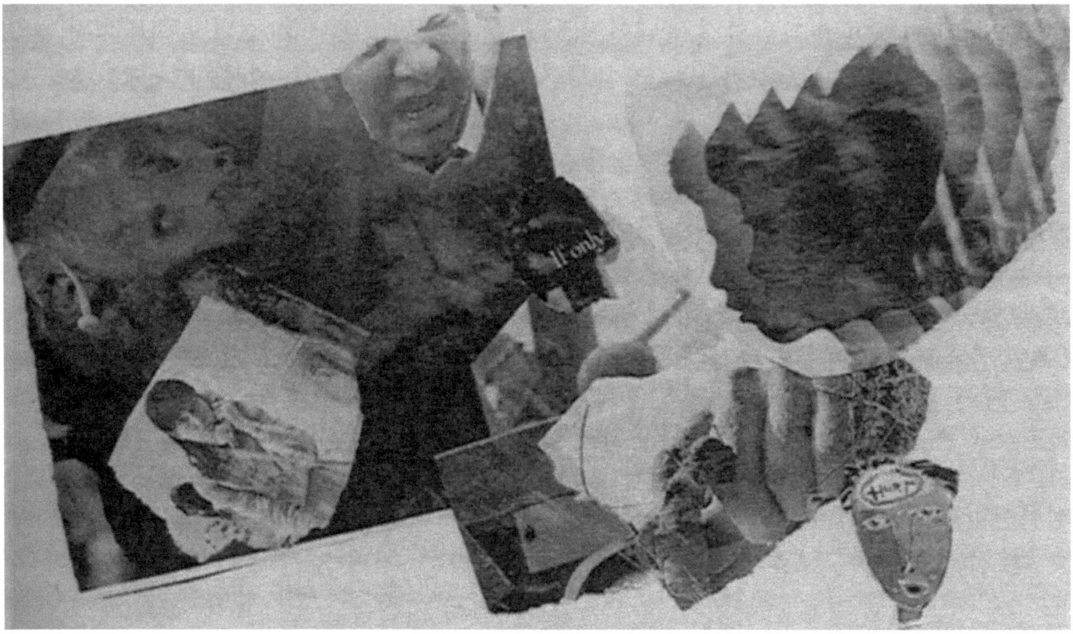

그림 68. 캐시가 그린 그땐 그랬지 (즉석 콜라주)

전업주부가 되면 상황이 나아질 것이라고 생각했다. 실제로 결혼했을 때 확실히 그녀의 스트레스 수준은 감소했지만 아이들에 대한 감정이입이 현저히 증가했는지는 미지수다.

넉넉한 돈으로 전업주부가 된 캐시의 욕구는 충족되었고 더욱 평화로워지고 안정을 찾아갔다. 그녀는 편안해졌고 캐시가 아이의 욕구를 좀 더 완벽하게 충족시킬 수 있었기 때문에 새로 태어난 아이는 더욱 평안해졌다. 샘과 막내 아들은 엄마의 훌륭한 조력자였지만 두 명의 큰 아들은 여전히 집에서도 학교에서도 다루기 힘든 존재였다. 그들에게도 자신만의 몫이 있었고 많이 혼나기도 하고 체벌도 받고 휴학, 기초 교육 등도 거쳤다. 사실 캐시는 둘째 아들이 주의력결핍 과잉행동장애(미국정신의학회, 정신장애 진단 · 통계편람, 1994, p.78-83)로 진단받았을 때 안도의 한숨을 내쉬었다. 왜냐하면 특수반에 배정하고 약물치료를 받을 수 있기 때문이었다. 그녀는 죄책감을 조금 덜었다. 문제는 그녀의 잘못이 아니었던 것이다. 그녀는 드디어 도움을 받게 된 것이라고 믿고 있었다. 초등학교에서 그녀는 특수 교육 담당자로부터 도움을 받았었다. 그러나 두 아들이 중학교에 진학할 때쯤, 부정적인 상호작용이 들이닥쳤다. 학교와 가족에게 거리를 두면서 주류 사회로부터 고립감이 형성됨에 따라 아이들은 자신의 문제를 주위의 도움 없이 또는 자신들처럼 소외된 사람들과 해결해야 했다. 두 아들은 각자 다른 모든 가족들의 삶과 동화되지 않는, 평행선을 그리는 삶을 살았다. 비슷한 고통과 환경을 가진 아이들과 어울리던 캐시

그림 69. 캐시가 그린 이랬으면 좋았을 것을 (즉석 콜라주)

의 둘째 아들은 순식간에 마약과 반달리즘(공공 기물 파손)에 물들어갔다. 하나의 동일한 가치관을 갖고 있던 가족들은 이 어린 아이가 언제 그리고 무엇을 할지 알 수 없었다. 그는 가정에서 그리고 학교에서 권위에 맞서 싸웠다. 그에게 안식이란 없었으며 신뢰도 없었다. 세상은 안전하지 않았다. 오직 분노만이 있을 뿐이었다. 가족들은 서서히 지쳐갔다(Figley, 1997); 아들과 다른 사람들의 안전을 걱정하던 부모는 결국 포기했고 아들을 수용시설에 보냈다.

부부는 장남을 옳은 일(새 아빠처럼)에 동기화가 안되어 있지만 착한 아이라고 불렀다. 대신에 이 아이는 마약을 이용하고 학교를 빼먹었으며 비슷한 환경의 아이들과 어울렸다. 아이가 나이를 먹어감에 따라, 다시 한번 부부는 아이에 대해 포기했고 그가 "자기 일을 하도록" 내버려 두었으며 이로서 그가 문제가 없는 생활방식을 갖게 될 가능성은 점점 더 줄어들었다. Newcomb과 Loeb(1999)에 따르면, "청소년기 가족에 있어서 지원과 유대감은 이후 성인기에 남자의 경우 일반적 이상행동, 여자의 경우 심리적 고통을 감소시킨다"(p.178)고 했다.

가난한 환경에서 자란 캐시의 아이들은 캐시가 이혼할 때쯤에는 더욱 가난해졌다. 연구 결과에서 보여주듯이 "빈곤 자체는 가족생활을 힘들게 하며 아이들에게는 사랑이 줄

어드는 정서적인 충격을 주고 부모의 절망은 깊어지며 가혹한 처벌에 더욱 의존하게 된다"(Goleman, 1995, p.256). 부유하든 가난하든 행복한 유년시절은 인생을 더욱 안락하게 만들어 주지만 쉬운 일은 아니다. 학대 또는 처벌하고자 하는 가학적인 생각조차도 시간이 지남에 따라 애착 형성, 대인 관계 능력의 개발, 신뢰감 형성 등과 같은 아동 발달의 정상적인 과업에 지장을 초래하며 결국 분노와 낮은 자기 존중감으로 귀결된다(Emery & Laumann-Billings, 1998). 부부들을 대상으로 진행한 Gottman(1998)의 연구에 비추어 볼 때, 가설적으로나마 가정에서 학대와 가정 폭력에 노출된 아이들이 무슨 수를 쓰더라도 신속히 자신과 가족과 분리시키려고 한다는 것은 놀라운 일이다. 유년기 이후에 자신을 가족과 분리시키려는 아이들은 유년기의 사랑, 공감 및 긍정적인 지원의 부재로 인해 그렇게 하려는 것인가? 캐시의 둘째 아들은 제일 심한 가족 갈등을 겪었다. 예상보다 빠르게 그는 스스로를 가족과 분리시키는 방법을 발견했다. 큰 아들은 서서히 가족으로부터 빠져나갔다.

심리학자와 교육자는 0세부터 3세까지, 높은 코티솔 수치가 "각성과 흥분에 관련된 두뇌 구조의 활동을 증가 시킨다"는 것을 알고 있다(Perry, 1997, p.32). 코티솔 수치는 아이가 이전에 학대당했던 것을 생각하거나 단지 학대한 사람이 나타나는 것만으로도 높은 경계심으로 재가동된다. 사소한 스트레스도 과다활동, 불안, 충동적인 행동을 조장하는 호르몬 활동을 방출하며 수용적인 두뇌를 각인시키고 형성시킨다. 만성적인 신경발달상 정신충격을 받은 아이들은 충동적으로 행동하고 인지기능이 왜곡되며(Pynoos, 1985; Pynoos, 1993) 지속적인 공포 반응을 보인다. 이러한 반응을 보이는 남자들은 어떤 행동을 쉽게 위협으로 해석한다. 싸움이나 빠른 반응에 대응할 때 그들은 폭력적이 되기 쉬우며 반면에 여자들은 스스로를 싸움에서 분리시키기 쉽다. "이와 유사하게, 젊은 남자들은 지속적인 공포반응의 불안, 무관심에서 야기된 감정적 허무함이 초래하는 근심과 고통으로부터의 유일한 탈출구로 마약이나 술을 택한다"(Perry, 1997, p.9). 아마도 캐시의 두 아들이 이 범주에 속할 것이다. 두 아이는 부정적이거나 제한된 모니터링을 제공하는, 갈등의 골이 심각한 가정에서 성장했다. 이는 그 자체로 약물 남용, 알코올 중독, 비행 범죄의 발달로 가는 강력한 통로"가 되었다(Hetherington 외, 1998).

건강하고 평생 동안 지속되는 자아의식을 유지하려면, 모든 인간은 지속적으로 자신이 사랑받고 존경받으며 어떤 방법으로든 다른 인간에게 소속되어 있다고 느껴야 한다. 이러한 존경과 승인이 없거나 부족하면, 인간성과 자아가 위축된다. 사랑하는데 또는 사랑받는 것이 힘든 사람은 자신과 타인에게 심각한 위협이 된다. 인간에게 있어서 초기의 무관심과 거절은 뇌와 자아 형성에 심각한 손상을 입힌다. 자아가 손상될수록 내면의 생각과 감정이 더욱 손상되어 자신의 잠재력을 활용하지 못하고 구성원으로서 사회에 기여하지 못하게 된다. 한 아이의 자존감, 낙관주의, 신뢰, 다른 사람을 즐겁게 하는 능력과 다른 아이의 제한, 실패, 절망, 아무도 알아주지 않는 분노는 인생의 처음 몇 년간 형성된다. 아이가 나이가 들어감에 따라 이러한 감정들은 강화되거나 회복된다.

아이들은 가족 안에서 정보를 모으고, 의사소통하고 행동하는 방법을 배운다. 자신의 욕구가 충족되지 않으면 아이들은 그것을 보상받거나 다른 사람들을 다루기 위해 폭력적인 방법을 배운다. 다음 이야기는 6개월간 망가진 여성들의 쉼터에서 생활한 엄마와 세 자녀의 이야기이다.

어떻게 학교에서 집중이 되겠어요?

엄마와 세 아들 안드레(Andre: 8), 베리(Barry: 6), 클레이(Clay: 3), 모두 신중하지만 불신에 가득차고, 걱정이 많고 정신적 · 육체적으로 불안한 상태로 치료자를 방문했다. 남자 아이들은 오랜 시간 집중하지 못했다 이들은 15분 이상 한 과제에 참여하거나 집중하지 못했다. 가족 모두 말이 빨랐고 대단히 불안해 보였다. 총체적으로 얘기하자면, 세 명의 남자 아이들은 주로 공포, 테러, 학대, 아버지의 경찰 체포, 아빠가 취했을 때 아빠를 위해서 운전한 일, 사람을 찌르면 어떻게 되는지(시체가 육체적으로 어떻게 반응하는지에 대한 시연을 포함하여) 마약을 주사한다는 것이 무엇을 의미하는지에 대한 이야기를 늘어놓았다. 그들은 아빠가 엄마에게 가한 욕설과 신체적 학대를 목격한 것과 자신들이 부모님에게 맞은 이야기를 털어놓았다.

6살인 배리가 자신의 미술 작품에 대해 이야기할 때 그는 자신의 두려움을 말로 표현했다. "아빠가 쫓아와서 나를 잡을까봐 두려워요. 지금이라도 아빠는 여기로 운전해 와서 우리를 데려갈 수 있어요. 엄마는 아무것도 하지 못할 거에요. 양육권이 아빠에게 있거든요. 아빠가 우리가 어디 있는지 몰라서 우리를 잡으러 오지 않는 것은 정말 행운이에요. 아빠는 일찍 출근해요. 새벽 2시쯤이요. 때로는 나가기 전에 엄마를 때리기도 해요. 지난번에 아빠가 엄마 뒷머리를 때려서 엄마가 피를 흘리며 울었어요. 아빠가 뭔가를 먹으러 들어왔다가 때리고 먹고 때리고 먹고 때리고 그랬어요. 이 모든 일이 새벽 2시에서 4시 사이에 일어나서 학교에 등교해야 했지만 잠도 못 잤어요. 매일 밤 이런 일이 벌어져요. 어떻게 학교에서 집중이 되겠어요?" 치료자는 아이에게 자신이 느낀 것을 그림으로 그려 보라고 했다(그림 70).

그림 70. 배리가 그린 때리고 먹고, 먹고 때리고

가족미술치료 프로그램에 처음 참여했을 때, 아이들의 미술 작품과 이야기의 대부분은 공포와 폭력의 재연 주제를 포함하고 있었다. 아이들은 분노, 화, 테러, (수족 등의) 절단, 익사, 지붕에서 떨어지기, 살인, 죽음, 파괴에 대해 이야기하고 이러한 이미지를 만들어 내거나 그것들에 관해 재연했다. 그들은 분노, 걱정, 화, 슬픔, 우울, 폭발하는 분노의 이미지를 만들어 내거나 그러한 것들을 다루는 시나리오를 실연했다. 그들은 자신들이 정신적으로 어떻게 충격을 받았는지 보여주기 위한 비유로 무서운 영화 캐릭터와 괴물 그리고 무섭고 강력한 동물을 사용했다. 엄마의 미술 작품은 음습하고 혼란스러웠다. 그녀가 주로 말하는 것 역시 공포와 폭력이었다.

3살 먹은 클레이가 쉼터를 떠날 때까지 "익사 구조 게임"을 계속하긴 했지만, 쉼터에 머무는 동안 그의 이미지는 과격하게 변해갔다. 이미지는 폭력에서 구조로 변했다. 두 명의 형은 절실히 필요하고 강력한 그들을 보호해주는 수호자로 창조했는데(부록 B 참조), 이는 좀 더 강하고 방어적인 자아가 시작됨을 의미한다. 이들의 미술 작품의 주제와 이미지에서 공격적인 성향이 점차 감소되었는데 이는 심리적인 변화를 암시하며 위험과 심지어 소멸의 위협으로부터 끊임없이 자신을 방어할 필요가 없어져가고 있음을 의미한다. 6살 먹은 배리의 미술기초측정평가(HTP)에서 나타나는 이미지와 이야기는 비록 그가 살아남았다고 느낄지라도 그는 여전히 아기이며 앞으로 성장해야 함을 보여 준다.

치료자가 배리에게 분노를 밖으로 표출하는 방법으로 거짓말과 도둑질을 그만두려면 무엇이 필요할 거라고 생각하는지 묻자, 배리는 근엄하게 그리고 무미건조하게 "교육이 많이 필요하겠죠" 라고 말했다.

엄마와 아이들이 쉼터를 떠날 준비가 되었을 때 서로에 대한 아이들의 언어적 육체적 공격성도 눈에 띄게 감소했다. 그들은 서로에게 거의 손찌검을 하는 법이 없었고 더욱 침착해졌다고 말했다. 쉼터에서 그들의 행동은 반듯해졌다. 그들은 미술실과 놀이실에 있는 책들과 장난감에 주의를 기울였다. 아이들은 점점 더 협조적이 되었으며 속마음을 잘 털어놓고 편안해졌다. 그들은 늦은 밤의 싸움들과 지속적인 공포가 없어지자 아이들은 한 시간 이상 과제에 열중하고 집중할 수 있었다. 생명에 위협을 느끼지 않게 된 엄마는 더 이상 절망과 무력감을 보이지 않았다.

앤: 창의적 표현을 기반으로 한 신뢰

새끼 고양이가 죽어서 치료를 받으러 온 묘령의 외로운 젊은 전문직 앤(Anne)의 사건으로 돌아가 보자. 어떠한 가족과 사회적 사건이 그녀의 인생을 형성했는지 궁금할 수 있다. 어떤 잘못된 양육이 그녀에게 고통을 초래하고 그녀의 미소에 우울감을 가져와 치료에 이르게 했는가? 치료자는 아무리 고통스러울지라도 새끼 고양이의 죽음이 그녀에게 더 깊은 인간적 상실감을 떠올리게 하는 촉매제가 되었을지도 궁금했다. 그녀는 앤에게 가족이 함께 뭔가 하고 있는 그림을 그리라고 했다.

동적가족화(KFD) - 앤 - 가족미술기초측정평가(부록 A-7)

연필과 종이를 이용하여 앤은 종이 왼쪽 상단 사분면의 정면 또는 오른쪽에 차를 마주하고 있는 여동생을 그렸다(그림 71). 오른쪽 하단을 채우기 위해 앤은 왼쪽 편 또는 과거를 마주하고 있는 부엌 테이블에 앉아있는 엄마를 그렸으며 왼쪽에 오른쪽 또는 미래를 마주하고 있는 언니를 그렸다. 두 여성 모두 부엌을 나타내는 정사각형으로 둘러싸여 있다. 고립감을 드러내며 앤은 자기 자신을 정사각형 밖의 차 아래 "지하실" 계단에 앉아있도록 배치했다. 종이의 왼쪽 하단 사분면이나 오른쪽 상단 사분면에는 아무도 없었다. 앤은 말했다. "이곳은 내가 천주교 여자 고등학교에서 집으로 돌아와 오후마다 앉아있던

그림 71. 앤이 그린 나의 가족 (16 살짜리의 관점에서 그려짐)

그림 72. 앤이 그림 집

곳이에요. 이곳 계단에 앉아서 엄마와 언니가 하루 일과에 대해 수다 떠는 걸 듣곤 했죠." 그녀는 덧붙였다. "엄마가 심장병에 걸리기 전이었어요."

John Allan(1998)의 초기 연속 그림 단계에서 앤은 오래전 그녀가 십대 중학생이었을 때 자신의 내면세계에 대한 그림을 그렸다. 그녀는 엄마나 아빠의 내적주기 밖에 자신을 위치시켰다. 그림에는 애완동물이 없었다.

Kwiatkowska(1975)는 첫 번째 그림이 자아를 소개하는 것이고 가족 문제를 나타내는 것일 수도 있다고 말한다. 앤의 첫 번째 그림을 다시 보면 그녀의 내부/외부 그림(그림 19, 미소 짓는 우울함과 20, 깊은 생각)은 자아를 소개하는 것이었다. 앤이 이끌어 주는 대로(그녀의 그림을 미소 짓는 우울함이라 칭함) 치료자는 인지 및 정서적인 기준선에 대해 앤을 평가했다. 그녀는 앤에게 동적가족화 (KFD, 그림 71와 집, 나무 그리고 사람을 그릴 것을 요청했다(HTP, 그림 73, 74, 75).

앤의 KFD(그림 71)는 모든 그녀의 이후 행동에 대한 근거를 제공했다. 그것은 시각적으로 앤의 고립감을 묘사했지만 그림은 그녀에게 그녀가 가족에 대해 무엇을 선택했는지 공유할 자유를 허락했다. 앤은 자신을 제외한 가족 모두가 천마일 떨어진 작은 마을에 산다는 것을 되풀이해서 말했다. 왜 그녀는 여기에 살고 가족들은 거기에 사는 지 치료자가 묻자, 앤은 대답이 없었다. 앤이 원가족을 사랑한다는 것은 의심의 여지가 없지만 무슨 이유에서인지, 어딘가에 엄격한 경계선이 그어져 있었다. 앤의 기본적인 신뢰를 제한하는 것은 무엇인가? 어떤 욕구가 충족되지 않은 것일까? 무엇이 앤을 그녀의 가족과 그 작은 마을로부터 떨어져 나오게 한 것일까?

미술에 기초한 평가를 사용했을 때(표 1), 앤의 신체언어에는 긴장과 에너지가 넘쳤다. 그녀는 협조적인 듯 했지만 자제력을 잃고 싶어 하지 않는다는 것이 분명히 눈에 보였다. 치료자와 그녀의 상호 작용 그리고 미술 과제(HTP)는 긍정적이었다. 재료(연필)와의 상호작용은 좋지도 나쁘지도 않았다. 그녀의 그림들은 전형적이었고 일관성이 있었으며 뛰어난 수준을 보여주었다. 질적으로 앤의 영향력과 그림의 영향력은 긍정적이었다. 앤이 그린 선은 활기를 띠고 있었으며 그림의 모든 사분면을 다 채웠다. 그림의 모든 인물들은 다 직시하고 있었고 방어 기제는 뚜렷하게 드러나지 않았다. 앤의 집은 두 부분으로 나누어져 있었는데 이는 앤이 외가에서 분리되어 있다는 것을 보여준다. 숲이 집을 지탱하고 있으며 이는 집의 안정성이 부족함을 나타낸다. 이중으로 된 앞문은 문 손잡이 그리고 이중 지지선과 함께 그려져 있다. Drachnik(1995)는 이중문을 성적 취향의 상징 그리고 문 손잡이를 고립의 지표로 보기도 한다(p.23). 산책로는 길고 구조화 되어 있으며 이는 무관심과 자제력을 나타낸다(p.25). 땅으로 열려 있는 두 개의 다른 나무는 뿌리조직이

그림 73. 앤이 그린 나무

그림 74. 앤이 그린 인물화, 여자와 남자

없다. 앤의 나무(그림 73) 또한 뿌리조직이 없다. 나무의 몸통은 길고 사선이 들어가 있다. Drachnik(1995)는 길이가 앤의 높은 목표를 나타낸다고 보며 사선은 그녀의 현실적 또는 심리적 상처(p.32)로 본다. 나무의 윗부분은 흩어지고 벌어진 나뭇가지들로 가득차 있으며 나뭇가지들은 기둥과 연결되어 있지 않다. Drachnik(1995, p.30, 32)에 따르면, 이것들은 약간의 혼란과 충동 통제의 부족을 나타낸다.

앤은 먼저 여자를 그리고 그 다음에 남자를 그렸다. 두 인물을 모두 종이의 왼편에 그려졌다. Buck(1966/1978)은 이것을 과거에 대한 과도한 근심으로 본다(p.105). 여자는 오른쪽 손을 이용하여 왼쪽 벽에 기대고 있는데 이 역시 과거의 중요성을 나타낸다. 얼굴을 강조하는 것은 수용 가능한 사회적 분야를 유지하기 위한 의식적인 노력을 의미 한다(p.95).

남자는 정장에 넥타이를 매고 서류가방을 들고 있는 차림으로 그려졌다. 코트에 큰 버튼이 있다. Drachnik(1995)은 넥타이를 남근의 상징으로 보고 단추를 의존성의 상징으로 본다(p.42).

미소 짓는 여인으로부터 시작하여 대답을 찾기 위해, 치료자는 앤에게 집에서 나 상자(Me Box)(그림 75)를 만들기를 원하는지 물었고 이 상자에서 그녀는 남이 보는 나는 바깥에 그리고 내가 보는 나는 안쪽에 배치했다(부록 B-G). 미술이나 뭔가 드러내는 것에 거부감이 있었지만, 그녀는 시도해 보기로 했다.

다음 주에 앤은 잘라낸 그림과 단어로 덮인 큰 상자를 가지고 돌아왔다. 앤은 자신의 내면세계와 소통을 시작했으며 분명 대단히 흥미를 느끼고 있었다. 치료자와 함께 앤은 그녀의 작품을 검토했다. 윗부분은 누가 봐도 앤을 상징하는 것들이었다. 아름다운 여자의 그림과 잘라낸 커다란 글자들이 붙어있었다: "음악", "언제나 부유함", "내 맘속에 있는 것들", "태생적으로 고귀한", "강렬한 솔루션", "수선", "지금", "말로-자기 방어", "힘든 문제들", "오늘", 그리고 "고체", 작은 단어들 중에 치료자의 눈길을 끌은 단어들은 다음과 같다: "거짓 미소", "문제? 무슨 문제?", "의심의 그림자 없이", "질문은 남는다", "남자친구", "절대적인 통제", "멤버쉽은 특권이 있다", "유일한 인간". 상자의 네 면은 위에서부터 단어로 계속되었다: "더 이상 문제없음", "안전한 장소에서", "다른 종류의 사랑", "유부남과 사귀는 여성", "주의", "위험하게 살기", "좋든 나쁘든", "야생의 한쌍", "선택하기", "결혼할 것인가 독신으로 남을 것인가?", "아이를 가질 것인가 말 것인가", "직장 여성", "경고", "생각하지 마시오", "귀중품", "여자가 남자를 사랑할 때", 그리고 "뿌리 내리기" 라는 단어 위에 새끼 고양이가 앉아 있는 그림.

상자 내부는 부드러운 파스텔 티슈로 가득 차 있었고 여러 개의 풍선이 있는 두 개의

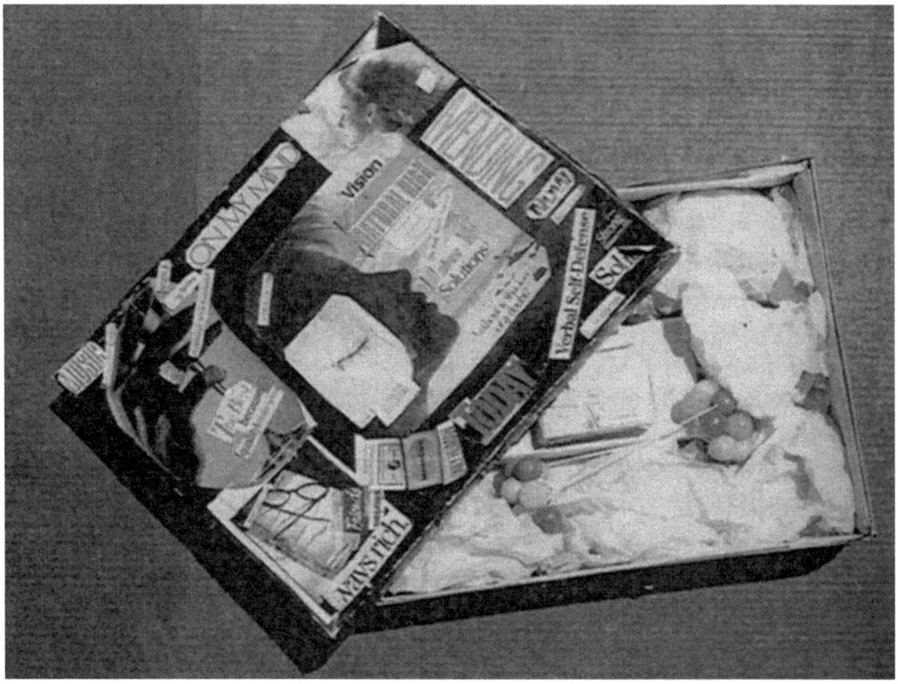

그림 75. 앤에게 집에서 나 상자(Me Box)

작은 물건과 노란색으로 단단히 포장된 두 개의 작은 상자에 잘라낸 단어가 붙어 있었다, "미래의 비전", "해피엔딩이 시작되는 곳", "기밀의".

나 상자에 대해 설명해줄 것을 부탁하자, 앤은 "음악", "언제나 부유함", "태생적으로 고귀한"처럼 뜻이 분명한 단어에 대해 친절하게 설명했다. 가족의 패턴을 찾던 치료자는 그녀가 포함시킨 단어 중에서 "거짓 미소", "문제", "유부남과 사귀는 여성", "주의", "위험하게 살기"처럼 연상 작용이 강한 단어에 대해 앤에게 물었다. 앤은 10년 넘게 만나왔던 한 남자에 대한 이야기를 꺼냈다. 몇 분 후, 안전하다는 것을 느낀 앤은 더욱 자세히 설명하기 시작했고 사귀던 남자가 대륙의 반대편에 살고 있는 아이를 가진 유부남이었고 성공한 정치가였다고 덧붙였다. 그녀는 신뢰로운 누군가에게 말하고 나니 속이 시원하다고 하며 그녀는 이내 한숨을 내쉬었다. 앤은 자신이 선택한 이미지로 구성된 상자 내부에 대해 말을 얼버무리기는 했지만 치료를 받으러 온 그녀의 미스터리한 이유가 나타나기 시작했다.

치료자는 앤에게 인생주기일지(부록 B-1)에서 가져온 단어를 사용하여 자서전을 써보라고 부탁했다. 1, 2 주 안에 자신의 생각과 감정을 탐험할 준비를 마친 앤은 가면을 벗고 깊은 감정적 상처를 드러내기 시작했다: 그녀를 향한 가족의 기대와 그녀의 인생을 영원히 바꿔놓은, 십대 후반에 그녀가 경험했던 사회적/심리적 폭력을 말이다. 6장에서 우리는 앤에 대해 그리고 미술과 글쓰기가 어떻게 그녀로 하여금 그녀의 비밀스런-숨겨져 있던-걱정들을 찾게 하고 단지 생활의 경험보다 존재의 힘과 에너지를 경외하고 자신의 영혼을 자유롭게 해주었는지에 대해 좀 더 알아볼 것이다.

6장

치료의 주기

우리 기관이나 사무실의 현관에 모습을 드러낸 개인과 가족은 육체적, 정신적인 고통을 가지고 있다. 그들에게는 두려운 시간일 수밖에 없고 내면의 감정을 이해할 수 없기 때문에 어떻게 말로 표현해야 할지 모른다. 가족들은 어려운 상황에서 살아왔기 때문에 현재 뿌리 깊은 문제를 갖고 있거나 과거에 문제를 갖고 있었을 것이다. 스티븐 길라인(Steven Gilligan)은 심리요법의사로서 우리의 직업을 "누군가의 영혼, 깊고 부드러운 중심의 각성을 도와주어 시간이 지남에 따라 어떤 식으로 이루어지든 간에 그들의 내면 언어, 표현, 용기, 인내, 신뢰를 인식, 수용, 반영할 수 있게 되는 것"으로 정의 한다(Gilligan, 1995). 아이에서 청소년, 어른, 노인이 되는 많은 사람들은 이러한 내면 언어를 미술이나 이미지로 창조하는데 그 이유는 미술이나 이미지가 말보다 효과적이기 때문이다. 미술을 통해 당신은 자신이 무슨 생각을 하고 무엇을 느끼는지 보게 된다(Arrington, Eslinger & Virshup, 1975). 스스로의 생각과 감정을 본다는 것은 그것들을 수용하는 또 다른 방법인 것이다(Koplewicz & Goodman, 1999). 아른하임(Arnheim) (1997)에 따르면 미술은 "어려운 시기에 조력자이다." 그것은

> 인간 존재의 조건을 이해하는 수단이며 조건의 두려운 측면을 마주하게 하는 수단이다. 미술은 절망 속에 있는 사람들이 움켜쥐는 것이 그들을 도우러 온 치유자들이 사용하는 의미 있는 순서-환영 같은 보조기구를 창조한다. 그러나 치료[에서 미술을 사용하는] 것은 경험할 수 있는 축복 그 이상이다: 그러한 축복은 이 세상 모든 곳의 예술가들에게 이제까지 미술이 어떤 기능을 해왔으며 앞으로 어떤 기능을 하게 될지 상기 시킨다(Arnheim, 1997).

가족 중 나는 잔걱정이 많은 사람이었다. 내 인생에서 지나간 많은 사소하고 중요하지 않은 사건들을 회상하면서 종종 나는 앞으로 일어날 일에 대해 우는 소리를 냈다. 이제 나의 영웅이 된 나의 아빠는(하지만 그 시기에는 알아보지 못한) 환경을 잘 다루지 못하는 나의 고통을 좋아하는 성경 구절로 달래주었다: "그러므로 내일 일을 위하여 생각하

지 말라. 내일 일은 내일이 생각할 것이요. 한 날의 괴로움은 그날로 족하니라"(마태복음 6장 34절). 어른이 될 때까지 나는 이 구절을 화두 같은 외국어로는 보았지만 확실히 내 삶의 법칙으로 받아들이지는 못했다. 오늘, 수많은 사건 때문에, 나는 상당히 걱정하고 있다; 그러나, 많은 경우에 나의 무의식이 자리를 차지하고 내 몸이 나를 위해 걱정한다. 예를 들어, 남편과 내가 긴 여행을 위해 이 나라를 떠나기 전에 밤마다 나는 꿰매야 하는 손가락, 심장병, 보툴리눔 식중독 테스트로 인해 병원 신세를 지게 되리라는 것을 알고 있었다. 최근에 레게 선율이 우리 아빠의 경고를 만인에게 알렸다: "걱정마! 행복해!". 간단한가? 그렇지 않을 것이다. 왜냐하면, "너희 중에 누가 염려함으로 그 키를 한 자나 더 할 수 있느냐?"(마태복음 6장 27절) 라는 말은 사실이기 때문이다. 스탠포드 대학의 생물 과학 및 신경 과학 교수인 사폴스키(Sapolsky)(1998)는 다음과 같이 말한다 "(현재) 서구 사회에 만연하는 질병은 … 불안, 걱정, 심리적, 사회적 스트레스 요인 및 우리의 대체 능력 (또는 능력의 부족), 스트레스로 인해 생기거나 또는 그로 인해 훨씬 악화될 수 있다,"(pp.2,5). 동물과 인간 모두를 이용한 그의 작업과 후속 연구 결과는 "일상생활에서 실행하기 어려운 스트레스 대처에 대한 [보편적이고] 단순한 대답을 확인했다"(p.325). 이러한 보편적인 대답은 다음의 내용을 포함 한다 (a) 인생의 절망을 배출할 수 있는 개인적이고 적절한 출구를 마련하라 (b) 매일 그것을 연습하라; (c) 공포스럽고 변화 불가능한 뉴스를 접하면 부인하라: (d) 덜 심각한 문제를 만나면 "희망하라 그러나 보호하듯이 그리고 합리적으로 희망하라"(p.336); (e) 당신이 변화시킬 수 있는 것은 통제할 수 있는 방법을 찾아라 그러나 변화시킬 수 없는 것은 내버려 두어라; (f) 예측 가능하고 정확한 정보를 찾되 너무 빨리 너무 늦게 찾지 말고 너무 많이 찾지 마라; 마지막으로 (g) 관계와 단순한 친분을 쌓아라.

레저 시간을 스포츠 이벤트나 자연으로 채우지 않는 사람들은 레저 시간에 여러 가지 형태의 예술을 즐긴다: 음악, 움직임, 현대극, 일반적인 신화와 기호로 가득찬 TV.

나움버그(Naumburg)(1917)의 이론을 지지하는 골먼(Goleman) (1995)은 다음과 같이 말한다:

> 감정을 담당하는 두뇌는 프로이드가 "일차과정"이라고 부르는 양식과 상징적 메시지에 쉽게 동화 된다: 은유, 스토리, 신화, 예술의 메시지. 이와 같은 방법은 (미술 치료) 종종 정신적 충격을 받은 아이들을 치료하는데 사용된다. 때때로 미술은 아이들이 감히 말도 꺼내기 어려워하는 공포의 순간에 대해 이야기할 수 있는 길을 열어주기도 한다.(p.209)

현재와 과거의 전문 치료자들은 미술과 이미지가 모든 문화와 모든 연령에게 내면의 아름다움과 평화뿐만 아니라 공포, 고통, 혼란에 대한 내면의 기억을 기억하고 반추할 수 있는 길을 열어준다고 믿고 있다. 고전, *치유언어*에서, Charles Allen(1949)은 한 단어가 어떤 시기에 마음에 머물게 되면, 그 단어로 하나의 그림을 형성하고 그 그림은 "좋든 나쁘든 내면을 반영하는 무의식으로 깊이 가라앉는다"(서문)에서 말하고 있다. 어떤 사람이 너무 어리거나 나이가 들었거나 심약하거나 두려워하거나 너무 혼란스러워서 내면의 생각, 이미지, 박탈당한 감정을 말로 표현하지 못할 때, 내면과 외부의 인지된 현실을 이어주는 미술은 그러한 사람과 작업하는 치료자를 위한 선택의 표현이고 대처 메커니즘이다. 안전하고 보호된 환경에서, 이미지를 만들고 선택하는 것은 스트레스를 줄이고 학대받고 지치고 손상된 감정을 재건하며 경험을 재구성하는 구체적인 연습을 제공한다. Gilligan(1995)는 고통, 행동, 증상을 해결하기 위해 오지 않는 사람은 "그것을 연관시켜 문화와 전통으로 가져오는 등의 인간적 수고를 할 가치가 없다"고 치료자들에게 충고한다. 이미지를 사용하는 것은 말을 사용하는 것보다 스트레스가 적으며 사람들이 자신의 내면을 들여다볼 수 있게 해주고 상실한 그리고 잊혀진 꿈을 다시금 불러일으킨다.

회복력

> 심한 정신병을 앓고 있는 부모에 의해 또는 가난하고 학대하는 가족에서 길러지는 아이들에 관한 수백 년간의 오랜 연구에서 보여주듯이, 끝도 없이 계속되는 고난 속에서도 절망하지 않고 회복하는 사람들은 핵심적인 감정 기술을 공유하는 경향이 있다. 이와 같은 감정 기술들은 사람의 마음을 끄는 사교성, 실패와 좌절의 와중에서도 지속되는 낙관성, 혼란스런 상황에서 빨리 회복하는 능력, 편안한 성격.(Goleman, 1995, p.256)

계속해서 Goleman은 최적 방지 프로그램에 회복을 위해 필요한 핵심 기술 리스트가 포함되어 있다고 말한다. 여기에는 자기 인식, 대체 행동 및 행동 전 결과 확인하기, 사회적 및 정서적 단서 읽기, 듣기, 부정적인 영향에 저항할 수 있는 능력 기르기, 다른 사람의 관점을 받아들이기, 어떤 상황에서 어떤 행동이 용인되는지 이해하기 등이 포함된다(p.259).

보호 요인은 위험 요인을 상쇄한다(Jessor, 1993). 보호 요인에는 응집력 있는 가족, 엄마, 아빠(Silverman & Auerburg, 1999), 우수한 학교, 지역 자원, 교회 또는 커뮤니티 모임 참가, 아이의 성취와 건강에 가치를 두고, 윤리적 기준에서 벗어나는 것을 용인하지 않는 관심을 가져주는 어른 등이 포함되며 위험 요인에는 알코올 중독이나 약물 남용을 하는 생물학과 유전학의 일부 측면, 가난한 사회적 환경, 일탈행동의 존재로 인지된 환경 등이 포함된다. 성격 검사와 낮은 자존감과 적은 삶의 기회 때문에 행동에서(흡연, 무모한 운전, 성적 무책임, 약물 남용, 무단결석) 등의 더 많은 위험 요인을 확인할 수 있다.

아이들은 쉽게 영향을 받으며 잘 회복되지 않는다고 페리(Perry)는 말한다(1997). 아이들은 잘 회복되지 않으며 쉽게 원래 상태로 돌아오지 않는다. 오히려 그들은 변화하는 환경에 적응한다. 보호 요인을 사용할 수없는 경우, 치료가 아이들의 적응을 돕는다. 그러나 이러한 치료는 복잡하지 않은, 더 단순한 방법을 필요로 한다. 치료 방법은 역으로 거슬러 올라가야 하며 가족 내에서 알려지고 경험한 것에 대한 커뮤니케이션 등 처음 학대와 불신을 경험했던 발달단계에 맞추어야 한다.

미술이나 상징을 해석할 수 있는 능력을 갖춘 치료자의 지시에 따라, 어린 시절 두뇌의 편도체에 각인된 스트레스, 정신적인 충격, 고립감을 창조적인 과정과 통합되어서 치료의 사이클이 진행된다. 치료자가 중요하게 생각하는 안전한 환경에서 고객은 미술과 이미지를 이용하여 새롭고 다양한 방식으로 의사소통하도록 권장된다. 기도의 경우에서 알 수 있듯이, 어떤 사람이 이러한 창조적인 과정에 적극적으로 참여하면 피질 초점이 좁아지고 운동 역학적 움직임이 증가하며 신선한 산소가 뇌로 주입되어 의식 상태가 변화되다. 부정적인 피드백 루프가 중단되고 잠깐일지라도 스트레스가 줄어든다. 사람은 부정적이고 동시에 긍정적일 수 없다. 어떤 경험이 긍정적인 흐름의 상태에 있다면, 칙센트미하이(Csikszentmihalyi, 1999)는 그것을 "자기 목적적 경험"이라고 부른다(p.824). 칙센트미하이*(Csikszentmihalyi)가 인터뷰 한 전 세계 여러 나라의 사람들은 이러한 경험을 "황홀함" 다른 말로 하면, 틀에 박힌 일상생활에서 벗어난 어떤 것, 때로는 "거의 존재하지 않는 것처럼 느껴지는 것"이라고 말한다. 창조는 즉각적이고 개인화된 내부 피드백을 제공한다. 창조자는 그 산물이 "알맞은지 또는 수정해야 할지" 관찰 한다(p.825). 순간순간의 과정에서, 감정이나 생각의 이미지나 심벌, 구체적인 산물, 커뮤니케이션, 기억 등이 드러난다. 이와 같이 감정적으로 치료되는 경험을 겪으면서, 치료를 받는 사람은

*칙센트미하이 : (1934년생) 이탈리아 크로아티아 출신. 헝가리계 심리학자. 22세 미국이주. 과학서적작가, 교수

자기 검열을 벗어던지고 자신의 능력이 행위를 위한 기회와 일치함에 따라 스스로를 "기분 좋고 편안하며, 자연스럽게" 놓아준다. 이와 같이 집중된, 스스로를 그리는 자발적인 방식은 사람을 편안하게 하고 스트레스를 줄여준다. 미술과 이미지로 기억하고 다시 말하면 과거의 육체적 또는 정신적 모욕이 중요성을 잃게 되어 용서되거나 잊혀 질 수 있고 그 사람은 과거에 얽매이지 않고 앞으로 전진 할 수 있다. 어떤 결과물을 제작함에 있어 신뢰는 먼저 자신에 대한 자신감 그 다음은 다른 사람과의 자신감을 통해 형성된다. 신뢰가 형성됨에 따라 희망이 새롭게 정립되며 꿈을 실행하기 위해 또 필요한 기술을 습득하기 위해서 요구되는 권한과 꿈을 촉진시킨다. 가족 미술 치료자의 노력으로 치료 사이클이 통합되는 것이다. 치료는 긍정적적이든 부정적이든 가족의 역사적인 자료를 반영하는 이미지로 시작되며 이 이미지들은 현재의 관심사를 반영한다.

미술 치료 방식부터 가족 치료까지 이야기의 캐스캐이드 (cascade: 한꺼번에 많이 쏟아지는 것)

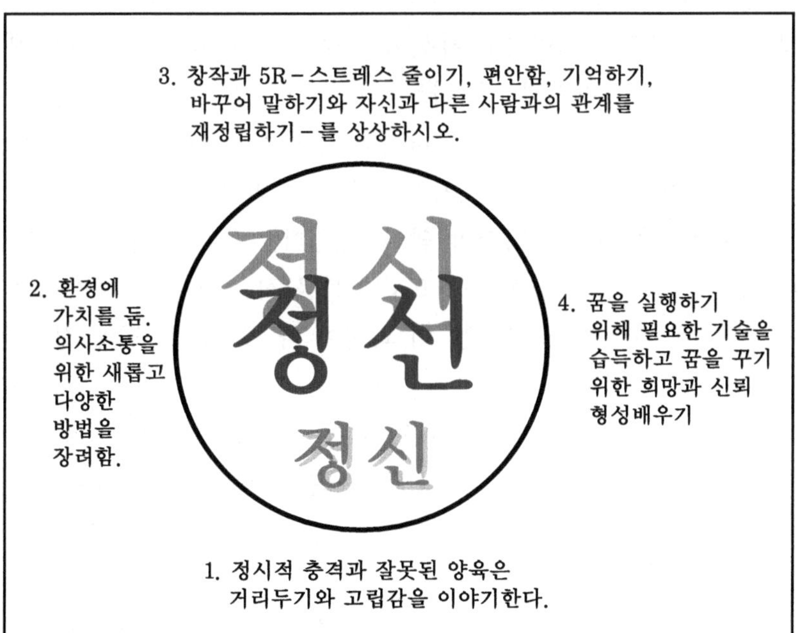

표 8. 치료의 사이클: 정신적 충격, 스트레스, 고립감 치료에 가치를 두기

다음은 셰리(Sharri), 메리(Mary), 움베르토(Humberto), 제니(Jenny), 샐리(Sallie), 론(Ron)에 관한 이야기이며 앤(Anne), 낸시(Nancy), 랜디(Randy) 이야기의 결론은 이러한 창의적 치료 사이클의 예가 된다.

예술을 통한 셰리의 치유

외동인 셰리는 정원을 열심히 가꾸던, 선생님이자 예술가였던 엄마가 짧은 투병 끝에 사망했을 때 고작 7살이었다. 셰리는 엄마를 따라 여러 가지 "직접 해보는" 프로젝트에 참여하여 흙을 파고, 구근을 심고, 페인트를 섞고 보석을 디자인하며 성장했고 아빠는 "사업가"였기 때문에 예술에 별다른 가치를 두지 않는다고 믿었다. 장례식장에서 할머니는 셰리에게 칠하기 그림책과 크레용을 주었고 셰리는 부활절 토끼를 검은색으로 칠했다. 장례식이 끝나고 친척들은 집으로 돌아갔고 아빠는 직장으로 복귀했으며 가정부에 의해 보살핌을 받던 셰리는 곧 학교로 돌아갔다. 하지만 셰리는 아직 준비가 되지 않았다. 직감적으로 셰리는 자신이 내면의 감정을 표현할 수 있는 안전한 환경이 필요로 하고 있다는 것을 알았다. 매일 아침 아빠가 함께 집을 나서는 척 하면서, 셰리는 아빠가 직장으로 향할 때 잘 다녀오시라고 손을 흔들고는 집으로 다시 돌아오곤 했다. 집으로 돌아와서는, 거실에 카드 테이블을 세팅하고 자신이 브라우니스에서 배웠던 종이와 녹말을 이용하는 과정을 이용하여 그녀만의 "옵 아트"*를 만들곤 했다. 셰리에게, 미술은 그녀가 꼭 해야만 하는 어떤 것이었다. 그것은 그녀만의 것이었다. 미술은 다른 사람, 특히 아빠에게는 보이지 않는 것 이었다. 그것은 자신과 엄마를 연결해주었다. 셰리는 그녀가 "신성하다고" 부르는 의식을 마치고 나서야 쉴 수 있었다. 그날의 "옵 아트"가 끝나고 건조시켜야 할 때, 셰리는 작품을 옷장에 숨기고 테이블을 접은 후 책을 챙기고 가정부로부터 노트를 받아서 학교로 가곤했다. 때로는 이 과정이 다 끝나기도 전에 정오가 되기도 했다.

셰리가 처음으로 만든 것은 대형 혼응지(Papier-mache;펄프에 아교를 섞어 만든 종이 재질) 꽃병 이었다 (그림 76). 셰리는 꽃병을 노란색으로 칠하고 초록색 원을 그려 넣었다. 나타나고 다시 나타나기를 반복하면서 이 이미지는 4년간 셰리의 낙서에 등장했다.

샤롯(Cirlot, 1962, p.359)에 따르면, 꽃병은 휴식, 내재성, 수용을 나타내는 여성성의

*옵아트 : 1960년대 미국에서 유행. 착시현상을 이용하는 현대미술의 양식. Optical Art의 약자.

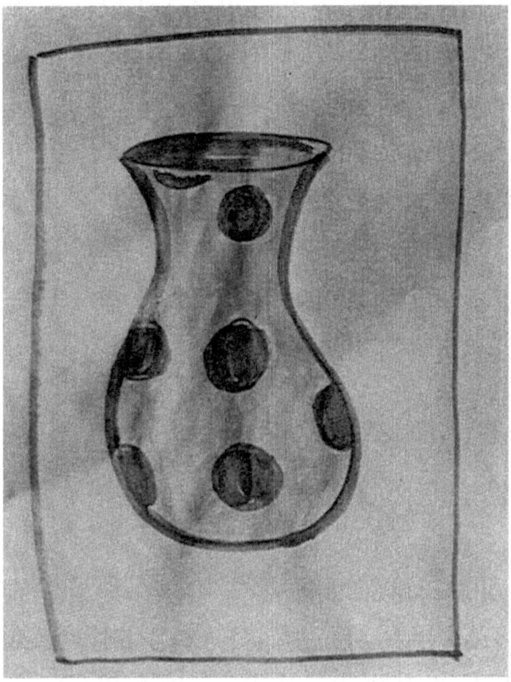

그림 76. 셰리가 그린 꽃병

그림 77. 셰리가 그린 십자가

상징이다. 그것은 우주수, 위대한 어머니, 심장이며 종종 생명나무 상징과 관련되기도 한다. 텅 빈 꽃병은 "몸에서 없어진 영혼을 묘사 한다"(Cooper, 1978, p.184).

7에서 8살로 넘어가는 시기에 셰리는 종종 학교에 늦곤 했는데 집에 머물면서 많은 신성한 예술 작품을 만들어 옷장 아래 있는 신발과 옷 아래 숨겨두곤 했다. 셰리의 가장 신성한 경험은 동물 의식과 연결되어 있었다. 셰리와 그녀의 사촌 에 (Eric)은 함께 스키를 타러갔다. 그들은 집에서 멀리 떨어진 산에 오르고 있는 자신들을 발견했으며, (아마도 언덕이었을 것인데) 그곳은 가서는 안 되는 곳이었다. 거기에서 두 명의 어린이가 "아마도 대머리독수리였을 것 같은 죽은 독수리"를 발견했었다. 두 아이는 커다랗고 파리가 들끓는 새를 셰리의 집으로 데려왔고 그곳에서 모두 함께 때때로 방문객들이 주차하는 차고의 옆쪽 자갈에 구멍을 팠다.

다음으로 두 아이는 "독수리 매장"을 준비했다. 부패한 시체를 신성시하는데 필요한 연고와 묘약을 준비하는데 곧 싫증이 난 에릭은 다른 계획을 세우기 시작했다. 셰리는 이 위대하고 가치 있는 생물을 명예롭게 하려는 임무에 이끌렸다. 결국 그녀는 혼자 진행했다.

새의 시체에 적당히 성수를 바르고 나서, 셰리는 "독수리"를 묻었다. 셰리의 마지막 임무는 무덤을 묘시하기 위해 느슨한 울타리 널빤지로 큰 나무 십자가를 만드는 것이었다.

십자가가 제자리를 잡았을 때 셰리는 그것이 자신이 원하는 것처럼 화려하지 않다는 것을 알아차렸다. 그녀는 십자가를 보고 걷다가 생각에 잠겼다. 이윽고 그녀는 차고에 들어가서 크리스마스 장식이 담겨 있는 상자를 찾을 때까지 뒤졌다. 그녀는 주의 깊게 보물들을 고르고 무덤이 있는 곳으로 가져가서 그 보물들로 십자가를 보강했다. 금색 장식용 반짝이 조각 화관과 크리스마스 볼로 십자가를 화려하게 장식하고 나니 셰리는 기분이 좋아졌다 (그림 77). 그녀는 뒤로 물러서서 바라보았고 작업이 다 끝났다는 것을 알았다. 그녀의 삶에서 무슨 일이 일어났는지 이해할 필요가 있었던 셰리는 차드처럼 엄마의 죽음과 매장이라는 정신적 충격을 재연했다. 일단 그녀의 긴장과 불안이 수그러들자, 셰리는 더 이상 학교를 벗어나 집에 있을 필요가 없어졌다.

셰리의 가족 중 누구도 셰리의 십자가를 눈치 챈 사람은 없었지만 결국 십자가는 무덤에서 사라졌다. 이 상황을 확실히 이해할 수는 없었지만, 셰리는 예술과 의식의 전형적인 경험을 결코 잊을 수 없었다.

어른이 되어서도 셰리는 어릴 때 만들었던 꽃병을 그리곤 했다. 후에 어른이 되었을 때 셰리는 미술 치료 워크샵에서 빈 용기를 만들어보라는 지시를 받았다. 그때서야 비로소 그녀는 자신이 만든 용기가 엄마가 죽고 난 후 만들기 시작했던 신성한 꽃병과 비슷한 것

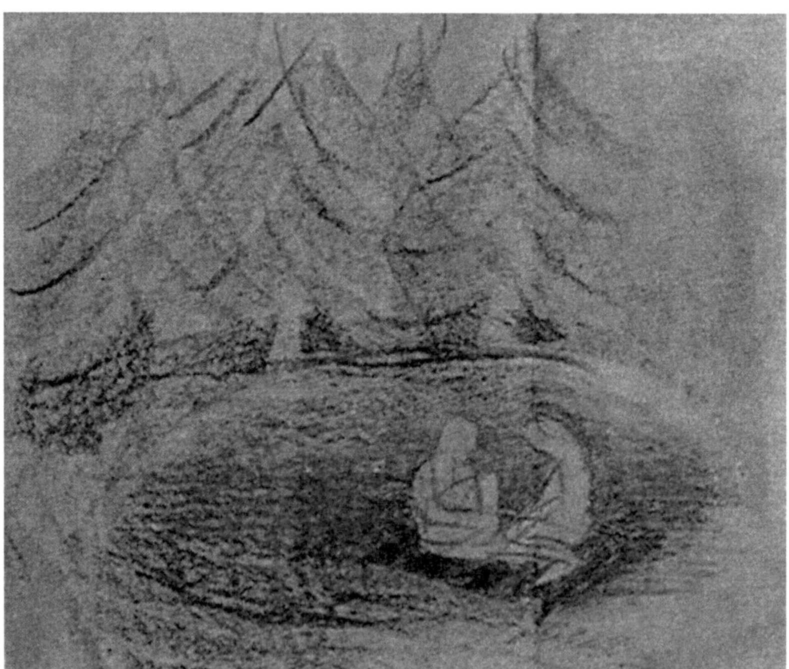

그림 78. 메리가 그린 호수에 떠있는, 나의 첫 기억

임을 확인했다. 미술 치료자는 셰리에게 꽃병을 뒤집어 내용물을 다 꺼내는 또 다른 그림을 그리라고 지시했다. 샤리(Shari)가 그랬듯이, 은유적 경험은 셰리가 엄마를 위해 꽃병에 보관해 두었던 슬픔의 눈물을 쏟아내도록 해주었다.

메리의 첫 기억

오일 파스텔을 사용하여 메리는 *자신의 첫 기억을 그렸다* (그림 78). 그것은 3살 된 그녀와 1살 된 남동생이 호수 가운데 떠 있는 아름다운 금색 그림이었다. 치료자가 부모님은 어디 계신지 물었을 때, 그녀는 기억할 수 없었다. 이것은 메리의 유년기 무관심과 버림받음에 대한 많은 기억과 그림의 시작이었다.

움베르토, 기억하고 다시 말하다

치료자를 위한 감독 그룹에서 처음으로, 훈련과 상담을 위한 가족 미술 치료사 서비스를 이용했다. 치료자가 스탭에게 제시한 미술 과제는 간단했다, "생각나는 대로 그려보시오." 약 20분 후, 중앙아메리카 출신 난민이며 젊은 이중 언어 치료사인 움베르토는 크레용으로 그가 자신의 고향이라고 설명한 어떤 풍경을 그렸다(그림 79).

그는 새로 가득 찬 하늘과 세 개의 구름이 떠 있는 파란 하늘아래 다섯 개의 보라색 산을 그렸다. 수평선에는 묵직한 갈색 담장과 뾰족한 나무로 된 녹색 생 울타리가 늘어서 있었다. 전경에는, 물 가장 자리에서 자라난 7개의 붉은색 꽃으로 둘러싸인 호수가 있었다.

치료자가 다른 사람과 미술 작업을 같이 하고 싶은 사람이 있는지 물었을 때 지난 몇 주간 꽤 불안함을 느꼈던 움베르토는 즉시 자진해서 하겠다고 말했다. 이 경험으로 인해 움베르토는 자신이 신뢰하는 사람과 깊은 괴로움을 나누는 방법을 알게 되었다. 고용된 지 6달 만에 처음으로, 움베르토는 국외 추방의 공포, 상실, 슬픔을 나누었다. 그는 원인 여부에 상관없이, 다른 삶속에서, 단 몇 분 만에 신뢰가 산산 조각나고 자신의 삶이 영원히 바뀌었던 위험한 환경과 자신의 고국으로 돌아가는 것에 대해 극도로 두려워했다.

어느 날 저녁, 자동 소총을 소지한 정부군이 그의 마을에 들이닥쳤다. 모두들 앞에서 그들은 다른 사람들과 함께 가족 중 다섯 명을 죽였다. 움베르토와 마을사람들은 재빨리 흩어져서 숨었다. 그는 트럭을 올라 마을을 떠날 수 있었다. 가족과 연락을 할망정 그는 다시는 고향으로 돌아가지도 가족을 만나지도 않았으며 고국에 돌아가지도 않았다. 그는

그림 79. 움베르토가 그린 나의 고향

자신이 받은 교육과 기술로 인해 이 나라로 이민 올 수 있었다.

움베르토는 지금 있는 곳에 비하면 자신의 나라가 얼마나 푸른지에 대한 이야기로 시작했다. 그는 가족들－엄마, 아빠, 형들－을 기억했고 전쟁 전 고국의 온화함을 기억했다. 그는 엄마의 요리와 교회를 기억했으며 데이트하던 소녀를 기억했다. 그는 그림이 무엇을 의미하는지 알지 못했지만 그것이 현재 자신의 마음상태를 나타내고 있다고 말했고 매우 강렬해 보인다고 했다. 움베르토는 보라색 산을 쏟아지는 총알에 맞아 사망한 명예로운 가족들, 형, 삼촌, 할아버지라고 했다. 스텝들은 다섯 개의 산과 다섯 명의 가족이 있으며 움베르토가 과거와 자신의 현재를 분리하기 위해 울타리를 쳤다는 점을 지적했다. 움베르토가 말을 하지는 않았지만 스텝들은 많은 걱정스런 새들로 덮인 3개의 흰색 구름에서 나타나는 우울감과 불안에 대해 질문했다. 치료자는 호수가 가족에 대한 기억이나 친구, 지원, 신뢰에 관한 열정적인 새로운 성장으로 둘러싸인 그의 무의식을 나타내는지 물었다. 움베르토의 미술 작품 그리고 그가 신뢰하는 사람들과 나눈 대화로 인해 개인적인 정신적 충격과 필요한 치료를 알아낼 수 있었다.

제니 (Jenny)는 말없이 말 한다

제니는 어린 시절의 희생자였다(Kaufman & Wohl, 1991). 엄마에게 육체적으로 학대당하고 아빠에게 성적으로 학대당하던 제니는 마침내 이웃이 이 매 맞고 경시당하는 어린아이를 사회서비스에 신고했을 때 겨우 13살이었다. 며칠간의 조사를 마친 후, 제니는 자신의 힘겨운 가정에서 가정 위탁 시설로 옮겨졌는데 그곳 사람들은 이와 같이 부당한 대우를 받은 아이를 어떻게 돌보아야 하는 지 잘 알지 못했다(Forward & Buch, 1989). 모르긴 해도 인생 대부분의 시간 동안 학대받았을 제니는 학대받은 다른 아이들처럼 살아남을 수 있는 방법이 필요했다(Terr, 1990). 초기에 이 어린 아이는 자신을 괴롭히는 사람과 분리시킴으로서 살아남았다. 눈을 감고 흰색 점을 발견하면 모든 고통과 그밖에 모든 것이 사라졌다.

제니는 위탁가정에서 여러 번 도망쳤지만 번번이 발견되었다. 1년이 채 되지 않아 제니는 다루기 힘들고 구제불능이라고 낙인 찍혔다. 1년 후 제니는 정신 병원에 감금되었고 내면의 소리를 들었다는 이유로 정신 분열병 환자라는 꼬리표가 따라다녔다. 이후 20년 이상, 제니는 전형적인 좋은 엄마 그리고 외과 의사처럼 제니가 자신의 에고를 재통합하도록 도와준 의사를 만나기 전까지 감옥, 병원을 들락날락 했다. 제니의 미술을 통해 치료자는 제니의 지옥 같은 삶을 이해하게 되었고 자신이 "그녀의 작은 사람들"이라고 부르는, 번갈아 나오는 인격들이 그 삶을 이끌었음을 이해하게 되었다.

제니는 다양한 재료를 이용했으며 "미술품 제작이 표현을 위한 자기만의 의식이 되었다는 점을 발견했다. 왜냐하면 자기 내면의 모든 사람들이 한마디씩 할 수 있기 때문이다"(p.34). 그녀는 다음과 같이 쓴다:

> 융(Jung)이 말하길 육체는 스스로를 치료한다고 한다. 그리고 나는 미술도 몸처럼 내가 알아차리기도 전에 스스로를 치료하기 시작한다는 것을 알았다. 스스로를 표현할 언어가 없다 해도 내말을 들을 만큼 신뢰할 수 있는 귀가 없다 해도 나는 스스로를 예술적으로 표현할 수 있다. 어렸을 때 나는 미술을 좋아했고 학교에서도 잘한다고 인정해주었다. 나는 대단한 상상력을 갖고 있어서 마음속에 한 점을 상상하고 그곳으로 갈 수 있었다. 이제 생각해보니 자기 최면 능력 그리고 활발한 상상력과 관련이 있었던, 내면에서 외면으로 향하는 나의 그리기 과정은 전적으로 자발적인 것이었다. 나는 내가 뭘 하는지 알지 못했지만 그 과정이 나를 진정시켰고 공포감이나 두려움을 덜어주었다는 것은 알고 있었다. 예술적 표현의

그림 80. 제니가 그린 유클리드 시티(러셀).

> 시간으로 특징지어지는 초월적 상태에 있는 동안 나는 짧은 평화의 순간을 맛볼 수 있었다. 나의 남성 "변형" 중 한 사람인 러셀(Russell)이 나타나서 매우 정확하고 수학적인 방식으로 그림을 그리곤 했으며 이렇게 하여 내적 균형 감각을 키우는 반면 나의 외부 자아는 항상 "삐딱"하게 있는 것처럼 느껴졌고 핀볼은 빗나가 버렸다. 치료에 있어서 미술이란 나에게 말없이 이야기할 수 있는 방법이 되어 주었다(J. Miller, 1997, p.38).

오늘, 직장을 갖고 있는 전문가인 제니(Jenny)는 적절한 안내에 따라 이전의 정신병에 대해 털어놓는다. 그녀는 자신과 내면의 사람들이 통합되었다고 말한다. 가장 지배적인 "변형" 중 하나인 스콧(Scott)은 가족과 잘 이야기된 상태에서 은퇴했으며 좋은 시계를 받았다. 과거에는 "작은 사람들"이 미술을 해야 했지만 이제 제니는 스스로 할 용의가 있다. "미술이 치료해 주니까요"라고 얼굴에 미소를 띠우며 말하는 제니는 죽을 때까지 미술을 계속할 것이다(내면의 인격이 이전에 있던 내면의 인격체 중 하나를 밀어내므로).

다음 그림 80, *유클리드 시티*와 81, *러셀의 보호, 갑옷*은 제니의 변형 중 하나인 러셀이 만든 예술 작품이다. 그림 82 연금술 마을은 제니의 변형들이 통합되어가는 치료과정

동안 제니가 완성한 그림이다. 그림 83, *위대한 어머니 여신*은 제니가 존경하는 치료자에게 헌정하는 것이다.

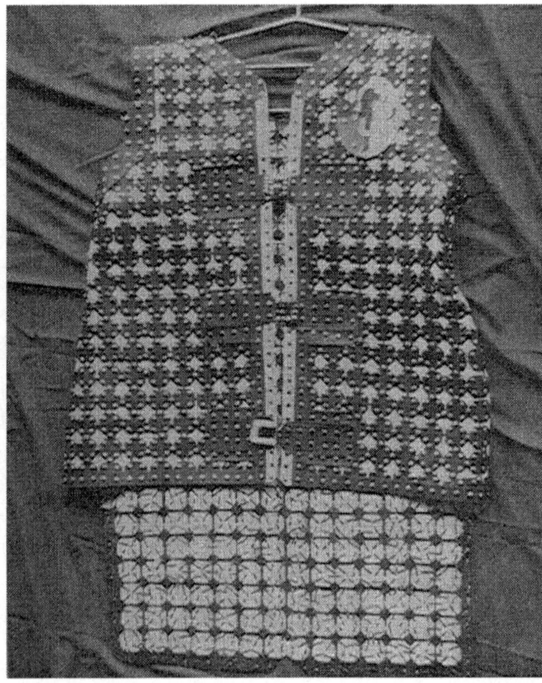

그림 81. 제니가 만든 러셀의 보호: 갑옷(카드보드와 가는 못)

샐리(Sallie)의 신비한 경험

주말 미술 치료 워크샵 참가자인 샐리는 게슈탈트(gestalt: 형태) 미술 치료자가 천천히 의도적으로 말문을 열자 경청하기 시작했다. "여러분은 자기만의 생을 살고 있어요. 자신만의 삶의 공간에 있거나 거기서 무엇을 하거나 요구할 특권과 책임이 있어요" (Rhyne, 1973). 그룹에게 원하는 미술 재료는 무엇이든 사용하라고 말하면서 그녀는 계속 얘기를 이어갔다. "남은

그림 82. 제니가 그린 연금술 마을

그림 83. 제니가 그린 위대한 어머니 여신

아침시간동안 자신의 삶의 창조해보세요"(부록 B-B 참고).

초기 기억에 집중하던 샐리는 그녀의 감은 눈앞에 유년기 시절의 아득한 기억이 섬광처럼 떠오르게 하기 위해 약간의 안내가 필요했다. 그녀는 순수, 지원, 사랑과 같은 어릴적 감정을 기억했다. 신문 인쇄용지를 들고 그녀는 초기 가족 경험에 대한 자신의 인식을 보여주는 길고 돌출된 모양을 오렸다(그림 84).

바람에 휘날리는 리본처럼, 그녀 앞에 공포의 기억이 가물거렸다. 그녀는 이전에도 여러 번 이런 감정을 느껴본 적이 있었지만 이번에는 이 안전하고 창의적인 공간에서 스스로 불편한 감정에 몰두했다-두근거리는 심장, 가슴팍이 죄어옴, 안절부절, 바짝 마른입. 계속되는 악몽의 기억이 되돌아왔다. 마지막 밤 그녀의 비명이 룸메이트를 깨웠고 그녀는 자신의 꿈에 대해 경고했었다. 잠시 후 그 악몽을 어떤 사건, 장소, 원인과 연결할 수 없게 되자 그녀는 기억을 더듬었고 노란색 파스텔을 집어 그림을 밝게 칠하기 시작했다. 그녀는 기억을 통해 확인할 수 있는 인생 초기에 뭔가를 발견하기 위해 물러나 앉았다.

샐리는 잠복기를 생각했다. 잠복기는 가족시간이었다: 여자 친구들과 재미; 그녀가 알고 있는 것들을 연주하기, 교회, 학교, 의사; 언니 친구들이 남자에 대해 험담하는 것 듣기; 동네 수영장에서 수영하기.

그녀는 시원한 현관 시멘트에서 잭스 놀이를 했던 것을 기억했다; 어둡고 시원한 거실에서 여름에 시어스(Sears: 미국의 대통신 판매 회사) 카탈로그에서 오린 종이인형을 갖고 놀던 것; 줄넘기; 옷 입기 놀이; 친절했던 일요학교 선생님들. 그녀는 또한 소아마비에 걸려 철폐를 하고 살아야 했던 아이들의 이야기를 기억했다. 그리고 나서 그녀는 자신이 병원에 입원해있었던 시기를 떠올렸고 깊은 공포가 가슴으로 엄습해왔다. 기억 속에서 부정적인 생각을 떨쳐버리고 그녀는 부드러운 분홍색 판지를 미술품에 붙였다.

그림 84. 샐리가 만든 나의 일생－유년기와 청소년기

초기 청소년기를 떠올릴 때면 그녀는 몹시 화를 내며 가족의 대 격변을 기억했다. 아빠는 그들이 살고 있던 주가 아닌 다른 주에 있는 직장을 구했다. 아빠는 가족이 이사할 수 있는 집을 보러 갔다. 11살이었던 샐리는 1주 만 있으면 6학년이 되고 샐리의 반은 유치원 때부터 알고 지내던 친구들로 넘쳐났다. 학교를 마치고 집에 돌아왔을 때 집은 이상하리만치 어둡고 조용했다. 그녀는 엄마를 찾았지만 엄마는 아파서 조용히 누워있었고 이모가 와 있었다.

움베르토와 마찬가지로, 그에 비하면 훨씬 사소한 사건이긴 하지만, 모든 것을 바꾸어 놓은 사건이 샐리의 가족생활을 침범했다. 그날 이후 모든 것이 달라졌다. 그 따뜻한 오후에 샐리가 이제까지 알고 있던 모든 것이 변했다. 샐리는 공포감을 느꼈지만, 너무 어려서 공포나 사건의 깊이를 이해할 수 없었다.

샐리는 기차를 타고 할아버지 할머님 집에 갔던 것을 기억했다. 그녀의 언니 (룸메이트이자 보호자)가 샐리를 대학교에 가는 길에 그녀를 내려주었다. 샐리의 조부모님이 다음 해에도 역시 친절하게 대해주셨지만 익숙하고 귀중하게 여기던, 안전한 환경에서 일어난

갑작스럽고 완전한 변화는 공포와 분노라는 오래된 상처를 다시 꺼냈다. 그들의 사이는 멀어지기 시작했다.

엄마가 건강을 회복하자 가족들은 다음해 여름, 새로운 지역에 있는 새로운 집에서 다시 모였지만 이 모두가 감정적으로 각인되었다. 샐리는 호르몬 수치가 올라가고 적의감이 치성하는 것을 느꼈다. 가족생활은 버거웠다. 학교에서 공부를 잘 할 만큼 영리했지만 집에서는 골칫거리였다.

미술치료 과정 "일생"으로 돌아온 샐리는 신속하게 빨간색 종이를 사용하기로 결정하고 물결 모양으로 주름을 잡았으며 이 혼란스런 시기를 묘사하기 위해 검은색 조각과 선을 덧붙였다. 샐리는 이것을 찢어진 천연 신문 용지 조각 사이에 배치했다. 그 후 샐리는 자기 인생의 다음 시기에 집중하기 위해 편안히 앉았다.

가족들이 변했다. 언니는 낯선 사람과 결혼한 후 멀리 이사가 버렸다. 오빠는 군대에 갔다. 집은 조용했다. 하지만 위축된 가족은 새로운 동네에 적응할 수 없었고 3년이 채 되기도 전에 샐리가 집이라고 생각하는 지역으로 돌아왔다. 거기서 그녀는 고등학교를 마쳤고 대학진학을 준비했다. 또 다시 헤어지기 싫었던 샐리는 옆 마을에 있는 주립대학에 가기로 결정했다. 자신의 운명을 스스로 통제할 수 있다고 믿었던 샐리는 동네에 사는 젊은 남자와 결혼했고 5년이 지나서 아이를 낳았다. 그녀의 젊은 성인 시절은 사랑과 친밀감이라는 이상적인 순간으로 가득 채워져 있었다.

그녀는 당시에 "이제 내 삶은 안정궤도에 들어섰다"고 생각했던 것을 떠올렸다. 샐리는 티슈 페이퍼의 파란 조각으로 집을 분홍색으로 꾸몄다.

상호작용 과정. 미술 치료는 창조와 회고라는 두 가지 치료 과정을 포함한다. 샐리가 *일생*을 작업하고 있을 때, 주로 그녀가 묻어두었던 혼란, 공포, 고통과 같은 깊은 감정들이 넘쳐났다. 미술 재료들을 이용하여 샐리는 회고하고, 기억하며 스스로를 진정시킬 수 있었다. 그녀는 생각했고 기다렸으며 선택했다. 샐리는 재료들을 보고나서 선택한 재료를 어디에 그리고 어떻게 사용할지 결정했다. 그러고 나서 다시 시작했다. 새로운 감정이 샘솟았다. 만들어지고 있는 미술 작품을 보면서 샐리는 과거와 다음 발달 단계에 대해 생각했다. 각각의 발달 단계는 관계와 개성을 반영했다. 거기에는 가족, 상호관계, 친밀감, 고립감, 차이, 유사성, 즐거움, 고통, 패턴과 형태가 포함되어 있었다. 그러나 선택할 수 있는 재료를 훑어보고 그 중에서 골라 운동 감각적으로 오리고 찢고 부수고 페인트칠 할 때마다 샐리는 두뇌 깊이 있는 말하기 이전 영역을 움직이고 있었다. 이 영역들을 완성되어가는 미술품에 대입시키고 다시 시작하기 전에 편안히 앉아서 생각할 때마다 샐리는

그림 85. 샐리가 만든 젊은 성인기

오랫동안 사용하지 않았던 인지 능력, 두뇌 물질, 혈관을 깨우고 있었다. 미술과 활동하고 미술에 반응하면서 또 생각하고 회고하면서 그녀는 의미 있는 이미지를 만드는 치료과정에 참여하게 되었다. "함께 작품을 만들 때" 같이 작업하는 사람들이(샐리가) 위험을 감수하고 좀 더 앞으로 나갈 수 있는 에너지를" 창출했다(Allen, 1995, p.166).

20대 후반을 집중적으로 떠올리며 샐리는 현재 가족생활로 인해 영향을 받은 자신의 현실이 더 이상 그녀의 꿈, 환상, 기대를 충족시키지 못하고 있다는 것을 알았다. 친밀함에 대해 그녀가 품고 있던 이상은 다 깨져버렸다. 그녀는 자기 통제도 어수룩했다. 샐리는 스스로가 삶과 그 밖의 모든 것에 대한 통제력을 상실했음을 느꼈다. 미술 작품에서, 샐리는 검은 판지의 얇고 찢어지고 망가지기 쉬운 조각으로 우울하고 자살충동을 느끼는 마음 상태를 묘사했다. 자신이 느꼈던 변화된 의식 상태에서 벗어나 샐리는 자신의 이미지와 대화하기 위해 편안히 앉았다(그림 85).

처음에 영적으로 고귀한 존재에 이끌렸다면 이번에는 신나고 즐겁게, 감정적으로는 신체적인 미술 경험에 그리고 인지적으로는 그 의미에 이끌렸다. 이미지에는 가족, 자신, 과거와 현재가 혼재되어 있다. 처음으로 샐리는 긍정의 가치뿐만 아니라 부정적이라고 느꼈던 시간도 가치가 있음을 깨달았다. 이러한 신비로운 경험 속에서 샐리는 무의식적으로 그리고 자발적으로 자신의 삶에 있었던 모든 사건, 감정, 관계를 담는 은유적인 그릇을 만들고 있었다. 이처럼 고도로 집중된 상태에서, 샐리는 자기 목적적 상태로 빠져들었다(Csiksyentmihalyn, 1999). 경험의 힘은 변화무쌍했다. 그녀는 뒤로 물러나서 4피트 크기의 종이 콜라주를 바라보았다. 감정에 북 받힌 샐리는 처음으로 상징을 알아차렸다. 그것은 나무였으며 나무는 샐리의 내면화된 이미지였다(그림 86).

그림 86. 샐리가 그린 나무, 아 나는 나무였어.

그림 87. 샐리가 그린 나뭇잎과 그림자-나무 스케치

5년 전에 샐리와 가족들은 조상들이 정착하여 5대에 걸쳐 살았던(3년간 이 주를 떠나서 살았던 샐리 가족의 경우를 제외하고) 주의 작은 마을로부터 이사했다. 샐리의 뿌리는 자신의 토착 문화에 깊이 뿌리박혀 있었다. 샐리와 남편, 그리고 아들은 같은 언어를 사용하는 한 주에서 다른 한주로 이사한 것뿐이지만 샐리는 문화적 적응에 대한 스트레스가 만만치 않았다. 문화, 음식, 음악, 관계, 가치, 모든 것이 달랐다. 그녀는 더 이상 현실의 사회 구조 속에서 승인받지도 긍정되지도 않았다(Heller & Woods, 1998, p.275). 샐리는 상호관계에 대한 감각을 잃었다. 나무에 대한 샐리의 은유가 발달하기 시작했다(Lankton & Lankton, 1989). 그녀는 종종 자신의 뿌리가 잘려나가는 것처럼 느껴질 때가 있다고 말했다. 이사로 인해 샐리의 불안감과 공포감은 더욱 악화되었다. 그녀는 미술작품을 만들 때에만 평화와 만족감을 느꼈다: 가족 이동 중에 보았던 나무와 나무 일부를 그리고 스케치하고 색칠하기. 때때로 샐리는 나무 몸통을 그렸고 뿌리를 그리기도 했다.

때때로 그녀는 나뭇가지와 잎을 그렸다. 샐리는 종종 나무의 몸통과 잎, 가지 뒤로 그림자를 그려 넣었다(그림 87). 페인트로 그리든 연필, 펜과 잉크, 바늘과 실, 산으로 작업

그림 88. 샐리가 그린 변화–에칭 처리된 나뭇잎

을 하던 그녀의 작품은 나무와 나무 일부분의 이미지를 향해있었다(그림 88).

동일한 모양의 나무에 따라 샐리의 깊은 감정이 드러났다. 순식간에 생각이 나기도 했다. 의미가 빠르게 급증했다. 손이 마음을 따라갈 수 없었다. 그녀는 멀티미디어 콜라주를 완성해야 했다. 샐리는 그룹의 다른 멤버들이 이제 편안히 앉아서 그녀의 강렬한 창작 과정을 주시하고 있다는 것을 알았다. 융(Jung, 1938/1983)은 말한다, "역동적인 경험이 언제나 창조자라기보다는 희생자였던 사람을 장악하고 컨트롤할 때"(p.239), 그 경험은 신비롭다. 사실상 샐리의 경험은 신비롭다. 찢겨진 검은색 판지는 나뭇가지를 묘사했다. 녹색의 그림자와 여러 재료를 이용하여 나무 윗부분이 완성되었다.

더 이상 고의적인 행동은 없었으며 샐리는 그 순간에 사로잡혀 있었다. 고통과 즐거움으로 점철된 그녀의 과거 경험과 삶은 미래의 꿈과 함께 제자리를 찾았다. 이미지에 의해 무의식과 의식이 결합되었다. 상징을 통해 그녀는 이해하게 되었다.

이제 샐리는 자기 인생의 "어두운 시기"에 대한 이유를 알 것 같았다. 그녀는 어두운 시기의 처음으로 돌아갔다. 그녀는 나무의 몸통에서 시작하여 신이 나서 한쪽에 검정을 배치하고 자신의 두려움, 애매함, 그림자를 경외하였으며 삶의 능력, 삶에 대한 책임감을 받아들였다.

억압된 기억. 지난 몇 년간 샐리는 여러 치료자와 함께 작업을 했고 치료자들 모두 어린 시절 학대가 있었는지 혹은 폭행을 경험했는지 물었다. 종종 치료자들은 샐리가 외상

후 스트레스 장애(Post-Traumatic Stress Disorder: PTSD)와 관련된 증상을 보였다는 점을 지적했다.

외상과 연관된 자극의 회피, 악몽, 과장되며 놀라는 응답, 과각성, 초기 외상의 측면을 기억하지 못함(DSM Ⅳ, 1994, p.428).

샐리는 학대와 혹사에 대한 기억이 없었다. 매번 이 질문을 받을 때마다 그녀는 어린 시절을 되돌아보았고 이제 치료, 연구 기술, 질문과 수용에서 배운 미술과 기술을 이용하여 리본이 붙어있었을지 모르는 곳에서 두려움의 리본을 다시 보았다. 그녀의 생각은 어릴 적 질병에 초점이 맞추어져 있었다. 페니실린, 항생제, 기억상실증 진정제가 개발되기 전 그리고 어린이 병동에 있는 미술과 놀이 치료자들이 배치되기 전에 아이들의 심각한 질병을 치료하는 것은 때로 길고 외로웠으며 병은 신속히 진행되었다. 사랑과 웃음은 공포, 고통 그리고 구속과 함께였다. 아이들은 두려움을 신체적 무결성에 암호화하지 않으며 결국에는 "극복할 것이다"라는 믿었던 가족과 의료진들은 유년기 의료 공포에 그다지 주의를 기울이지 않았다. 미술에서 샐리는 그녀가 2~3살이었을 때 경험했던 폭넓은 유양돌기 치료를 연결했다. 미술은 이전에 아무도 인정하지 않았던, 장기 치료로 인한 그녀의 굴욕, 고통, 공포를 확인시켜 주었다. 샐리는 해방감을 느꼈고 공포의 리본을 날려 보내기 시작했으며 부모님이 자신의 목숨을 살리려고 애쓰던 기억, 의사와 간호사가 반복해서 치료하려고 했던 기억, 억눌렸던 내면의 기억에서 해방되기 시작했다.

실존적 (existential) 관점. 이와 같이 해방된 그리고 창의적인 상태에서, 샐리는 흐름의 상태 또는 절정의 기량에 도달했다(Csikszentimihalyi, 1990, 1999). 운동선수들은 이 공간을 "탁월함이 손쉽게 이루어지는 영역"으로 알고 있다(Goleman, 1995, p.90). 샐리는 의미를 해체해서 재구성하고 있었다. 그녀는 살아있는 나무와 일체감을 갖게 되었다. 문화적으로 그리고 민족적으로 샐리는 부분들의 조합 이상인 이미지에 근간을 두고 있었다. 뿌리계를 그렸을 때, 그녀는 가족의 뿌리, 자신의 지역사회, 문화, 믿음 체계를 그린 것이었다. 나무 몸통의 질감을 그렸을 때, 그녀는 자신이 배운 내면의 감정을 보호하는 방법을 그린 것이었다. 나뭇가지를 그렸을 때 그녀는 원 가족, 확대 가족, 젊은 핵가족과 그녀의 꿈, 정체성, 안도감, 상호작용을 그린 것이었다. 나뭇잎을 그렸을 때 그녀는 어떻게 환경에 적응했는지 그리고 인생 목표를 이루었는지를 그린 것이었다. 그림자를 그렸을 때 그녀는 자신이 부인했던 모든 사건, 행동, 중요한 관계를 그렸고 그것들을 받아들였다. 이미지는 중요한 관계에 대한 일생에 걸친 상호의존성을 조명했다.

샬롯(Cirlot, 1962)에 따르면 뿌리, 몸통, 나뭇가지를 갖추고 있는 나무의 구조는 세 개의 세계 사이에 관계(지하 세계, 지구, 천국) 또는 세계의 축, 우주의 중심을 나타낸다. 나무는 계절의 순환에 따라 성장한다. 계획된 노화의 재료모델과는 다르게, 나무는 철에 따라 그리고 해를 거듭할수록 더 풍성해지고 더욱 아름다워진다. 각각의 나무는 미래를 준비하며 과거를 토대로 현재에 살고 있다. 이전의 삶의 무너지기 전에 새로운 삶이 시작된다. 각각의 새로운 삶은 과거의 경험이라는 토양 속에서 성장하고 꽃을 피운다. 작은 나무뿌리가 환경에 뿌리 내리기 전에 씨앗의 보호 덮개가 사라져야 하듯이, 인생의 경험도 이전 경험의 죽음과 함께 시작된다. 생명의 나무는 선악에 관한 지혜를 포함하고 있다. 악(Evil)을 거꾸로 쓰면 삶(live)이 된다. 다양한 레벨에서 샐리는 그 이미지를 보았고 그 도전을 "산다"는 것으로 받아들였다.

"어두운 시기" 또는 Jung의 전형적인 "그림자"를 경험할 때까지 샐리에게는 제한된 통찰력만 있을 뿐이었고 어떤 각성, 변화, 내면의 성장도 없었다. 나무에 있는 그녀의 상징에서 그림자를 받아들였을 때, 그녀는 각각의 "어두운 시기"를 자아, 관계 그리고 환경을 통합하는 전체의 필수적인 요소로 받아들일 수 있었다. 이번 치료자와의 경험은 샐리에게는 치료였다(그림 86). 샐리의 삶은 그녀의 교사였다. 그녀가 알아야 하는 것을 각 교차로에서 만나게 해주었다. 기술과 이러한 하나의 경험을 "치료"로 볼 수 없지만 그녀 이전에 다른 많은 사람들처럼 샐리는 창의적 경험, 긴 여정의 절정이 치유력을 갖고 있음을 발견했다. 그것은 여러 가지 답을 찾고 그것들을 하나의 이미지로 통합시키는 샐리의 능력을 입증했다. 크레이머(Kramer)가 설명했듯이 예술 경험은 "통합을 위한 최상의 노력 속에서" 그녀의 모든 능력 (심리적, 지적, 심상적, 감정적)을 이용했다(Kramer, 1974, p.15). 당시 그것은 그녀 삶에서 일어난 사건에 대한 샐리의 파워를 일깨웠다. 그것은 개별적 존재로 가는 그녀의 치유 여행을 위한 지원이며 동시에 촉매제였다.

인생처럼, 예술 작품은 나이와 경험을 반영 한다(Arrington, 1998; Troeger, 1992). 예술가와 연결된 예술 작품은 가족, 지역사회, 문화의 가교 역할을 하고 마음, 신체, 인격과 영혼을 확장한다. Naumburg는 이것을 "상징적인 말" 이라고 이름 붙였다(1987, p.4). Wadeson (1980)은 이것을 "공간 메트릭스"라고 칭하며 예술이 "무한정과 가정생활이라는 맥락…….유사함과 차이점…….친밀감과 거리감을 보여줌으로서" 실제 인생 복제한다는 것을 시사 한다 (p.11).

론 (Ron)은 노란 벽돌 길을 따라 간다

치료 시 미술을 사용하는 방법을 훈련받은 전문가의 지시에 따라 미술 과정(표현 또는 선택)과 창작물(2차 또는 3차원)은 창작자의 꿈, 경험, 감정, 생각, 감각의 의식적 그리고 무의식적 의사소통을 발전시킨다. 이런 종류의 설정에서, 과정과 창작물은 의사소통의 방법, 인지적 믿음, 기분을 바꾸는 경향이 있다.

포춘지 선정 500기업의 간부인 론은 성공에 대한 압력을 느끼고 있었다. 25년간 그는 회사에서 떠오르는 별이었고 자신과 가족 고객에 헌신했다. 그의 삶은 의미가 있었다. 그러나 회사의 합병은 그의 직장 생활의 규칙을 바꾸어놓았다. 회사는 서비스에서 이익으로 변화된 사명을 갖고 새로운 밀레니엄으로 이동하고 있었다. 론이 20년 이상 서비스해 온 고객들은 더 이상 인정받지 못했고 론과 그의 스탭들도 마찬가지였다. 경영은 군더더기 없이 타이트해졌으며 비열해졌다. 엄청난 돈을 신속하게 벌어들이는 의심스러운 거래가 매일 이루어졌다. 직원들은 기업해산이라는 무자비한 공격을 충족시킬 만큼 열심히 오래 일할 수 없었다. 론과 스탭들은 다른 프로젝트가 책상에 놓이기도 전에 하나의 프로젝트를 광고할 수가 없었다. 열악하게 먹고 운동도 하지 못하던 론의 몸무게는 빠지기 시작했고 잠도 잘 수 없었으며 짜증이 났고 머릿속이 복잡했다. 그는 새벽 5시에 출근하여 하루 16시간을 일했지만 그렇게 해도 업무를 다 마칠 수가 없었다. 단골 비행 클럽의 최고 멤버로서 그는 1년에 약 100,000 마일을 쌓았다. 아내는 TV를 켜놓고 소파에서 잠든 모습 외에는 그를 볼 수가 없다고 투덜댔다. 론이 어느 날 아침 6:30에 직장에서 아내에게 전화했을 때, 불안하고 혼란스러웠던 아내는 론을 치료자에게 데려갔다. DSM Ⅳ에 따르면, 정신병에서 육체적인 요소가 차지하는 비중이 높고 육체적인 병에서 정신이 차지하는 비중이 높다. 론은 정신과 육체의 붕괴사이에서 아슬아슬한 곡예를 하고 있었다.

치료자는 이 부부를 관찰했고 그들의 이야기를 들었으며 완벽한 검사를 위해 론을 내과의사에게 보냈다. 다음에 치료자는 론과 아내를 만났고 그들은 심리학적 가계도를 만들었다. 론의 부모님은 세계 대공황 시기에 성장했다. 그의 가족 환경에서 론은 잡지를 팔았던 7살 때부터 시작된 강한 직업윤리를 발전시켜왔다. 18살이 되었을 때 론은 생계비와 학비를 충당할 수 있었다. 20살 때부터 회사에서 일해 왔던 론의 아빠는 65세의 나이에 은퇴했다. 엄마는 론과 여동생이 집을 떠난 후 15년간 같은 회사에서 일했다. 론과 아내는 24년간의 결혼 생활을 했고 세 명의 십대 딸이 있었다. 자신의 변화하는 정체성에 혼란을 느낀 론은 가족 외에 누군가가 자신의 이야기를 들어주고 그의 경험을 소중하게 생각하며 힘든 결정을 내리도록 도와줄 안전하고 보호받는 공간을 필요로 하고 있다는 것이 분명해 보였다. 사상가이며 말로 스스로를 잘 방어하는 남자인 론은 자신의 미래에 대한 새로운 관점을 창안할 방법이 필요했다. 결국 그것을 아내와 함께 해야 한다는 것을 치료자는 알고 있었지만, 론의 감정과 인지 상태를 먼저 평가해야 했다. 치료자는 색깔, 형태, 상징을 지시한 미술 과제를 생각해냈고 이 과제가 세 명 모두 의지하고, 보고, 생각할 수 있는 구체적인 뭔가를 제공할 수 있을 것이라고 생각했다. 치료자는 론에게 인생에서 자신이 현재 있는 곳과 어디로 가고 있는지 그려보라고 했다. 론은 마커를 이용하여 자신이 노란 벽돌 길이라고 부르는 그림을 그렸다(그림 89).

창의적인 활동에 참가하는 것이 정말로 사람의 우울증과 불안감에 도움이 될까? 물론 그렇다! 어떤 사람 또는 가족이 단 일분이라도 창의적인 과정에 참여하면 그 또는 그들은 자신들이 변화시킬 수 없는 문제에 대한 고민을 중단할 수 있다(Haley, 1998).

그림 89. 론이 그린 노란 벽돌 길

수평으로 구성되어 있기는 하지만 론의 그림은 대각선의 풍경이다. 그것은 동일구조로 그린 사람의 세계관을 전달한다. 전체적인 효과를 주의 깊게 살펴보면, 프로메테우스 산의 높이가 두드러진다. 그것은 종이를 덮고 있다. 그림은 왼쪽에서 오른쪽으로, 무의식에서 의식으로, 과거에서 현재로 진행된다. 보는 사람은 어디서 길이 시작되고 끝나는지 볼 수 없지만 길은 통로가 된다. 그것은 공간을 통한 움직임이다. 길은 여행을 나타내며 발견과 변화를 위한 다급한 욕망이다. 미술에 기초한 측정 평가(ABA Eval, 표 1)에서 해석되듯이, 선이 매끄럽지 않고 불안하고 초조하며 이는 론의 육체적 불안감과 몸부림을 묘사한다.

"노란 벽돌 길" 은유는 방향, 에너지, 꿈과 관련된다. 노란색은 직관 그리고 지성과 관련된다. 그림에 사람이 안 보이는 것은 고립감을 나타낸다. 그림에 보이는 많은 물건들, 이 경우 꽃과 돌은 종종 중요한 사람 그리고 사건과 관련된다.

꽃의 수는 론의 자녀수와 일치했다. 이 그림의 중심적인 관심사는 길, 연약한 나무, 여행 그리고 자아였다. 불안감이 표현되기는 했지만, 그림은 간단하며 그림에 알맞은 색상이 깨끗하게 표현되어 있다. 혼란이나 역사적 자료를 나타내는 덧씌워진 색깔 또는 그림자 콘텐츠를 암시하는 어둠은 없다.

론의 그림(그림 89)를 보면 다음과 같은 질문이 떠오른다 "길은 어디로 향하고 있는가?" 오르막, 언덕 꼭대기에는 무엇이 있는가? 론은 노란 벽돌 길의 꼭대기로 향하는 힘겨운 오르막이 자신이 원하는 곳으로 이어질지 결정했어야 했음을 시인했다. 스케치라인이 있는 그림이 혼란스럽긴 하지만 사람이 없고 드문드문 있는 잔디에서 볼 수 있듯이 (애정 어린 양육의 결여, 적막함, 고립, 불안을 보여줌), 론은 강함을 표현했다. 돌과 나무는 기반, 영속성, 견고함, 온전함을 표현하는 반면, 3개의 빨간 꽃은 허약함, 열정, 에너지를 나타냈다. 산 자체에도 내면의 정신적 고상함을 표현하는 강함이 엿보였다. 그림은 론의 인격, 감정적 분위기, 현재의 대처 능력을 나타내는 청사진이다. 자신의 핵심적 가치와 상충되는 직장의 위기 속에서 유능하고 긍정적인 남자인 론은 잘 대처하지 못했다.

론에게 그림을 보고 아내와 치료자에게 자신이 본 것을 말해달라고 요청하기 전에, 치료자는 아내에게 어떤 방식으로든 론의 그림과 관련된 그림을 그리라고 했다. 치료자는 미술이 미술에게 말을 걸 수 있기를 바랐다.

론의 아내는 집과 소, 노는 아이들이 있는 산악 풍경화를 그렸다. 그녀는 이곳이 가족이 몇 년 전에 방문했던 지역인 마터호른 근처에 있는 체르마트 외부의 마을이라고 설명했다. 그녀는 이곳이 멋진 그리고 평화로운 곳이라고 말했다. 그곳에 갔을 때 그녀는 세상 사람들이 얼마나 단순하게 자신의 삶에 만족하며 사는지를 보고 놀라움을 금치 못했다고 했다. 그녀는 항상 돌아오고 싶었다. 그림 대 그림, 그림들은 서로 이야기했다. 아내는 그에게 어떻게 해서 이 노란 벽돌 길을 선택하게 되었는지 물었다. 그는 다른 것은 아는 것이 없기 때문이라고 대답했다. 그는 생각이 떠올라서 계속 그렸을 뿐이라고 말했다. 치료자는 노란 벽돌 길이 어디로 향하는지 알고 있는지 물었다. 그는 잠시 생각하더니 그 길이 오즈의 나라로 통한다고 말했다. 치료자는 진실을 오도한 마법사가 오즈에서 재판 중임을 지적했다. 론의 아내는 론이 명석한 두뇌를 가진 반면 자신은 따뜻한 가슴을 갖고 있다고 말했다; 그 두 가지가 합쳐지면 그들은 어디서 그리고 어떻게 미래를 보내고 싶은

지 꿰뚫어보는데 필요한 용기를 얻게 될 것이다. 개체화 과정에서 누구나 개인적인 꿈만이 아니라 배우자의 꿈도 지원해야 한다.

론의 외부 갈등은 직장, 이직, 가족 부양과 관련되어 있었다. 그의 내면적 갈등은 아이로서 처음 배우고 경험했던 개념인 관계, 직장, 삶의 의미, 개인적 무결성과 관련되어 있었다. 론의 직장 문제와 가족 문제는 그가 살던 문화, 관계, 그의 역사 속에 함께 엮어져 있다. 자신의 핵심 가치와 삶의 변화 사이에 갈등이 그의 불안과 우울증을 야기했다. 론의 핵심 가치 중 하나는 가족이었다. 치료자는 이러한 갈등 해결에 부부가 함께 하는 것이 중요함을 느꼈다. 그들은 노란 벽돌 길이 어디로 향하기를 원했는가? 그들은 노란 벽돌 길을 원하기는 한 것일까? 앞에서 말했듯이, 관계없이는 개체화도 없다. 4달 후 론은 직장을 그만두었다. 1년이 채 되기도 전에, 론과 아내는 함께 온전히 위기를 돌파했다. 그들은 아직 결정되지 않은 색깔로 자신만의 창의적인 경로를 선택했다.

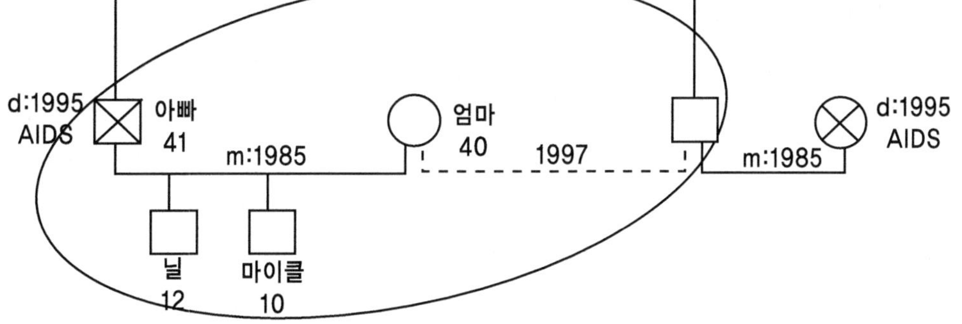

가계도 6. 닐과 마이클의 가족

가족의 비극

현대 사회에서, 사회는 종종 사회의 나환자, 주홍글씨로 낙인찍힌 사람을 에이즈 또는 그 전구체인 HIV에 감염된 개인, 가족 구성원 또는 심지어 가족으로 본다. 최근 연구에서 보여주듯이, HIV에 감염된 가족에서 성장한 아이들은 심리적 조절에 어려움을 겪을 가능성이 상당히 높다(Dorsey, Chance, Forehand, Morse & Morse, 1999, p. 103).

12살인 닐(Neal)과 10살인 마이클(Micheal)의 가족 중 두 명이 감염되었다; 아빠는 역시 HIV 양성인 엄마보다 앞서 노스웨스트에서 AIDS로 사망했고 아이들은 엄마가 유년기를 보낸 집으로 돌아와서 치료에 임했다. 가족 치료에서 미술은 위축되었던 가족이 삶과 죽음의 문제를 받아들이고, 현재를 살며 과거의 슬픔을 표현하고 미래에 대한 두려움에 직면하는데 도움을 주었다. 닐과 마이클은 자신들의 위태위태한 삶을 행동으로 표현했다. 밝고 친절하며 서로를 잘 돌보는 아이들은 엄마에게 불안함을 보이고 과잉 행동을 보이며 강박적이고 버릇없이 굴었다. 가족 구성원 모두에게 미술 재료는 굶주린 아이의 음식과 같았다. 그들은 주어진 종이에 오일 파스텔, 파스텔, 크레용, 연필, 향기 나는 마커, 심볼 우표를 사용하는 등 재빨리 모든 재료를 다 써보았다.

가족 미술 기반 평가(FABA)에는 자유 그림과 두 개의 가족 풍경화가 포함 된다(부록 A-6 참고). FABA는 의뢰인이 스스로 자신을 통제할 수 있다고 느낌에 따라 편안하게 해주고 또한 재료를 가지고 놀 수 있도록 해주는 자유그림으로 시작한다. 가족 풍경 절차는 의뢰인이 3살과 12살 사이의 시기에 어떻게 느꼈는지 생각하고 이것을 풍경이라는 심리적 공간으로 그리며 가족 구성원이 등장하는 풍경에서 물체들을 확인함으로서 시작한다. 계속해서 FABA는 의뢰인에게 이번에는 풍경 속에 등장한 사람들의 관점에서 또 다른 풍경을 그리도록 주문한다. 그들은 그림에 있는 미술가로부터 가장 멀리 떨어진 사람부터 시작해야 한다.

기운이 딸리고 우울증을 보이기는 하지만, 첫 번째 미술 과제인 자유그림에서 엄마는 낙관주의를 표현했다: 가볍게 칠해진 둥둥 떠 있는 무지개와 오른쪽의 황금 항아리. 그녀는 이 그림을 *무지개*라고 칭했다. 두 번째 미술 과제인 가족 풍경화에서 엄마는 파스텔을 이용하여 다섯 개의 나무가 있는 숲을 산책하는 커플, 엄마 그리고 그녀의 새 친구를 스케치했고 이 그림에 *가을의 꿈*이라는 이름을 붙였다(그림 90).

세 번째 과제인 엄마의 두 번째 가족 풍경화는 사람이 없고 두 개의 산 앞에 놓인 무지개로 향하는 것처럼 보이는 텅 빈 파란색 차가 다리의 오른쪽에 있는 그림이었다. 거친 바다위에 걸쳐져 있는 이 다리는 양쪽 모두 연결되지 않았다. 엄마는 이 그림을 샌프란시

그림 90. 엄마가 그린 가을의 꿈

스코 *무지개*라고 불렀다(그림 91). 그녀는 자신이 그림에 보이는 자동차이며 죽은 남편이 무지개라고 했다. 두 아이는 무지개 뒤편에 있는 산이었다. 그녀의 마지막 그림인 네 번째 미술 과제는 다시 개와 해변을 산책하는, 멀리 보이는 네 명의 가족을 가볍게 색을 칠하여 그린 그림이었다. 이 그림에는 가족과 엄마의 새 친구가 등장했다. 엄마는 이 그림을 *해변의 산책*이라고 불렀다.

닐의 첫 번째 미술 과제는 자유그림이었다. 매우 큰 종이 위에, 닐은 마지못해 종이 윗부분을 파란색과 붉은 별을 심볼 마커로 가득 채웠다(그림 92). 그는 나는 새라는 12개의 작은 상징도 그려 넣었다. 하늘 아래 페이지의 가운데에 닐은 오렌지색 줄무늬를 가진 고양이를 그렸으며 이상한 한 세트의 발자국이 그 뒤를 따라갔다. 오른쪽 하단에는 이글루를 그렸다. 바로 중간에는 "행방불명(LOST)"이라고 썼다. 닐은 자신의 두 번째 미술과제인 풍경화를 *성공(Sucess)*이라고 불렀다(그림 93). 왼쪽에는 파란색 파스텔로 종이의 1/2되는 지점에 집과 차고를 그렸다. 종이의 가운데에는 큰 몸통과 나뭇가지를 가진 큰 회색 나무가 있다. 다시 닐은 마지못해 큰 나뭇가지와 잔가지를 더 그려 넣었다. 검은색 마커로 닐은 작은 사람 다섯 명을 그렸다. 닐은 왼쪽 상단 모서리에 있는 사람을 엄마라고 명시했다; 페이지 중앙에 있는 나무의 왼쪽 편에 있는 작은 사람은 "나," 였으며 "캐

그림 91. 엄마가 그린 샌프란시스코 무지개

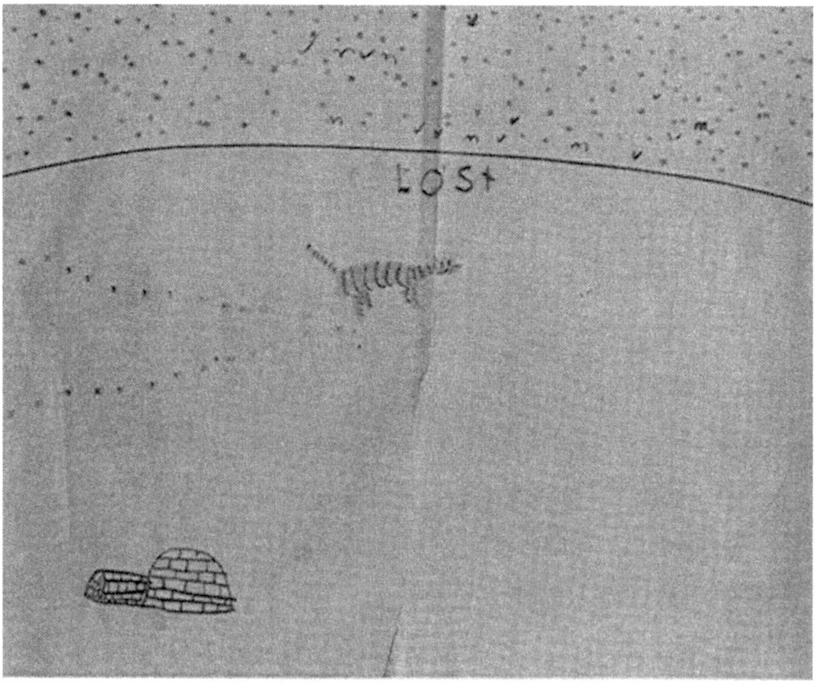

그림 92. 닐이 그린 행방불명

그림 93. 닐이 그린 성공

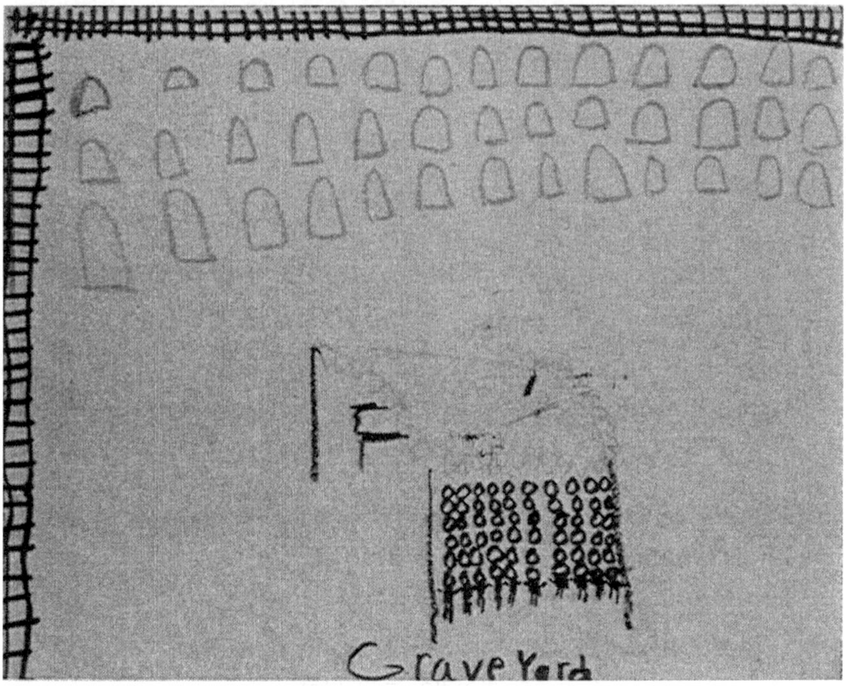

그림 94. 닐이 그린 묘지

그림 95. 닐이 그린 스타워즈 삼부작

그림 96. 마이클이 그린 미친 늑대

그림 97. 마이클이 그린 화창한 날

그림 98. 마이클이 그린 멋진 전망

리(Cary)" (엄마의 새 친구)는 가운데 있다; "아빠"는 오른쪽에 있으며 "마이클"은 오른쪽 하단에 따로 구분되어 있었다. 닐의 세 번째 미술 과제는 자신이 *묘지*(그림 94)라고 명명한 두 번째 풍경화였다. 검은색 마커 그리고 파란색과 회색 오일 파스텔로 그려진 이 그림에서 철도 같은 울타리가 페이지의 왼쪽과 상단을 가득 채우고 있었다. 페이지 상단, 울타리 아래 닐은 세 줄로 무덤 표시를 그렸다. 무덤 표시아래 닐은 아버지 장례식으로 연상되는 그림을 그렸다. 파란색 차양이 군중과 관의 일부를 가려주고 있다. 네 번째 미술 과제는 자유 그림 이었다(그림 95). 마지막 그림에서 닐은 별이 총총한 그림을 그렸고 파편으로 나누어진 심벌을 그렸다. 그림에는 *스타워즈 삼부작(Triogy)*이라고 썼다.

마이클의 첫 번째 미술 과제, 자유 그림(그림 96)인 *미친 늑대*는 조각으로 나누어져있었다. 별, 발, 앞발 기호가 종이를 덮고 있다. 연필로 그린 늑대는 오른쪽 상단에 있고 궁핍해 보이는 두 개의 큰 입을 가진 두 얼굴과 "미친 늑대"라고 쓰여진 글귀는 오른쪽 하단에 있다. 두 번째 미술 과제(그림 97)는 수평 도로 위로 세심하게 그려진 두 개의 집과 진입로를 그린 풍경화였다.

진입로 양 옆에 있는 집 아래에 마이클은 "엄마"와 "아빠"라고 썼다. 여섯 개의 촛불이 꽂혀있는 생일 케이크 앞에 "닐"과 "나"라고 이름 붙여진 머리가 그려져 있고 "생일 축하

그림 99. 마이클이 그린 성 헬린스(Hellins) 산

해 마이클"이라는 글귀는 왼쪽 편에 있는 집 위에 쓰여져 있다. "헤이!"는 마치 마이클의 입에서 나오는 것처럼 쓰여져 있다. 큰 오렌지 태양이 파란색 집 위에 그려져 있다. 스크립트로 쓰여진 화창한 날은 바닥에 있다. 세 번째 미술 과제인 두 번째 풍경화(그림 98, *멋진 전망*)는 연필과 크레욜라로 그려져 있다. 갈색 지붕의 대형 탑이 오렌지 색 태양 아래에 있는 두 개의 큰 나무 가운데 있다; 이 역시 그가 이전에 그렸던 것과 유사하다. "멋진 전망"이라는 단어가 그림의 중앙을 굽이치며 흐르고 있다. 네 번째 미술 과제는(그림 99) 검은색 마커로 그린 자유그림이다. 그림의 화산에는 아주 큰 오렌지색 태양 앞에 소리 지르는 얼굴이 있다. 화산 아래에는 아주 크게 "성 헬린스(Hellins) 산"이라고 쓰여져 있다.

가족 미술 기반 평가는 평가의 역할을 할 뿐만 아니라 치료의 역할도 한다. 세 명의 가족으로 하여금 같은 방에서 그들의 삶의 이전 시기에 대한 상징적인 풍경화를 만들어내도록 함으로서 그들은 바로 전에 겪었던 충격적인 과거에 대해 이야기할 기회를 갖게 되었다: 병이 걸리기 전의 아빠, 그가 겪은 질병, 이제 그들의 가정생활. 그림을 그린 사람으로부터 가장 멀리 떨어져 있는 사람의 관점에서 그려진 두 번째 풍경화는 가족 구성원들로 하여금 그들의 상실, 감정, 라이프스타일, 가정, 아빠, 남편에 대한 고통에 초점을 맞추도록 해주었다. 안전하고 보호된 환경에서, 종이 위에서 구체화된 지나치게 야단스럽지 않은 상징을 이용하여 가족들은 미래에 관한 공포에 대해 편안하게 불평했다.

엄마는 건강하신가? 엄마도 아빠처럼 아프면 어쩌지? 엄마가 죽는다면? 누가 아이들을 돌볼 것인가? 사람이 죽으면 어떻게 되는가? 예수와 함께 살게 되는 것인가? 우리의 두려움과 슬픔에 대해 누구와 이야기를 나눌 수 있는가? 이 세션이 끝나고, 가족들은 엄마와 아이들이 자신들은 혼자가 아니며 비슷한 경험을 이해하고 비슷한 경험을 겪은 많은 사람들이 있다는 것을 발견할 수 있는 슬픔 그룹(grief group)에 적극적으로 참여했다. 거기서 그들은 도움을 받고 힘을 얻을 수 있었다.

미술이 고통을 완화시켰던 낸시 얘기로 다시 돌아가서

나단의 죽음 이후 낸시의 고통은 계속되었다. 그녀와 남편은 이탈리아로 여행을 떠났고 그곳에서 낸시는 문 그림을 그렸다. 문이 열려있는가 닫혀 있는가? 치료자가 문이라는 상징을 확장시켜보라고 부탁하자 낸시는 문을 칠했다. 문은 열려있는 듯 했다. 문 뒤에는 붉은 벨벳 커튼을 들고 있는 아름다운 천사 이미지가 있었다. 낸시는 그 천사가 나단과 그녀의 가족을 찾아 헤맸던 천사들 중 한명이라고 느꼈다. 그녀는 그 천사가 가족의 고통을 덜어주기 위해 보내진 천사라고 느꼈다.

다시 이미지를 확장하면서 낸시는 그 천사와 붉은 벨벳 커튼을 그렸다. 그것은 크고 웅장했다. 낸시는 안도감을 느끼기 시작했다.

하지만 나단의 죽음을 생각할 때마다 낸시에게 다시금 공포, 즉 가족을 잃게 된 공포, 비극적인 사건에 대한 공포, 총을 가진 11살짜리 어린 아이에 의해 고의로 어린 아이의 머리가 날아갔다는 공포가 엄습했다. 낸시는 그 영상을 떨쳐버릴 수가 없었다. 치료자의 제안에 따라 낸시는 스스로에게 물었다 "나는 정말 무슨 일이 있었다고 믿고 있는 걸까?" 새롭고 다양한 형태로 의사소통이 진행되는 안전하고 보호된 공간에서, 그녀는 그림을 그리기 시작했다(Foa, Friedman, Keane, 2000). 공예가인 낸시는 정식적인 미술교육을 받아본 적이 없지만 내면의 감정과 믿음에 이끌려서 나단을 안고 있는 완전하고 포용과 사랑의 천사를 그리기 시작했다. 그림을 다 그렸을 때, 낸시의 마음은 나래를 폈다. 그 사건 이후 처음으로 그녀는 내면의 평화를 경험했다. 낸시는 죽음의 순간에 완전하고 사랑으로 충만한 천사가 나단을 자신의 품으로 데려가는 것을 볼 수 있었다(그림 100).

그림 100. 천사의 품에 안긴 나단

오늘 낸시는 여전히 가족 전체가 경험한 정신적 충격과 나단을 잃은 것을 슬퍼하고 있지만 두려움과 우울감은 사라졌다. 신문을 읽고 뉴스를 볼 때면 낸시는 죽고 죽임을 당하는, 미국 전역에 걸쳐 꼬리에 꼬리를 물고 일어나는 아이들의 비극을 보았다. 낸시는 복제하여 엽서에 프린트되어 있는, 천사의 품에 안긴 나단을 그린 자신의 그림을 찍은 사진을 갖고 있었다. 그녀는 자신의 가족 이야기 사본과 엽서를 비슷한 고통스런 경험을 겪었다고 그녀가 소식을 들었거나 기사를 읽은 각 가족들에게 우편으로 보냈다.

낸시는 자신이 그림으로 표현했던 내면 이미지로 인해 치료되었다고 믿고 있다. 그녀는 자신의 가족처럼 말도 안 되는 폭력으로 인해 아이를 잃고 슬퍼하는 가족들이 진실을 맞닥뜨리고 그 경험에 가치와 의미를 부여하면 거기에 평화가 있다는 것을 알아야 한다고 믿고 있었다. 다양한 방식으로 이러한 평화에 도달할 수 있지만 낸시는 다른 가족들이 슬픔에 있어 그들은 혼자가 아님을 알아주었으면 했다. 다른 가족들이 그들보다 먼저 사라졌고 그들의 경험을 이해하기 위해 가혹한 고통 속에 있는 그들을 지원하고 슬픔의 깊이를 이해한다.

자신의 삶을 드러내고 재결합하며 회복한 앤의 이야기로 다시 돌아가서

앤의 상처는 심리적 상처였고 그 상처는 그녀의 근간과 기본적인 신뢰, 개인적인 성장에 타격을 주었다. 앤에게 있어서 의뢰인과 치료자 간에 신뢰의 매개를 형성시켜 준 것은 미술이었다. 앤의 상처에 도달하여 그녀의 영혼을 회복시킨 것도 다름 아닌 좌 우뇌 활동 운동, 문장작법 그리고 미술이었다.

작은 마을 출신의 독실한 기독교 소녀였던 앤은 6살에 처음 성찬식을 했고 10살 때 견진 성사를 베풀었다. 그녀는 미국의 해방기에 살았다: 시민의 권리, 여성 해방 운동, 우드스톡과 걸리 브라운의 *사랑 그리고 독신녀(Sex and the Single Girl)*. 웨이드 대 로(Wade versus Roe: 원고 Jane Roe씨가 피고 Henry Wade씨를 상대로 낸 소송)가 통과되고 피임약을 사용할 수 있게 되었지만 과도기적 세계에 살며 고등학교 상급생으로 가는 전환기에 있었던 앤은 그런 것이 존재하는 줄도 몰랐으며 낙태는 생각할 수조차 없었다. 성적 혁명에 있어서 보병이 아니었지만 (Evans & Avis, 1998) 그녀 이전과 이후의 다른 많은 어린 소녀들처럼 졸업 파티 데이트에서 이루어진 짧은 관계의 결과로 임신하게 되었다. 여름이 지나가고 최악의 공포가 현실로 확인될 때쯤, 앤은 자신의 맨토이며 절친인 언니에게 찾아갔고 언니는 앤을 의사에게 데려가 검사와 조언을 받게 했다. 의사는 앤이 생각을 바꿔 아이를 입양시켜야 한다고 제안했고 언니는 동의했다. 앤은 분명 아이를 키울 준비가 되어 있지 않았다. 자기 스스로 앞가림도 못하면서 어떻게 아이를 키우겠는가?

고통의 시간을 보내고 있을 때 인정받고 따뜻하게 위로받기 보다는 배척된다면 그 사람은 다시 돌아갈까? 18살이 되자 앤은 집을 나왔고 기본적인 신뢰와 자긍심도 버렸다. 이후 20년간 그녀는 아무도 알아주지 않는(disenfranchised)슬픔, 즉 누구와도 공유할 수 없고 다른 사람이 인정받지 않고 소중히 여기지 않는 슬픔 속에서 지냈다(Madsen, 2000).

앤이 아이를 놓아주기로 한 최종 결정은 앤이 16살 때였던 2년 전으로 거슬러 올라가는데 그때 가족들은 엄마가 심장병으로 인해 거의 죽음까지 가는 상황을 경험했다. 당시 응급 서비스는 제한되어 있었다. 이식, (심장의) 관상동맥 바이패스 (수술), 심장 박동 조율기 삽입은 저녁 뉴스와 TV에 출연했던 유명한 응급 팀에 의해 주요 병원에서만 행해지고 있었다.

가족은 엄마가 살아난 것이 기적이라며 축하했다. 뿐만 아니라 앤의 언니는 사회의 모든 규칙을 그대로 따랐다. 치어리더였으며 학자였고 대학시절 애인과 약혼한 언니는 자신이 판단해 보건대 앤이 결혼도 하지 않고 임신했다는 사실을 엄마가 알면 돌아가실 거라고 확신했다. 언니는 의사의 해결책을 지지했다. 그는 앤의 치료일정과 아기 입양 일정을 잡아주었다.

앤은 이러한 많은 가족 역학을 동적가족화(K-F-D; 부록 A-7, 그림 71)에 그렸다. 앤은 자신의 고립감을 갇혀있는 것으로 표현했고 문 뒤에서 엄마와 언니의 험담을 듣고 있는 모습을 보여주었다(누구에 대한 험담인가? 주제의 대부분은 앤에 관한 것이 분명하다). 게다가, 부엌 장면은 종이의 오른쪽 사분면에 그려져 있었는데 이 영역은 무의식을 나타낸다. 앤은 또한 자신의 위에 그려져 있는 차에서 여동생과 아빠로부터 스스로를 배제시켰는데 이 영역은 의식과 동일시된다.

역사적으로 젊은 미혼의 임신 여성에게 새겨지는 주홍 글씨는 그들의 심장에 깊이 각인되고 상실과 슬픔이라는 폭력적이고 지속적인 상처를 남긴다. Stabno(1998, p.62)가 지적하듯이 "일반적으로 사회는(입양아의) 생모를 문란하고 무책임한 죄인 그리고 아이에 대한 자신의 근본적인 권리를 양도한 사회적 왕따로 매도한다. 양육권 포기는 모든 생물학적, 유전적 관계를 끝내버리는 행동으로 비춰진다." 우리의 젊은 전문가 앤은 결혼해 본적도 또 다른 아이를 가져 본적도 없었다. 사실상, 그녀는 다음과 같이 말했다, "나는 유부남을 만나기로 했어요. 왜냐하면 지속적인 관계로 인한 부담을 가질 필요가 없으니까요. 나에게 있어 사랑이란 지독한 고통으로 얽혀있어요 사람을 잃는 것과 애완견을 잃는 것의 차이가 있다면 사람을 잃고 나서는 그 사람을 대신할 사람을 찾기 위해 강아지 보호소에 갈 수 없다는 것이죠."

그녀의 여정과 미술에서, 앤은 딸을 잃어버린 상실감과 딸 없이 지낸 공허함과 슬픔의 세월을 드러냈다. 앤의 감정을 알아챈 치료자는 앤의 저널에 "딸을 찾으려고 해봤나요?"라고 썼고 이미 이런 생각을 하고 있던 앤은 치료자의 제안에 힘을 받아 더욱 고무되었다.

앤은 탐정을 고용했고 이처럼 딸을 찾으려는 노력으로 인해 앤은 자신의 질문에 대처할 수 있게 되었다. 미술 심리 치료에 참여한 앤은 Stano(1998)가 "불확실성, 충돌하는 감정, 환상, 고통스런 기억"이라고 부르는 것들과 마주할 수 있는 방법을 알게 되었고 가족과 자신의 딸과 관련된 공포를 마주하게 되었다. 치료는 "감정을 발산하고, 탐험하며 드러낼 수 있는" 안전한 장소를 제공했다. 치료가 앤을 나무의 은유를 사용하는 유도된 이미지로 이끌었을 때 앤은 이것이 단지 그녀 인생의 한 계절이라는 것을 알 수 있었다(그림 101, *가을 나무*, 부록 B-F). 그녀는 은유적으로는 가을이 결말이지만 나무는 휴면기, 내적 성장, 새로운 생명의 순환을 시작하기 전에 금색, 적갈색, 붉은색의 가을 색깔로

그림 101. 앤이 그린 가을 나무

그림 102. 앤이 만든 콜라주

변화할 때 아름답다는 것을 알 수 있었다.

은유를 이용하여 앤은 자신의 세계관을 재정립할 수 있었고 스스로에게 희망을 줄 수 있었다. 너무도 오랜 세월동안 자신의 감정과 뚝 떨어져서 살아왔던 앤에게 세션 사이사이에 단어와 그림으로 콜라주를 만드는 것은(그림 102, 콜라주) 그녀로 하여금 치료에서 논의하고 확인하기 전에 무엇을 걱정하고 있는지 알게 해 주었다.

딸을 찾아서 다시 재결합하기 까지 2년이 채 걸리지 않았다. 앤은 "재결합한다고 해서 과거가 지워지지 않을 것이라는" 점을 잘 알고 있었다(Stabo, 1998, p.79). 오늘 두 성인은 씁쓸하면서 달콤한 입장에 서 있으며 그들이 함께 하고 있다는 것에 대해 행복해하면서도 그들이 잃어버린 것을 고통스럽게 추억한다. 앤은 자신의 딸이 친부, 조부모, 이모, 삼촌, 사촌과 재회하도록 도와주었다. 딸의 입양 어머니는 자신의 입양 딸과 앤의 재결합을 적극적으로 지원해주었다. 앤의 딸은 인생의 일부를 공허감으로 가득 채웠다. 그러나 어른, 즉 사랑하는 동반자에 대한 앤의 욕구는 그대로 남아있다. 오늘, 입양아와(입양아의) 생모에 대한 지지자 그리고 작가로서, 앤은 개인적으로 또 전문적으로 계속해서 미술을 부차적으로 이용한다.

가정, 미술이 시작되는 곳 – 다시 랜디 R.의 이야기로 돌아가서

아빠가 집을 나가고 엄마가 다시 가족생활로 돌아왔을 때 랜디는 겨우 2살 이었다. 새아빠 집으로 들어갈 때는 4살이었다. 4살 6개월이 되자 랜디는 새 가족생활에 편입되었다. 5살이 되어 랜디는 다섯 번째 집에서 아빠와 새엄마와 살기위해 다시 돌아왔다. 다음

육년 동안 엄마는 재정권을 갖고 있었고 랜디는 노리개가 되었다. 엄마는 자기에게 편할 때는 랜디를 자신과 그리고 자신의 배우자와 함께 살도록 했고 그렇지 않을 때는 아빠와 새엄마에게 보냈다. 아빠는 랜디를 사랑했지만 변호사의 충고에 따라 법정에서 엄마와 다투지 않았다. 랜디의 대인 관계 능력은 악화되었고, 불안정해졌으며 방어적이 되었다. 랜디의 자아존중감은 작아졌고 감정을 조절하기 힘들어졌다. 하지만 랜디는 영리했다. 그는 학교와 보이스카우트에서 인내를 갖고 노력하고 이글 스카우트(Eagle Scout: 21개 이상의 공훈 배지를 받은 보이 스카우트 단원)가 되는 자신의 꿈을 시각화함으로서 그에 대한 보상을 받았다.

이글 스카우트 수락 연설을 하면서, 17살 된 6피트 3인치 청년의 뺨에 눈물이 흘러내렸다. 강당을 가득 메운 청중을 둘러보면서, 랜디의 시선은 눈이 빨갛게 충혈된 한 얼굴에 잠시 고정되었고 이윽고 다른 얼굴로 옮겨갔다: 엄마, 아빠, 조부모님, 이모, 삼촌, 남동생, 배다른 여자형제, 사촌, 친구. 엄마의 여러 번의 이혼과 동거를 경험한 랜디는 10집과 기숙사에서 살았지만 부모가 이혼한 다른 많은 아이들처럼, 많은 사람들로부터 사랑받고 몇몇 사람에 의해 버림받았으며 가족, 심지어 부모가 한방에 있는 것을 본 것조차 기억하지 못했다.

최근에 아빠를 방문하기 위해 양복을 입고 윙팁(날개 모양의 구두코; 그런 모양의 구두)을 갖춰 신고 훤칠해진 외모를 보여주었던 랜디는 치료자에게 자신의 인생을 통틀어 한 번도 같은 학교를 2년 이상 다녀 본적이 없었다고 말했다. 당국과 치료자로부터 한 두 번의 감찰이 있었지만 고등학교에서는 그럭저럭 괜찮았다. 군사학교에서의 2년간도 꽤 괜찮았지만 랜디는 조직화를 좋아하지 않았다. 동생 찰리가 전입했을 때 랜디는 다른 곳으로 전출해 갔다. 그는 자신이 고등학교를 마친 지역 내의 다른 학교에 입학했다. 두 학교 모두에서 랜디는 우등생 명단에 이름을 올렸지만 그의 사회적 능력은 제한되어 있었고 자긍심은 낮았다. 그는 미술을 많이 하지 않았다고 했지만 명문 고등학교에서 학교 신문 사진사로 임명되었음을 자랑스럽게 말했다. 공휴일에만 엄마를 만날 수 있었던 랜디는 10살 또는 11살 이후에는 엄마와 함께 살지 않았다. 반면에 할머니는 원하는 대로 랜디에게 선물 공세를 퍼부었다. 할머니는 랜디가(미국의) 동해안에 있는 명문 학교에 다니는 동안 랜디에게 흰색 코르벳(Corvette: 미국 스타일 스포츠카), 익스프레스 카드를 주었고 그리고 지속적으로 생활비를 대주었다. 랜디가 이러한 심리적인 타격에 어떻게 대처해왔는지 궁금했던 치료자는(Scoucy & LaRose, 2000) 무엇이든 생각나는 것을 그려보고 싶은지 물었다. 놀랄 것도 없이 랜디는(그림 103), *이것은 그냥 집이에요*를 그렸다.

인생의 대부분에 있어서, 미술을 하고 이미지를 만들고 선택함으로서 랜디는 내면의

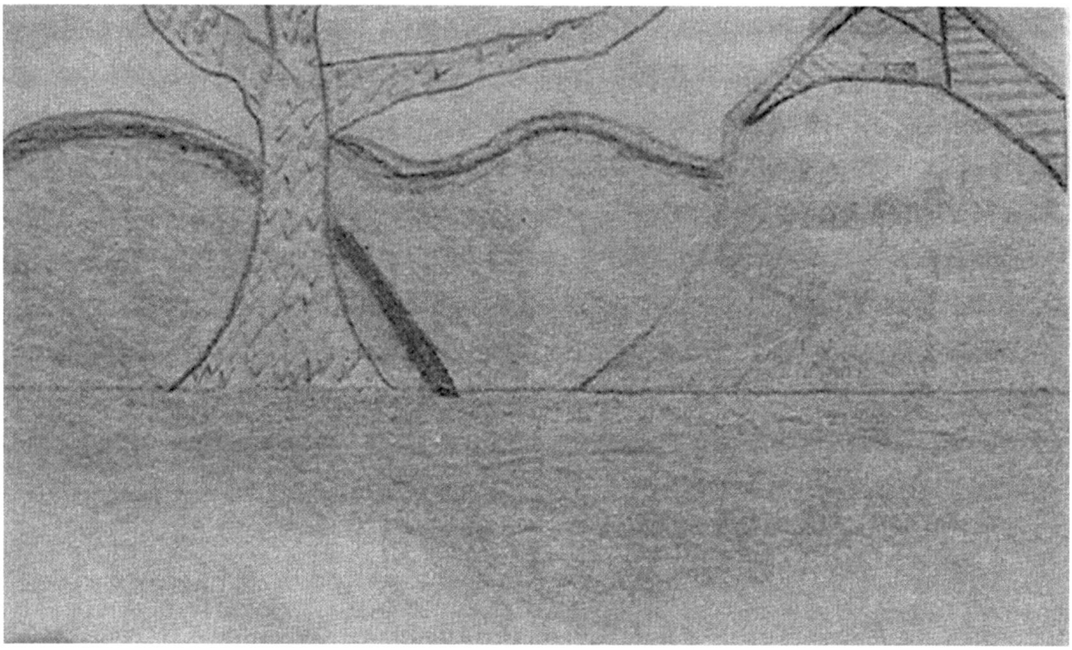

그림 103. 랜디가 그린 이것은 그냥 집이에요

개념을 시각적으로 도출해냈다. 미술과 이미지는 감정, 꿈, 상심, 현실의 "살과 피"를 표현할 수 있는 인지적 목소리를 주었다(Arnheim, 1969, p.134). 그가 가장 최근에 그린 그림도 예외가 아니었다. "정보로서의 형태"를 보면서(Gantt & Tabone, 1998), 어떤 이는 그림의 왼쪽 편에 랜디가 물에서 자라는 큰 나무를 그렸음을 관찰할 수 있다. Jung은 물이 무의식의 상징이며 그림자와 연결되어 있다고 말한다. 그는 다음과 같이 주장한다. "물은 모든 생명이 모든 것의 영혼, 공감 시스템의 영역, 멈춰서 표류하는 곳이다"(1969, p.21) 나무는 멈춰서서 표류하는 랜디 삶의 대표적인 상징이었는가? 나무는 윗부분도 나뭇잎도 없고 오직 몸통과 나뭇가지에 질감을 살린 패턴만이 있을 뿐이다. 나무는 세 개로 주의 깊게 나누어진, 이중으로 윤곽이 그려진 녹색의 평화로운 언덕 앞에 있다.

그림 오른쪽에는 빨간 줄무늬의 직사각형과 문을 위한 검은색 정사각형이 있는 파란색 삼각형으로 된, 이상하고 비현실적으로 보이는 쪼개진 집이 언덕위에 자리 잡고 있다. 집과 언덕의 윤곽은 검은색으로 되어 있다. 회색 통로는 물 가까이에서 시작되며 문이 아닌 집을 향해 곡선을 그리며 언덕을 올라간다. 아랫부분의 3 분의 1만을 사용하고 있지만 상당한 양의 에너지를 사용하여 그림을 완성한 것으로 보인다. 그림은 예술적 세련미를 보여주지만 나무와 그림에서 나타나는 질감을 제외하고는 약간의 디테일로 간단하게 그려져 있다. 대부분의 랜디 그림이 그렇듯이 사람은 보이지 않는다. 이 그림은 부드럽게 칠해져있고 이전 그림보다 더욱 신중하고 폐쇄적이다. 두꺼운 경계선을 보면 누구나 랜디가 혼자서 자신의 환경을 컨트롤할 때 더욱 편안해 한다는 것을 짐작할 수 있다.

이제 랜디는 젊은 성인이다. 그의 분노는 사라지지 않았지만 더 이상 그의 중심에 있지 않으며 현재적인 페르소나(persona: 다른 사람들 눈에 비치는, 특히 그의 실제 성격과는 다른, 한 개인의 모습)가 아니다. 그는 약물치료를 받고 있지 않지만 자신만의 영혼과 궁극적인 관심사를 찾고 있다. 랜디가 위험에 처한 아이였다는 것은 의심의 여지가 없다. 연구에서 보여주듯이, 삶에서 보호요인, 높은 지능, 좋은 학교, 관심 있는 성인, 종래의 행동에 대한 모델, 일탈 행동에 대한 관용과 높은 통제력, 성취에 대한 가치, 교회 출석, 한 세대에서 다음 세대로 전해지는 여러 가족 구성원의 참여를 겪었던 청소년들은 성인으로서 성공적인 삶을 살게 된다(Jessor, 1993). 우리는 이것이 랜디의 미래가 되기를 바라지만 그의 미술은 그가 고립감과 외로움이라는 위기에 처한 성인이라는 것을 보여준다,

랜디 역시 부유하든 가난하든 전 세계 청소년들과 다르지 않아서 잘못된 양육이라는 형태의 가족에 노출되어 있다. 그는 권위를 믿지 않는다. 랜디의 두뇌와 그 안에 놀랍게 그룹화 되어있는 뉴런들은 그가 성공적으로 피아제(Piaget)의 공식적인 작용 단계로 진입하도록 도와주었지만 그는 자신이 신뢰할 수 있는 사람, 즉 사랑과 직장에서의 관계가 도전의 연속이라고는 생각해 본적이 없었다. 랜디는 직장을 가져본 적이 없었고 몇몇 제한된 친구들과 관계를 갖고 있었다.

랜디 그리고 랜디와 비슷한 처지에 있는 사람들을 둘러싼 중요한 질문은 그와 그들이 집이라고 느낄 만큼 편안한 장소, 소속감을 느낄 수 있는 장소, 가족의 애정을 느낄 수 있는 장소로 나아갈 수 있는가 하는 것이다.

결론

가족이란 관계의 역동적인 시스템이다. 그 영향이란 너무나 광범위하고 강력해서 인간 존재의 과거, 현재, 미래에 오점을 남기거나 멋을 더한다. 연구자들이 말하듯이 성인의 일탈적 태도와 행동은 가족 내에서 그리고 부모와 겪은 초기 경험에서 생겨난다. 가족 이론가들은 모든 가족이 단계를 통해 진화한다고 말한다. Duvall(1957)이 확인하고 Barnhall과 Longo(1978), Carter와 McGoldrick(1980), Beckvar과 Becvar(1982; 1993)가 결합하고 업데이트한 단계는 다음과 같다:

1단계: 부부(자녀 없음)
2단계: 아이를 출산한 가족(제일 나이 많은 아이 30개월)
3단계: 미취학 아동이 있는 가족(2.5세에서 6세)
4단계: 초등학생 자녀가 있는 가족(6-13세)
5단계: 십대가 있는 가족(제일 나이 많은 아이 13-20세)
7단계: 중년 부모(빈 둥지(empty nest: 자녀가 장성하여 집을 떠나고 부모만 남은 상황)에서 은퇴)
8단계: 나이가 들어가는 가족 구성원(은퇴에서 사망)

"삶에 내재되어 있는 불확실성"(Seppa, 1997)과 오늘날의 다양한 문화를 고려해 볼 때, 우리는 단지 앞으로 가족들이 어떻게 변화할지 뿐만 아니라 흔히 볼 수 있는 모델에 적합하지 않은 혼합 가족(각각 자녀를 데리고 재혼한 뒤 둘 사이에 또 자녀를 둔 부부를 중심으로 한 가족), 확대 또는 결손 가정은 어떻게 변화할지 묻지 않을 수 없다. 가족들은 여전히 발달 단계에 있는가? 정치적 격동기 속에서 가족이 파괴된 움베르토 같은 사람들은 어떻게 되는 것일까? 중독되거나 학대하는 가족을 갖고 있는 제니 같은 사람들은 어떻게 되는 것일까(Visher & Visher, 1988)—앤처럼 혼란스러워하거나 슬퍼하는 가족을 갖고 있는 사람들 또는 랜드처럼 이혼과 재이혼을 반복하는 가족을 갖고 있는 사람들 또는 차드와 배서느처럼 중독되어 있거나 집이 없는 가족을 사람들은 어떻게 되는 것일까? 마이클과 닐처럼 가족의 질병으로 인해 고아가 될 수도 있는 아이들은 어떻게 되는 것일까? 미래에 가족 치료자들은 이러한 중요한 관계들을 어떻게 치료할 것인가?

대부분의 경우, 가족 내 주요 보호자, 즉, 엄마, 아빠, 조부모, 의붓 부모, 보살펴 주는 사람, 이모, 삼촌 또는 우리가 뭐라고 부르든 항상 그들이 아이들을 돌보게 된다. 그들은 아이들의 선택, 사회적 역할, 내부 규칙의 모든 측면에서 그들의 핵심 가치를 각인시킨다. 이러한 보호자들은 자신의 손에 맡겨진 아이들에게, 그들이 느끼기에 평생 지속되고 인생을 풍요롭게 하는 궁극적인 관심사를 말, 행동, *이미지*로 전달하고 상호작용하게 된다. 문제의 대부분이 발달과 관련되어 있거나 망가지거나 상처 입은 관계를 회복하는 것과 관련되어 있는 반면, 일부 문제는 아이들을 기를 능력이 없거나 의도적으로 아이들을 학대하고 아이들에게 피해를 입히는 병들고 중독된 가족 구성원을 갖고 있는 가족과 관련된다.

오늘날 광범위한 미술치료가 사용되고 있기 때문에, 나는 온전히 마음을 통합시키는 ? 뇌의 우측 영역과 좌측 영역—자발적인 과정의 참여를 통해 사람들을 정상 감각으로 되돌리는 창의적 표현으로 가족 구성원들을 치료할 수 있다고 믿는다; 의식, 전의식, 집단 무의식(Arieti, 1976) - 그리고 몸. 치료를 리드하는 것은 치료자이지만 뉴런과 뉴런, 의식과 통찰력, 감각과 뇌의 부드러운 중심을 연결하는 생리적 의사소통을 위한 매개체 역할을 하는 것은 재료, 과정, 경험이다. 받아들이고, 진정시키고 치료하며 인간의 "상처 입은 내면의 어린아이"의 희망과 영혼을 회복시키고 좋은 부모로서 작용하고 반응하는 것은 "발굴된 보물"(Arieti, 1976, p.27)인 창의적인 산물, 이미지이다. 창의적인 과정을 이용하는 가족 미술 치료는 비록 단지 은유적으로 미술과 이미지에서 행해지기는 하지만, 인간이 자기 자신 뿐만 아니라 중요한 다른 사람(남편 · 아내 · 애인을 가리킴)의 잃어버린 부분을 연결하거나 다시 연결하도록 도와준다(Alexander, 1991).

안전하고 신성한 공간에서, 직접 작업하고, 보고, 회고하는 창의적 과정은 선택, 삶의 역할과 규칙의 재평가, 변화 방식의 탐구를 용이하게 한다. 선택은 희망을 회복시키고 희망은 치료의 지표가 된다. 희망은 가족 구성원들이 다시 꿈을 갖게 해줄 뿐 아니라 종종 가장 예측 불가능한 혹은 창의적인 방식으로 그들의 꿈을 실행에 옮기도록 해준다. Jung(1933/1955)은 괴테를 인용하여 다음과 같이 말한다, "형성과 재편은 영원한 영혼의 영원한 오락이다"(p.157).

특별한 표기법

새로운 이론적 접근법을 사용할 때, 해당되는 관행의 윤리 및 임상 기준을 따르는 것이 중요하다. 미술 치료는 미술과 치료 모두에서 훈련을 요구한다. 이러한 훈련이 없다면, "미술 치료 기법으로 인해 야기된 내면 과정에 대한 신속한 접근으로 인해 방어가 손상될 위험이 있다"(Gunter, 2000, p.13). 미술 치료 관행의 윤리적 기준은 다음 학회 주소록에서 확보할 수 있다:

미국 미술 치료 학회(American Art Therapy Association)
1202 Allanson Road
Mundelein, IL 60600

재료 및 미술 치료 미국 학회(American Association of Marital & Art Therapy)
1133 15th Street, NW

Washington, DC 20005-2710

미국 심리학 학회(American Psychological Association)
750 First Street, NE
Washington, DC 20002-4242

부록

부록 A: 가족미술기초평가

부록 B: 가족미술치료에서 사용되는 인생주기표와 기타 개입

부록 C: 주요 가정, 개념 및 가족체계이론의 용어

부록A 가족미술기초평가

일반 지침

형식적이든 비형식적이든, 가족들 또는 가족 내 구성원들에게 사용되는 미술에 기초한 평가는 평가, 의사소통, 진단 및 치료를 위한 체계를 만들어낸다. 미술에 기초한 평가는 치료자에게 직접 가족 상호작용을 관찰할 수 있는 기회와 장점 뿐 아니라 도전에 대한 실존적 관점을 탐구할 수 있는 기회를 제공한다. 다음을 주목하시오: 평가는 치료이며 치료 계획서는 평가이다. 실력이 축적되면서, 이 둘을 따로 구분할 필요가 없다고 느낄 수도 있다.

- 평가 절차, 의료 및 정신 건강 기록 통합에는 내담자의 치료 과정과 미술 작품이 포함된다. 평가에서 이 부분은 양적으로 이루어진다(표 1, 미술에 기초한 사정평가). 치료자는 신체언어(body language)의 비율, 내담자의 상호 작용 수준, 미술 표현의 발달 연령 및 심리적 통찰력을 관찰하고 평가한다. 미술 구성요소에 대한 감별, 구분과 통합, 작품에 대한 지각은 질적으로 평가된다. 내담자의 방어 메커니즘 또한 관심의 대상이 된다.
- 평가에는 내담자들에게 자신들의 미술작품에 무엇이 있는지 보게 함으로서 그들을 집중시키고 적절한 경우, 관심 영역을 말로 묘사하도록 도와주는 것이 포함된다.
- 본 책에는 가족미술기초평가(FABA)가 포함되어 있다: 가족 미술 평가(FAE); 가족 조각(FS), 동적 가족화(K-F-D), 비언어 및 언어적 팀 미술 과제, 가족 초상화, 가족 벽화, 배우자와 함께 그리는 초상화, 가족 풍경화(FLD) 및 새둥지 그림(BND)은 컬러 북 패턴이 아닌 자료로 간주된다. 다른 과제는 다른 정보를 평가하기 때문에 적어도 세 가지 미술 작품을 하기 위해서 종종 가족미술 기초평가가 혼합되거나 비슷하게 사용될 수 있다. 프로토콜로서 세 작품은 그래픽 패턴을 관찰하고, 추가적인 정보를 수집하는 것에 대한 더 많은 기회를 주고 결과의 신뢰성도 향상시킬 수 있다.
- 미술과 이미지 패턴이 그 패턴들이 만들어지고 선택될 당시의 가족 또는 개인의 태

도, 믿음, 행동, 사고를 보여주는 한편, 이미지가 경험을 통해 시간의 흐름에 따라 변한다는 점에서 평가의 과정은 연속적이라 할 수 있다.

미술 공급 키트

미술 재료 없이 가족미술 기초평가 또는 개입을 진행할 방법은 없다. 기본적인 미술 재료는 간단하고, 비싸지 않으며 보관이 쉬울 수 있지만 "재료에 내재하는 구조적 특성은 발달 또는 퇴행 혹은 두 가지 모두에 영향을 미치는 표현 스타일과 상호 작용한다" (Lusebrink, 1990, p.84). 예를 들어, 매체 연속체(표 9, 매체 연속체 참고)의 양 끝을 사용하는 것이다. 찰흙은 유동체로 퇴행적 경험을 주며 직접 손으로 만져서 만드는 작업이 되기에 시간과 기술을 요한다. 손으로 만든 찰흙의 모양은 상징과 이미지가 된다. 반면 연필은 간단하지만 저항력이 강하다. 연필은 매체와 작품으로부터 거리감을 가진다. 연필은 그려지는 것에서 자신의 능력이 드러나고 도움을 주는 사람과의 신뢰감 형성에도 영향을 미친다.

미술 재료는 공예품 가게, 할인점, 교재 상점, 심지어 지역 약국에서도 구할 수 있다. 다음과 같은 무독성 재료는 필수적으로 구비되어야 한다.

- 양쪽으로 넓고 좁은 끝을 갖고 있는 칼라 마커
- 연필, 지우개, 색연필, 휴대용 연필깎이
- 색 템페라 팔레트(8가지 색이 한 패키지로 나옴: 검은색, 흰색, 주요색, 보조색. 각 색깔은 윗부분의 가로가 2″ x 2″이며 잘 구워진 남부 비스킷 정도의 크기이다. 템페라이기 때문에 부드럽고 엷은 색 뿐만 아니라 밝고 어두운 색도 만들어 내며 보관이 쉽다. 마를 수 있지만 물로 재사용이 가능하며 변질되지 않는다.)
- 템페라 팔레트와 수채화 물감을 사용할 수 있는 다양한 크기의 브러쉬와 스펀지
- 크레용 여러 상자
- 크레파스 크레용 여러 상자
- 파스텔 상자
- 잘 드는 가위 여러 개
- 여러 가지 색깔의 유성 클레이와 보관을 위한 비닐봉지
- Elmer사의 파란 풀 몇 개(파란 풀은 흰풀 보다 빨리 마른다)
- 여러 가지 색깔 판지 한 팩

- 티슈페이퍼를 8″ x 12″ 사각형으로 자른다(전체 종이의 1/4). 커다란 플라스틱 냉동용 팩에 보관하면 원하는 색상을 볼 수 있다.
- 작은 병에 종이나 딱딱한 표면에 티슈페이퍼를 붙일 때 사용하는 액체 전분 보관
- 12″x18″ 크기의 스케치북
- 18″x24″ 크기의 스케치북
- 청소용 종이 타월 롤과 스폰지
- 마스킹테이프 한 롤 또는
- 3M은 테이프나 핀 없이 벽에 붙일 수 있는 대형(20″x30″ 포스트 잇) 패드를 만듦

재활용 재료를 이용하면 창작이 더욱 재미있어 진다. 재활용 재료에는 컴퓨터 종이, 종이봉투, 오래된 양말, 단추, 털실, 끈, 돌, 깃털, 리본, 크고 작은 상자, 파이프 모루, 반짝이 등이 포함된다. 요즘에는 사용이 간편한 다양한 색깔의 "반짝이" 풀을 살 수 있다.

가장 높게 통제

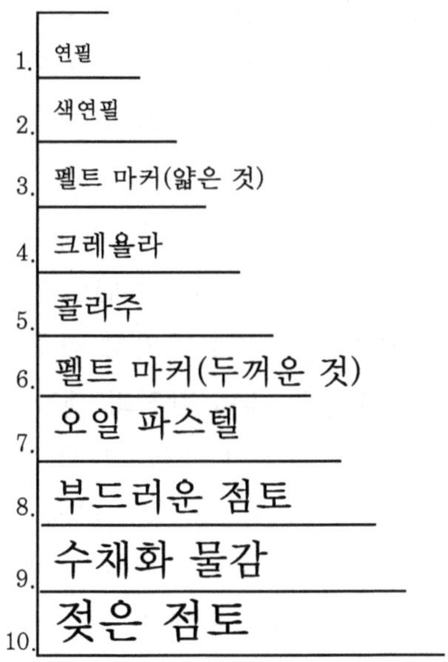

가장 낮게 통제

표 9. 매체 연속체(Lusebrink, 1991)

기본사항

- 과정. 안전한 환경을 제공하시오. 긍정적이고 수용적인 태도를 취하시오. 평가하는 것과 내담자와 함께 하는 것 사이에 균형을 찾으시오. 자리를 떠나지 마시오. 인내심을 가지시오. 조용히 도움을 주시오. 의견을 제시하시오. 영리하게 굴려고 하지 마시오. 그림과 언어적 반영, 또는 내담자에 대해 평가하려고 하지 마시오. 중립적 관점을 가지시오. 비밀 보장과 내담자를 지지하는 법을 연습하시오.

  미술 과정에는 다음 내용이 포함 된다: 준비, 연습, 청소, 내담자 반영, 치료자의 리뷰. 내담자 자신의 표현을 보고 이해할 수 있도록 돕는 치료 기술 및 직관도 포함된다.
- 배려와 준비. 더럽고, 오래되고, 남루한 재료를 사용하고 싶어 하는 사람은 아무도 없다. 재료를 깨끗한 플라스틱 종이팩, 상자, 바구니에 보관하되 사람들이 쓰고 싶게끔 깔끔하게 보관하시오. 미술 재료를 사용하려 할 때는 더럽혀지지 않았으면 하는 부분을 신문과 플라스틱으로 덮어 두시오. 붓을 빨거나 물감을 사용할 때는 깨끗한 물을 넓은 용기에 받아두시오. 사용 후 브러쉬를 깨끗이 빨아두시오. 내담자가 어떤 수준이든 편안하게 참여하도록 하시오. 하지만 정말로 중요한 것은 내담자들이 한 번도 해보지 않은 것을 시도하도록 강요해서는 안 된다는 점이다. 만약 그렇게 되면 내담자는 재료를 가지고 무엇을 어떻게 해야 할지 모르기 때문에 오랫동안 머뭇거리게 된다. 당신이 그 과정과 재료를 시도해 본적이 있다면 관심 영역을 통해 내담자를 안내할 수 있을 것이다.
- 관찰과 참여. 내담자은 당신이 집중해 줄 것을 기대한다. 조용히 앉아서 무슨 일이 일어나는지 관찰하여 기억하거나 기록하시오. 때로 내담자들이 당신에게 "당신은 메모를 하고 있지 않군요. 적지 않을 건가요?"라고 말하며 기록하는 것을 상기시켜주기도 한다. 당신은 내담자가 자신의 내면 감정과 생각을 표현할 수 있도록 시간, 공간, 재료를 제공 한다; 내담자가 마음껏 표현하도록 도와라. 방을 떠나거나 전화를 받거나 물품을 정리하거나 다음 치료시간을 준비하지 마시오. 조용히 앉아서 작품을 만드는 과정을 지켜보는 것이 불편하다면 미술이 당신에게 맞지 않을 수 있다. 당신이 미술활동에 참여함으로서 내담자의 작업에 도움이 되고 스트레스를 줄여준다면 함께 참여하시오. 하지만 Winnicott의 난화(1991)처럼 내담자 또는 내담자들과 함께 하는 공동 미술 작품에 참여할 경우, 자신만의 과정에 빠져 헤매거나 당신의 예술적 능력으로 내담자의 작품을 무색하게 하지 않아야 한다.
- 청소. 물감이 마르거나 재료가 들러붙기 전에 또는 분필 가루가 다음 내담자에게 묻

기 전에 치우면 청소가 훨씬 쉽다. 다시 한 번 말하지만, 사용한 모든 브러쉬 특히 전분, 풀, 반짝이에 사용한 브러쉬는 빨아 두어라. 깨끗하게 빨아두지 않은 브러쉬는 딱딱해지고, 물감을 젓는 데는 사용할 수는 있지만 그림 그리는 데는 사용할 수 없다. 만약 사무실이나 공간을 파트너와 공유하고 있는 상황이라면, 공간을 같이 쓰는 파트너는 난장판이 된 공간을 눈감아주기 힘들 것이다. 사실 당신도 마찬가지일 것이다. 청소도 과정의 일부분이다. 사용한 재료, 작업한 공간을 청소할 때 내담자에게 도움을 청할 수도 있다. 미술과 결과를 사랑한다면 청소 따위는 문제될 것이 없다.

- 반영. 어떤 미술치료에서든, 특히 가족 미술치료에서 중요한 부분은 작품을 보고 생각해 보는 것이다. 내담자에게 작품을 이젤 또는 게시판에 두고 5-8발자국 떨어져서 보게 하시오. Betensky(1975)는 말한다, "가장 중요한 질문은 내담자들이 무엇을 보는가하는 것이다" 그들이 처음 보는 것은 무엇인가? 그림의 중심을 무엇이라고 생각하는가? 작품에 제목을 붙일 수 있는가? 미술 작품은 그것을 만든 이에게 어떤 질문을 던지고 있는가? Berne & Savary(1991)은 이것을 TTAQ(Title, Theme, Affect, Question)라고 부른다. 내담자들로 하여금 TTAQ를 완성하게 하고 "내 입장"에서 자신의 작품에 대해 설명하게 하라. 자신에 대해 좀 더 많은 것을 알 수 있는 방법으로 미술품을 보게하라. "나는 부족하고 아직 완성되지 않았다." "나는 영리하고 화려하다. 나는 혼란스럽거나 집중하고 있다."
- 날짜와 이니셜. 항상 내담자들의 완성된 미술 작품에 날짜를 표시하고 이니셜을 쓰도록 하시오. 내담자가 작품 뒤편에 이름과 날짜를 기입하지 않았다면, 당신이 대신 해주시오. 미술 기초 지시사항을 확인하시오. 3주 정도 지나면 누가 언제 무엇을 했는지 기억하기 힘들다.

직업윤리

주의: 다른 평가에서처럼, 당신은 윤리적인 것과 무엇을 해야 하는지를 교육받는다. 몇 번의 수업을 할애하여 슈퍼비전과 상담을 받으시오. 그리고 자주 만나는 사람들에게 한두 번 정도 가족미술기초 평가를 사용해 보시오. 평가를 편안하게 사용할 수 있을 때까지 재료를 일관되게 공급하시오. 그러나 어느 누구에게 또는 어떤 가족들의 미술작품이 긍정적이거나 부정적인 방향으로 벗어날 때도 능숙하게 다루어야 한다.

사단법인 미국미술치료학회(AATA, 1998)와 Art Therapy Credential Board(ATCB,

표 10. 가족미술기초평가(의사소통, 평가, 진단 및 치료)

가족 미술 평가 (FAE) Kwiatkowsk (1976)	비언어적/언어적 팀 미술 (NVT) H. Landgarten (1987)	가족 초상화/가족 벽화 (FP/FM) J. Rubin (1978)	부부 공동 그림/자화상 (CJP/SP) H. Wadeson (1980)
과정	과정	과정	과정
1. 자유그림 2. 가족 초상화 3. 추상 가족 초상화(팔 동작) 4. 개인 낙서 5. 공동 가족 낙서 6. 자유 그림	1. 비언어 2. 도화지 한 장에 온가족이 그림－비언어 3. 언어 4. 도화지 한 장에 온 가족이 그림－이야기할 수 있음	1. 낙서로 그려진 그림 2. 가족 초상화 3. 공동 벽화	1. 공동 그림－비언어 2. 추상 가족 초상화 3. 배우자가 추가로 보충하는 자화상
가족 스크립트 (FS) M. Keyes (1974)	풍경화 (FL) D. Arrington (1984)	동적 가족화 (KFD) J. Burns & Kaufman (1972)	새 둥지 그림 (BND) D. Kaiser (1996)
과정	과정	과정	과정
1. 어떤 시간에 대해 생각하기 2. 각각을 묘사하는 3개의 형용사 3. 3개의 형용사를 나타내는 모양 만들기 4. 과거, 현재, 롤 모델 5. 미래를 위한 변화	1. 특정 시간에 대해 생각하기 2. 풍경화 3. 전설 4. 당신과 가장 멀리 떨어진 사람의 견해 5. 풍경화에 있는 다른 사람들의 견해	뭔가를 함께 하고 있는 가족의 모습을 그리기	새 둥지 그리기

1999)는 미술; 미술 소유권; 미술 가치 평가; 치료로서 미술사용에 대한 훈련과 관련된 비밀유지, 미술품 관리 등을 포함하는 실천 윤리 기준을 제시했다. 전문적으로 자격증을 받고 인증 받은 모든 치료자들은 자신이 실행할 수 있는 범위 내에서 실행할 것을 요구한다. 미술 치료에서, 이는 훈련과 감독 실습 경험을 요구한다.

A-1 HANNA KWIAKOWSKA(1978)가 개발한 가족 미술 평가(FAE)

Ⅰ. 재료: 18″x24″ 크기의 흰색 또는 마닐라지(특히 봉투를 만들 때 쓰는 튼튼한 누런 색 종이) 도화지. 크레욜라 또는 크레파스(오일 파스텔)

Ⅱ. 역사: 원래 심각한 정신적 장애로 인해 입원한 성인 가족이나 청소년이 있는 가족을 위해 개발된 가족 미술 평가(FAE)는 오늘날 입원 환자 및 가족 치료에서 가족 구성원들의 미술 기초 평가로 사용된다.

Ⅲ. 계획서:

치료시간내에 순서대로 6개의 그림을 완성하는 것으로 구성된다. 참가자들이 정교한 그림을 그리지 않도록 지시한다. 그림을 완성 한 후에는, 참가자들은 각 가족 구성원의 이름을 라벨로 붙여야 하고 그림의 제목을 정해야 하며 서명하고 날짜를 기입해야 한다(테이블에서 작업하는 것보다 이젤에 두고 작업하거나 테이프로 그림을 벽에 붙이는 것이 좋다). 이 그림들은 다음과 같다:

1. 비 지시 사항-무엇이든 생각나는 대로 그리시오:
2. 지시사항-현재 가족 구성원을 그리시오(참가자로 하여금 전신을 그리도록 지시하라)
3. 지시사항-추상적 가족 초상화를 그리시오.
4. 지시사항-개인 낙서를 하고 그 안에서 상징을 찾아내시오.
5. 지시사항-개인 낙서를 하고 나서 가족은 다른 구성원들과 함께하는 공동 가족 낙서를 위해 그중 하나를 고르시오.
6. 비 지시 사항-무엇이든 생각나는 대로 그리시오.

Ⅳ. 미술 과제:

1. 무엇이든 생각나는 대로 그리시오-참가자들의 긴장을 풀기 위해 사용됨; 비 지시사항은 덜 위협적이고 자유와 유연성을 허용 한다.
2. 가족 초상화는 가족 구성원들로 하여금 그들이 보는 대로 현재 가족을 그리도록 한다. 가족 초상화를 통해 새로운 반응과 통찰력을 얻게 된다.

3. 추상적 가족 초상화는 가족 구성원의 추상적 사고력에 대한 정보를 제공한다. 이 과제에서 가족 구성원에 대한 감정을 이끌어낼 수 있다.
   3번 과제를 완성 한 후, 마음을 편안하게 해주는 운동이 소개 된다(팔 스윙).
4. 개인 난화 –단어에서처럼, 이 과제의 지시사항은 애매하고 개방적이여서 일차적 과정이 나타날 수도 있다. 이것은 개별 가족 구성원의 통합 능력을 관찰하는데 있어 유용한 도구이다.
5. 공동 가족 난화–어떻게 가족 구성원들이 함께 작업하는지 직접 관찰할 수 있다. 한 장의 종이에서 작업하는 것을 보면 가족 구성원들 간의 경계와 친밀감을 확인할 수 있다. 개인 낙서와 공동 낙서를 비교하면 가족 역동에 대한 정보를 얻을 수 있다.
6. 마지막 자유그림–때로는 '무엇이든 생각나는 대로 그리시오' 라는 주제의 자유그림이 가장 중요할 수 있다. 이는 가족들이 스트레스를 얼마나 잘 견디는지 보여주고 그림 평가 과정을 통해 가족들이 안정적으로 남아있는지 또는 변하는지 확인시켜준다.

Burak(1981)은 합동 가족 그림 평가 척도를 개발했다. 척도는 가족들이 치료시간 동안 안정적이었는지 아니면 변했는지에 따라 행동과 표현 모드(언어, 육체, 그림 과정 및 그림 내용)에 따라 행동 체크리스트로 구성되었다. 이 체크리스트를 통해 각 가족 구성원의 특징과 전체 가족으로서의 특징이 확인되었다. 그런 다음 이러한 특징들을 그룹화하여(체계적인) 행동 패턴으로 구성했다(p.95)(Arrington, 1990, p.165).

논평: FAE로 모든 연령대를 면밀하게 평가할 수 있다. 그러나 한 시간 안에 완료하기가 어렵다. 4인 또는 그 이상의 구성원으로 이루어진 가족이 참여할 경우, 더 오래 걸릴 수 있다. 참가자들에게 미리 알려주고 강요하지 않는 방식으로 참가자들이 계속 과제를 진행하도록 하시오. 예를 들어, 처음에 대략 1시간 안에 끝냈으면 하는 6개의 미술기초 과제가 있다고 참가자들에게 미리 알려줄 수 있다. 한 구성원이 지나치게 몰두하는 경우, 지금 하고 있는 과제가 끝나면 아직 완성해야 할 과제가 있기 때문에 얼마든지 더 미술 작업을 할 기회가 있다고 말해줄 수 있다. 어린 아이들은 참지 못할 수 있다.

비고:

A-2. HELEN LANDGARTEN(1987) 이 개발한 비언어 및 언어 팀 미술 과제

(4인 이상 가족용)

Ⅰ. 재료: 12″x18″ 크기의 흰색 또는 마닐라지, 색깔 마커, 색종이, 풀

Ⅱ. 역사: 가족 구성원들 및 가족과 함께 하는 작업을 위해 로스앤젤리스에서 Landgarten이 개발함

Ⅲ. 계획서: Landgarten(1987)의 미술치료 가족 시스템 진단 절차는 치료자가 정확한 관찰자이며 동시에 예술적 소통 및 가족 행동을 기록하는 사람이라는 것을 알리기는 하지만 게임처럼 제시된다.

1. 지시사항 －비언어 미술 과제는 가족이 스스로를 두 팀으로 나누고 각 팀은 종이 한 장에 작업하도록 한다. 각각 다른 색깔의 칼라 마커를 골라 치료시간 내내 사용한다. 미술 작업을 하는 동안 서로에게 말을 하거나 신호를 보내거나 쪽지를 써서는 안 된다. 끝나면 그냥 멈추어야 한다. 과제가 완성된 후, 언어 금지령이 해제되고 팀은 그림의 제목을 붙인다.
2. 지시사항－비언어 가족 미술 과제는 전체 가족이 한 장의 종이에 작업하도록 한다. 다시 한 번 과제가 끝날 때까지 말을 해서는 안 된다. 과제가 끝나면 말을 할 수 있고 작품에 제목을 붙여야 한다.
3. 지시사항 －언어 가족 미술 과제는 참가자들이 작품 한 점을 만드는 동안 이야기 하는 것을 허용한다. 각 사람은 한 가지 색깔의 플라스틱신(클레이의 한 종류), 색종이, 마커를 사용한다.

Ⅳ. 평가, 관찰, 기록:

각 팀의 구성은 가족 동맹을 나타낸다. 한 가지 색만 쓰게 했기 때문에 치료자는 누가 무엇을 했는지 쉽게 알아볼 수 있다. 뿐만 아니라, 치료자는 가족 및 개인 참여와 관련된 17가지 문제를 관찰하고 기록한다. 이러한 "관찰 포인트"에는 "누가 그림을 시작했으며 어떤 과정으로 인해 이 사람이 화지에 처음 그리게 되었는가? 어떤 순서로 나머지 구성원들이 참여했는가? 어떤 구성원의 제안이 채택되었고 어떤 제안이 무시되었는가? 각 개인이 어느 정도 참여했는가?"(자세한 내용은 Landgarten, 1987, p.15 참고)

논평: FABA는 포괄적이고 배타적인 가족 역동을 관찰하는데 도움이 된다. 그러나 자유 그림이나 K-F-D는 세 번째 그림에 대한 좋은 예를 제공한다.

비고:

A-3. JUDITH RUBIN(1978)이 개발한 가족 초상화와 벽화

Ⅰ. 재료: 2″x12″ 크기의 종이와 고기 포장용지, 분필, 크레욜라, 크레파스, 마커

Ⅱ. 역사: Rubin은 Hanna Kwiatkowska의 선구적 작품에 고무되어, 피츠버그 아동 상담 센터의 수석 심리학자인 Max Magnussen 박사와 작업하면서 많은 가능한 과제와 순서를 가지고 실험을 진행했다. 그녀는 다음의 순서가 진행에 순조로움을 발견했다.

Ⅲ. 계획서:

Rubin(1978)은 치료중인 아이나 청소년이 있는 가족에 사용할 수 있는 3가지 구체적인 과제를 개발했다. 협동 과제로 제시되며 과제에는 다음이 포함 된다:

1. 지시사항- 미술가가 아닌 사람들을 편안하게 하기 위해 첫 번째 과제로서 강력한 진단 도구로서의 가치를 갖고 있는 개인 낙서가 소개된다. 아직 이미지를 낙서로 투사할 수 있는 능력이 개발되지 않은 어린 아동의 경우 원하는 대로 그릴 것을 권장 한다(지침 전체를 보려면 Rubin, 1978, p.129 참고).
2. 지시사항- 가족 초상화가 소개된다. 초상화는 구체적이거나 추상적일 수 있고 2차원이나 3차원도 가능하다. 가족 초상화는 필연적으로 긴장을 야기하므로 스트레스를 최소화하기 위해 가족 구성원들에게 다양한 선택이 주어진다. 매체 선택뿐만 아니라, 공간이 허락된다면 각 개인은 원하는 장소 즉, 이젤이나 테이블에서 작업해도 되고 혼자서 또는 함께 작업해도 된다.
3. 지시사항- 공동 벽화(테이프로 벽에 붙인 대형 벽화지)-공동 낙서처럼, 가족이 어떻게 함께 작업하는지 직접 관찰할 수 있는 과제는 효과적인 진단 평가가 된다. 벽화지는 그림 그릴 수 있는 공간이 넓은 곳에서 붙여두고 미술 치료자는 가족의 상호작용을 관찰할 수 있다. “먼저 무엇을 할지 결정하고 그 다음에 종이에 작업하라고 제안 한다”(p.130).
4. 비 지시 사항- 자유 그림, 무엇이든 생각나는 대로 그리시오. 한 참가자가 다른 사람들보다 먼저 첫 번째 두 개의 과제 중 하나를 완성한다면, 그/그녀에게 다른 수단을 이용하여 자유그림을 그리도록 제안한다.

Ⅳ. 평가, 관찰, 기록:

1. 낙서화-선택할 수 있는 수단이 제한되어 있기 때문에 가족들에게 생소한 주제에 대해 사적으로 대화를 나누기에 좋다.
2. 가족 초상화-서로에 대한 가족 구성원들의 이미지, 즉 크기, 위치, 배치, 생략

되거나 강조되거나 확장된 신체 부위 등을 관찰할 수 있는 기회를 치료자에게 제공한다.

3. 가족 벽화-투사 가능성뿐만 아니라, 가족 벽화는 공동 의사 결정과 공동 참여를 장려한다. 치료자는 가족이 함께 작업하는 것을 관찰할 수 있다.

비고:

A-4. HARRIET WADESON(1981)이 개발한 이야기하지 않고 그리는 공동 그림(JP) 및 배우자에게 주어지는 자화상(SP)

Ⅰ. 재료: 12″x18″ 크기의 종이, 다양한 색깔로 나오는 두꺼운 파스텔.

Ⅱ. 역사: Wadeson(1980; 1973)는 국립정신보건원(NIMH)에서 가족치료사들 그리고 Kwiatkowska와 함께 일하면서, 진단적으로 그리고 치료적으로 부부들과 함께 작업하기 위한 다양한 기법을 개발했다.

Ⅲ. 계획서:

결혼 관계에서 상호작용 과정을 집중적으로 조명하기 위해 3가지 기법이 개발되었으며 진단을 위한 특정한 질문이나 고정된 순서는 제시되지 않는다.

1. 지시사항- 이야기하지 않고 그리는 공동 그림-지시사항은 "서로 말하지 않고 하나의 잘 통합된 그림을 그리는 것이다"(p.285).
2. 지시사항- 결혼 관계 추상화- 참가자들은 "동시에 그러나 따로 결혼 관계에 대한 추상화를 그리라"는 지시를 받는다(p.290).
3. 지시사항- 배우자에게 주어지는 자화상- 각 배우자는 세로 용지 전체에 실제적인 전신 자화상을 그려야 한다. 그림을 다 그리면, 그들은 상징적으로 자기 자신(자신의 자화상)을 서로에게 주고 그런 다음 파트너에게 원하는 무엇인가를 할 수 있는 기회를 얻게 된다.

Ⅳ. 평가: 관찰과 기록.

1. 이야기하지 않고 그리는 공동 그림-이 과제는 가까이에서 부부가 함께 작업하는 것을 지켜볼 수 있는 기회를 제공한다(한 장의 종이). 말로 하는 대화를 허용하지 않기 때문에 비언어적 상호작용의 힘이 강화된다.
2. 결혼 관계에 대한 추상화-이것은 Kwiatowska 추상 가족 풍경화의 변형이다. 추상적 사고를 위한 개인의 능력을 보여주며 격한 감정을 이끌어낸다.
3. 배우자에게 주어지는 자화상-미술에 기초한 이 과제는 강렬한 감정을 이끌어내며 상호작용을 극화한다.

논평: 초상화를 교환하는 것은 다른 쌍에도 효과적이다: 즉, 커플, 엄마와 딸, 엄마와 아들, 형제자매 등.

비고:

A-5. MARGARET PRINGE KEYES가 개발한(1982) 가족 조각(FS)

Ⅰ. 재료: 소상용 점토, 종이, 연필

Ⅱ. 역사: 임상 현장에서 내담자들과 작업하면서 Keyes(1974)는 가족 조각 기법을 발명했다.

Ⅲ. 계획서: 치료자는 *내담자로 하여금 3세에서 10세 사이에 원 가족이 어떠했는지를 생각하도록 함으로서* 치료를 시작한다.

1. 종이에, 내담자를 포함한 *그 당시 가족 구성원 각각에 대해 3개의 형용사를 적으시오*. 예를 들어, 이상한, 외로운, 창의적인.
2. 다음으로, 내담자에게 각 가족 구성원을 묘사하는 형용사를 점토 조각으로 만들도록 지시하시오.
3. 내담자는 *종이에 있는 서로의 관계에 조각을 올려놓는다*. 예를 들어, 가까운 사람과 먼 사람.
4. 다음으로 치료자는 내담자에게 *자신이 각 가족 구성원으로부터 느꼈음직한(아마도 비언어적으로)* 그리고 그의/그녀의 반응(행동)이었을 것으로 추정되는 *코멘트나 질문을* 쓰도록 한다.
5. 치료자는 먼저 과거의 가족에 집중하고 다음에 *현재 관계*에서 그와 동일한 형용사를 충족하는 내담자와 가족 조각을 찾아보게 한다.
6. 다음으로 치료자는 내담자에게 각 용어와 조각에 형태를 부여하게 한다. 즉, 단어의 경우, 나는 이상하다, 나는 외롭다, 나는 창의적이다 그리고 조각의 경우, 나는 크다, 평평하다, 꺼끌꺼끌하다, 복잡하다.
7. 내담자는 조각의 일부를 없애서는 안 되지만 원하면 변화시킬 수는 있다. 예를 들어, 한 조각을 덧붙이거나 다른 것을 구부리거나 하여 하나의 조각으로 통합시킬 수 있다.

비고:

A-6. DORIS ARRINGTON(1984)가 개발한 가족 풍경화(FLD)

Ⅰ. 재료: 지도나 라이스 페이퍼(rice paper: 질이 좋은 얇은 종이의 하나)를 제외한 어떤 종이도 괜찮으며, 티슈페이퍼나 신문 인쇄용지처럼 부드러운 종이는 색연필, 수채화 물감, 브러쉬, 검은 펜과 잘 결합된다.

Ⅱ. 역사: 가족 및 가족 내 개인과 작업했던 Arrington(1984)은 가족 간에 경계 문제와 동정심을 보기위해 가족 풍경화를 시작했다.

Ⅲ. 계획서:

1. *내담자 인생에서 3세와 12세 사이의 특정 시기를 생각하라. 자신들이 성장했던 심리적 공간을 생각하라.* 감정적으로 어떻게 느껴졌는가, 즉, 붐볐는가 조용했는가, 비좁았는가 편안했는가?
2. 심리학적 풍경으로 *바다경치, 사막 경치, 상징적인 풍경화를 그리시오.* 당시 가족을 구성했던 *각 가족 구성원을 포함시키고 감정적으로 가까운 사람은 가깝게 먼 사람은 멀게 배치하시오.* 상징이 표현되고 동맹이 확인됨에 따라 이러한 작업은 항상 가족 내에 강렬한 감정을 나타낸다.
3. 다음으로 내담자에게 *각 가족 구성원을 확인하면서 풍경화에 설명을 덧붙이도록* 한다.
4. 이 시기(3-12세)에 내담자의 가족에게 큰 변화, 즉, 사망, 이혼, 재혼, 양육의탁 등이 있었을 경우, 내담자에게 해당 배경에 대한 감정적 경향을 설명하는 다른 풍경화를 그리도록 하고 역시 설명을 덧붙이도록 한다. 때로는 어릴 때 여러 가족과 살아보았던 개인이 있을 수 있고 따라서 가족 풍경화가 여러 장일 수 있다.
5. 내담자에게 동일한 강도로, 그/그녀로부터 가장 멀리 떨어져있는 사람의 관점에서 풍경화를 그리도록 하라. 가족 구성원 간에 이러한 공간의 재구성은 이전에 경험하지 못한 감정이입 과정을 야기한다. 내담자에게 가족 풍경화에 있는 각 구성원의 상징에 입각한 관점에서 그리도록 하고 자신이 경험한 것에 대해 논의하도록 하라.

Ⅳ. 평가: 처음 풍경화는 매우 간단하다. 그것은 적절한 방어 기제 뿐만 아니라 그림을 그린 이가 가족 공간에 대해 의식적으로 어떻게 느끼고 있었는지 보여준다. 두 번째 풍경화는 그림 그린 이가 자신으로부터 가장 멀리 떨어져 있는 구성원이 견지하고 있다고 믿고 있는 관점에 대한 역동적인 통찰력을 보여준다.

논평: FLD는 참가자를 편안하게 하기 위해 처음에 이용 하는 자유 그림과 잘 어울린다. 또한 FLD는 잠재연령 또는 그 이상의 가족 구성원에게 효과가 있다.

비고:

A-7 ROBERT BURNS와 S. KAUFMAN(1972)가 발전시킨 동적 가족화(K-F-D)

Ⅰ. 재료: 8-1/2″x11″크기의 종이, 연필

Ⅱ. 역사: K-F-D는 가장 광범위하게 사용되는 미술에 기초한 가족 평가이다. Burns와 Kaufman은 1970년에 도입된 이 K-F-D가 종종 인터뷰나 다른 조사 기법보다 훨씬 더 빠르고 적절하게 가족 내 주요 갈등을 보여준다는 점을 발견했다. K-F-D가 처음 도입될 당시 저자들은 개인 환자들이 그린 10,000건의 KFD를 검토했다.

Ⅲ. 계획서:

내담자(아이들 또는 성인)에게 자신을 포함한 가족 구성원 모두가 뭔가를 하고 있는 그림을 그리도록 하라.

1. 만화 또는 스틱 사람들이 아닌 사람 전체를 그리시오.
2. 다시 한 번 얘기하지만 모두가 뭔가를－일종의 행동－하고 있어야 한다.
3. 이니셜과 날짜를 기입하시오.

Ⅳ. 평가: 먼저 전반적인 감정을 찾고 그 다음에 가족 구성원과 자아의 신체 인식, 영역 형성, 구획화를 찾아내시오; 투명화, 그림에 나타나지 않은 사람 또는 자아, 성적 매력, 공격성(무기가 있던 없던), 공포와 불안. 보다 완벽한 평가를 보고 싶으면 미술에 기초한 측정평가(ABA-EVAL) Arrington, 2000, Burns와 Kaufman, 1972, Peterson과 Hardin, 1995를 참고하시오.

논평: Peterson과 Hardin(1997)은 Burns와 Kaufman(1972)이 발전시킨 K-F-D를 위해 정성과 정량 검사 목록을 수정했다.

비고:

D. KAISER(1996)가 개발한 새 둥지 그리기(BND)

Ⅰ. 재료: 8-1/2″x11″크기의 흰 종이, 지우개가 달린 #2 연필, 얇은 색연필, 크레파스 또는 파스텔.

Ⅱ. 역사: 지난 20년간 아이들의 애착을 평가하는 수많은 연구가 진행되어 왔다. 이러한 연구는 청소년과 성인의 구성 및 애착 패턴을 평가하는 단계까지 확장되었으며 개념적 틀을 제공하고 인생 전반에 걸친 최적의 발달을 이해하는데 도움을 준다. 또한, 애착 관계가 삶을 통해 다른 관계와 관련지어지고 정신병리학에 대한 위험 발달과 관련됨에 따라 애착 관계 역시 연구되고 있다(1996, p.334).

Ⅲ. 계획서: 내담자는 *새 둥지를 그려야 한다.*

이와 함께 부모애착과 또래애착 목록의 엄마에 대한 애착 척도(ATM)을 진행할 수 있다(Armsden, G, & Greenberg, M.(1987)).

Ⅳ. 평가: 부모 새와 아기 새를 포함시키면 알을 포함시킬 때보다 엄마에 대한 애착 척도의 애착 점수가 훨씬 높게 나타난다. 알이나 새가 없다는 것은 낮은 애착 점수를 나타낸다. “Kaiser의 연구 결과는, 애착이 덜한 여성들이 부모 새나 아기 새를 생략할 때 그들은 무의식적으로 중요한 다른 한 사람(남편 · 아내 · 애인을 가리킴)으로부터 지원이 부족하다고 느꼈거나 그러한 감정을 표현하고 있다는 견해와 일치 한다”(pp.333-340). BND는 애착을 위한 내면화된 불안정한 작업 모델을 수정하거나 재구성하기 위한 전략을 설계하는데 도움을 줄 수 있다.

비고:

부록B 가족미술치료에서 사용되는 인생주기표와 기타 개입

가족 미술 치료사들은 언제나 주의를 기울이고 신경을 쓰도록 훈련받는다. 그들은 가족이나 가족 내 개인들과 작업하며 종종 내담자들에게 이것을 그려라, 저것을 그려라, 이것을 창작하라, 저것을 창작하라, 이것을 만들어라, 저것을 만들어라, 이것을 보여 달라, 저것을 보여 달라 하는 식의 요구를 한다. 이는 그냥 하는 것이 아니라 그 방에 있는 다른 사람과 신체적 정신적으로 상호작용하는 것, 미술 작품, 과정을 관찰하여 의도를 갖고 지시하는 것이다. 미술에 기초한 측정 평가(ABAEVAL, 표1)는 지속적인 양적 및 질적 평가를 도와준다.

다음과 같은 개입이 자료로 제공된다. 경험을 통해 이 자료들은 치유의 주기에서 의사소통, 평가, 진단 및 치료 사이에서 교체가능하다. 치료자는 항상 내담자의 태도 강도를 태도 연속성과 연결시키며 단지 내담자들이 행복한지가 아닌(Csikszentmihalyi, 1999) 그들이 자신이 몸담고 있는 세상에서 어떤 선량함을 보고 있는지를 평가한다. 미묘한 변화는 내담자들이 눈치 채기 전에 미술이 진행되는 해당 주간에 분명해진다.

태도 연속성

긍정 __________ 중립 __________ 부정

개입은 다음을 포함 한다

B-A. 인생주기표와 워드 태핑(Wordtapping)
B-B. 나의 생애* - 우리 가족만의 시간*
B-C. 가족나무, 숲 - 가계도*
B-D. 최초의 기억 - 처음 공유한 기억

B-E. 즉흥적인 콜라주(페르소나 및 섀도우: 문화, 가족 및 성역할과 규칙)
B-F. 티슈페이퍼 나무(대화 그리고 일생동안의 문제 확장하기)
B-G. 나만을 위한 상자와 우리를 위한 상자
B-H. 안과 밖
B-I. 함께 공유하는 가치*
B-J. 보호자(애완동물과 원칙)
B-K. 수리! 수리! 수리! 수리 상자
B-L. 황금 꿈의 보물 폴더*

B-A. 인생주기표와 워드 태핑

관계 및 개별적 존재를 확인함에 따라, 개인적인 질문과 답을 쓰고 스케치할 수 있는 개인 저널을 쓰고 싶어질 수 있다. 이 과정을 시작하는 한 가지 방법이 인생주기표를 작성하는 것이다.

재료: 인생주기표 페이지 또는 스케치 북, 펜, 연필, 색연필.

준비와 과정: 다음 인생주기표는 최초의 기억으로 시작하는 7살 칸을 완성하도록 설계된다. 가족 역사로 시작하여 역사를 적는다. 원하는 만큼 상세하고 길게 작성해야 한다. 녹음기, 비디오카메라 또는 연필과 종이만 들고 연장자를 찾아가라. 가족의 역사, 타고난 성격, 유년시절 스토리에 대해 이야기를 나누어라. 가족의 족보를 공부하라. 가족 모임에 참석하라. 나이 드신 분들은 빨리 변하며 기억과 이야기가 잊혀 지기도 한다. 당신의 삶처럼 관심 있는 분야를 선택하여 시작하라.

생애주기 일지를 채워 넣을 때, 당신이 출생하기 1년 전부터 시작하여 연도가 적힌 칸과 내용이 적힌 칸을 현재에 이르기까지 완성하라. 이제 당신은 연대기 구조를 갖게 되었다. 태어나기 전의 해에 있었던 일과 출생 이야기에 대한 정보를 채워 넣어라. 때로는 이러한 사건들이 간단해 보여도 개인적인 선택과 현재 행동에 단서를 제공하기도 한다. 치료가 진행됨에 따라, 중요한 다른 한 사람(남편 · 아내 · 애인을 가리킴)과 앉아서 경험과 새로 알게 된 정보를 공유하기 때문에 인생주기표를 통해 친밀감의 시간을 갖게 된다.

*변형된 기법. 설명 시트에 나열된 적절한 크레딧

목표

1. 내적 공간과 시간 내에서 자유로운 움직임을 허용 한다
2. 인식과 탐구를 위한 경험과 감정을 개방한다.
3. 기억과 희망을 통해 부드럽게 움직일 수 있는 인식 구조를 제공 한다; 이전에는 접촉하지 못했던 사람의 기억에 다가가기. Progoff(1975)는 관찰자가 사건을 인식할 때, 연대기 시간을 사건의 객관적 순서라고 한다. 반면에, 질적 시간은 객관적 경험의 의미와 가치로 여겨진다.
4. 중요한 관계에 있는 사람들과 함께 기억에 남는 일반적이고 친밀한 사건을 이야기한다.
5. 참가자가 계속 앞으로 나아갈 수 있도록 경험의 행위와 감정을 탐험, 수용, 용서함으로서 경험에 가치를 부여한다.

워드태핑(Wordtapping): 기억은 덩어리로 온다. 워드태핑은 간단히 말하면 우뇌이다. 그것은 자기만의 논리로 하나의 아이디어에서 다른 아이디어로 옮겨간다. 좌뇌는 연결을 느낄 수 없을지 모르지만 함께 움직이며 결국 패턴과 리듬이 발달한다.

재료: 생애주기 일지, 스케치북, 펜, 연필, 색연필

준비와 과정: 한 단어 또는 한 구문으로도 인생의 기억을 떠올릴 수 있다. 카테고리를 순서대로 채우고 싶지 않을 수 있지만, 하나의 기억에서 다음 기억들로 채워져 나갈 수 있다. 내 인생에서 식사시간이나 취침 시간은 어떠했는가? 우리 가족은 생일이나 성공, 실패를 어떻게 축하해 주었는가? 차량 항목에서, 내가 처음 소유하고 운전했던 자가용은 무엇이었는가? 내가 오토바이를 가졌었던가? 오토바이와 관련된 기억에는 어떤 것들이 있는가? 내가 자전거를 많이 탔던가? 나는 어떤 냄새와 소리를 좋아했으며 어떤 냄새와 소리가 나와 가족에게 중요했는가? 인생, 책, 영화, TV프로에서 누가 나의 영웅/여걸이었는가? 일지에 포함된 기억을 기록하는 방식이 한 가지만 있는 것이 아니다. 이것은 단지 구조일 뿐이다. 당신에게 효과적인 방식으로 채워 넣어라. 시간과 사건에 집중하기 위해 친척들과 함께 작업하라. 일생 주기 일지의 구조를 이용하면 어떤 방향으로든 자유롭게 움직일 수 있을 뿐만 아니라 연대기적 시간으로 중요한 기억에 접근할 수 있다.

몇 주 또는 몇 달간의 시간을 할애하여 이 과정을 완성하고 많은 감정과 생각이 떠오를 수 있도록 그리고 그것들을 검토할 수 있도록 준비하라. 일지를 개인적으로 보관하고 싶다면 축약형이나 코드를 사용해도 된다. 얼마나 많은 추억을 갖고 있는지 스스로도 놀랄 것이다. 많은 사람들이 시간, 공간, 인생사건에 따른 감정과 생각의 혼합을 풀어낼 때 많은 것들을 기억하는 그들의 능력이 향상됨을 발견했다. 일부 공간은 여백으로 남아있게 하라. 그 공간을 성인 발달에 있어 발견의 시기로 보아라.

B-B. 나의 생애(RHYNE, 1973)

시작도 하기 전에, 게슈탈트 미술치료(Gestalt Art therapy)의 저자인 Jaynie Rhyne이 당신의 일생을 게슈탈트 프레임워크(Gestalt framework) 속에 가두도록 했을지 모른다. 그녀는 말 한다. "게슈탈트(Gestalt) 심리학은 인지하는 사람의 과정과 대상의 형태 사이의 상호 관계를 포함하는 인식 이론이다"(p.7). 경험하라. 그리고 현재를 살아라; 지금 일어나는 일에 온 주의를 집중하라; 하고 싶은 것을 하라; 자신의 데이터를 신뢰하라; 자신의 분절된 부분을 전체와 통합하라. 욕구와 필요한 것을 파악하라… 당신의 현실을 구성하는 많은 부분의 전체로서 당신의 성격을 인식하기 위해 전체 구성을 인식하라. 그렇다면, 게슈탈트 미술 경험이란 다음과 같다: 복잡한 자신을 미술 형태로 만들기; 당신이 사건으로 만들어내고 있는 형태에 관여하기, 자신이 하고 있는 것을 관찰하기, 그래픽 제작물을 통해, 지금의 자기 자신 뿐만 아니라 되고 싶은 자신을 창조하기 위해 이용 가능한 대안적 방법으로서 자기 자신을 희망적으로 인식하기(p.9).

재료: 두루마리 종이, 불투명 수채화 그림물감, 여러 가지 크기의 브러쉬, 물 항아리, 스카치테이프, 가위, 풀, 판지, 티슈페이퍼, 크레파스.

준비: 시작하기 전에, 긴장을 풀고, 당신의 일생, 즉 과거, 현재, 미래의 공간에서 당신이 자유롭게 돌아다닐 수 있도록 편안함을 가져라.

일생을 돌아보니 어떠한가? 아이였을 때 당신의 가정 분위기는 어떠했는가? 누가 주로 당신을 돌보아주었는가? 스스로가 누구인지 정의하도록 도와준 사람은 누구였는가? 학교 그리고 이웃과 어떤 관계를 맺었는가? 부모님은 당신의 학습 과정에 어떤 식으로 관여했는가? 가족은 어떤 식으로 생일을 축하했는가? 당신 주위의 사람들은 어떤 식으로 성공을 축하했는가? 그들은 실패에 어떻게 대처했는가? 어떤 사건들이 당신의 인생을 변화시켰는가? 당신은 언제 두려웠는가? 삶이 살만한 가치가 있는 것인지 질문해본 적 있는가? 언제 가족 간의 믿음에 대해 의심했는가? 언제 스스로 결정하기 시작했는가? 가족에게 동기를 부여하거나 가족을 보호하는 것은 무엇이었나? 당신에게 동기를 부여하거나 당신을 보호하는 것은 무엇이었나? 당신의 어두운 시간과 화해했는가? 스스로를 용서했는가?

과정: 말려있던 종이를 펼치시오. "당신은 당신만의 인생 속에 있다! 당신은 자신만의 삶의 공간에서 존재하고 요구하고 뭔가 할 수 있는 책임과 특권이 있다. 하고 싶은 것을 하시오.

표 11. 인생주기표와 워드 태핑(Wordtapping)

나이	출생 전	0-7	8-14	15-22	23-30 등
국제/국내/주					
지역					
책-저자, 영화, TV 쇼, 영웅, 여걸					
과학, 학업					
음악 스포츠 취미					
휴일 휴가					
도덕적/종교적/영적 경험					
성적 경험					
대상/소리/냄새/맛					
가족 친척 친구					
애완동물/장난감					
차량					
성취					
주소 변화					

B-2B. 우리의 결혼 시간 (SUDDABY와 LANDAU, 1998)

이제 시작하시오. 두 사람은 어떻게 이 공간에 오게 되었나? 지금 이전에 무슨 일이 있었는가? 그때 이전에는 무슨 일이 있었는가? 긍정적으로 보시오. 거기에 이름을 붙이고 회고하고 확인하고 다시 이미지로 창조하시오. 이제 부정적인 요소는 무엇인가? 그 전에 무슨 일이 있었는가? 거기에 이름을 붙이고 회고하고 확인하고 다시 이미지로 창조하시오.

B-C. 가족 나무와 숲- 가계도

(Guerin & Pendagast, 1976; Bowen, 1978; Lewis, 1989; Hardy & Laszloff, 1995; Kuehl,1995; McGoldrich, Giordano & Pearce, 1996)

가계도는 한 가족을 구성하는 사람들의 지도이며 3대 이상을 표현하는 다이어그램이다. 가계도는 가족 구조, 세대 및 관계 정보, 세대 간 메시지를 시각적으로 보여주며 현재 문제가 어떻게 과거의 문제와 연결될 수 있는지 가족구성원들이 알 수 있게 해준다. 가계도를 통해 다음을 확인할 수 있다:

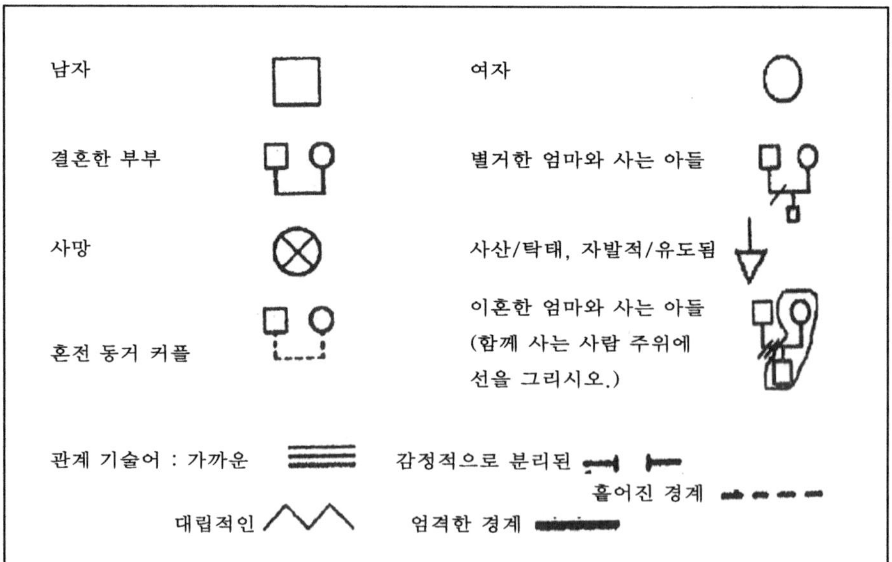

표 12. 가계도(12″x18″크기의 종이에 가장 잘 그려짐. 출생일과 사망일 포함)

최소: 출생, 사망, 이혼, 연합, 충성도, 분열, 감정적 단절.

최대:

A. 기대, 가족 비밀, 근거 없는 믿음, 자살, 삼각관계, 성역할.
B. 특정 질병(예, 당뇨병, 심장병, 뇌출혈, 암, 근육 영양 장애) 마약 및 알코올 남용, 가족 폭력의 반복 패턴
C. 교육, 직업, 기술, 장점, 재능
D. 가족들이 분노, 애정, 수용과 거절, 사랑과 증오, 친밀함과 고립, 양육, 존경을 어떻게 정의하고 보여주는가.
E. 가족의 문화적 관심과 인종.
F. 다세대의 문제.

다음과 같은 질문을 던질 수 있다: 누가 누구와 가까운가? 현재 누가 가족 "안"에 있고 누가 "밖"에 있는가? 가족의 영웅은 누구인가? 누가 말썽꾸러기인가? 배우자들은 어디서 어떻게 만났는가? 다른 가족 구성원들은 어떻게 사망했는가? 요리사, 보모, 유모, 중요한 동물처럼 집에서 같이 살았던 중요한 사람들을 포함시키시오. 개인적 문제를 포함시키시오(직장을 구하지 못하고 있다, 조용히 있지 못한다, 재미가 없다).

숲

풍경화의 일반적인 상징 안에서 숲은 중요한 자리를 차지하고 있으며 종종 신화, 전설, 설화에서 발견된다. 숲은 위대한 어머니와 모든 단계에 연결된 덤불이며 빽빽하게 성장한 나무들이다. 어찌 보면 가족들은 여러 관계와 많은 상호작용을 하고 있기 때문에 가족 나무라기보다는 가족 숲으로 보이기도 한다. 이 가족들 출신의 어린이, 심지어 어른 아이조차 종종 가족 나무를 구성하는 데 애를 먹고 쩔쩔 맨다(왜냐하면 달라 보이기 때문에). 개인과 가족들로 하여금 그들의 관계를 많은 다양한 종들이 함께 사는 숲으로 보도록 하라.

B-D. 최초의 기억

개인. 당신의 첫 번째 기억은 무엇인가? 네가 기억하는 첫 번째 사건은 무엇인가? 어쩌면 그것은 단지 이미지일 것이다. 시간을 내어 그 이미지를 그리고 내용을 써라. 이것은

중요하다. 거기에 혼자 있었는가 다른 사람과 함께 있었는가? 나의 첫 번째 기억은 3살 이전 기억이고, 그 때 이후로 내 삶은 7년 주기로 급상승했다. 아마도 당신의 기억은 두 살, 네 살, 한 살 때 기억일 수도 있다. 어릴 때 익힌 감정은 분노, 공포, 놀람, 행복, 슬픔, 혐오감, 사랑, 관심과 관련되어 있다. 이 감정들은 높은(적대적인) 강도에서 낮은(절망적인) 강도의 연속선상에 있다. 이러한 강도는 아드레날린이나 코티솔을 방출하는 교감 신경계에 영향을 준다. 당신의 최초의 기억은 이러한 감정들과 어떻게 관련되어 있는가?

B. 공유하는 기억

부부와 가족. 이 세상 모든 사람들 중에서, 당신 두 사람은 어떻게 만나게 되었는가? 어떻게 만났는지를 그리되 함께 그리지 말고 혼자 그리시오. 연애에 대한 구체적인 기억을 그리시오. 어떻게 약혼하게 되었는지 그리시오. 함께, 결혼 전에 일어났던 중요한 사건을 그리시오. 결혼에 대한 당신의 느낌을 그리시오. 무엇을 어떻게 기억하는지 그리고 이 그림을 그리는 것은 중요하다. 이러한 기억들이 어릴 때 익힌 감정과 어떻게 관련되어 있는가?

재료: 크기와 색깔 별로 구분된 종이. 크레파스, 분필, 수채화 그림물감, 브러쉬 등 간단한 재료.

과정: 시간을 할애하여 당신의 최초의 기억이나 중요한 한 사람과의 기억에 대해 생각해 보라. 그때의 감정과 상황을 기억해보라. 그 후 그림을 스케치하거나 당신의 감정과 느낌을 표현하는 사건에 대한 추상화를 그려라. 시간이 걸리더라도 이러한 기억과 감정을 처리하라. 다른 기억과 감정들은 종종 통찰력 있는 피드백이나 다른 관점을 제공할 수 있다.

B-E. 즉흥적인 콜라주 - 페르소나 및 그림자(shadow): 역할, 규칙, 거절

재료: 큰 갈색 봉투 또는 플라스틱 롤러, 서랍에 수집되고 보관된 잡지 사진 모음(콜렉션). 콜렉션의 주제에는 모든 연령, 문화, 민족적 얼굴 또는 신체; 동물, 다리, 건물, 물체, 장소 및 단어 등이 포함되어야 한다.

준비와 과정: 어린 소녀였을 때 나는 여러 게임 중에서 종이인형을 갖고 노는 것을 즐겼다. 이제 치료자가 된 나는 이 특별한 시간을 수정해서 내담자들에게 콜라주에 쓸 잡지 그림을 모아오도록 했다. 콜라주를 사용하는 여러 가지 방법이 있다. 종종 사람들은 잡지를 사용하고 자신만의 사진을 선택하며 그것들을 붙여둔다. 하지만 수집에는 시간이 걸리고 내담자들은 잡지 읽는 것에 온통 빠져버리기도 한다. 다른 이들은 잡지 그림 모음을 제시하면서 사람에게 특정 과제를 위해 하나 또는 여러 개를 골라달라고 한다. 어떤 때는 그림을 붙이고 다른 경우에는 개인적인 패턴으로 배열하지만 붙이지는 않는다. 과정은 쉽다. 비디오 상영에 제공할 그림을 큰 탁자위에 펼쳐놓아라. 내담자에게 아래 주제 중 하나를 나타내는 그림을 찾으라고 요청하라:

1. 당신과 당신의 직계가족을 나타내는 그림을 5-6장 고르시오.
2. 가족 문화(바쁜, 전문적인, 자식이 없는, 골치 아픈 일, 아이, 애완동물 등)를 나타내는 그림을 10장 고르시오.
3. 역할(아내, 엄마, 딸, 일벌, 여왕, 공주, 관리자, 감독, 조수, 청소부, 요리사, 기사)과 규칙(아내는 집을 청소하고 요리한다, 엄마는 집에 기거한다, 딸은 부모님에게 복종한다 등)에 초점을 맞추어 원 가족의 모든 구성원을 나타내는 그림을 고르시오.
4. 끊임없이 되풀이되는 문제(양육의 차이, 축구 보기, 매끄럽지 않은 의사소통, 인척관계 등) 및 계속되는 문제(돈, 섹스, 지각, 수집, 쇼핑 등)와 관련된 가족에 대한 사진을 10개 고르시오.
5. 가족들이 어떻게 긴장을 푸는지 보여주는 사진 10개를 고르시오(스포츠, 영화, 자연, 음주, 여행, 친구 방문, 창작, 음악 듣기)
6. 언젠가는, 이 모든 주제를 사용할 수 있고 당신 자신의 주제를 만들 수도 있다.

가족 미술 치료사의 관심사는 선택 과정에서 얻게 되는 정보이다. 일반적으로 선택한 사진이 긍정적인가 부정적인가? 가족 문화에 대해 무엇이라고 얘기하는가? 어떤 역할과 규칙이 발견되고 확인되었는가? 가족 내에서 계속되는 문제와 끊임없이 되풀이되는 문제는 무엇인가? 이 문제들이 유머러스하게 긍정적으로 인식되고 있는가 아니면 짜증과 혐오감으로 부정적으로 인식되고 있는가? 부부나 가족이 이러한 문제를 안고 사는 법을 배웠는가? 가족은 비중독적 솔루션으로 함께 긴장을 이완시키는 방법을 알고 있는가?(예를 들어, 절주, 식사, 쇼핑, 흡연, 일). 이 모든 주제는 내담자보다는 이미지에 초점이 맞추어져 있기 때문에 비 위협적 논의를 시작할 수 있다.

B-F. 티슈페이퍼 나무 - 삶을 어떤 관점에 두고(ARRINGTON, 1985) 일생동안 지속되는 문제와 끊임없이 되풀이되는 문제를 확장하고 그러한 문제에 대해 대화하기

재료: 6″x 6″ 정사각형으로 잘라서 색깔별로 배열한 색깔 티슈페이퍼. 12″x18″ 또는 18″x24″크기의 흰색 종이. 전분, 브러쉬, 종이 또는 전분을 담을 만한 플라스틱 컵.

준비: 뿌리, 몸통, 나무껍질, 나뭇가지와 잎 등 나무의 다양한 부분, 모든 종류, 모든 연령, 모든 색깔 등 나무에 관한 엽서나 사진 20-50개를 모으거나 찍으시오. 사진을 검토하시오.

성장하고 확장하고 있는 나무라는 은유 속에서 자신을 관찰하시오. 당신의 환경은 구조화되어 있는가 자유롭게 흘러가는가? 당신은 떨어진 잔해들이 흩뿌려져 있고 뭉개지고 채워져 있거나 부드러운 양치식물과 약초로 덮인 토양에서 씨앗으로 시작했다. . . 아마도 당신의 못자리가 잘 준비 되어 있어서 따뜻한 햇볕을 많이 받을 수 있을 것이다. 따라서 당신이 당신 가족의 멋진 대표자로 성장하고 발달할 때 당신의 뿌리는 안정적으로 뻗어나갈 수 있고 토양 깊이 자리를 잡을 수 있다.

때로는 삶이 쉽지 않았을 것이며 당신은 벼랑 끝에서 곡예 하듯이 살면서 성장했는지 모른다. 부식 때문에, 뿌리가 드러났지만 꿋꿋이 버티면서 매년 성장에 성장을 거듭했을지 모른다. . .매번 새로운 사이클이 이루어질 때마다 몸통을 강화하고 여러 요소로부터 당신을 보호하기 위해 새로운 나무껍질 고리가 성장했던 것이다. 아마도 당신은 스스로가 주변사람들과 다르다고 느꼈을지 모른다. . .멀리서 보면 모든 나무는 같아 보인다; 하지만 가까이 가면, 다르다는 것을 알 수 있다. . . 인간들처럼 나무들도 서로 다르다. 당신의 나무는 어떻게 다른가? 나무의 몸통은 곧은가 아니면 구부러져 있는가? 몸통이 하나인가 여러 개인가? 나무껍질(외부 보호물)은 두꺼운가 얇은가? 나무껍질은 나누어져 있는가 갈라져 있는가? 아마도 경사도가 다를 수 있다. 당신의 나뭇가지는 위로 향해있는가 아니면 밖으로 향해있는가? 아니면 아래로 향하고 있을지 모른다.

당신의 잎사귀는 어떤가? 당신은 환경을 어떻게 받아들이는가? 당신은 봄처럼 활짝 피어나고 있다고 느끼는가? 당신은 원하는 열매를 맺고 있는가? 아마도 잎이 밝은 색으로 변하여 당신은 가을에 훨씬 아름다울 수도 있다. 아마도 당신은 너무 많은 사람이 당신에게 경제적으로 의존하고 있어서 부담과 중압감을 느낄지 모른다. 당신은 아프거나 죽을 수도 있고 각 나뭇가지가 최상의 잠재력에 도달하도록 하기 위해 잘라 내거나 절단해야 할지 모른다.

당신은 접붙이기를 통해 아름다운 과일을 생산할 수 도 있고 아니면 갑갑해하거나 제한을 느끼거나 안개 속에 있는 듯 하거나 핀트가 맞지 않는 것처럼 느낄 수 있다. 당신은 고립감을 느끼거나 열매를 거두지 못하거나 말라버릴 수 있다. 아마도 휴면 상태와 내적 성장의 시간이 당신에게는 겨울일 수 있다; 새로운 발견과 새로운 결정을 하기 위해 안전하게 내부에 따뜻하게 머무는 시간. 당신은 새로운 길을 택하고, 산 주변이나 다리를 건너야 할지 모른다…물, 삶의 신선한 샘까지…그리고 나무로서 바다까지 그 길을 따라가야 할지 모른다…다시 순환이 시작되는 곳…새로운 출생으로부터…확장…위를 향해…우리의 삶은 기억에 뿌리내리고 있다. 당신의 감각 경험의 뿌리에 다가가라. 당신의 나무를 창조하라.

과정: 구할 수 있는 색깔 있는 티슈페이퍼와 전분 또는 다른 재료를 이용하여 당신의 나무를 그리거나 전체적으로 또는 부분적으로 그리거나 만들어내라. 티슈페이퍼를 선택하는 이유는 색깔이 매혹적으로 아름다우며 예쁘고 우리네 인생처럼 전반적으로 통제하기가 어려운 접착제 전분과 잘 혼합되기 때문이다. 당신이 만든 나무, 선택한 색깔로 만든 계절, 재료로 인해 생긴 문제에 대해 생각해 보라.

청소 : 붓을 세척하라

B-G. 나만을 위한 상자
-개인적인 문제와 관계 문제에 대해 대화하고 확장하기

우리가 60년대 초반에 헤드스타트(Headstart) 아이들의 선생님들과 작업할 때 그것을 나만을 위한 상자라고 불렀다. Keyes(1974)는 자아 상자라고 불렀으며 판지 상자와 오래된 잡지 더미로 시작해서 안에는 무엇을 보관하고 결정하고 밖으로 무엇을 보여주고 싶은지 선택하도록 했다.

준비: 당신이 느끼는 대로 다른 사람들이 당신을 바라본다고 생각하는 대로, 원하는 대

로 이름을 붙여라. 왜냐하면 이것은 당신의 표현이기 때문이다. 당신의 외부 세계의 어떤 부분인가? 그밖에 책무에 속하는 부분은 어떤 것인가? 당신이 책임지고 있는 사람과 관심사로서 외부 세계를 생각해 보라. 당신은 이러한 책임에 어떻게 반응하는가? 긍정적으로 혹은 부정적으로? 누가 당신에게 충성을 바치는가? 누가 당신에게 충성했으면 하는가? 신체적 감각, 감정적 느낌, 직관적 계획 등 자신의 내적인 사적 세계에 대해 생각해 보라. 사랑과 직업을 중심으로 한 당신의 꿈, 환상, 기억, 기대는 무엇인가? 당신의 활동, 행동, 성취, 바디 랭귀지, 문화를 생각해 보라. 당신의 내면 감정과 생각은 대단히 사적인 것이다. 누가 뭐라 해도 그것들을 보호하라. 다른 이들은 그러한 부분을 보호하기 위해 작은 내면의 상자나 작은 방을 만들었다. 나만을 위한 상자를 이용하여 당신다움이 어떤 느낌인지 묘사하시오. 옳은 방법, 틀린 방법이란 없다. 어떻게 해야 하는지 알 것이다.

재료: 모든 형태의 용기, 상자, 우유팩, 바구니, 종이 봉지, 부드러운 조각을 사용하라; 당신을 표현하는 것이면 무엇이든 좋다. 강력한, 장난기 많은, 영적인, 창의적인, 긍정적인, 부정적인, 침착한, 불안한, 희망적인, 우울한, 헌신적인 등 어떤 단어라도 머리에 떠오르는 당신을 상징하는 단어를 그래픽을 만들거나 발견하라.

과거에, 사람들은 나만을 위한 상자가 대단히 의미 있는 것이라고 생각했다. 어떤 사람들은 이 상자를 보관하고 전시하기 위해 영구적인 미술 작품으로 만들었다. 이 상자를 만든 다른 사람들은 다음 프로젝트로 이동한다. 당신과 당신의 이미지, 감정을 책임지고 있는 경험을 즐겨라.

B-E. 우리를 위한 상자

이 동일한 프로젝트는 두 명이 함께 우리를 위한 상자를 작업할 때 효과가 있다. 커플로서, 당신은 누구를 책임지고 있는가? 당신의 충성은 어디를 향하고 있는가? 가족과 관련하여 당신이 다른 사람들에게 기대하는 것은 무엇인가? 함께 작업하면서 다른 사람들이 당신 두 명을 어떻게 인식하고 있다고 생각하는지 보여주어라. 당신은 혼자 있는 시간을 어떻게 보내는가? 가족의 사명, 자녀의 진로, 꿈, 가정생활, 개인적인 관계, 지역사회와의 관계에 관한 조각을 만들어라. 잘 어울리는가? 혹은 잘 어울리지 않는가?

B-H. 미술 과제의 안과 밖-지금 여기 감정과 믿음

설사 내가 당신을 잘 모른다 해도 당신에게 보여 지는 공공의 내가 있다. Jung은 우리가 다른 사람에게 보여주는 인격의 공공적인 부분을 페르소나(persona)라고 부른다. 그리스 인들은 페르소나를 마스크(Mask)라고 했다. 우리 모두는 가면 뒤에 감추고 살거나 그 영향 아래 살고 있는 자신의 많은 부분들이 있다는 것을 알고 있다. 나는 가족 그리고 가까운 친구들과 공유하는 개인적인 나를 가지고 있다. 잘 모르기는 하지만 내면에는 더욱 개인적인 나를 가지고 있다. 스트레스를 받거나 경제적으로 어려울 때, 내 안에 그 부분은 더욱 집중을 원하고, 십중팔구, 나는 내가 알지도 이해하지도 못하는 나의 그 부분을 보면서 더욱 당황하게 된다. 내 안의 다양한 부분을 알면 알수록 더욱 그들의 다양한 요구에 귀를 기울이게 된다. 사실상, 나를 알면 알수록, 내 피부에 더 편안함을 느끼고 더욱 당신과 공유하고 싶어진다. 내가 나를 신뢰하면 할수록, 당신을 더욱 신뢰하게 된다.

외부와 내부 미술 과제는 여기 그리고 지금에 관한 그림이다. 내면적으로 그리고 외면적으로 지금 당장 당신은 누구이며 아마도 두 가지 다른 감정이 같은 미술 작품에 나타날 것이다. 그 두 가지 감정은 비유적으로 그리거나 만들어진다. 미술이 마음의 X-레이이기는 하지만 그것의 아름다움은 그것이 나에게 어떤 의미인지 말할 때까지 개인적이고 사적으로 남아있다는 점이다. 미술은 여기 그리고 지금의 감정에 "접촉"하는 행동적 접근이다.

재료: 큰 종이(24″x35″), 뚜껑이 있는 상자, 광고가 없는 갈색 자루, 물감, 오일 파스텔, 마커, 색깔 있는 건축 잔해들, 티슈페이퍼, 반짝이 풀과 찾아낸 재료들.

준비와 과정: 우리의 내부, 외부 감정이나 생각들은 항상 일치하지 않으며 때때로, 우리는 감정이나 생각들이 일치하지 않는다는 것을 알지 못한다. 긴장을 풀고 깊게 심호흡하기 전에, 당신이 지금 다른 사람들에게 보여주고 있는 존재감에 대해 생각해 보라. 그것은 침착함인가, 자신감인가, 혼란스러움인가, 근사함인가, 섹시함인가, 성남인가, 협조적인 것인가 아니면 그밖에 어떤 것인가? 이제 당신의 지금 느낌에 대해 생각해 보라. 그 두 가지가 일치하는가? 그 두 가지가 일치하는지 아닌지는 중요하지 않다. 왜냐하면 이것은 당신의 그림이고 당신의 삶이며 당신의 느낌이기 때문이다. 당신이 머리 대신에 직감으로 작업하고 긴장을 풀 수 있다면 그편이 훨씬 낫다. 이 미술 과제는 나만을 위한 상자와 유사하지만 일치의 즉흥적인 지표와 저항에 대한 싸움으로 계획된 것이다. 이것은 즉흥적이기 때문에 당신의 외면과 내면이 엄선되어 미술로 표현되지 않을 수 있지만, 여기-지금의 느낌, 믿음 또는 태도를 보여주는 상징은 표현될 것이다. 저항에 대처하기 위

해 20-30분 내에 이 미술 과제를 끝내고 싶을 것이다.

큰 종이를 꺼내서 양 쪽이 중간에서 만날 때까지 접으시오. 바깥 가장자리를 평평하게 누르시오. 종이의 윗부분을 사용하여, 오늘 자신이 어떻게 보여 지는지 그리시오. 상자나 가방을 사용할 경우, 상자나 가방의 바깥쪽에 현재 보여 지는 당신의 모습을 그리시오. 이제 종이의 양쪽을 열고 안쪽에 당신의 느낌을 그리시오. 상자나 가방을 사용할 경우, 잡지 사진과 찾아낸 물건을 사용하여 당신의 감정을 확인하시오. 좀 더 즉흥적으로 과제를 수행하기 위해 20-30분 내에 이 과제를 끝내시오.

B-I. 함께 공유하는 가치

25년 된 이 비미술과제를 포함시킨 이유는 이것을 이용하여 가족과 가족 구성원들이 자신의 정신을 찾을 수 있기 때문이다. 오늘날, 많은 젊은이들은 자신의 가치와 중요한 다른 사람들(남편 · 아내 · 애인을 가리킴)의 가치를 확인할 기회가 없다. 고마워요, Simon씨. “일반적으로 사람들은 많은 가치 지표를 갖고 있지만 실제로 갖고 있는 가치는 거의 없다. 가치 지표를 갖고 있다는 것은 좋은 것이지만 가치를 갖고 있는 것이 더 낫다. 가치를 이해하면 할수록 만족스런 선택을 할 가능성이 높아지고 적절한 조치를 취하게 된다”(Simon, 1974).

Simon(1974, p.xv)은 가치를 명확히 하기 위해 다음 기준을 제시 한다:

1. 자유롭게 선택된 것
2. 여러 대안 가운데서 선택된 것
3. 충분히 생각해보고 선택된 것
4. 귀하게 여겨지고 소중하게 생각되는 것
5. 공적으로 확인된 것
6. 그에 기반 하여 행동하는 것
7. 반복 되는 행동 패턴의 일부

매일 백만장자들이 생겨나는 오늘날, 우리 모두는 “시장”에서 우리의 몫을 원한다. 우리는 “가질 수 있는 모든 열정”을 원하다. 우리는 “우리의 케익을 원하며 또한 그것을 먹고 싶다.” 가끔씩, 우리는 자신이 원한다고 생각했던 것을 얻었지만 그로 인해 내면의 욕구가 충족되지 않은 사람들에 관한 기사를 접한다. 당신이나 내게 이런 일이 생기면, 그것은 우리가 잠시 멈춰서 정말 원하는 것이 무엇인지 살펴보지 않았기 때문이다. 우리는 미디어의 광기, 재정적 착란, 가족의 압력으로 하여금 우리가 시간이나 에너지를 어떻게 소비할지 결정하도록 한다. 무엇이 우리에게 동기를 부여하는 지 들여다보면, 실제 우리의 태도가 어떠한지 알게 되며 아마도 우리는 우리의 시간을 가장 의미 있는 사물과 사람으로 채우게 될 것이다.

무엇이 우리에게 동기를 부여하는지 어떻게 평가하는가? 우리는 가치 차트를 만들 수 있다. Simon(1974)은 우리가 좋아하는 10가지를 적는 것으로 부터 시작하라고 제안한다. 그 10가지는 개인적으로 우리가 좋아하고 원하는 것이기 때문에, 즉, 샌프란시스코 샤크 페스트(Shark fest)에서 수영하기, 뉴질랜드에서 행글라이딩, 어떤 곳에서 즐기는 스키, 특정 음악가들의 음악을 듣기, 샤워하면서 노래하기, 친구들과 이야기하기, 여행, 당신이 좋아하는 것 그리고 당신의 가치를 선택하라. 이 시점에서 다른 사람의 가치가 관여하지 않도록 하라. 당신은 적어도 그것들이 당신이 선택한 것임을 확정지을 때까지 당신이 가치를 두고 있는 것이나 정말 좋아하는 것을 아무도 알 수 없도록 이니셜이나 코드를 사용하고 싶을 수 있다. 이제 다음 단계로 이동하라.

- 선택 사항에 순서를 매기시오. 즉, 절대 포기할 수 없는 것은 무엇인가? 다른 것이 있는가? 1,2,3,4,5 로 순서를 매기고 좋아하는 순서대로 배치하시오.
- 혼자 하는 것을 좋아하면 선택사항 바로 옆에 A라고 쓰시오. 다시 한 번 말하지만, 그것이 독서라면, 혼자 하는 것이 더 좋을 수 있다. A 라고 쓰라. 익스트림 스포츠처럼 다른 사람과 같이 하는 것을 좋아한다면, P라고 써라. 다른 사람과 같이 해도 좋고 혼자 해도 좋다면, AP라고 써라. 이제 이해가 되는가?
- 다음으로, 10.00$ 이상 비용이 드는 것에 $기호를 써라.
- 엄마가 좋아할 거라고 생각하면 M, 아빠가 좋아할 거라고 생각하면 F라고 써라. 엄마 아빠 모두가 좋아할 거라고 생각하면, MF. 부모님은 해볼 기회가 없었을지 모르지만, 당신은 그들이 좋아할지 어떨지 생각해볼 수 있다. 내 경우, 나는 아빠가 스키 타는 것을 좋아할 거라고 믿는다. 나는 엄마가 추위와 야외 스포츠를 좋아하지 않을 것이라는 것을 알고 있다.
- 다음으로 지난주에 가장 좋아하는 것을 했다면 W, 지난달에 했다면 M, 작년에 했다면 Y를 써라.

당신의 선택, 순위, 당신이 그것들을 어떻게 확인했는지 다시 보시오. 당신이 무엇으로 인해 즐거웠는지 아니면 무엇을 발견하고 놀랐는지 생각해 보시오. 그것을 적어보시오.

당신 자신에 대해 무엇을 알아냈는가? 당신은 혼자 뭔가 하는 것을 좋아하는가? 아니면 다른 사람들과 함께 하는 것을 좋아하는가? 당신의 성향은 엄마와 비슷한가 아니면 아빠와 비슷한가 아니면 두 분 중 아무도 닮지 않았는가? 당신은 스스로를 행복하게 하는데 많은 돈을 소비하고 그로 인해 자신의 가치를 충족시키기 위해 일을 많이 해야 하는가? 마지막으로 언제 좋아하는 것을 거의 전부 해보았는가? 오래전이었다면, 당신이 스트레스를 받고 불안해하는 것은 당연하다. 당신의 내면의 자아가 굶주리고 있다. 당신은 무엇을 하는 것을 가장 좋아하는가?

중요한 다른 한 사람(남편 · 아내 · 애인을 가리킴)과 가치 차트를 작성하라. 서로의 가치를 이해하는 것은 종종 오해의 소지를 없앨 수 있다. 당신은 자신이 다른 사람들과 다른 가치를 갖고 있다는 것을 발견할 수도 있다(그렇다고 해서 반드시 당신이 다른 가치체계를 갖고 있다는 뜻은 아니다). 종종, 부부들의 경우, 한쪽은 말이 많고 저녁식사나 와인 한잔 하기위해 다른 집을 방문하는 것을 좋아하는 반면, 다른 쪽은 몸 움직이는 것을 좋아하고 대화보다 성관계하는 것을 더 좋아한다.

이 두 사람은 같은 날 저녁에 두 가지 욕구를 충족시킬 수 있고 두 가지 욕구가 충족될 때 관계가 얼마나 풍요로워질 수 있는지 알게 되자 대단히 놀랐다.

참고 자료

Simon, S.B.(1974). Meeting Yourself Halfway. Niles IL: Argus Communication(p.6 부터 각색).

B-J. 보호물: 애완동물, 원리와 원칙

재료: 12″x18″ 크기의 종이. 그림 재료, 마커, 크레파스, 분필, 잡지, 가위, 풀

준비: 오늘날 아이들은 실종된 아이들의 사진이 붙어있는 용기에 담겨있는 우유를 마신다. 그들은 총으로 다른 학생들과 선생님들을 죽이고 불구로 만드는 또래 학생이 다니는 학교에 다닌다. 이 아이들은 폭력적인 TV를 보고 때로는 살인이란 말이 일상용어가 된 동네에 산다. 신체적 공포는 현실이며 다른 아이보다 일부 몇몇 아이들에게는 더욱 그러하다. 왜냐하면 아이들은 자신의 공포를 발전시키기 때문이다. 그 공포들은 움직임, 빠름, 높음, 불균형에 대한 공포일 수 있다; 이방인과 어느 정도 익숙한 이방인, 변화, 소음

또는 심지어 빛이나 어둠. 성장함에 따라 우리는 성공과 실패를 두려워하는 것을 배운다. 주변의 실제적인 위험으로부터 그리고 우리 자신의 공포로부터 어떻게 스스로를 보호할 수 있는가? 고대 조상들처럼, 우리는 해를 가할만한 신체적 감정적 힘을 갖고 있는 사람들에게 접근하고 주변에 보호물들을 모은다.

우리를 두렵게 하는 것은 무엇인가? 이제 공포를 치료실로 가져올 때다. 밖으로 행동하는 대신 안에서 다스려라. 당신을 보호하는 것은 무엇인가? 무엇이 당신을 안전하다고 느끼게 하는가? 당신의 보호물들은 시간에 따라 변하는가? 당신은 위협을 느끼거나 두려울 때 어떻게 하는가? 주머니에 AAA카드를 갖고 있거나 경찰이나 911에 전화하기 위해 핸드폰을 소지하는 것, 부적을 갖고 다니거나 보안 시스템을 설치하는 것 등과 같은 구체적인 행동을 할 수 있다.

때때로, 우리는 미국시민이고, 의사에게 전화할 수 있음에 안전함을 느끼고 보험, 열쇠, 사회 보장제도, 교육으로 인해 안전함을 느낀다. 때로 보안은 상황에 직면하여 급하게 하는 기도처럼 절묘하다; 신 또는 조상에게 가까워지는 느낌이 든다; 십자가, 천사, 성스러운 묘약과 같은 의식 토템이나 신성한 이미지로 스스로를 둘러싸거나 지탱 한다; 익숙한 의식에 참가하거나 단지 친숙한 느낌을 갖는다. 우리의 관계, 배우자, 아이들은 우리로 하여금 안전하다고 느끼게 해 준다; 애완동물, 혼자 있는 시간, 박물관, 예배당, 자연에서 명상하는 시간은 우리로 하여금 안전하다고 느끼게 해 준다; 어떤 경우에는 보호물들이 도움이 되지만 다른 경우에는 우리가 알약, 술, 음식을 이용할 때처럼 도움이 된다고 느껴질 뿐이다.

우리가 보호의 의식 또는 이미지를 확인할 때 그것들을 묵살하거나 필요할 때 요청하기 쉽다.

과정: 당신의 건강, 집, 관계에 대해 생각해보라. 스스로를 안전하게 느끼도록 하기 위해 당신이 하는 가장 중요한 것들을 10개까지 잡지에서 고르거나 그림을 그려라. 당신의 가족은 안전함을 느끼기 위해 무엇을 하는가? 그것들을 확인하고 보유하라.

B-K. 수리! 수리! 수리! 수리 상자

물건이란 항상 고장 나기 마련이고 수리해야 하지만 수리하는 도구는 고장 난 물건에 따라 달라지기 마련이다. 목적에 따라 필요한 도구가 달라진다. 안경에 나사가 빠졌다면 작은 드라이버가 필요하다. 이러한 연습을 통해 당신은 미술 치료 도구 상자에 필요할 수 있는 도구를 모으게 된다. 개인적인 이야기를 통해 망가질 수도 있는 뭔가를 수리함에 있어 도구와 시간이 얼마나 필요하고 적절한가를 알 수 있다.

안식년에 이 책을 저술하기 위해 런던에 갔고 도착 다섯 시간 후 종아리뼈와 정강이뼈 등 다섯 군데가 부러졌다. 다리를 고치기 위해 모든 종류의 도구가 필요하기도 했지만 그것들을 순서대로 사용해야 했다. 먼저, 의료진은 작은 의자에서 떨어져 빠진 부엌의 작은 구멍에서 나를 빼내기 위해 들것, 모르핀, 가위, 부목을 필요로 했다. 공감, 통찰력, 인내, 기술, 강한 정신력으로 4명의 남자와 남편은 좁은 나선형 계단으로 나를 데리고 내려가 요란한 사이렌을 울리며 도착한 앰뷸런스에 나를 싣고 응급실로 데려갔다. 응급실 직원들은 내 다리를 고치려면 어떤 도구, 접착제, 바인더가 필요할지 알아보기 위해 부상 정도를 체크했다. 응급실 직원들은 질문하고, 찔러보기도 하고, 엑스레이를 찍어보기도 하고 주정제를 바르기도 했다. 4명의 외과 전문의로 구성된 수술팀은 쉴 새 없이 엑스레이를 찍고 절차를 정하고 수술실 스케줄을 잡았다. 두 명의 마취과 의사가 나를 더욱 편하게 해주었다. 절단, 배열, 나사 조임, 봉합을 시작할 시간이 되자, 내과의, 외과의, 간호사들은 7개의 나사와 티타늄판을 삽입하기 위해 5시간을 함께 작업했다. 6일간의 입원 기간동안 수 많은 간호사들과 간호 보조사들이 자신만의 도구박스로 도움을 주었다. 미국으로 돌아오자 회복하는데 족히 10달이 걸렸고 추가로 의사, 간호사, 기술자, 물리 치료사, 가족, 친구, 약사 등 여러 사람들이 도와주었고 모두 다른 도구 또는 민간요법을 사용했다.

이 경험을 통해 나는 아주 작은 것부터 삶에 위협적인 것까지 사람, 동물, 습득물, 환경 등에 있어 보상은 삶의 필수적인 요소라는 것을 알게 되었다. 시간이 흐름에 따라, 우리 모두는 배관공을 불러서라도 물건들을 수리하게 된다. 그러나 소비재가 되었든 관계가 되었든, 망가진 것을 수리함에 있어서 고통을 함께 공감하는 숙련된 전문가, 자금, 도구, 시간, 인내 모두가 필요하다. 그러나 종종 인간은 가족 관계에 있어서만큼은 최소한의 돈, 도구, 시간, 인내를 소비한다. 때때로 우리 치료자들은 분노, 상처, 증오를 미술로 표출하도록 허락해주는 사람이 되어야 한다. 때로는 치과의사처럼, 이빨을 치료하기 전에 충치를 파내야 한다.

그렇다면, 우리의 관계 보상 도구상자에는 무엇이 필요한가? 유의어 사전(Chapman, 1977)에는 소비재를 구축하거나 수리하기 위해 사용되는 2페이지의 기계 공구, 2페이지의 접합기능, 반 페이지의 접착제, 바인더, 응고제가 나열되어 있다. 이 중 몇 가지를 관계 보상을 위한 은유로 사용해보자.

재료: 예시만 제시했으며 필요성이나 중요성의 순서에 따라 나열하지 않음

접착제	사과, 전화, 카드	운동
바인더	창작, 춤, 노래	친구
응고제	서로 돕기	유머
자금	영양분 공급하기, 음식 키우기	애완동물
직업	기댈 어깨	놀이
정신	종교 문헌	기도
과거의 상처 잊어버리기	경청하기, 이해하기	휴식

준비와 과정: 발을 바닥에 대고 손을 가볍게 허벅지에 올려두고 눈을 감고 조용히 앉아 숨을 들이마시고 내쉬며 정상적인 호흡을 하면서 편안함을 갖도록 하라. 그런 다음 내면이 이끄는 대로 최근에 중요한 관계가 약간 또는 심하게 깨어진 시간을 떠올려라. 그 사건을 마음속에 그려라. 상처를 떠올려라. 그것은 어떤 색깔인가? 얼마나 큰가? 안정적인가 떠다니는가? 거기에 초점을 맞추어라. 그것에 가 닿아서 자세히 보고 그것이 무엇을 필요로 하는지 평가하라. 그것은 사소한가? 중요한가? 그것을 해결할만한 필요한 도구와 기술이 있는가? 필요한 도구와 기술이 없다면 어디 가서 구해야하는지 아는가? 당신의 도구 상자를 훑어보라. 당신은 어떤 기술을 갖고 있는가? 상자에는 어떤 도구가 있는가? 접착제? 바인더? 응고제? 공감? 주정제? 자금? 직업? 당신이 필요로 하는 것을 그려보라. 그것이 당신의 도구 상자에 나타나는 것을 지켜보라. 당신의 괴로움이나 상처를 치료하라. 미술 재료를 사용하여 당신의 수선 프로젝트를 그려라. 시간을 할애하여 당신의 과정을 다른 사람과 공유하라.

B-L. 황금 꿈의 보물 폴더와 기념품 수집

재료: 파일 폴더와 콜라주 재료.

준비: 누구나 바꾸고 싶은 것이 있다. 미술 치료사인 J.Preiestly는 내담자들에게 그들이 바꾸고 싶은 것을 모아두는 보물 폴더를 만들도록 한다. 예를 들어, 태도, 행동, 건강 걱정, 직업 관심, 돈 문제, 만나고 싶은 사람, 어떻게 보이고 싶은가, 어디에 있고 싶은가.

과정: 그림을 파일 폴더에 모으고 철하라. 이 과정을 통해 당신은 변화와 목표를 확인하고 변화와 목표에 집중하게 된다. 3개월마다 보물 폴더를 열어보고 업데이트 하라. 당

신의 소망 중 몇 가지가 현실로 성취되는 것을 보면서 놀라게 될 것이다. 일하는 곳이나 사는 곳 주위에 고요하고 신나는 그림 또는 장식품을 붙여놓고 내면의 평화를 떠올리거나 당신을 흥분시키는 것을 떠올려라. 기념품이라고 해서 반드시 기념품일 필요는 없다. 당신의 상징 레퍼토리를 확장하라: 어느 날 친구와 나는 플로리다의 에버글라데스(Everglades)에서 악어가 물위에 떠오르고 물 아래로 가라앉는 것을 보고 있었다. 이것은 우리의 삶에서 중요한 공유 상징이 되었다. 이제 우리는 컴퓨터 위에 앉을만한 크기의 악어 아이템 또는 악어 카드를 주고받는다. 이 상징의 의미는 우리의 일상생활까지 확대되고 그 안에 드러났다.

남편과 나는 이스라엘에서 휴가를 보냈고 거기서는 물을 갖고 있는 것이 대단히 중요했다. 우연히 나는 이스라엘 물병을 지갑에 넣고 집으로 가져왔다. 나는 겨울 내내 그것을 이용하여 물을 다시 채우고 다시 채웠다. 그것은 나에게 여행, 우리가 만났던 친구, 내 인생에 대해 들었던 몇몇 장소들의 중요성을 상기시켰다. 가벼운 점심 식사 자리에서 그 물병에 담긴 물을 마시는 것도 재미있었다. 왜냐하면 동료들이 내게 정말로 이스라엘 샘물이 담긴 그 병을 이스라엘에서 집까지 가져온 것인지 묻곤 했기 때문이다.

Prevention Magazine Health Book의 편집자들이 여성을 위한 자연 치유(1997)에 대해 미술치료사들을 인터뷰했을 때, 나는 짧은 휴가를 위한 작은 갤러리처럼 책상 근처에 화려한 미술 책이나 미술 작품 캘린더를 두라고 제안했다. 왜냐하면 단지 작품이나 아름다운 장면을 보는 것만으로도 스트레스가 해소되기 때문이다. 때때로 사람들은 긴장을 해소하기위해 감정을 표현할 필요가 있다. 또 어떤 경우에는 시각, 청각, 냄새, 촉감 등과 같은 감각을 즐겁게 함으로서 긴장을 풀 수 있다. 그림과 작문 모두를 포함하는 개인 저널은 생각과 감정을 스케치하고 스케치에 대한 자기만의 캡션을 쓸 수 있는 방법을 제공한다.

부록C 주요 가정, 개념 및 가족체계이론의 용어

가족 체계 이론(family system theory)은 미술 치료 방식과 일치한다. 가족들 또는 가족 내 개인과 작업할 때 개념의 대부분을 교류 할 수 있다. 가족 이론가들과 그들의 방식에 대한 짧은 개관은 다음을 포함하지만 다음에 국한되지는 않는다: 부록 D-1, 경험적 의사소통 모델(Satir, 1967; 1972); 부록 D-2, Knudson-Martin(1994)이 개발한 여성 발달 개념을 통합한 원 가족 모델(Bowen, 1978); 부록 D-3, 구조 모델(Minuchin, 1974); 부록 D-4, 전략 모델(Haley, 1973; 1976); 부록 D-5, 인지 행동 모델(Gottman, 1998). 이론과 개인 이론가의 심층 연구는 Becvar & Becvar(1998) 또는 Goldenberg & Goldenberg(1999) 또는 Gottman(1998)에 의한 연구편집본이나 주요 참고 문헌을 참조하였다. 가족 치료는 다음으로 시작 된다:

- 개입. 체계 이론의 기본 목표 및 가정이 가족 문제에 적용됨에 따라 그러한 기본 목표 및 가정을 이해할 필요가 있다. 모든 경우에, 개입은 공감, 따뜻함, 진정성을 포함하는 안전한 치료 환경을 요구한다. 개입을 지속시키는 데는 조화, 긍정적인 관심, 상태 인식이 필요하며 동시에 다양하고 가능한 새로운 방식의 의사소통을 장려해야 한다. 개입 이후에는 다음 과정이 따라 온다:
- 문제 확인. 가족 구성원들은 언어적이든 비언어적이든 무슨 수단을 사용해서라도 문제에 대한 자신들의 생각과 관점을 서로 나누어야 한다. 이 과정을 통해 넓은 관점을 가지게 되면 치료자들은 가족 구성원들이 보는 것처럼 문제에 대한 정확한 설명과 세부적인 절차를 얻을 수 있다.
- 변화. 가족 구성원들이 자신이 그 문제에 기여했음을 인식하게 되고 이전과는 다른 방식으로 대응할 것을 약속 할 때 변화가 일어난다. 긍정적인 변화를 위해서는 자신과 다른 사람 간에 관계를 회복하고자 하는 노력이 필요하다. 이 단계에서 치료적 지원이 있으면 변화는 더욱 쉬워진다.
- 종료. 절차에서 문제 해결을 위한 모든 건설적인 노력이 인정 된다; 때때로 일어나는

스트레스를 위해 추가적인 지원과 자료를 제공 한다; 위기가 재발하면 가족들이 언제든지 다시 방문할 수 있도록 한다.

C-1. 경험적 의사소통 가족 치료 모델

가족과 함께 한 선구적인 작업으로 인해 가족 치료의 대모로 알려진 Virginia Satir(1964)는 "치료자와 가족(단위)이 복지를 증진시키기 위해 힘을 합하는"(p.12) 과정 모형으로서 치료에 접근했다. 따뜻하고 대화를 잘 이끌어가는 그녀의 역동적인 아이디어, 감정에 대한 집중, 지금 여기를 중시하는 접근방법은 계속적으로 연구가 이루어졌고 가족 치료에 있어서 저명한 임상의와 연구자에 의해 채택되었다. Satir의 의사소통 모델은 언어 및 비언어 개입 도구와 기법 등, 문화와 성별을 세심하게 배려했다.

가족 치료의 근본적인 가정은 가족들이 마치 하나의 단위처럼 행동하며 따라서 가족들이 아픈 사람이라고 부르는 환자(IP)가 증상을 나타낼 경우, 이는 마치 SOS 신호와 같아서 IP와 가족 기능 모두에 작용한다는 것이다. 종종 증상은 다음의 원인들로 인해 발생한다:(a) 핵가족 외부의 충격적 경험;(b) 두 원가족의 변화: 누군가 가족에 들어옴; 또는 원 가족을 떠남;(c) 핵가족 구성원의 신체적 또는 발달상의 변화.

Satir의 네 가지 근본적 가정

1. 모든 행동, 신체언어, 자율 신체 기능, 대처 메커니즘, 가치, 기대, 감각, 단어, 톤, 사고 과정은 의사소통이다.
2. 가족이나 개인들이 그들의 잠재력에 접근할 때, 자아존중감을 높일 수 있다.
3. 한 가족에서, "모든 사람과 모든 것은 그밖에 모든 사람과 모든 것에 의해 영향을 받고 그밖에 모든 사람과 모든 것에 영향을 준다"(Satir, 1982, p.13).
4. Satir는 개인적으로 뿐만 아니라 하나의 단위로서의 가족을 위한 선택과 지원을 제공하기 위해 치료자가 상담가로서 치료실에 상주하는 것이라고 믿고 있지만, 한편으로는 각각의 가족 구성원이 치료에 대한 각자의 반응과 책임감을 갖도록 돕는다. 자신의 선택으로 내담자들은 가족 내에서의 자신의 위치를 실제 모습으로 보고 들을 수 있다; 어떤 이가 느끼고 생각하는 것을 말하시오; 어떤 이가 느끼는 것을 느끼고 원하는 것을 요구하고 그를 대신하여 위험을 감수하시오.

표 13. 가족 체계 이론의 비교. 문제 해결 방법을 알기 위해서는 문제가 어떻게 만들어지고 지속되는가를 이해해야 한다. 치료는 짧고 직접적이며 행동 지향적이고 문제에 초점을 맞춘다.

경험적 의사소통 (Satir, 1964)	원 가족 (Bowen, 1976)	구조적 (Minuchin, 1974)	전략적 (Haley, 1976)
감정, 이해, 신뢰에 초점을 맞추기	미분화된 자아군으로부터 자아의 분화	효과적인 계층 구조 및 적절한 경계 설정	각 가족은 세상에 대한 나름대로의 가정을 갖고 있음
목표: 부부가 함께 와서 배우는 방법을 지켜본다; 자아 존중감, 의사소통 스타일, 존재를 위한 규칙, 사회와의 연결.	목표: 생각과 감정을 분리한다; 감정 반응을 문제와 관심으로 한정시킨다. 감정단절 및 역기능 패턴의 반복을 감소시킨다.	목표: 부모의 결합 및 배우자의 서브 시스템을 강화시킨다.	목표: 문제가 있는 피드백을 확인하여 중단시킨다. 해결 가능한 문제를 확인한다. 이러한 현재 문제를 해결하는 설계 개입과 목표를 선정한다.
근본적인 가정	근본적인 가정	근본적인 가정	근본적인 가정
치료 과정은 내담자와 치료자의 상호작용으로 이루어진다. 개인은 자신의 발달을 위해 필요한 모든 자원을 보유하고 있다. 자연스럽게 긍정적인 성장과 발전으로 옮겨간다. 증상 행동은 가족의 고통을 반영한다.	감정 과잉으로 인해 한 쌍이 다른 하나에 가 닿으려 할 때 감정의 삼각관계가 발전한다. 배우자 간에 감정적 거리가 있거나 해결되지 않은 부부 갈등, 아이에게 심리적 장애가 있을 때 핵가족의 감정적 과정이 발생한다. 가족은 가장연약한 아이에게 감정을 투사한다. 감정적 단절이 있을 수 있다. 형제순위는 가족과 여러 세대 간 전승에 영향을 미칠 수 있다.	행동은 이해보다 먼저 발생한다. 패턴을 바꾸기 위해 과제가 사용된다. 치료자는 가족이 어떻게 균형과 항상성을 성취하는지 지켜본다. 3가지 원리 정신적 생활은 전적으로 내적 과정이 아니다. 가족 구조의 변화는 해당 체계 안에 있는 구성원들의 내적인 정신적 과정과 행동을 변화시킨다. 치료자가	각 가족은 세상에 대한 가정과 세계관을 갖고 있다. 행동은 이해보다 먼저 발생한다.

		내담자 또는 내담자의 가족과 작업할 때, 그/그녀의 행동은 해당 문맥의 일부가 된다.	
치료	치료	치료	치료
경험 게임을 가르치고 이끈다. 개입은 간접적 의사소통을 변화시킨다. 통찰력보다 행동을 강조한다. 치료자는 내담자들이 위험을 감수할 수 있을 만한 안전한 배경을 설정한다.	집에 가는 것에 대한 인지적 통찰력과 사실에 대해 논의한다. 전화, 방문, 편지를 통해 가족과의 연락을 재개하는 것을 지도한다. 가족 스크립트를 도식화 한다. "내가 서 있는 곳" 포지셔닝을 장려한다.	현재에 초점을 맞춘다. 가족과 함께 한다. 가족 스타일에 순응한다. 행동의 의미를 재구성한다. 가족 교류 지도를 만든다. 삼각화 패턴을 깨기 위해 노력한다.	가족 전체를 적극적으로 바라본다. 문제를 지속시키는 것이 무엇인지 알아본다. 가족과의 사회 참여, 의도적 개입, 치료자는 변화가 아닌 치료에 책임을 진다.
핵심용어	핵심용어	핵심용어	핵심용어
합동 일치 불일치 규명된 환자 (IP) 조각 재구성 항상성	감정 반응 역기능적 상호 관계 지도 전환점이 되는 사건 확고한 자아 가성-자아 융합 삼각관계	얽힌 경계 재연 연합 모방 자발적인 부모화된 아동 이탈한 계층 동맹 참가 행동 순서	증상 처방 역설적 명령 은유적 작업 순환하는 질문 긍정적인 함축 가설 세우기 중립성

Satir는 가족과 그 구성원들이 새로운 방식으로 스스로를 바라볼 수 있도록 좀 더 긍정적인 관점에서 행동과 가족 문제를 *재구성하고* 새롭게 이름을 붙였다(Becvar & Becvar, 1993). 다음은 의사소통의 비언어적 과정에 대한 예시이다. Satir(1972)에 따르면 개인은 가족 체계 안에서 되풀이되는 특징적인 행동 패턴을 갖도록 길러진다. 시간이 지남에 따라 이와 같이 반복되는 자세, 역할 및 규칙은 언어적 그리고 비언어적 커뮤니케이션 패턴을 형성한다. 이러한 패턴을 항상성(homeostasis)이라 한다.

치료 목표. 치료자의 목표는 증상과 특징적인 세대 간 패턴이 나타난 배경을 찾아내는 것이다. 치료자는 가족 의사소통의 불일치를 드러내고 교정한다. 각 가족 구성원으로 하여금 스스로를 대변하도록 함으로서, 치료자는 같은 상황에 대한 다른 인식과 차이를 인식한다.

행동 지향적 치료. Satir의 워크숍은 종종 미술품 그 자체였다. 그녀는 통찰력보다 행동을 강조했으며 감정, 이해, 신뢰에 초점을 맞추었다. 가족 관계를 조각하는 드라마를 통해, Satir는 간접적 의사소통을 직접적 의사소통으로 바꾸었다. 극적인 경험과 유머로, Satir는 내담자들이 다른 사람에 의해 또는 다른 때에 인생을 보고, 알고 이해할 수 있는 배경과 *조각된* 관계를 만들어내었다(가족 구성원들로 하여금 정적인 포지션을 취하도록 함). 가족 구성원들을 비언어적인 방법으로 상징하도록 했을 때(심지어 의식할 수 없는 수준에서도) 그녀는 터치를 사용했다. 그녀 이후에 등장한 많은 가족치료사 및 미술치료사들처럼, Satir도 의식 향상, 개입, 많은 학습계약을 위한 기법 및 표현을 위해 미술 도구를 사용했다.

핵심 용어 및 개념. Satir는 *일치* 또는 *불일치*와 같은 용어를 사용하여 행동과 의사소통을 묘사했다. 그녀는 배우자와 함께 하는 *합동치료(conjoint therapy)*라는 용어를 처음 사용했으며 가족에서 즐기는 역기능 게임에 대해 이야기했다. 뿐만 아니라, Satir는 종종 건강과 성장을 촉진하기 위한 모델로서 씨앗과 전구 등과 같은 은유를 제시했으며 "묘목과 같은 아이들은 적절한 조건의 양육을 해 줄 때, 건강한 성인으로 발달할 수 있다고 주장했다"(Goldenberg와 Goldenberg, 1997, p.158).

C-2. 원 가족 치료 모델

가족 치료 초기 핵심 인물이었던 Murray Bowen은 정신역동(psychodynamic)이론과 가족 체계 이론을 처음으로 연결했다. 1950년대와 1960년대에 가족들을 상대로 진행된 그의 중대한 작업은 정신병에 걸린 자녀와 엄마를 병원에서 함께 살도록 하는 특이한 구조로 시작되었다. 병원에서 스탭들은 엄마-가족 관계를 관찰했다(Bowen, 1976). Bowen은 병실에 누가 있던 간에 가족에게 초점을 맞추어야 한다고 생각했다. 미술 치료사 Hanna Kwiatkowska가 소속되어 있던 통합 팀과 국립정신건강 연구소에서 근무했던 Bowen의 동료, Lyman과 Wynne는 이러한 방법론을 반복했다.

Bowen의 여섯 가지 기본 가정. Bowen(1963)은 가족 체계 이론의 기초를 만들기 위한 여섯 가지의 이론적 개념을 만들었다. 이러한 여섯 가지 개념은 다음과 같다:

1. 자아의 분화는 자신의 지적, 정서적 기능을 분리할 수 있는 개인의 능력을 말한다. 예를 들어, 개인의 분화 정도가 낮을수록 다른 가족 구성원을 지배하고 있는 감정에 휩쓸리게 될 가능성이 더 커진다. "융합(fusion)이란 정서적으로 얽힘의 정도로 주관적 감정과정과 객관적인 지적 과정을 구별하지 못하는 일부 가족 구성원의 무능력을 나타낸다" (Bowen, 1976, p.59).

"미분화된 자아군"이라는 Bowen의 용어는 가족 융합 또는 감정적으로 끈끈하게 붙어버린 가족, 예를 들어, 한 가족 구성원이 다른 가족 구성원의 생각과 감정을 알고 있다고 믿고 있는 개념이다.

2. 정서적 삼각관계. 가족은 한 쌍, 2인체제로 형성된다. 2인 체제는 근본적으로 불안정하므로 긴장의 영역에 있을 때 2인이 예측할 수 있는 삼각형을 만들기 위해 제 3자를 포함시킨다. 그 한 쌍이 불안이나 취약성을 경험할 때, 제 3자 및 연약한 사람은 감정적으로 과잉된 삼각형을 형성하는 시스템 안으로 빨려 들어간다. 삼각형은 한 쌍 중 어느 한쪽 또는 두 쪽 모두에게 공모자가 되도록 한다. 삼각형의 기능은 가족의 균형을 유지하는 것이다.

3. 핵가족 정서 과정. 핵가족 정서 과정에는 불안정성과 가족의 긴장을 다루는 데 사용되는 방어기제 사용이 포함된다. 이들은(a) 거리를 두는 배우자;(b) 부부 중 한 사람(대부분 순응적인 자세를 취했던 사람)에게 신체적, 정서적 기능장애;(c) 만성적 부부 갈등;(d) 아이의 심리적 장애로 표현된다.

4. 가족 투사 과정. 가족 투사과정은 부모의 갈등이 주로 희생양이 되는 한 아이에게 투사되는 방식을 의미한다. 대개 이 아이는 분화 단계가 가장 낮거나 가장 미숙함을 보여준다.

5. 정서적 단절. 정서적 단절은 아이들(종종 성인아이)이 감정과 관련되는 것을 피하고 가족과의 감정적 연결로부터 스스로를 자유롭게 하기 위해 시도하는 방법을 의미한다. 실제적으로 가족들과 멀리 떨어짐으로 물리적 거리를 두려고 한다. 그러나 정서적 단절

표 14. 경험적 의사소통 유형(Satir, 1964)

변화는 가능하다. "지금 여기" 치료자와 가족은 복지를 증진시키기 위해 함께 한다.
가족생활 연대기 치료의 초점은 감정, 이해, 신뢰이다.

가족생활 연대기와 인생주기표
과거 __________ 고등학교 __________ 혼인 __________ 첫째아이 __________ 현재

목표: 개개인의 차이점 인식하기. 이것을 하기 위해 치료자는 어떻게 부부가 함께 왔는지 그리고 가족에서 그들은 어떻게 배웠는지를 살펴보는 것으로 시작한다.

1. 자아 존중감 – 모든 구성원에게 자부심을 심어주기
2. 의사소통 유형 – 네가지 보편적인 스타일 – 비난형, 회유형, 계산형(초이성형), 혼란형
3. 존재를 위한 규칙 – 각각은 스스로를 대변한다. 그들은 자신이 본 것, 생각하는 것, 느낀 것을 말한다. 같은 상황에 대한 다른 인식과 다른 의견을 받아들여라.
4. 사회와의 연결 – 가족과 구성원들이 사회와 어떻게 상호작용하는지 말하고 이해하기.

개인적 욕구를 희생하여
모두를 화해시킨다

핵심 용어 및 개념

합동

일치

불일치

규명된 환자(IP)

조각

재구성

항상성

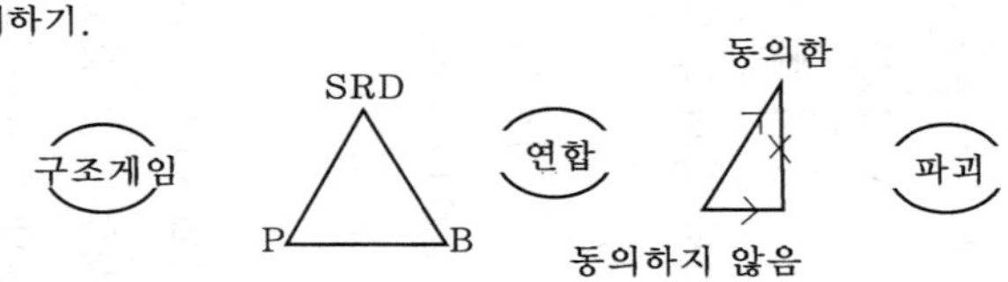

P = 회유형
B = 비난형
SRD = 초이성적
D = 혼란형

행동 지향적 치료

경험 게임을 가르치고 이끈다.
직접적인 개입은 간접적인 의사소통을 변화시킨다.
가족과 함께 참여하여 성장을 촉진시킨다.
통찰보다 행동을 강조한다.
치료자는 내담자들이 위험을 감수할 수 있을 만한 안전한 배경을 만들어야 한다.

근본적 가정

1. 치료 과정은 내담자와 치료자의 상호작용이다.
2. 개인은 자신의 성장과 발달을 위해 필요한 모든 자원을 보유하고 있다.
3. 모든 개인은 긍정적인 성장과 발전을 위해 자연스럽게 나아간다.
4. 증상은 성장 과정의 교착 상태를 나타낸다.
5. 증상 행동은 가족 고통의 반영이다.

을 한다고 해서 자유로운 행동에 영향을 미치지는 않는다.

6. 다세대 전수 과정. 이 과정은 여러 세대에 걸쳐 전수되는 가족의 심각한 기능장애를 (분화의 결핍) 나타낸다.

나중에 Bowen은 두 가지 이론적 개념을 추가로 포함시켰다:

7. 형제 순위. 가족에서 아이의 기능적 위치는 종종 부모화된 아동처럼 그 아이가 가족 내에서 어떻게 다루어지는지와 그의/그녀의 출생 순서와 관련된다.

8. 사회적 퇴행. Bowen은 사회에서 정서적 요인이 어떻게 가족의 감정적 기능에 영향을 주는지를 인식했다(Bowen, 1978).

치료 목표. 간단히 요약하면, 원 가족 치료의 목적은 내담자들이 자신의 생각을 감정과 분리하도록 도와주기, 다른 사람으로부터 자아를 분리하기, 정서적 반응, 가족 감정 단절, 역기능적인 여러 세대 간 패턴의 반복 감소시키기 등을 포함하는 Bowen의 근본적인 가정에 초점을 맞춘다.

행동 지향적 치료. Bowen은 사실과 인지적 통찰력을 논의하고 개인과 팀 플레이어가 자신의 최대 능력을 발휘하도록 지시하고 지원하는 적극적인 전문가, *코치*로서 치료자의 역할을 강조했다. *규명된 환자*가 증상을 보이는 아이라 할지라도 치료자는 성인에게 초점을 맞춘다. 치료자는 부부 중 한명이 언제 그리고 어떻게 *내가 서 있는 위치*를 취할지 배우도록 함으로서 융합을 감소시키는 것을 목적으로 하는 과제를 통합한다. *내가 서있는 위치*는 개인들로 하여금 자신의 꿈, 욕구, 야망, 발전을 인식하게 한다. 지침을 내리면서 치료자는 부부가 중요한 관계 내에서 자신들의 욕구를 정립하도록 도와준다. 이러한 포지션은 가족 구성원들이 공허감을 채우도록 도와주고 견고한 자아의식을 정립하도록 도와준다. 치료자는 내담자들의 전화, 방문, 편지를 통해 가정으로 돌아가서도 자신의 역할과 가족 규칙의 패턴을 관찰하도록 장려한다. 종종 자기 입장을 취하는 것은 정서적 반응의 악순환을 깨는 가장 직접적인 방법이다. 치료자는 내담자에게 "나의 입장"을 취하도록 격려할 뿐 아리나 그들 자신도 그렇게 해야 한다. 다양한 이유로 부부가 집으로 돌아가서도 계속 실시하는 것은 가능하지 않으므로 Bowen은 부부들로 하여금 어떻게 그들의 가족들이 한 세대에서 다음 세대로 이어지면서 반복적인 대본을 연기하는지 보게끔 해주었다.

핵심 용어와 개념. 원 가족 이론의 핵심 용어인 부모화된 아동은 부모의 계층적 위치를 차지하고 있는 아이를 나타내는데 사용된다. *견고한 자아*는 *가성 또는 거짓 자아와 반대이다. 견고한 자아*를 가진 사람은 삶의 궁극적 관심사에 관하여 믿음, 의견, 신념을 분명히 정의한다. *가성자아*를 가진 사람은 원 가족과 감정적으로 혼합되고 이후에는 자신의 인생에서 중요한 다른 한 사람(남편 · 아내 · 애인)과도 감정적으로 얽혀버린다. *가성 자아*를 가진 사람은 그들 또한 얽힐 수 있는 다른 사람에게 이끌린다. 두 사람 사이에 너무 많은 감정적인 에너지가 있을 때, 제 3자가 들어와 *삼각관계*를 만든다. 전환점이 되는 사건은 개인에게 중요한 심리적 충격을 준 사건을 의미 한다(예를 들어, 부모의 사망은 우울에 부합하다).

*가계도*는 한 가족을 구성하는 사람들의 3 세대 이상을 보여주는 지도이다(부록 B 참고). 가계도는 세대 간 메시지, 관계 및 가족 구조의 시각적 개념을 제공한다. 어떤 점에서 가계도는 가족 관계 나무와 같지만 심리학적 가족 관계 나무이다. 그것은 특정한 형식으로 제시되며 일반적으로 가족 관계 나무에서 보이는 것보다 더욱 개인적인 세부사항을 포함한다. 가계도를 통해 사람들은 그/그녀가 태어난 가족뿐만 아니라 그 이전 세대까지 이해하게 된다. 어떤 특정 세대의 가족에게 일어난 일은 이후 이어지는 세대를 통해 반향을 일으킬 수 있음이 역사를 통해 알려져 왔다. 가계도는 신체적, 심리적, 생리학적 행동의 반복적인 패턴을 발견하는데 도움을 준다.

뿐만 아니라, 가계도는 문화적, 성인지(Gender Sensitivity)를 증가시킨다. 미술과 치료를 조화시키면서, 가족 치료사인 Hardy와 Laszloffy(1995)는 가계도가 다음을 포함시켜야 한다고 제안 한다:

> 자부심/ 수치심 문제가 널리 만연함을 도표로 보여주는데, 가족 기능에서의 자부심/수치심의 영향을 상징으로 강조한다. 상징의 사용은 제시하는 사람이 때때로 말로 표현하기 어려운 문화적(그리고 성) 문제의 직관적이고 감정적인 측면을 표현하게 해주는 신비로운 의사소통의 한 형태이다. 본질적으로, 상징을 사용하는 것은(참가자에게) 종종 언어적 표현을 무시하는 문화적 그리고 성적 문제의 비이성적이고 감정적인 차원에 대해 의사소통하기 위한 수단을 제공한다.

분화 과정에서 여성 발달 이론

Bowen의 이론 모형은 1960년대와 1970년대의 전통적인 가부장 문화 안에서 개발되었다. 그러나 서구 문화가 좀 더 성별과 인종에 민감해짐에 따라, 가족 체계 이론이 확장되어 추가적인 모형을 포함하게 되었고 잠재적인 편견에 대해 논의하게 되었다. 남자와 여자의 발달은 다르기 때문에 그들의 인정된 차이를 병적인 것이 아닌 건강한 것으로 생각하는 것이 중요하다. 앞서 언급했듯이, 가족 체계 이론을 위한 Bowen의 첫 번째 연결 개념은 정서적 융합에 의한 자아와 불안의 분화개념에 기초하고 있다. Knudson-Martin(1994)는 “여성 발전 연구는 여성이 발달하고……. 다른 사람과의 애착을 통해 스스로를 정의한다는 점을 지속적으로 발견하고 있다”고 이야기 한다“(p.36). Arrington(1986)는 여성이 관계와 긍정적으로 동일시하는 이미지를 선택한다는 점을 확인했다(결혼, 모성애, 우정, p.140). Knudson-Martin은 여성의 정체성이 여성이 스스로를 관계의 맥락에서 정의하는지의 문제가 아니라 그러한 관계들이 정체성의 과정에서 어떻게 사용되는지의 문제라는 점을 이야기한다. 종종 관계는 안정, 자기 타당화, 지원, 자기 인식을 위해 사용된다. 따라서, 정체성 발달에서, 여성들이 그들이 애착하는 사람을 선택하는 것은 중요하다. 다른 행동과 마찬가지로 이 행동은 “고유한 자아를 발전시키면서 연결 상태를 유지하려고” 애쓰는 사춘기 딸과 엄마 사이에 관계에서 모형화되고 학습된다(1994, p.36).

감정이나 감정 체계는 감정, 즉 우울감, 욕망, 행복을 감지하고 경험하는 것을 의미한다. 행동 체계는 행위, 활동, 응답, 반응, 움직임을 의미한다. 인식 체계는 문제를 해결하고 이해하고 알고 관찰하고 추리하고 상상하고 생각하는 능력을 포함한다.

> Bowen의 이론은 삶의 두 가지 경쟁적인 힘에 근거하고 있다: 개별화와 결속. 이론에 따르면, 다른 사람과 함께 하고자 하는 욕구는 다른 사람에 대한 정서적 반응을 고양시키고 독립적으로 대응하거나 생각할 수 있는 능력을 감소시킨다. 그러나 많은 사람들, 특히 여성들에게 있어서 감정 체계는 자기 인식의 주요 원천일 수 있다(p.39).

개별화가 성숙함으로 정의될 때, 개별화와 결속은 경쟁하는 힘으로 간주되고 감정 체계를 통한 자아인식은 미숙한 것으로 간주된다. 여성들은 관계라는 맥락 속에서 발달한다. 그들은 다른 사람의 목소리를 들음에 따라 자신의 목소리를 신뢰하고 자신의 목소리를 듣는 것을 배우면서 분화한다. 종종 그들은 자신의 감정을 관찰함으로서 자신과 다른 사람의 목소리를 듣는다. 여성들은 생각하는 것보다 느끼기 때문에 미숙하다는 말을 들으며, 스스로를 신뢰하고 내면의 목소리를 들을 수 있는 능력을 잃어버린다.

감정과 인지는 유사한 체계이며 서로 강화 시킨다(Knudson-Martin, 1994). 불안은 개별화와 결속이라는 두 가지 욕구 사이에서 발생하는 긴장으로 인해 생긴다. “더 높은 수준의 분화는 ……. 이러한 기능들의 통합을 포함한다”(p.40). 지적인 선택을 통해 주관적이고 감정적인 경험을 사용할 줄 아는 능력을 증가시키는 미술과 같은 치료 기법은 통합을 용이하게 한다. 낮은 수준의 분화는 욕구 발달(개별화 또는 결속)을 방해할 수 있다. 따라서, 두 가지 욕구(개별화와 결속)가 동시에 다루어질 때 치료가 좀 더 효과적일 수 있다. 하나가 증가하면 다른 하나도 증가한다. Knudson-Martin은 다음과 같이 결론 내린다. "고도로 분화된 개인은 서로에 대한 책임감이 필요하다는 것을 인정하며 동시에 자율적으로 기능할 수 있는 능력을 갖고 있다"(p.42).

C-3. 구조 가족 이론 모형

구조적인 치료는 Salvador Minuchin과 Braulio Montalvo의 영향을 통해 1970년대에 유명해졌다. 구조적 치료는 "시스템으로서 가족의 패턴, 과정, 처리과정을 볼 수 있게 해주는 유용한 도구를 제공 한다"(Becvar과 Becvar, 1988, p.172).

가족 체계의 전체성이 강조된다. 구조적 가족 이론의 세 가지 필수적 구성요소는 가족 구조, 하위체계, 경계선이다.

가족 구조. 가족의 상호작용적 패턴은 가족 구성원의 행동을 조절한다. 행동은 가족의 계층 조직인 계층의 보편적인 법칙에 의해 유지된다. 계층은 가족 내 권력의 순서, 즉, 누가 의사 결정권한을 갖고 있고 누가 해당 결정을 실시할 권한을 갖고 있는가 하는 것을 의미한다. 예를 들어 부모는 아이보다 강력하다. 부모의 하위체계를 강화하는 것 그리고 부부 하위체계를 강화하는 것은 이러한 이론적 모델의 핵심적 요소이다.

하위체계. 가족은 역할과 규칙을 실시할 하위체계로 구성 된다(부부, 부모, 형제자매 하위체계). 하위체계는 그것들 사이에 유연한 경계의 투과성으로 인해 중요하다. 치료자는 하위체계 내의 연합과 삼각관계의 패턴을 깨기 위해 작업하며 이로서 필요에 따라 계층적 권력이 바뀐다.

Minuchin(1974)의 근본적 가정

1. 개인의 정신적 생활은 전적으로 내적 과정이 아니다.
2. 가족 구조의 변화는 해당 체계 안에 있는 구성원들의 내적인 정신적 과정과 행동을 변화시킨다.
3. 치료자가 내담자 또는 내담자의 가족과 작업할 때, "그/그녀의 행동은 가족 내의 하

나가 된다"(1974, p.9)

치료 목표. 구조적 치료의 목표는 "가족에게 약간 특이하다"(Becvar과 Becvar, 1988, p.186). 구조적 치료의 목표는 부부와 부모 하위체계를 강화하고, 경계를 수립하며 가족의 계층 구조를 회복한다. 회복은 각 구성원의 궁극적인 성장을 촉진하고 각 가족 구성원이 개인적 관심과 재능을 발전시키는데 다른 구성원들과의 상호작용을 촉진한다. 목표에는 치료자가 가족이 가족 조직을 재구성하고 수정하는 것을 돕기 위해 가족과 함께 작업하는 것 등이 포함된다.

가족은 경계를 둘러싼 규칙과 역할을 수용하거나 협상한다. 핵심은 시간이 흐름에 따라 경계의 유연성과 균형을 통해 항상성을 성취하는 것이다. 역할과 규칙뿐만 아니라 경계도 각 파트너가 원 가족의 규칙과 역할에 과도하게 구속되지 않는 정도까지 작용한다. 경계는 단어뿐만 아니라 상징을 통해 쉽게 정의된다. 다음에 나오는 상징적 설명은 구조적 가족 치료에서 사용되는 관계와 경계의 용어를 정의한다.

행동 지향적 치료. 구조적 가족 치료는 가족의 호스트 역할을 하는 치료자가 모든 가족 구성원과 함께 하는 초기 인터뷰로 시작하여 행동 지향적이며 현재에 초점을 맞춘다. 다음으로, 치료자는 가족 내 행동과 경계의 가족 구조를 지도로 그리기 위해 가족들을 관찰하고 그들에게 질문한다. 치료자는 가족 체계를 포함시키기 위해 그/그녀가 개인에게 맞춘 초점을 확장할 수 있도록 치료 동맹을 구축하기 위한 가족 스타일에 순응한다. *모방*과 추적은 임시 계약을 개발하기 위한 치료자와 가족과의 작업을 용이하게 한다. 초점을 확대하는 것에는 종종 행동의 의미를 *재구성*하는 것이 포함된다. 재구성은 똑같이 그럴듯한 무언가에 대한 상황이나 사건의 원래 의미를 변화시킨다. 재구성은 어떤 사건이나 상황이 비춰지는 방식을 변화시키도록 한다. 즉, Johnny는 나쁘다 대신, 그가 아플지도 모른다라고 하는 것이다(Goldberg & Goldberg, 1996, pp.202-204). 이어지는 치료시간에서, 치료자는 자발적인 가족 *재연*을 위한 기회를 제공할 수 있다. 재연에서, 가족은 외부의 가족 갈등을 치료시간 안으로 가지고 들어오며 치료자는 그/그녀가 순서를 관찰하고 구조적 변화를 위한 계획을 소개할 수 있도록 가족 구성원들이 상호 작용할 수 있는 공간을 허락한다.

표 15. 가족 치료 방식(FOO). 치료자는 코치이며 내담자들이 종종 가계도에서 보여 지는 가족 스크립트의 밖으로 어떻게 이동하는지 배우고, 연습하고 관찰할 때 그들과 함께 작업한다.

목표: 미분화된 가족 자아군으로부터 자아의 분화
1. 생각과 감정을 분리하기
2. 문제와 관심에 대한 감정 반응을 줄이기
3. 원 가족으로부터 감정단절을 감소시키기
4. 역기능적인 다 세대 패턴 감소시키기

행동 지향적 치료
- 집에 가는 것에 대한 인지적 통찰력과 사실에 대해 논의한다.
- 전화, 방문, 편지로 가족과의 연락을 재개하는 것을 지도한다.
- 가족 스크립트
  - 가족 조각
    - "내가 서 있는" 위치를 장려하기

가계도

시각적 지도

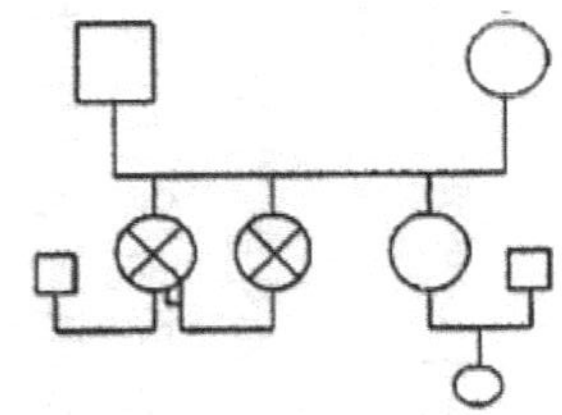

핵심 용어 및 개념

감정 반응
역기능적인 상호 관계

코치	전환점이 되는 사건
견고한 자아	거짓자아
융합	삼각관계

근본적 가정
1. 감정 과잉으로 인해 한 쌍이 미리 예정된 취약한 개인에게 가 닿으려 할 때 감정의 삼각관계가 발전한다.
2. 다음의 경우 핵가족 감정 과정이 발생한다: 배우자간에 감정적 거리가 있다. 배우자의 신체적, 감정적 기능 장애, 분명한, 만성적인, 해결되지 않은 부부 갈등, 아이의 심리적 장애
3. 가족의 투사 과정은 주로 다음의 아이들에게 발생한다: 가장 나이 많은 아이, 가족이 스트레스가 많은 시기에 태어난 아이, 특별히 (가장) 미숙하다고 인식되는 아이.
4. 아이가 가족들로부터 감정적으로 단절되어 있다.
5. 여러 세대를 거쳐 전승되어 온 과정이 가족 내에서 발생한다.
6. 형제 순위가 중요하다.
7. 지역사회에서 사회적 퇴행이 발생한다.

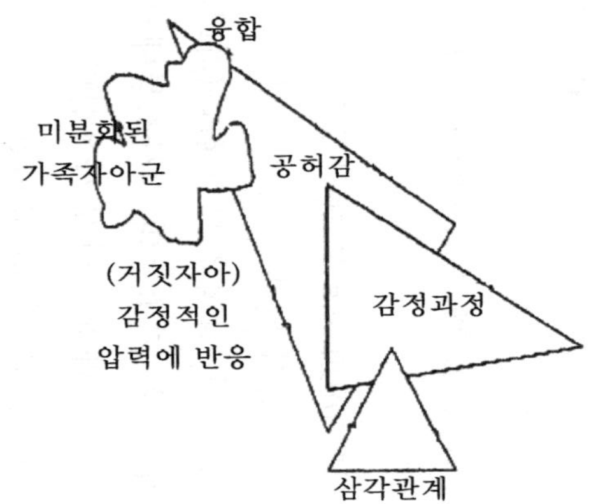

성별 고려 사항 (Knudson-Martin, 1994)
감정과 인지는 유사한 체계이며 서로 강화시킨다. 더 높은 수준의 분화는… 이러한 기능들의 통합을 포함한다.

추가적인 핵심 용어와 컨셉

*상호 작용 패턴(Interactional Patterns)*은 가족들이 어떻게 상호 작용하는가를 의미한다.

*모방(mimesis)*은 복사를 나타내는 그리스어이다. 치료자는 가족이 좀 더 편안함을 느끼도록 하기 위해 그리고 가족들과 함께 작업하기 위해 가족 의사소통 양식 내용이나 태도, 스타일, 감정을 모방 한다(다리를 꼬거나 재킷을 벗거나, 천천히 말하기).

치료자는 가족들의 의사소통에서 수집한 가족 삶의 상징을 *추적*하거나 채택하고 그것들을 가족과의 대화에 사용한다.

부부는 *보완(complementary)* 기능을 갖고 있다. 부부는 팀으로 움직이고 서로를 보완한다. 한 사람은 가족을 위해 경제적인 것을 제공하고 다른 한 사람은 가족을 위해 서비스(가사노동)를 제공할 수 있다. 오늘날 배우자는 이러한 역할을 서로 교환한다. 둘 다 경제적인 것과 서비스(가사노동)를 제공할 수도 있다.

*연합(coalitions)*은 스스로를 가족 내 강력한 유력자와 연합하도록 하는 하위체계이다. 부부가 다른 부모에 대항하여 자신과 아이를 동맹관계에 묶어두려 함에 따라 감정의 삼각관계가 형성된다. 역기능적 가족은 가족 내 개인의 성장을 증진하지도 못하고 안도감을 제공하지도 못한다.

*밀착(enmeshment)*과 *분리(disengaged)*는 가족 구성원 간에 감정적 거리를 의미한다. 밀착되어 있는 가족 구성원들은 너무 가까우며 자율성이 부족하여 역할분담이 적절하게 이루어지지 못한다. 분리된 가족 구성원은 너무 멀리 떨어져 있어서 감정적인 지원을 제공하지 못한다.

*삼각화(triangulation)*는 "한 부모가 부모의 갈등 시기에 다른 부모에 대항하여 자신과 아이를 동맹관계에 묶어두려 하는 과정"이다(Goldenberg & Goldenberg, 1996 p.432).

C-4. 전략적 치료 모델

초기 가족 체계 모형에 구축된 전략적 치료는 Milton Erickson, Jay Haley, Cloe Madannes, Peggy Papp의 영향을 거치면서 1980년대에 유명해졌다. 전략적 치료에서, 치료자는 문제가 있는 피드백을 확인하고 중단시키는 방법에 대해 전략을 세움으로

표 16. 구조적 가족 치료 방식. 치료는 짧고 직접적이고 행동 지향적이며 문제에 초점을 맞춘다(Minuchin, Montalvo, 1974).

목표:

1. 효과적인 계층 구조를 재설정하고 적절한 경계를 설정한다.
2. 부모의 결합 ㅣㅊ 배우자의 하부시스템을 강화시킨다.

핵가족 초점

핵심 용어 및 개념

동맹	경계
연합	보완
분리	재연
위계구조	참가
모방	부모화된 아동
추적	삼각화

행동 지향적 치료

가족과 함께하며 가족 스타일에 순응한다.
행동의 의미를 재구성한다.
가족 교류 지도를 만든다.
삼각화 패턴을 깨기 위해 노력한다.

가족 교류 지도 (Minuchin, 1974, p.53)

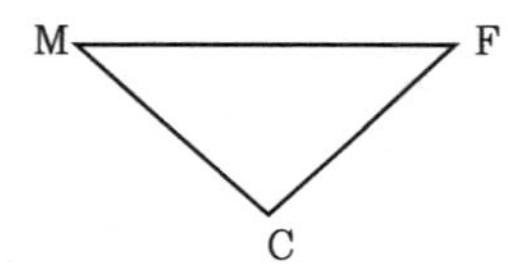

근본적 가정

1. 행동은 이해보다 먼저 발생한다.
2. 패턴을 바꾸기 위해 과제가 사용된다.
3. 치료자는 가족이 어떻게 균형과 항상성을 성취하는지 지켜본다.

3가지 원리

1. 개인의 정신적 생활은 전적으로 내적 과정이 아니다.
2. 가족 구조의 변화는 해당 체계 안에 있는 구성원들의 내적인 정신적 과정과 행동을 변화시킨다.
3. 치료자가 내담자 또는 내담자의 가족과 작업할 때, 그/그녀의 행동은 가족내 일부가 된다.

서 내담자에게 직접적으로 영향을 끼친다는 점에서 책임을 지게 된다. 가족의 꼼짝 못하는 상황을 해소하고; 해결 가능한 문제를 확인하고; 목표를 세우고; 그러한 목표를 달성하기 위한 개입을 설계하고; 개입에 대한 가족 반응을 조사하고 방식을 수정하며; 효과가 있을 경우 치료의 결과를 재조사하기 위해 전략이 사용 된다. 치료자는 적극적이고 가족 전체를 지켜보며 문제를 지속시키는 것이 무엇인가에 관심이 있지만 왜 문제가 존재하는지에 대해서는 관심이 없다.

근본적 가정. 전략적 치료자는 가족의 세계관에 관심을 갖는다; 즉, 가족이 세상을 어떻게 보는가. 세상이 안전한가, 안전하지 않은가, 믿을 만한가 등. 세상에 대해 가족은 어떠한 가정을 하고 있는가? 세상은 아픈가, 위험한가, 미쳤나 등. 이는 가족 그림을 통해 또는 심층 인터뷰를 통해 결정될 수 있다.

치료 목적. 문제가 있는 피드백 루프의 사이클을 확인하고 차단한다. 해결 가능한 문제를 확인하고; 항상 현재 문제를 포함하는 목표 설정하기; 치료 개입을 평가하고 수정하기.

행동 지향적 치료. Jay Haley(오디오 테이프 1998)에 따르면 전략적 치료의 단계는 다음을 포함 한다:

1. **사회적 참여**. 가족과의 사회적 참여는 치료자로 하여금 가족의 상호작용, 분위기, 은유와 생각을 관찰할 수 있게 한다.
2. **의도적 개입**. 의도적 개입은 다음과 같은 구체적인 질문을 하는 것을 의미 한다: 당신이 카운슬링으로부터 원하는 것은 무엇인가? 어떤 변화를 원하는가? 가족을 변화시키고 싶다면 어떻게 변화시키겠는가? 문제를 해결하기 위해 시도한 것은 무엇인가? 실패했는가? 이 시기에 치료자는 인지적 정보나 역설적 사건, 비역설적 지시사항을 제공할 수 있다. 치료자는 은유적 과제를 사용할 수 있다. 치료자는 기능장애를 얼마나 보이는냐에 관계없이 가족의 현재 상호작용 패턴에 초점을 둔다(즉, 도끼를 들고 아내를 쫓아가는 남편에 대한 Haley의 유명한 예시).
3. **종료 단계**. 종료 단계 동안, 치료자는 가족들이 지나치게 빨리 좋아지지 못하도록 할 수도 있고 재발을 예상할 수도 있다. 치료자는 치료를 책임지지만 가족 내 변화를 책임지지는 않는다.

핵심 용어와 컨셉

*증상 처방하기(prescribing the symptom)*는 "내담자에게 자발적으로 증상 행동에 참여하도록 지시하는 역설적 기법이다; 결과적으로 내담자는 증상을 버리거나 증상에 반항하는 또는 복종하는 위치에 놓이게 되고 이로서 그것에 대한 자발적인 컨트롤이 가능하다는 것을 인정하게 된다"(Goldenberg & Goldenberg, 1996, p.428).

*절제(restraining)*는 내담자가 지나치게 빨리 좋아지지 못하도록 하는 데 사용되는 역설적 기법이다.

*역설적 명령(paradoxical injunction)*은 저항적 입장을 취하는 것을 의미한다.

순환 질문(circular questioning) – "밀란(Milan) 치료자들에 의해 처음 만들어진 인터뷰 기법으로, 사건이나 다른 가족 구성원들과의 관계 특히, 중요한 연합의 변화와 적응이 발생한 가족 생애 주기 내의 요점에 관하여 인식의 차이를 도출하는 것을 목적으로 한다"(Goldenberg & Goldenberg, 1996, p.420).

긍정적인 함축(positive connotations) – "주로 체계적인 치료자들이 사용하는 재구성 기법으로 가족의 행동 패턴에 긍정적인 동기가 주어진다. 왜냐하면 이러한 패턴은 가족 균형과 화합을 유지하도록 도와주기 때문이다; 결과적으로 가족은 서로의 동기를 더욱 긍정적으로 보게 된다"(Goldenberg & Goldenberg, p.428).

가설 세우기(hypothesizing) – "치료자 또는 한팀의 치료자가 어떻게 그리고 왜 가족의 문제가 발전되었고 지속되었는지에 대해 추정하고 공개적으로 수정하는 과정; 주제와 관련 있는 질문을 하고 들어오는 정보를 정리하는 것을 더욱 쉽게 하기 위해 가족과의 모임 전에 작업함:(Goldenberg & Goldenberg, p.425).

중립성(neutrality) – "치료자가 연합이나 동맹을 통한 가족 게임에 사로잡히지 않는 것을 목표로 하는 비판단적 입장"(Goldenberg & Goldenberg, p.427).

C-5. 인지 행동 가족 모형

급속히 증가되는 미국 내 이혼으로 인해, 어떤 부부가 이혼하고 왜 이혼하는가에 대한 진지한 질문들이 계속 올라오고 있다. 시애틀 결혼 및 가족 연구소에서 근무하는 Gottman과 보조 연구자, Levenson(1992), Buehlman, Katz(1992), James Murray(1998)은 지난 20년간 이러한 질문에 대해 연구해왔다. 생리적 검사, 인터뷰, 비

표 17. 전략적 가족 치료 방식. 각 가족은 세상에 대한 나름의 가정을 갖고 있다. 치료자는 내담자에게 직접적으로 영향을 미치는 데 대한 책임을 진다(Haley, 1973).

목표:

1. 문제가 있는 피드백 루프(feedback loop)를 확인하여 중단시킨다.
2. 해결 가능한 문제를 확인한다.
3. 항상 현재 문제를 포함하는 목표를 설정한다.
4. 이러한 목표를 달성하기 위한 개입을 설계한다.
5. 개입에 대한 가족의 반응을 조사하고 방식을 수정한다.
6. 효과가 있을 경우 치료의 결과를 재조사한다.

세계관

핵심 용어 및 개념

증상 처방

절제

역설적 명령

포지셔닝

의식 규정

중립성

순환하는 질문

긍정적인 함축

가설 세우기

행동 지향적 치료

가족전체를 적극적으로 관망한다.
왜 그것이 문제인가가 아닌 무엇이 문제를 지속시키는가에 관심을 갖는다.
가족과의 사회적 참여는 상호작용, 분위기, 은유와 생각을 관찰하는 것을 포함한다.
의도적 개입은 다음과 같은 구체적인 질문 하는 것을 의미한다.
당신이 카운슬링으로부터 원하는 것은 무엇인가?
어떤 변화를 원하는가? 당신의 가족이 당신이
원하는 무엇이든 될 수 있다면 무엇이 되기를 바라는가?

근본적 가정

1. 각 가족은 안전하다 안전하지 않다, 믿을만하다 믿을만 하지 않다 등의 세계관을 갖고 있다.
2. 각 가족은 세상에 대한 가정을 갖고 있다. 세상은 아픈가, 위험한가, 어떤가?
3. 행동은이해보다 먼저 발생한다.

디오를 이용하여 Gottman과 그의 팀은 90%의 정확성으로, 결혼 16년에서 20년째 또는 결혼 한지 처음 7년간 어떤 부부들이 왜 이혼하게 될지 예측했다(1998, p.15). 연구팀은 부부들이 초기에 그리고 이후에 이혼하는 두 가지 이유를 발견했다. 부부들이 결혼 초기에 이혼하는 이유는 그들이 싸울 때 거리두기나 고립으로 이어지는 부정적인 상호작용을 했기 때문이다. 결혼 후반기에 이혼하는 부부들은 일반적으로 결혼 초에 가졌던 "긍정적인 감정을 갖고 있지" 않다. "얼핏 두 가지 측면이 독립적인 듯 하지만 두 가지 모두 필수적인 것으로 보인다"(1998, p.15). Gottman에 따르면(1998, p.17), 가족 치료사들은 문제가 없는 결혼에서 이루어지는 의사소통 패턴을 확인하면 치료자들이 "삐걱거리는 결혼생활을 하는 부부들의 욕구를 충족시키는 개별적 치료에" 도움이 된다는 것을 발견했다.

근본적 가정. Gottman(1998)은 불행한 결혼과 이혼에 대한 7가지 예측 변수를 확인한다. 그것은 다음과 같다:

1. 가족 내 긍정적 정서보다 부정적 정서가 많다.
2. 비판, 방어, 경멸, 담쌓기((성서에 묘사된) 세상의 종말에 나오는 4기사)가 성별에 특징적인 행동, 즉 비난은 여성, 남성은 담쌓기의 형태로 나타난다.
3. 성공하지 못한 화해 시도
4. 부정적인 인식, 감정, 특성의 경우, 남성들은 더욱 부정성을 신체적으로 내면화하여 결국 고통에 이르게 된다.
5. 신체적 과잉(가슴 두근거림, 호흡 변화, 발한, 떨림, 분노, 슬픔, 한숨, 투덜거림) 이후에 거리두기와 고립이 이어진다.
6. 만성적인 생리적 각성과 면역 억제
7. 남자들은 의미 있는 여성으로부터의 영향을 받는데, 특히 불평 할 때 남자들은 감정적 거리두기(담쌓기와 결심) 또는 단계적 확대(공격적, 경멸, 방어)로 나타난다.

결혼 요법(marital therapy)에서, 개입이 두 가지 갈래로 설계될 때 가장 지속적인 효과로 나타날 것이다: 하나는 매일 긍정적 정서를 증가시키는 것이며(단지 갈등 해결에서 뿐만 아니라) 다른 하나는 갈등 해결 시 부정적 정서를 감소시키는 것이다(Gottman, 1998, p.15).

"결혼과 가까운 관계의 부정적 정서"에 대한, 성별 상 민감한 반응에 대한 증거를 검토하면서, Gottman & Levenson(1988, p.33)은 "결혼 결과의 예측이 남자 또는 여자에 의한 남자의 생리적 진정을 포함한다는 것"을 발견했다. 이러한 이벤트는 "남편에 의한 단계적 축소, 부인의 유머, 남편에 의한 확인, 남편의 애정"을 포함한다. 이러한 이벤트가 발생하면, 남편의 심박동수는 현저히 감소한다. 이러한 생리적 감소는 연구에 참여한 다른 그룹의 부부들과 비교하여 안정적이고 행복한 부부에게서 현저히 높았다.

단계적 축소가 발생하지 않는다면, 해당 가족 구성원은 신체적으로 불편함을 느끼게 된다. 그/그녀는 문제가 심각하다고 말하고(아마도 마음속으로) 혼자 해결하려고 한다. 이 지점에서 부부는 각자 따로 살기 시작하고 이는 결국 외로움, 애정 없는 관계, 마침내는 이혼이라는 결정으로 이어진다.

치료 목표

1. 남자와 여자 모두의 자율적 각성을 분산시키기 위해 갈등을 조절하라.
2. 감정 과잉이 생기고 있을 때는 인정하라.
3. 남자가 여자로부터의 영향을 받아들일 수 있도록 도와줌으로서 남자의 단계적 축소를 장려하라.
4. 여성의 상승된 유머와 부드러운 의사소통의 시작을 장려하라.
5. 갈등이 없는 상황에서 관계의 우정을 재건하라.
6. Gottman이 지속적인 문제라고 부르는 것에 대해 대화하라.
7. 일관되게 관계를 회복하기 위한 다양한 방식을 습득하라.
8. 관계에 속한 각 개인이 자신의 꿈과 야망을 이룰 수 있도록 도와주어라.

행동 지향적 치료. 20년간의 철저한 연구에 기초한 Gottman의 행동 지향적 치료는 행동, 인식, 생리학을 통합한다. 그의 행복한 관계의 집(Sound Marital House) 은유는 왜 결혼이 실패하고 무엇이 안정적이고 행복한 결혼을 구성하는지에 대한 연구에 근거한 개입을 포함한다. 그것은 이 분야의 선구자들(Satir, 1972; Bowen, 1976)이 사용하는 아이디어를 확인하고 지지하며 부부 사이에 진정한 사랑의 관계를 확인하기 위해 초기 인터뷰를 사용 한다; 돌보아 주는 날, 메타 의사소통(metacommuncation) 스타일, 치료 전반에 걸친 긍정적 감정의 통합, 스스로 진정하고 긴장을 풀고 회복하도록 가족에게 힘을 실어주기.

뿐만 아니라, Gottman과 보조 연구자들은 행복한 관계의 집과 관련된 다른 영역을 조사하기 위해 대단히 광범위한 평가와 개입을 사용한다. 이 영역들은 다음을 포함한다. 결혼에서 부부는 어디에 있는가? 결혼한 부부의 우정의 본질은 무엇인가? 결혼에서 감정의 본질은 긍정적인가 부정적인가? 갈등의 본질은 무엇인가? 삶의 꿈과 공유된 의미의 본질은 무엇인가? 어떤 잠재적인 저항이 존재하는가?

개입은 행복한 관계의 집을 구성하는 7개의 구성요소를 대상으로 한다(Gottman, 1998, pp.50, 51). 부부를 위한 결과는 그들이 자기 자신과 파트너를 진정시키고(p.32) 관계를 회복할 수 있는 정도까지만 좋아질 것으로 예상된다. 자기 진정(Self-soothing)은 감정 과잉을 줄일 수 있는 능력과 기본 생리에 근거한다.

핵심 용어 및 개념. 초기 의사소통 모형에 기반을 두고 작업한 Gottman(1998)은 세 가지 다른 부부의 의사소통 스타일을 확인했다. 이 세 가지는 회피형(avoider), 확인형(validator), 폭발형(volatiles)이다. 그의 연구에서, 의사소통 불일치는 이혼을 예상한다.

Gottman의 가장 중요한 연구결과는 생리적 수준에서, 남자는 여자보다 감정적 재료에 더 오래 그리고 더욱 역동적으로 반응하며 그로 인해 감정과잉과 실제적인 육체적 불편함을 초래한다는 것이다. 그러므로, 언어적으로 의사소통하든 비언어적으로 의사소통하든 감정이 긍정적이면 긍정적일수록 남자가 경험하는 신체적 불편함은 더욱 감소하며 관계는 더욱 행복하고 안정적이게 된다. Gottman(1998, pp.50, 51)의 행복한 관계의 집 치료는 그의 탁월한 연구영역을 다루는 새로운 관점과 방식뿐만 아니라 치료에 효과적인 두 가지 초기 기법을 통합한다. 이는 다음과 같다:

기초 또는 1층-사랑의 지도-서로를 알고 있고 이 지식을 주기적으로 업데이트하는 부부를 포함한다(p.50).(Satir의 초기 가족 치료 아이디어를 뒷받침).

2층-경멸에 대한 해결책인 호감과 존중 쌓기(p.50).(Satir의 초기 가족 치료 아이디어를 뒷받침).

3층-Gottman에 의해 감정은행계좌(Emotion Bank Account Turing)로 확인됨. 서로에게 다가가는 것과 서로를 외면하는 것(p.51).(돌보는 사건과 날)

4층-Bob Weiss의 생각은 갈등 해결 시 회복 시도의 성공과 문제 해결 논의에서 긍정적 정서 존재 또는 긍정적 정서의 밀물 현상은 갈등 해결에 영향을 미침(p.51)

5층-1. 효과적인 문제해결의 4가지 부분: 부드럽게 시작하기, 회복과 단계적 축소, 영향을 받아들이기, 타협, 단계적 축소의 경우 긍정적 정서를 사용하기. 2. 지속적인 문제에 대해 대화하기(p.51).

6층-꿈과 야망을 인식하고 실현시키기(p.51). 각 개인의 입장에서 상징적 가치를 탐험하고 교착상태를 해결하기(Jung의 아이디어를 뒷받침).

7층 또는 다락방 - "새로운 문화의 적극적인 창출"뿐만 아니라 꿈, 서술, 신화, 은유를 포함함(p.51). 부부들이 다른 부부 문제와 행복한 관계의 집에서 다른 층을 다룸에 따라

표 18. 인지 행동적 가족 치료 방식(Gottman, 1990-1998). 부부들이 일찍 이혼하는 이유는 그들이 싸울 때 부정적인 상호작용에 참여하기 때문이다. 부부들이 결혼 후반기에 이혼하는 이유는 일반적으로 결혼 초에 가졌던 긍정적인 감정을 갖고 있지 않기 때문이다.

목표:

1. 갈등을 조절하는 것을 도와줌으로서 남자와 여자 모두의 자율적 각성과 감정 과잉을 분산시켜라.
2. 감정 과잉이 생기고 있을 때는 인정하라.
3. 남자가 여자로부터의 영향을 받아들일 수 있도록 도와줌으로서 남자의 단계적 축소를 장려하라.
4. 여성의 상승된 유머와 부드러운 의사소통의 시작을 장려하라.
5. 갈드잉 없는 상황에서 관계의 우정을 재건하라.
6. 지속적인 문제에 대해 대화하라.
7. 행동을 수정하기 위한 레퍼토리를 습득하라.
8. 가족 구성원들이 자신의 꿈과 야망을 이룰 수 있도록 장려하라.

핵심 용어 및 개념

회피형
확인형
폭발형
긍정적이고 부정적인 정서
건강한 관계의 집
쌍의 종말에 나오는 4기사(백 · 적 · 흑 · 청색 말을 탄 4명의 기사)

근본적 가정

1. 가족 내 긍정적인 감정보다는 부정적인 감정이 더 많다.
2. 부정적인 감정은 신체의 고통을 야기시킨다.
3. 성별에 특징적인 행동, 여성은 좀 더 비판적이고 남성은 입을 닫는다.
4. 성공하지 못한 화해 시도
5. 만성적인 생리적 각성과 면역 억제
6. 신체적 과잉은 거리두기와 고립이 이어진다.

행동 지향적 치료

건강한 관계의 집

	함께 만드는 우리집 문화
6	서로의 꿈을 이룰 수 있도록 돕기
5	지속적인 문제에 대해 대화하기
4	긍정적인 정서의 밀물현상
3	감정은행계좌
2	호감과 존중 쌓기
1	사랑의 지도

Gottman의 이론은 구조화된 인터뷰와 기법을 포함한다. 이러한 인터뷰와 기법은 철학에 대한 질문, 기본적인 애착 주제 및 감정뿐만 아니라 일상적인 의식의 의미와 역사, 역할, 유사성과 차이점을 찾는 규칙 및 궁극적인 관심사를 포함한다.

행복한 관계의 집의 각 층은 서로 연결되어 있다. 행복한 관계의 집의 상위 2개 층과 하위 3개 층을 부적절하게 다루었을 경우 관계의 파탄, 감정적 이탈과 냉담함이 발생한다(p.52).

참고문헌

Acton, D. (1998). *Retablos: The tradition of painting the tragic, the miraculous and the wish: Art therapy applications with Latino Adolescents*. Unpublished master's thesis, College of Notre Dame, Belmont, CA.

Alder, J., Underwood, A., & Kolb, C. (1999, June 14). How stress attacks you. What works to bust it. *Newsweek*, 56-63.

Alexnder, K. (1991). Artmaking: Bridge to metaphorical thinking. *The Arts in Psychotherapy, 18*, 105-11.

Allan, J. (1988). *Inscapes of a child's world*. Dallas: spring.

Allan, J., & Bertoia, J. (1992). *Written paths to healing: Education and Jungian child counseling*. Dellas: spring.

Allen, C. (1949). *Healing words*. Westwood, NJ: Fleming H. Revell Classic Books.

Allen, P. (1995). Coyote comes in from the cold: the evolution of the open studio concept. *Art Therapy: Journal of the American Art Therapy Association, 12*(3), 161-166.

Altschuler, R., & Hattwick, L. (1947/1967). *Painting and personality*. Chicago: University of Chicago.

American Journal of Art Therapy. (1979). Obituary: Hanna Yaxa Kwiatkowska. *American Journal of Art Therapy, 18*, 118.

American Psychiatric Association. (1994). *Diagnostic and Statistical Manual of Mental Disorders* (4th ed.). Washington, DC: American Psychiatric Association.

Anderson, F. (1992). *Art for all the chidren* (2nd ed.). Springfield, IL: Charles C Thomas.

Anderson, H. (1999). Reimaging family therapy: Reflection's on Minuchin's invisible family. *Journal of Amarital & Family Therapy, 25*(1), 1-8.

Appleton, V. (1989). Transition from trauma: Art therapy with adolescent and young adult burn patients. Doctoral dissertation, University of San Francisco. *University Micofilm International*, Ann Arbor, MI. No. 9027812.

Appleton, V. (1993). An Art Therapy Protocol for the Medical Trauma Setting. *Art Therapy: Journal of the*

American Art Therapy Association, 10(2), 71-77.

Appleyard, D., & Carrol, H. (1988, January 26). Revealed: The truth about our'90s marriages 1997 poll. London: *Daily Mail.*

Arieti, S. (1976). *Creativity: The magic synthesis*. New York: Basic Books.

Armsden, G., & Greenberg, M. (1987). The inventory of parent and peer attachment: Individual differences and their relationship of psychological well-being in adolescence. *Journal of Youth and Adolescence, 16*(5), 427-453.

Arnheim, R. (1954/1974). *Art and visual perception*. Berkeley: University of California.

Arnheim, R. (1969). *Visual thinking*. Los Angeles: University of California.

Arnheim, R. (1997). Foreword. *The Arts in Psychopathology: An International Journal, 24*(2).

Anthony, E. J. (1994). The phenomenon of anxiousness. In E. J. Anthony & D. C. Gilpin (Eds.), *Clinical faces of childhood* (pp.127-133). New Jersey: Jason Aronson.

Arrien, A. (1992). *Signs of life: The five universal shapes*. New York: Harper Collins.

Arrien, A. (1993). *The four-fold way: Walking the paths of the warrior, teacher, helaer, and visionary*. New York: Harper Collins.

Arrington, D. (1985). *Gardening in the great forest.* Belmont, CA: At the studio.

Arrington, D. (1986). A Jungian-based study of selected visual constructs preferred by women(Doctoral dissertation, University of San Francisco, 1986). *University Microfilm International*, Ann Arbor, MI. No. 87-13, 271.

Arrington, D. (1990). Art-besed assessment procedures and instruments used in research. In H. Wadeson (Ed.), *A guide to conducting art therapy research* (pp.157-158). Mundelein, IL: The American Art Therapy Association, Inc.

Arrington, D. (1991). Thinking systems: Seeing systems. Systemically oriented art therapy: An integrative model. *The Arts in Psychoterapy, 18*, 201-211.

Arrington, D. (1992). Art therapy with a public school child. In *Art for all the childrem: Approaches to art therapy for children with disabilities* (pp.232-270). Springfield, IL: Charles C Thomas.

Arrington, D. (1997). *Home is where the art is*. Keynote address, Florida Art Therapy Association.

Arrington, D. (1998). *In search of soul*. Keynote address, South Carolina Art Therapy Association, Charleston.

Arrington, D., Eslinger, S., & virshup, E. (1975). *In touch through art. Fresno*, CA: Fresno Art Museum.

Ault, R. (1989). *The healing vision*. Topeka, KS: Menninger Clinic. video recording.

Ault, R. (1996). *Drawing on the contours of the mind*. Unpublished paper. Topeka, KS.

Baker, C. (1986). *Developing written language and reading skills through art: A program for children with learning disabilities*. Unpublished master's thesis, College of Notre Dame, Belmont, CA.

Barnhill, L., & Longo, D. (1978). Fixation and regression in the family life cycle. *Family Process, 17*, 469-478.

Bateson, M. C. (1991, March). Giving survival skills to our children. *McCall's*, 14-16.

Begley, S. (1997, spring-Summer). How to build a baby's brain. [Special issue: Your child]. *Newsweek*, 28-32.

Becvar, R. J., & Becvar, D. S. (1988). *Family therapy: A systemic integration*. New York: Allyn and Bacon.

Becvar, R. J., & Becvar, D. S. (1989). *Family therapy: a systemic integration* (2nd ed.). New York: Ally and Bacon.

Bender, L. (1938). *A visual motor gestalt test and its clinical use*. New York: The American Orthopsychiatric Association.

Beres, D. (1965). Symbol and Object. *Bulletin of the Menninger Clinic, 29*, 3-23.

Berne, P., & Savary, P. (1991). *Dream symbol work: Unlocking the energy from dreams and spiritual experiences*. New York: Paulist.

Betensky, M. (1973). Patterns of visual expression in art psychoterapy. *Art Psychothereapy, 1*, 121-129.

Blaisure, K., & Geasler, M. (2000, March). Divorce interventions. *Clinical Update, 2*(2), 1-8.

Bloomgarten, J. (1998). Inside art: Cave images in France, *Art Therapy: Journal of the American Art Therapy Assciation, 15*(3), 203-206.

Bowen, M. (1976). Theory in the practice of psychoterapy. In P. J. Guerin. Jr. (Ed.), *Family therapy theory and practice*. New York: Gardner.

Bowen, M. (1978). *Family therapy in clinical practice*. New York: Jason Aronson.

Bowlby, J. (1969/1982). *Attachment and loss* (vol. 1) (2nd ed.). New York: Basic Books.

Bowlby, J. (1970). *Child care and the growth of love*. Harmondsworth: Pelican.

Bradley, E. (1989). Growing up in L. A. *60 minutes*. National Broadcasting Co.

Brazelton, B. (1990). *The earliest relationships: Parents, infants and the drama of early attachment*. Reading, MA: Addison-Wesley.

Bridges, W. (1980). *Transitions: Making sense of life's changes*. Menlo Park, CA: Addison Wesley.

Bronfenbrenner, U. (1979). *The ecology of human development*. Cambridge, MA: Harvard University.

Brown, L., & Politt, E. (1996, February). Malnutrition, poverty and intellectual development. *Scientific American*, 38-43.

Brown, P. C., & Smith, T. W. (1992). Social influence, marriage and the heart: Cardiovascular consequences of interpersonal control in husbands and wives. *Health Psychology, 1*(2), 88-96.

Brudencell, T. (1989), *Art representations as functions of depressive state: Longitudinal studies in chronic childhood and adloscent depression*. Unpublished master's thesis, college of Notre Dame, Belmont, CA.

Buck, J. (1948). The House-Tree-Person technique: A qualitative and quantitative scoring manual. *Journal of Clinical Psychology, 10*, 315-396.

Buck, J. (1966/1978). The House-tree-person technique: Revised manual. Los Angeles, CA.: Western Psychological Services.

Buehlman, K., Gottman, J. M., & Katz, L. (1992). How a couple views their past predicts their future: Predicting divorce from an oral history interview. *Journal of family Psychology, 5*, 295-318.

Burns, R. (1987). Kinetic-House-Tree-Person Drawings (K-H-T-P). New York: Brunner/Mazel.

Burns, R., & Kaufman, H. S. (1972). *Actions, styles and symbols in kinetic family drawings (K-f-D)*. New York: Brunner/Mazel.

Byng-Hall, J. (1990). Attachment theory and family therapy: A clinical view. *Infant Mental Health Journal, 11*, 228-236.

Byng-Hall, J. (1999). Family and couple therapy: toward greater security. In J. Cassidy & P. R. shafer (Eds.), *Handbook of attachment: Theory research and clinical applictions* (pp.625-645). New York: Guilford.

Callagan, G., & Rawls, M. (1993). From entrapment to empowerment: Family art therapy. In E. Virshup (Ed.), *California art therapy trends* (pp.189-202). Chicago: Magnolia Street.

Campbell, J. (1972). *Myths to live by*. New York: Bantam Books.

Cane, F. (1951). *The artist in each of us*. New York: pantheon Books.

Carter, E. A., & M. (Eds). (1980). *The family life cycle: a framework for family therapy*. New York: Gardner.

Chapman, L. (1998). Current research. Presentation at the Research Round Table, Twenty-Ninth Annual conference of the American Art Therapy Association, Portland, OR.

Chapman, R. (1977). *Roget's international thesaurus* (4th ed.). New York: Thomas Y. Crowell.

Children s Defense fund. (1994). *The state of America's children: Yearbook, 1994. washington*, DC: Author.

Chira, S. (1995). Struggling to find stability when divorce is a pattern. *The New York Times, 1*, 17.

Christensen, L., Russell, C., Miller, R., & Peterson, C. (1998). The process of change in couples therapy: A qualitative investigation. *Jounrnal of Marital and Family Therapy, 24*(2) 177-188.

Cirlot, J. E. (1962). *A dictionary of symbols*. New York: Philosophical Library.

Cline, F. W. (1991). *Hope for high risk and rage filled children: Attachment theory and therapy*. Evergreen, CO: Author.

Cohen, A. (1994). *An exploration of the soothing effects of the mandala on an adolescent population.* Unpublished master's thesis, College of Notre Dame, Belmont, CA.

Connell, G., Mitten, T., & Whitaker, C. (1993). Reshaping family symbols: a symbolic-experiential perspective. *Journal of Marital and Family Therapy, 19*(3), 243-251.

Cooper, J. C. (1978). *An illustrated encyclopaedia of traditional symbols*. London: Thames and Hudson.

Corn, W.M. (1973). *The art of Andrew Wyeth*. Greenwich, NY: Graphics Society, Ltd.

Cornell, J. (1994). *Mandala: Luminous symbols for healing*. Whearon, IL: Quest Books.

Crick, F. (1994). *The astonishing hypothesis: The scientific search for the soul*. New York: Simon & Schuster.

Csikszentmihalyi, M. (1999). If we are so rich, why aren't we happy? *American Psychologist, 54*(10), 821-827.

Csikszentmihalyi, M. (1990). *Creativity: Flow and the psychology of discovery and inventing*. New York: Harper Collins.

Damasio, A. R. (1994). *Descartes'error: Emotion, reason, and the human brain*. New York: Avon.

DeLue, C. (1994). *The physiological related effects of children creation mandalas*. Unpublished master's thesis, College of Notre Dame, Belmont, CA.

Detre, K., Frank, T., Kniazzch, C.R., Robinson, M., Rubin, J., & Ulman, E. (1983). Roots of art therapy: Margaret Naumburg (1890-1983) and Florence Cane (1882-1952)-A family protrait. *American Journal of Art Therapy, 22*(4), 113.

DiLeo, J. H. (1980). *Interpreting Children's drawings*. New York: Brunner Mazel.

DiLeo, J. H. (1970). *Young children and their drawings*. New York: Brunner Mazel.

Dissanayhe, E. (1992). Art for life's sake. *Art Therapy: Journal of American Art Therapy Association, 9*(4), 169-175.

Dorsey, S., Chance M., forehand R., Morse, E., & Morse P. (1999). Children whose mothers are HIV infected: Who resides in the home and is there a relationship to child psychosocial adjustment? *Journal of Family Psychology, 13*(1), 103-107.

Dougherty, D. (1993). Adolescent health: Reflections on a report to the U. S. congress. *American Psychologist, 48*(2), 193-201.

Drachnik, C. (1995). *Interpreting metaphors of children*. Burlingame, CA: Abbeygate.

Drachnik, C. (1975). *An historical study of art therapy*: Unpublished master's thesis, California State University, Sacramento, CA.

Duvall, E. (1957). *Family development*. New York: Harper & Row.

Edinger, E. (1973). *Ego and archetype*. Baltimore, MD: Penguin books.

Edwards, M. (1987). Jungian analytic art therapy. In J. Rubin (Ed.). *Appraaches to art therapy* (pp.92-113). New York: Brunner/Mazel.

Erdman, P., & Caffery, T. (1997/1998, December/January). Systemic treatment of attachment issues in parent-child relationships. *Family Therapy News*, 12-13.

Erickson, M., Rossi E., & Rossi S. (1976). *The induction of clinical hypnosis and forms of indirect suggestion*. New York: Irvington Publications.

Erikson, E. (1963). *Childhood and society*. Newy York: Basic Books.

Evans, S., & Avis, J. (1998). T*he women who broke all the rules: How the choices of a generation changed our lives*. Napierville, IL: Source Books.

Fairbairn, W.R. (1954). *An object relations theory of the personality*. New York: Basic Books.

Falicov, _. (1995, December). Training to think culturally: A multidimensional comparative framework. *Family Process, 34*, 373-388.

Feldman, D. (1980). *Beyond universals in cognitive development*. Norwood, NJ: Ablex.

Figley, C. (2000, September). Post-traumatic Stress Disorder. *Cliniucal Update, 2*, 5.

Figley, C. (Ed.). (1997). *Burnout in families: The systemic casts of carikng*. New York: CRC Press.

Foa, E., Friedman, M., & Keane, T. (Eds). (2000). *Effective treatments for PTSD: Practice guidelines from the Intermational society for Traumatic Stress Studies*. New York: Guildford.

Folken, A. (1998). *Drawing mandalas: Its physiological effects on children with severe emotional disturbance*. Unpublished master's thesis, College of Notre Dame, Belmont, CA.

Fontana, D. (1993). *The secret language of symbols: A visual key to symbols and their menaings*. San Francisco: Chronicle Books.

Forward, S., & Buch, C. (1989). *Toxic parents: Overcoming their hurtful legacy and reclaiming your life*. New York: Bantam.

Frankl, V.E. (1984). *Man's search for meaning*. New York: Washington Square.

Freud, S. (1900/1958). *The interpretation of dreams. London*: Hogarth.

Freud, S. (1905). *General introduction to psychoanalysis*. New York: Liveright.

Frugel, J.C. (1948). *The psychological study of the family*. London: Hogarth.

Furth, G.W. (1988). *The secret world of drawings: Healing through art*. Boston, MA: Sigo.

Gadon, E. W. (1989). *The once and future goddess: A sweeping visual chronicle of the sacred female and her reemergence in the cultural mythology of our time*. New York: Harper Collins.

Gardner, H. (1973). *Art through the ages*. New York: Harcourt Brace, Jovanovich.

Gardner, H. (1985). *Frames of ming*. New York: Basis Books.

Gantt, L., & Tabone, C. (1998). *Forms elements art therapy scale*. Morgantown, WV: Gargoyle.

Geller, J. D. (1978). The body, expressive movement, and physical contact in psychotherapy. In J. L. Singer & K. S. Pope (Eds.), *The power of human imagination*. New York and London: Plenum.

Gerber, W., & Lyons, S. (1980). A developmental approach to assessment in adult art psychotherapy. *The Arts in Psychotherapy, 7*, 105-112.

Gilligan, s. (1995). *Sponsorship of the soul* (Cassette Recording No. J241-W11A and B.) The Brief Therapy Conference: Comerstone Principles, Cormerstone Practices. San Francisco, CA: The Milton H. Erickson Foundation.

Gleick, E. (1995, February 27). Should this marriage be saved? *Time*, 48-56.

Glick, P. (1989). Remarried families, stepfamilies and stepchildren: A brief demographic profile, *Family Relations, 38*, 24-27.

Goldberg, S., Grusec, J., & Jenkins, J. (1999). confidence in protection: Arguments for a narrow definition of attachment. *Journal of Family Psychology, 13*(4), 475-483.

Goldenberg, I., & Goldenberg, H. (1996). *Family therapy: An overview* (3rd ed.). Pacific Grove: Brooks/Cole.

Goldenberg, I., & Goldenberg, H. (1998). *Family therapy: An overview* (4th ed.). Pacific Grove: Brooks/Cole.

Goleman, D. (1995). *Emotional intelligence: Why it can matter more than IQ*. New York: Bantam.

Goodenough, F.L. (1926). *Measurement of intelligence bvy drawings*. New York: Harcourt, Brace, & World.

Gottman, J. (1993). A theory of marital dissolution and stability. *Journal of Family Psychology, 7*, 57-75.

Gottman, J. (1994). *Why marriages succeed or fail*. New York: Simon & Schuster.

Gottman, J. (Ed.). (1996). *What predicts divorce? The measures. Hillsdale*, NJ: Lawrence Erlbaum Associates.

Gottman J. (1998). *Clinical manual for marital therapy: A scientific based marital therapy*. seattle: The Seattle Marital and Family Institute.

Gottman, J., & Katz, L. (1989). The effects of marital discord on young children's peer interaction and health. *Developmental Psychology, 25*, 373-381.

Gottman, J., & Levenson, R. (1985). A valid procedure for obtaining self-report of affect in marital interaction. *Journal of Consulting and Clinical Psychology, 53*, 151-160.

Gottman. J., & Levenson, R. (1992). Marital processes predictive of later dissolution: Behavior, physiology, and health. *Journal of Personality and Social Psychology, 63*, 221-233.

Guerin, P., & Pendagast, E. (1976). Evaluation of the family system and the genogram. In P. Guerin (Ed.)

Family therapy: theor and practice. New York: Gardner.

Guilligan, S. (1995). *Sponsorship of the soul*. (Cassette Recording No J241-W11A and B.) The Brief Therapy Conference: Cornerstone Principles, Cornerstone Practices. San Francisco, CA: The Milton H. Erickson Foundation.

Gunter, M. (2000). Art therapy as an intervention to stabilize the defenses of children undergoing bone marrow transplants. *The Arts in Psychotherapy, 27*(1), 3-14.

Haley, J. (1973). *Uncommon therapy*. New York: W. W. Norton.

Haley, J. (1976). *Problem solving therapy*. New York: Harper collins.

Haley, J. (1984). *Ordeal therapy*. San Francisco: Jossey-Bass.

Haley, J. (1998). Keynote address. The Brief Brief Therapy of Milton Erickson. (Cassette Recording. No. J241-K2.) The Brief therapy conference: Comerstone Principles, Cornerstone Practices. San Francisco, CA: The Milton H. Erickson Foundation.

Hammer, E. F. (1958/1967). *The clinical application of projective drawings*. springfield, IL: Charles C Thomas.

Hampden-Turner, C. (1981). *Maps of the mind*. New York: collier Books.

Hampson, R., Beavers, R., & Hulgus, Y. (1990). Cross-ethnic family differences: Interactional assessment of white, black, and Mexican-American Families. *Journal of Marital and Family Therapy, 16*(3), 307-319.

Hardy K., & Laszloffy, T. (1995). The cultural genogram: Key to training culturally competent family therapists. *Journal of Marital & Family Therapy, 21*(3), 227-237.

Harris, D. B. (1963). *Children's drawings as measures of intellectual maturity*. New York: Harcourt, Brace and World.

Hays, R., & Lyons, S. (1981). The bridge drawing: A projective technique for assessment in art therapy. *The Arts in Psychotherapy, 8*, 207-217.

Heller, K. (1996). Coming of age of prevention science. *American Psychologist, 51*(11), 1123-1127.

Heller, P., & Woods, B. (1998).the process of intimacy: Similarity, understanding and gender, *Journal of Marital and Family Therapy, 24*(3), 273-288.

Hetherington, E., Bridges, M., & Insbella, G. (1998). What matters? What does not? *American Psychologist, 53*(2), 167-184.

Hillman, j. (1996). *The soul's code: In search of character and calling*. New York: Wamer.

Hong, Y., Morris, M., Chiu, C., & Benet-Martinez, V. (2000). *Multicultural minds. American Psychologist, 55*(7), 709-720.

Howowitz, M. (1970). *Image formation and recognition*. New York: Appleton-Century-Crofts.

Jennings, P. (1998, February 26). the Columbine killings: An American tragedy. *Dateline*, National Broadcasting Company.

Jessor, R. (1991). Behavioral science: An emerging paradigm for social inquiry? In R. Jessor (Ed.), *Perspectives on behavioral science: The Colorado lectures* (pp.309-316). Boulder, CO: Westview.

Jessor, R. (1993). Successful adoloscent development among youth in high-risk settings. *American Psychologist, 48*(2), 117-16.

Johnson, R. (1974). He: *Understanding masculine psychology*. King of Prussia, PA: Religious Publishing.

Joller, I. (1964/1992). *A catalogue for the qualitative interpretation of the House-Tree-Person (H-T-P)*. Los Angeles, CA: Western Psychological Services.

Jung, C. (1933/1955). *Modern man in search of a soul*. San Diego: Harcourt Brace Jovanovich.

Jung, C. (1938/1983). *Psychology and religion*. In A. Storr (Ed.), the Essential Jung (pp.239-249). New York: MJF Books.

Jung, C. (1954/1974). *The development of the personality*. (R.F.C. Hull, Trans.) Princeto, NJ: Princeton Universiy.

Jung, C. (1960/1978). *The structure and dynamics of the psyche*. Bollingen Series XX (Vol. 8). New York: Pantheon.

Jung, C. (1964). Approaching the unconscious. In J. freeman (Ed.), *Man and his symbols* (pp.18-103). Garden City, New York: Doubleday.

Jung, C. (1965). *Memories, dreams, reflections*. (Aniela Jaffe, Ed.; Richard and Clara Winston, Trans.). New York: Vintage Books.

Jung C. (1966/1972). *Mandala symbolism*. Princeton, NJ: Princeton University.

Kaiser, D. (1996). Indications of attachment security in a drawing task. *The Arts in Psychotherapy, 23*(4), 333-340.

Kaplan, G. (1997). Scientific art therapy: An integrative and research-based approach. *Art Therapy: Journal of the America Art Therapy Association, 15*(2), 93-98.

Kaufman, B., & Wohal, A. (1991). *Casualties of childhood. A developmental perspetcive on sexual abuse using projective drawings*. New York: Brunner Mazel.

Kellogg, J. (1978). *Manadala: Path of beauty*. Towson, MD: Mandala Assessment and Research Institute.

Kellogg, R. (1969-1970). *Analyzing children's art*. Palo Alto, CA: Mayfield.

Kellogg, R., & O Dell, S. (1967). *The psychology of children's art*. New York: CRM-Random House.

Keyes, M. F. (1983). *The inward Journey: Art as therapy*. La Salle, IL: Open court.

Kim. (1997, August 18). The ties that bind: CNN poll 1997. *Time*, 48-50.

Knudson-Martin, c. (1994). The female voice: Applications to Bowen's family systems thoery. *Journal of Marital and Family Therapy, 20*(1), 35-46.

Kohut, H. (1971). *The analysis of the self.* New York: Intemational University.

Koplewicz, H., & Goodman R. (1999). *Childhood revealed: Art expressing pain, discovery and hope*. New York: Abrams.

Koppitz, E. M. (1968). *Psychological evaluation of children's drawing's human figure drawings*. New York: Grune & Stratton.

Kramer, E. (1958). *Art therapy in a children's community*. Springfield, IL: Charles C thomas.

Kramer, E. (1974). Art therapy and childhood. *American Journal of Art Therapy, 14*(1), 15-16.

Kramer, E. (1987). Sublimaton and art therapy. In J. Rubin (Ed.), *Approaches to art therapy: Theory and technique* (pp.26-43). New York: Brunner/Mazel.

Kris, E. (1964). *Psychoanalytic explorations in art*. New York: Schoken Books.

Kris, E., & Kurz, O. (1979). *Legend, myth, and magic in the image of the artist: A historical experiment*. New Haven: Yale University.

Kroger, W. (1963/1977). *Clinical & Experimental Hypnosis* (2nd ed.). Philadelphia: J. B. Lippicott.

Kuehl, B. P. (1995). The solution-oriented genogram: A collaborative approach. *Journal of Marital and Family Therapy, 21*(3), 239-250.

Kwiatkowska, H. (1975). Family art therapy: Experiments with a new technique. In E. Ulman & P. Dachinger (Eds.), *Art therapy in theory and practice* (pp.112-125). Ne York: Schocken.

Kwiatkowska, H. (1978). *Family therapy and evaluation through art*. Springfield, IL: Charles C Thomas.

Lachman-Chapin, M. (1983). Making verbal th nonverbal. *The American Journal of Art Therapy, 1*(1), 47-49.

Lambert, D., Bramwell, M., & Lawther, G. (1982). *The brain: A user's manual*. New York: Perigee Books.

Landgarten, H. B. (1981). *Clinical art theapy: A comprehensive guide*. New York: Brunner/Mazel.

Landgarten, H. B. (1987). *Family art psychotherapy: A clinical guide and casebook*. New York: Brunner/Mazel.

Lankton, C., & Lankton, s. (1989). *Tales of cnchantment: Goal oriented metaphors for adults and children in therapy*. New York: Brunner/Mazel.

LeDoux, J. (1996). *The emotional brain: The mysterious underpinnings of emotional life*. New York: Simon & Schuster.

Levick, M. (1983). *They could not talk and so they drew: Childrem's styles of coping and thinking.* Springfield, IL: Charles C Thomas.

Levy, T., & Orlans, M. (1998). *Attachment, trauma and healing: Understanding and treating attachment disorder in childrem and families Washington*, DC: CWLA.

Lewis, K. (1989). the use of color-coded genograms in family therapy. *Journal of Marital and Family Therapy. 15*(2), 169-176.

Liddle, H. (1982). On the problems of eclecticism: A call for epistenologic clarification and human-scale theories. *Family Process, 21*(2), 243-249.

Liddle, H. (1982). Diagnosis and assessment in family therapy: A compartative analysis of six schools of thought. In B. Keenry (Ed.), *Diagmosis & assessment in family therapy* (pp.3-33). Rockville, MD: Aspen.

Lowenfeld, V. (1957). *Creative and mental growth* (3rd ed.). New York: MacMillan.

Lusebrink, V. (1990). *Imagery and visual expression in therapy*. New York: Plenum.

Machover, K. (1958). *Personality projection*. Springfield, IL: Charles C Thomas.

Madsen, A. (2000). *The disenfianchised grief of single mothers*. Unpublished master's thesis, College of Notre Dame, Belmont, CA.

Mahler, M., Pine, F., & Bergman, A. (1975). *The psychological birth of the human infant: Symbiosis and indiveduation*. New York: Basic Books.

Mailloux, S. (1998). *Graphic indicatiors of sexual abuse in children using the human figure drawing.* Unpublished master's thesis, College of Notre Dame, Belmont, CA.

Malmquist, C. (1994). Theoretical status of depressions in childhood. In E. J. Anthony & D. C. Gilpen, Eds, *Clinical cases of childhood* (vol.1) (pp.173-204). New York: NYU International University.

Mandelbaum, P. (1994). The inhibited child: A family therapy approach. In E. J. Anthony & D. C. Gilpin (Eds.), *Clinical cases of childhood* (vol.1) (pp.173-204). New York: NYU International University.

Marks, J. (1992). *Bring us a dream*, Menlo Park, CA: Tangler.

McGoldrick, M., Giordano, J., & Pearce, J. (1996). *Ethnicity and family therapy* (2nd ed.). New York: Guildford.

McMurray, M. (1988). *Illuminations: The healing image*. Berkeley: Wingvow.

McKim, R. H. (1980). *Experiences in visual thinking* (2nd ed.). Monterey: Brooks/cole.

McNiff, S. (1992). *Art as medicine: Creting a therpay of the imagination*. Boston: Shambhala.

McNiff, S. (1998). *Trust the process: An artist's guide to letting go*. Boston: Shambhala.

Miller, A. (1990). *Banished knowledge: Facing childhood injuries*. New York: doubleday.

Miller, J. (1997). *Graphic communications: A case study of a dissociative identity disorder*. Unpublished master's thesis, College of Notre Dame, Belmont, Ca.

Minuchin, S. (1974). *Families and family therapy*. Cambridge, MA: Harvard University.

Minuchin, S. (1998) Where is the family in narrative family therapy? *Journal of Marital and Family Therapy, 24*(4), 397-403.

Moon, B. (1994). *Existential art therapy*. Spriingfield, IL: Charles C Thomas.

Moon. B. (Ed.). (1991). *Archive for research in archetypal symbolism: An encyclopedia of archetypal symboliism*. Boston: Shambhala.

Moore, T. (1992). *Care of the soul: A gude for cultiveating depth and sacredness in everyday life*. New York: Harper Collins.

Naunburg, M. (1950). *Schizophrenic art: Its meaning in art therapy*. New York: Grune & Stratton.

Naumburg, M. (1966). *Dynamically oriented art therapy: Its principles and practice*, New York: Grune & stratton.

Neumann, E. (1976). *The child*. New York: harper Collins.

Neumann, E. (1956). *Psyche and amour*. New York: Bollingen foundation, Princeton University.

Newcomb, M., & Loeb, T. (1999), Poor parenting as an adult problem behavior: General deviance, deviant attitudes, inadequate family support and bonding, or just bad parenting? *Journal of Family Psychology*, 13(2), 175-193.

Nichols, W. C., & Everett, C. (1986). *Systematic family therapy: An integrative approach*. New York: Guilford.

Olser, G., & Gould, P. (1987). *Using drawings in assessment and therapy*: New York: Brunner/Mazel.

Palazzoli, M., Boscolo, L., Cecchin, G., & Prata, G. (1978) *Paradox and counter paradox*. New York: Jason Aronson.

Papp, P. (1983). *The process of change*. New York: Guilford.

Parson, T., & Bales, R. (1955). *The family, socialization and interaction process*. Glencoe, IL: Free Press.

Pasto, T. (1968). *The space fiame experience in art*. London: Thomas Ylseloff Ltd.

Perls, F. (1973). *The gestalt approach: An eye witness to therapy*. Ben Lomond, CA: Science & Behavior Books.

Perry, B. (1997). Incubated in terror: Neurodevelopmental factors in the cycle of violence. In J. Osofsky (Ed.), *Children in a violent society* (pp.124-145). New York: Guilford.

Peterson, L., & Hardin, M. (1997). *Chidren in distress: A guide for screening children s art*. New York: W. W. Norton & co.

Phillips, S. (1999, April 23). The columbine killings: An anerican tragedy. *Dateline*. National Brooadcastion company.

Piaget, J. (1971). The theory of stages in cognitive development. In D. R. Green (Ed.), *Measurement and Piaget*. New York: McGrawHill.

Piaget, J., & Inhelder, B. (1969). *The psychology of the child*. (Helen Weaver, Trans.). New York: Basic Books.

Pipher, M. B. (1995). *Reviving Ophelia: Saving the selves of adolescent girls*. New York: Ballantine Books.

Pipher, M. (1996). *The shelter of each other: Rebuilding our families*. New York: G. P. Putnam & sons.

Politsky, R. (1994). Penetrating or personal symbols: Discovering our guiding myths. *The Arts in Psychoterapy, 22*(1), 9-20.

Powell, c. (1997). *Sexual abuse indicators in kinetic family drawing*. Unpublished master's thesis, college of Notre Dame, Belmont, CA.

Prinzhorn, H. (1972). *Artistry of the mentally ill*. New York: Springer-Verlag.

Progroff, I. (1980). *The practice of process meditation: The intensive journal way to spiritual experience*. New York: Dialogue House Library.

Pynoos, R. (1985). *Post-traumatic stress disorder in children*. Washington, DC: American Psychiatric.

Pynoos, R. W. (1993). Traumatic stree and developmental psychopathology in children and adolescents. In J. M. Oldham, M. Riba, & A. Tasman (Eds.), *American Psychiatric Press Review of Psychiatry, (12)*. Washington, DC: American Psychiatric.

Ratcliffe, E. (1997). The old masters art collage: An art therapy technique for heuristic self-dis-covery. *Art Psychotherapy, 4*, 29-32.

Read, H. (1958). *Education through art*. New York: Pantheon.

Rhyne, J. (1973). *The Gestalt art experience*. Belmont, CA: Wadsworth.

Rhyne, J. (1979). Drawing as personal constructs: A study in visual dynamics. (Doctoral dissertation, University of Santa Cruz, 1978). *Dissertation Abstracts International, 79*, 10569.

Rice, F. P. (1997). *Human development* (3rd. ed.). Upper saddle River, NJ: Prentice Hall.

Riley, S. (1993). Illustration the family story: Art therapy, a lens for viewing the family's reality, *The Arts in Psychotherapy), 20*, 253-265.

Riley, S., & malchodi, c. (1994). *Integrated approaches to family art therapy*. chicago, IL: Magnolia Street.

Rosal, M. (1992). Approaches to art therapy with children. In F. Anderson (Ed.), *Art for all the children* (2nd ed.) (pp.142-183). springfield, IL: Charles C Thomas.

Rosal, M. (1996). *Approaches to art therapy with children*. Burlingame, CA: Abbeygate.

Rosenblatt, N., & Horwitz, J. (1996). *Wresling with angels: What Genesis teaches us about our spiritual identity, sexuality, and personal relationships*. New York: Delta.

Rubin, J. (1978). *Child art therapy: Understanding and helping children grow through art*. New York: Van Nostand Reinhold.

Rubin, J. (1986). From psychopathology to psychotherapy through art expression: A focus on Hans Prinzhorn and others. *Journal of the American art Therapy Association, 3*, 27-33.

Rubin, J. (Ed.). (1987). *Approaches to art therapy: Theory and technique*. New York: Brunner Mazel.

Rubin, J. (1998). *Art therapy: An introduction*. New York: Brunner/Mazel.

Rychlak, J. F. (1981). *Introduction to personality and psychotherapy* (2nd ed.). boston: Houghton Mifflin.

Samuels, A. (1983). The theory of archetypes in Jungian and post-Jungian analytical psychology. *International Review of Psychoanalysi, 10*(4), 429-444.

Sapolsky, M. (1998). *Why zebras don't get ulcers: An updated guide to stress, stress-related disease, and coping*. New York: W.H. Freeman.

Satir, V. (1964/1967). *Conjoint family therapy*. Palo Alto, CA: Science and Behavior books.

Satir, V. (1972). *Peoplemaking*. Palo alto, CA: Science and Behavior Books.

Satir, V., & Baldwin, M. (1983). *Satir step by step*. Palo Alto, CA: Science and Behavior Books.

Savery, L., Berne, P., & Williams, S. (1984). *Dreams and spiritual growth: A Judeo Christian way of dreamwork*. New York: Paulist.

Scarre, C. (1993). *Smithsonian timelines of the ancient world: A visual chronology from the origins of life to AD 1500*. New York: Dorling Kindersley.

Schaeffer-simmem, H. (1948). *The unfolding of artistic activity*. Los Angeles and Berkeley: University of California Press.

Schifflett, K., & Cummings, E. M. (1999). A program for educating parents about the effects of divorce and conflict on children: An initial evaluation. *Family relations*, 48, 79-89.

Schmidt, s. (1998). *Art and poetry for stress reduction: An outcome study with an acutely depressed, partially hospitalized, adult population*. Unpublished master's thesis, College of Notre Dame, Belmont, CA.

Schneider, S., Ostroff, S., & Ligow, N. (1990). Enhancement of body image: A structured art therapy group with adolescents. *Art Therapy Journal of the Aemrican Art therapy Association, 7*(3), 126-138.

Seppa, N. (1997). Wisdom: a quality that may defy age. *The APA Monitor*, (28)2, 1.

Shagman, H. (1996). *The diagnostic drawing series: A comparison of psychiatric inpatient adolescents in crisis with non hospitalized youth*. Unpublished master's thesis, college of Notre Dame, Belmont, CA.

저자 약력

• 전순영

- 숙명여자대학교 아동복지학과
- 숙명여자대학교 대학원 아동심리전공
- 경북대학교 대학원 미술학과 서양화전공
- 대구대학교 대학원 재활심리학전공(이학박사)
- 국제 Montesorri교육센터Tokyo분교 Montesorri 교사 양성 과정수료
- 일본자생당 사회복지사업재단 장학스컬러쉽연수
- 정신치료훈련을 위한 개인분석(130회)
- 한국미술치료학회 수련감독미술치료전문가(SATR)
- 한국미술치료학회 이사
- 한국예술치료학회 특별이사
- 한국푸드예술치료협회 이사
- 서울불교대학원 대학교 상담심리학과 미술치료 전공 전임교수역임
- 현재) 건국대학교 디자인대학원 미술치료 전공 초빙교수
- 현재) 서울미술치료연구소 소장

• 신지현

- 숙명여대 대학원 아동복지학과 석사
- 대구대 재활과학대학원 미술치료전공 석사
- 숙명여대 대학원 아동복지학과 박사
- 서울벤처대학원대학교 사회복지상담학과 교수
- 건국대학교 디자인대학원 미술치료전공 겸임교수

• 박수정
- 원광대학교 보건학과 예술치료 전공/ 보건학박사
- 독일국립킬미술대학교 (Muthesius Kunst Hochschule in Kiel)/ 미술학석사(Freie Kunst Diplom)
- 건국대학교 디자인대학원 미술치료학과 겸임교수 & 수련감독자
- 한국예술치료학회 미술치료 전문가

• 팽은경
- 대구대학교 재활과학대학원 재활심리학과 미술치료전공
- 중앙대학교 대학원 심리학과 임상심리전공
- 건국대학교병원 신경정신과 임상심리 수련
- 정신보건 임상심리사
- 한국미술치료학회 미술치료사
- 감정코칭 1급 강사 / 적극적 부모교육 강사 / MBTI 강사
- 현재) 건국대학교 디자인대학원 미술치료학과 겸임교수

가족미술치료

그림 안에 가정이 보인다

초판인쇄일 : 2013년 8월 20일
초판발행일 : 2013년 8월 30일
저　　　자 : DORIS BANOWSKY ARRINGTON, Ed.D., ATR-BC
옮 긴 이 : 전순영 · 신지현 · 박수정 · 팽은경
펴 낸 이 : 오무근
펴 낸 곳 : 도서출판 하나의학사
등 록 번 호 : 제300-2011-21호(1988.4.1)
주　　　소 : 서울시 서대문구 거북골로 7-7 하나빌딩 1층
전　　　화 : 730-2555, 730-2556
팩　　　스 : 730-2557
E-mail : hanampc1@naver.com

정가 : 24,000원

ISBN 978-89-92141-94-9 92180